Wie hast du das gemacht?

25 Frauen. 25 Geschichten.
25 Lektionen über Leben,
Selbstverwirklichung und Erfolg

Fempress Media

Giving Women A Voice

Was für Dich bestimmt ist,
wird nicht an Dir vorbeiziehen!

Es ist Deins, in voller Größe.

Keiner weiss, wann es kommt,
aber der richtige Zeitpunkt ist schon geschrieben.

Dein Job ist lediglich den
Weg dorthin zu genießen.

INHALT
◆◆◆

7

Dankeschön
Willst du Teil des nächsten Buches werden?

VORWORT

◆◆◆

Als mir im Frühling 2017 die Idee kam, ein Buch zusammenzustellen mit 25 Frauen, die ganz transparent und unpoliert ihre wahren Behind-The-Scenes Geschichten ihres Erfolges erzählen, wusste ich nicht einmal, ob ich überhaupt jemanden finden würde. Warum sollten sich ambitionierte Frauen so verwundbar zeigen und freiwillig von ihren Misserfolgen berichten, wo sie doch eigentlich ihre professionelle Seite nach Außen wahren wollen? Wer würde sich schon freiwillig als unperfekte Mutter zeigen, deren Kinder es herzlich wenig interessiert, ob nun ein wichtiger Skype-Termin mit einem Kunden ansteht? Oder als jemand, dessen Beziehung dem egoistischen Ruf nach Selbstverwirklichung nicht standhalten konnte? Wer würde sich freiwillig als finanziell pleite, emotional und mental labil und total planungs- und ahnungslos der Öffentlichkeit stellen?

Doch ich lag mit meiner Sorge so KOMPLETT DANEBEN.

Der erste Band von „Wie hast du das gemacht?" war sehr erfolgreich und kaum wurde der veröffentlicht, hatten wir bereits Anfragen von Frauen, die ihre Geschichte gerne im zweiten Band teilen wollten. Wir waren gerührt von soviel Anteilnahme, von so vielen „Oh, das Gefühl kenne ich auch" und „Danke, dass das mal jemand ausspricht". Mir persönlich zeigte das nur einmal mehr, dass die Zeiten der Ellenbogengesellschaft vorbei sind und Transparenz, Authentizität und Ehrlichkeit die neue Währung von Erfolg sind - und nicht das Geld.

Herausforderungen gehören zum Erfolgsrezept eines jeden Unternehmers dazu und das hatte ich bei meiner Unternehmensgründung auch ziemlich schnell verstanden. Jedoch hatte ich nie wirklich gelernt damit umzugehen, denn zum modernen gesellschaftstauglichen Werdegang, der einem gerne auferlegt wird, gehört nunmal erfolgreiche Unternehmensführung als Quer- einsteiger nicht gerade zu den Basics.

„Ich kann nicht mehr, ich mag nicht mehr" wurde schnell zu meinem persönlichen Mantra. Herausforderungen nahmen mir so komplett den Wind aus den euphorischen Segeln und ich wusste nicht mehr wo oben und unten war. Das Gefühlschaos hätte nicht größer sein können. Auf der einen Seite spürte ich die Frustration, die Hilfslosigkeit und die vielen Enttäuschungen in mich und meine Situation, andererseits war ich aber noch lange nicht bereit, all das, wofür ich in den letzten Jahren so hart gearbeitet hatte, aufzugeben und wie ein räudiger Hund wieder in mein vorheriges Leben zurückzukehren. Denn eines für mich klar: dort würde ich sicherlich niemals glücklich werden. Doch je länger ich in meiner Entrepreneur-Blase verharrte – lange Zeit noch in dem Glauben, ich hätte alles, ja wirklich alles im Griff – wurde mir von Monat zu Monat immer mehr bewusst, ich kann das nicht mehr alleine stemmen. Und damit meinte ich im speziellen die emotionale Belastung, immer präsent sein zu müssen und keine Fehler machen zu dürfen, die mir und dem Image meines Businesses schaden konnten.

Im zweiten Jahr kam ich erstmals so richtig an meine Grenzen. Nach mehreren Monaten voller Nachtschichten und einer total verzerrten inneren Uhr, ging mir langsam die Luft aus und auch meine Kunden reagierten auf eine völlig überarbeitete und mittlerweile wohl auch überforderte Unterneh- merin. Darüber zu sprechen fand ich aber sehr schwierig; besonders deshalb, weil ich auch nicht wirklich jemanden hatte, dem ich mich anvertrauen konnte.

Meine Eltern verstanden nichts von meinem Business („Dein Business treibt dich noch in den Ruin!") und bei meinen Freunden, die sich alle in einem Festangestellten-Verhältnis befanden, redete ich auch nur gegen eine imaginäre Wand. Ich ging ein, isolierte mich in meinem zuvor noch so hochgefeierten Home-Office und wurde zunehmend depressiver. Das einzige, das mich noch immer an meiner Idee hielt, war meine intuitive Überzeugung, dass meine Vision (trotzdem) großes Potenzial mit sich bringen würde und ich immer und immer wieder von anderen Unternehmern laß, deren Konzept meist erst nach mehreren Jahren so richtig griff und profitabel wurde. Ich war davon überzeugt, genau so würde das bei mir auch sein!

Meine Kunden liebten meine Arbeit, also war es allein mein Problem, es auch strategisch wieder in den Griff zu bekommen. Ich raffte mich also zusammen, räumte rigoros mein Umfeld auf – privat, in meinem Outlook (324 Newslettern sagte ich Tschüss), trennte mich rigoros von Facebook-Kontakten, deren Content mich eigentlich Null interessierte und sowieso mein Feed nur zumüllten. Ich setze ein System für mich auf, dass mir jeden Tag konkret Dinge zu tun gab. Doch am wichtigsten – und auch am fruchtbarsten – war folgendes: Ich nahm den Druck und die Erwartungshaltung (von anderen!) raus. Wenn etwas in den letzten zwei Jahren für mich so überhaupt nicht funktioniert hatte, dann dass ich lange Zeit versucht hatte einem Arbeitspensum gerecht zu werden, dass in anderen Unternehmen von einem 10-köpfigen Team geleistet wurde! Kein Wunder, dass einem dann irgendwann die Luft ausging. Ich verabschiedete mich von Deadlines (ja, so komplett!), und arbeite seither mehr Intuitiv. Ich hatte in meiner gesamten Zeit als Selbstständige immer wieder Tools und Strukturen angewandt, die andere als die perfekte Methode prophezeit hatten, so richtig funktioniert hatte für mich aber das Wenigste.

Als Unternehmerinnen müssen auf hartem Wege lernen, mit schwierigen Situationen umzugehen; meist dann, wenn es eskaliert und wir uns in letzter Instanz endlich jemanden an die Seite holen, der uns dabei hilft das Chaos auszusortieren. Es ist verdammt hart und manchmal möchten wir uns einfach nur noch die Decke über den Kopf ziehen. Sprechen wir aber mit anderen Menschen, die diese Situationen verstehen, weil sie selbst schon dort waren, erkennen wir schnell, dass es so etwas wie Perfektionismus nicht gibt und dass es hinter den Kulissen von anderen auch sehr oft chaotisch zugeht. Wenn wir es schaffen, das zu realisieren, wird uns final der Druck von den Schultern genommen, wir können endlich wieder aufatmen und Schritt für Schritt jeden Schritt als Unternehmerinnen genießen. .

„Wie hast du das gemacht?" rückt die wahre Authentizität wieder in den Fokus, denn Social Media macht es uns leider immer schwieriger, den vollen Durchblick zu behalten. Das Behind-The-Scenes, was wir heute auf Instagram und Co. vorgelebt bekommen, hat heute leider nicht mehr so viel mit Authentizität zu tun, denn das was wir sehen, ist doch immer noch nur die geschönte Version von dem, das da wirklich hinter den Kulissen stattfindet. Das ist sehr schade, lernen wir doch immer noch am meisten aus den Niederlagen der anderen – so hart es klingt.

In diesem Sinne, wir sind startklar für die zweite Runde. Wir haben erneut mit 25 unglaublich starken, mutigen und abenteuerlustigen Frauen gesprochen, die über ihre verwundbarsten Augenblicke in Sachen Leben, Selbstverwirklichung und Erfolg geschrieben haben. Und ich kann Dir sagen, als diejenige, die als erstes alle Geschichten lesen durfte, BESSER GEHT´S NICHT!

Alles liebe,

Doris Gross

KATHRIN LUTY

◆ ◆ ◆

Wir leben in einer revolutionären Zeit. Alte Strukturen brechen auf. Wissenschaft und Technik entwickeln sich exponentiell. Das birgt ungeahnte Chancen und Möglichkeiten. Aber diese einschneidenden Veränderungen bringen auch Schmerzen mit sich. Denn wo Veränderung ist, lassen wir immer auch etwas zurück. Meine persönliche Revolution begann mit einem Feuer.

Phoenix aus der Asche

Am Anfang war der Feuerball, der den Hügel hinab auf uns zu rast. Noch heute beginne ich am ganzen Körper zu zittern, wenn ich an diesen Moment denke oder darüber spreche. Bis zu 160 Meilen pro Stunde - so hatten wir gelesen - bewegen sich Buschfeuer voran. Aber wir stehen da, wie angewurzelt, das sprichwörtliche Kaninchen vor der Schlange, bis die jungen Leute aus dem Cottage nebenan uns aus unserer Erstarrung reißen: „We have to go. NOW!" Erst jetzt kommt Leben in uns. Wir sehen uns an. Nehmen die Beine in die Hand. Greifen nach den Schlüsseln und dem Nötigsten und rennen zum Auto. Sekunden später bleibt von unserem Wochenendhäuschen nur noch ein Häuflein Asche zurück, genau wie von allen anderen Häusern im Ort. Marysville, Victoria, brennt an diesem Tag bis auf die Grundfesten nieder. 174 Menschen werden sterben, zum Teil auf grausame Art und Weise. Aber davon wissen wir zum Glück noch nichts.

Black Saturday

Es gibt nur eine Straße zurück nach Melbourne und auf der fahren wir. Das Szenario ist völlig surreal. Wir kommen an einigen Pubs vorbei. Auf den Veranden stehen Leute, trinken Bier, lachen und reden. Sie wissen offensichtlich noch gar nicht, dass es brennt. Schließlich kommen wir aus der baumlosen Ebene zurück in den Wald. Der Rauch wird dichter. Die Angst schnürt mir die Kehle zu. Der gefährlichste Ort in einem Buschfeuer ist die Straße. Bäume und elektrische Leitungen können umfallen und alles Mögliche anrichten. Also beschließen wir, umzukehren. Wir halten am ersten Pub, um Informationen zu sammeln. Dort verbringen wir die Nacht mit anderen Gestrandeten, vielleicht hundert Menschen: Männer und Frauen, teils allein, teils mit Familie. Babys schreien und Telefone klingeln in einem fort. Es gibt keinen Strom, kein Airconditioning, kein Internet. Langsam vergeht die Nacht. Jede Minute zieht sich wie Gummi. Aber irgendwann dämmert der neue Morgen. Und wir leben noch. Die Tage danach sind die Hölle. Die Nachrichten über das Ausmaß der Brandkatastrophe verfolgen mich - Radio, Fernsehen, jedes Cover jeder Zeitung und jedes Magazins zieren Flammen. Ich fühle mich wie erstarrt und muss andauernd weinen. Dem Tod so nahe gekommen zu sein, macht etwas mit mir. Ich frage mich: Warum sind so viele Menschen gestorben - und ich nicht? Was bedeutet das jetzt für mein Leben? Bin ich eigentlich glücklich mit meinem Leben, so wie es jetzt ist? Je mehr ich darüber nachdenke, desto klarer wird mir, dass ich schon lange nicht mehr so richtig glücklich gewesen bin. Dass ich mich einsam fühle in Australien, abgeschnitten von allem, was mein Leben in Deutschland ausgemacht hat: Freunde, Familie, mein Beruf, um nur einiges zu nennen. Eine große Leere hatte sich in den letzten Monaten in mir breit gemacht. Es reichte mir nicht mehr, mich „nur" um die Kinder zu kümmern. Da musste noch mehr sein. Am folgenden Donnerstag nehme ich den Telefonhörer in die Hand und rufe im

Coaching Institute in Melbourne an. Dort buche ich den Life Coaching Kurs. Als ich zum ersten Mal die Tür zum Coaching Institute öffne, fühle ich mich wie Alice, die dem Kaninchen ins Kaninchenloch hinterherstolpert. Eine neue Welt erschließt sich mir, eine neue Realität, von der ich bis dahin keine Ahnung hatte, dass sie überhaupt existiert.

Die große Lebenslüge

Wir sind einer riesengroßen Lüge aufgesessen. Diese Lüge begann in unserer Kindheit mit der Frage: „Was willst du denn mal werden, Kleines?" John Lennon erzählte von sich, dass er in der Schule einen Aufsatz zu diesem Thema schreiben sollte. Er schrieb nur ein Wort: „Happy." Darauf sein Lehrer: „Ich glaube, du hast die Frage nicht verstanden." Und John: „Ich glaube, Sie haben das Leben nicht verstanden." Wir haben verlernt, unserem „Happy" zu folgen. Stattdessen folgen wir „dem Plan". Und nun haben wir den Salat.

Wir werden geboren, gehen 10 bis 13 Jahre zur Schule, machen „Karriere" und arbeiten dann bis zur Rente in unserem Job. Danach „genießen" wir noch einige Jahre das Leben und dann geht der Deckel zu. Viele von uns haben wie Schafe nach diesem „Plan" gelebt, bis wir etwas über 30 waren, nur um eines morgens aufzuwachen und festzustellen, dass wir uns leer, ausgelaugt und eventuell sogar zutiefst unglücklich fühlen. Ich studierte - nach „Plan" - Tiermedizin, eine Karriere, die mir mein Vater vorgelebt hatte. Aber während mein Vater diesen Beruf fast 40 Jahre lang mit großer Leidenschaft ausübte, wurde mir schnell klar, dass er mich auf Dauer nicht glücklich machen würde.

Als ich mit meinem Life Coaching Kurs begann, wollte ich erst einmal nur einem Menschen helfen - mir selbst. Ich suchte neue Wege und Werkzeuge, die mir dabei helfen würden, wieder glücklich zu werden. Was ich im Coaching Institut bekam, war - unverhofft - so viel mehr. Ich lernte, dass man mit Coaching Geld verdienen kann. Dass man sogar im Internet Geld verdienen kann. Von der ersten Minute des Kurses an war ich völlig fasziniert, aber auch verwirrt. Die neuen Möglichkeiten, die sich mir auftaten, schienen endlos zu sein. Doch wo anfangen? Ich machte erst einmal alle Kurse, die im Coaching Institut angeboten wurde. Der letzte, der Mastermind Kurs, war im Grunde ein Online Marketing Kurs. Und auch wenn mich Coaching und NLP begeistert hatten, so schien mir das Marketing doch praktischer zu sein. Daher startete ich nach einigen Monaten des Ausprobierens ein Webdesign und Online Marketing Business mit meinem besten Freund in seiner Küche. Jason war ein Genie, was Computer und Webseiten betraf. Ich war das „Gesicht" unseres kleinen Geschäfts. Ich hätte mir keine bessere Business Ausbildung wünschen können! Zu diesem Zeitpunkt hatte ich keinen eigenen Computer und wusste kaum, wie man das „Internet anstellt". Aber in den nächsten Monaten lernte ich „by doing", was es braucht, um ein Geschäft aufzubauen, Geld für einen Service zu verlangen und Kunden zu gewinnen und glücklich zu machen. Ich lernte, was eine gute Webseite ausmacht, was Suchmaschinenoptimierung bedeutet und wie das funktioniert. Ich lernte Facebook kennen und befasste mich mit Social Media Marketing. Nebenbei netzwerkte ich, was das Zeug hielt. Ich ging mindestens einmal in der Woche zu einem Treffen von Geschäftsleuten. BNI, Toastmasters, Rotary Club, der lokale Business Club - ich war überall dabei.

Das war unglaublich schwer für mich. Schließlich befand ich mich in einem Land, in dem ich niemanden kannte, bis auf einige Freundinnen aus ein paar Spielgruppen. Wieder und wieder musste ich mich dazu überwinden, Räume voller Menschen zu betreten, in denen sich alle zu kennen schienen - außer mir. Ich kann mich an mehrere Situationen erinnern, wo ich minutenlang vor einer Tür stand und daran dachte, einfach umzudrehen und wegzulaufen. Oft genug musste ich Menschen buchstäblich auf die Schultern klopfen, um Zugang zu einem Gespräch zu bekommen, anstatt mutterseelenallein in einer Ecke zu stehen. Ich schloss mich auch einem Frauennetzwerk an und richtete unter deren Dach eigene Netzwerkveranstaltungen bei mir zu Hause aus. Bei den Toastmasters lernte ich, vor Menschen zu sprechen und dadurch begann ich, meine ersten kleinen Workshops abzuhalten. Zu meinem eigenen Erstaunen erschienen zu meinem allerersten Workshop elf ernsthafte Unternehmer und ich verkaufte gleich drei Webseiten!

Langsam wurde es leichter. Ich lernte viele neue Menschen kennen und war bei den meisten Events nicht mehr ganz allein. Zu meinem großen Erstaunen stellte ich fest, dass Menschen (Geschäftsleute!) mir zuhörten und mich sogar weiterempfahlen. Scheinbar hatte ich mir in der kurzen Zeit genug Wissen angeeignet, um meinen potentiellen Kunden einen Schritt voraus zu sein. Merke: Das ist alles, was es braucht - einen Schritt. So schaffte ich es langsam, mir neben den Kindern und dem Haushalt ein kleines Geschäft aufzubauen. Ich hatte Kunden aus verschiedenen Branchen - einige waren Coaches, die ich in meinen Kursen kennengelernt hatte. Eine Kundin hatte einen kleinen Laden, wo sie hübsche Kleinigkeiten verkaufte. Ein anderer war Optiker. Eines hatten meine Kunden gemeinsam - sie kamen zu mir, weil sie sich bei mir gut aufgehoben fühlten. Sie vertrauten mir. Bei mir bekamen sie nicht einfach eine Webseite - ich kümmerte mich um sie. So vergingen gut zwei Jahre. Wir waren mittlerweile seit sechs Jahren in Australien. Es wurde Zeit, nach Europa zurückzukehren.

Wieder zu Hause

Trotz meines Geschäfts und der vielen neuen Menschen, die in mein Leben gekommen waren, hatte ich mich weiterhin nach Hause, speziell nach Berlin, gesehnt. Schließlich hatte mein Mann meinem Wunsch nachgegeben und wir hatten unsere Zelte in Australien abgebrochen. Allerdings hatten wir keinen Plan, wovon wir in Europa eigentlich leben sollten. Ich selbst war davon ausgegangen, dass ich mein Business einfach so weiter machen könnte. Aber meine Kunden waren nicht gerade begeistert von der Idee, ihren Webdesigner auf einem anderen Kontinent zu wissen. Das war ein ziemlicher Schock für mich. Mein Mann hatte seinen Job gekündigt und noch keinen neuen in Aussicht. So tingelten wir die ersten Monate in Europa von Eltern zu Schwiegereltern und reisten mit unserem Zelt durch die Gegend. Schließlich beschlossen wir, dass die Kinder mal wieder in eine Schule gehörten und zogen ins Nachbardorf meiner Eltern. Die Kinder gingen in die kleine Dorfschule bzw. den Kindergarten in Volmerdingsen, fanden schnell gute Freunde und fühlten sich pudelwohl. Ich genoss es, endlich mal wieder zum Abendbrot oder auf einen Kaffee zu meinen Eltern gehen zu können. Aber mein Mann wurde schnell rastlos ohne Arbeit und ohne Wurzeln, und machte sich auf Arbeitssuche. Er wurde schnell fündig - in der Schweiz. Ich stieß in meiner neuen alten Ratlosigkeit auf eine Frau, die ich noch in Australien kennengelernt hatte. Ihr Name war Nicola Moras. Nicola hatte sich vom Stilcoach zum Business Coach entwickelt und bot mir ein Gespräch an. Dieses Gespräch sollte eines der entscheidensten meines Lebens werden, denn Nicola zeigte mir, wie man als Coach im Internet Geld verdient. Unter Nicolas

Anleitung lernte ich, ernsthaft Online Marketing zu betreiben. Bis dahin hatte ich mich zwar schon ein wenig auf Facebook umgetan und auch meine ersten (erfolglosen) Webinare gehalten, aber meine Kunden hatte ich immer Offline gewonnen. Ich drehte meine erste vierteilige Videoserie, die „Life & Business MakeOver Challenge", und gewann aus diesen Videos in Verbindung mit Strategiegesprächen meine ersten fünf hochpreisigen Kundinnen - allerdings noch im englischsprachigen Bereich. Meine Kundinnen kamen aus England, Australien und den USA. Und ich verdiente in diesem ersten Jahr über 55.000 Dollar.

Als sich mein Mann in der Schweiz eingelebt hatte, hieß es allerdings erst einmal wieder umziehen! Dieses Mal ging es nach Basel. Es sollte - nach 17 Umzügen in fast 20 Jahren - der letzte gemeinsame Umzug werden. Basel hört sich erst einmal ganz gut an. Es ist eine wunderhübsche, multikulturelle Stadt der schönen Künste. Ich hatte in den letzten Jahren gelernt, wie man in der Fremde Menschen kennenlernt, und machte mich aufs Neue ans Netzwerken. Meine erste Bekannte stammte allerdings aus einer Facebook-Gruppe, die von Fabienne Fredrickson geleitet wurde. In dieser englischsprachigen Gruppe hatte ich etwas gepostet, um zu sehen, ob vielleicht einige deutsche Frauen dabei wären. Durch meinen Post lernte ich einerseits die Schweizerin kennen, die in Basel lebte, und was noch entscheidender war: ich traf Kathrin Bode, mit der ich wenige Monate später das Frauenbusiness gründete. Kathrin lebte damals noch mit ihrer Familie in Dänemark. Wir hatten viel gemeinsam: Ehemänner, mit denen wir uns über die Jahre auseinandergelebt hatten, die Erfahrung, in einem fremden Land zu leben, und nicht zuletzt hatten wir ähnliche Vorstellungen vom Leben und vom Geschäft. Es dauerte nicht lange, bis die Idee von Frauenbusiness geboren war. Zu diesem Zeitpunkt sprachen wir beide in unserem Business noch englisch. Und beide bedauerten wir, dass es eigentlich kaum deutsche Frauen gab, die Unternehmerinnen das Online Marketing beibrachten. Flugs baute ich uns eine Webseite und bald darauf starteten wir unsere erste „große" Marketing Aktion - die 7 Tage Video Herausforderung. Im Rückblick war das eine der ersten Facebook Challenges dieser Art in unserer Branche. Heute kann man sich vor Challenges auf Facebook kaum noch retten!

Das war im Juni 2014. Gemeinsam machten wir gleich im ersten Frauenbusiness Jahr über 100.000 Euro Umsatz. Auch das Traumbusiness Event (heute eine Institution) veranstalteten wir gleich im Oktober unseres ersten Geschäftsjahres. Damals schafften wir es mit Ach und Krach, 23 Frauen für unser Event zu begeistern. Seitdem gibt es das Event mindestens einmal im Jahr und wir haben bis zu 100 Teilnehmerinnen. Während Frauenbusiness immer erfolgreicher wurde, wurde meine Ehe zusehends desolater. Ich und die Kinder fühlten uns in Basel nicht wirklich wohl. Und schließlich, nach fast 20 Jahren Ehe, traf ich die Entscheidung, die ich jahrelang vor mir hergeschoben hatte. Ich zog mit meinen Kindern nach Berlin.

Mein „Eat, Pray, Love"-Moment

April 2017. Ich liege in meinem wunderschönen Bett in meiner Traumwohnung in der Stadt, nach der ich mich so viele Jahre gesehnt habe (Berlin). Die Schmerzen in meinem Kopf sind so stark, dass ich glaube, ich bekäme einen Schlaganfall. Tatsächlich warte ich auf eine Diagnose - Krebs oder nicht. Mein Blut, so die Ärzte, ist nicht in Ordnung. Zu viele Zellen treiben sich darin herum. Rote Plättchen, weiße Plättchen - von allem zu viel. Irgendwie kann ich es nicht fassen. Nun habe ich endlich alles, wovon ich in den letzten Jahren zu träumen gewagt habe, und jetzt das? Würden die Herausforderungen nie aufhören? Oder sollte das jetzt einfach das Ende sein?

Während ich im Schneckentempo und unter Tränen auf allen vieren in die Küche krieche, um irgendwelche Tabletten zu suchen, die mir vielleicht etwas Erleichterung verschaffen könnten, melden sich zwei Worte in meinem Kopf. Erst ganz leise, dann langsam immer lauter. Fuck that. Fuck den Krebs, den Schmerz, die Schuldgefühle. Fuck die Einsamkeit, das Geld und die Erwartungen. Fuck die Freunde, die mich verlassen haben. Fuck die zerstörten Träume von der glücklichen Familie und dem Haus mit dem weißen Gartenzaun. Fuck meine Schwächen und all meine kleinen und großen Unzulänglichkeiten. Fuck den Tod. Und während diese ganzen Fucks in meinem Kopf immer mehr, größer und lauter werden, nehmen die Schmerzen unglaublicherweise langsam ab, zumindest bis auf ein einigermaßen erträgliches Level. Die Pillen, die ich mittlerweile gefunden habe, schmeiße ich in die Ecke. Langsam komme ich wieder auf die Beine. Es wird noch ein paar Tage dauern, bis ich die Schmerzen im Griff habe, und ein paar Monate, bis ich wieder glücklich bin. Aber mir ist gerade eine Erkenntnis gekommen, die mir niemand mehr nehmen kann: Ich bin das Wichtigste in meinem Leben. Nicht mein (Ex-) Mann, nicht die Kunden, auch nicht das Business, nicht Facebook, nicht die Ärzte, die Familie, nicht die (vermeintlichen) Freunde, ja, nicht einmal die Kinder, sondern ich. Das ist übrigens eine weitere Lüge, der wir Macht in unserem Leben überlassen, besonders wir Frauen: Dass Selbstfürsorge und Selbstliebe egoistisch sind. Dabei haben wir alle schon im Flugzeug gelernt: „Setzen Sie sich zuerst selbst die Sauerstoffmaske auf, bevor Sie anderen helfen." Was ich in diesem Moment in einem Scherbenhaufen auf dem Küchenfußboden lernte, war, dass wir nicht auf die Welt gekommen sind, um andere glücklich zu machen. Wir sind auf die Welt gekommen, um uns selbst glücklich zu machen.

In den nächsten Monaten beginne ich radikal, mich um mich selbst zu kümmern. Und das beginnt ganz einfach mit täglicher Bewegung an der frischen Luft. Zu diesem Zeitpunkt bin ich 45 Jahre alt. Ich wiege 87kg. Ich liege alle drei Wochen für 2-3 Tage mit Migräne darnieder. An den anderen Tagen schleppe ich mich morgens kraft- und energielos ins Badezimmer. Wenn die Kinder in der Schule sind, lege ich mich oft ganz einfach wieder ins Bett. Damit ist jetzt Schluss. Und so simpel es sich anhört - ab jetzt fahre ich Rad. Jeden Tag. Egal, ob es regnet oder die Sonne scheint. Am Anfang bin ich so unfit, dass ich nach 20 min Radfahren im Schneckentempo völlig ausgepumpt bin. Ich beginne, zu meditieren, auf meinen Körper zu hören. Zuerst verstehe ich selten, was der mir sagen will, aber mit der Zeit lerne ich seine Sprache. Langsam aber sicher wird es leichter. Mein selbstauferlegtes „Heilprogramm" nimmt mehr als drei Stunden meines Tages in Anspruch. Drei Stunden, die ich vorher nicht hatte, weil ich alleinerziehende Mutter von zwei Prä-Pubertieren bin und ein Business habe. Heute, etwas mehr als ein Jahr später, frage ich mich allerdings manchmal, womit ich mich rund um die Uhr beschäftigt habe, als ich noch 60 bis 80 Stunden in der Woche „gearbeitet" habe. Denn heute komme ich locker mit 15 bis 20 Stunden in der Woche aus.

Der Einfluss von außen ist heute stärker als je zuvor. Hollywood Filme, soziale Medien, die Presse - alle versuchen uns zu erzählen, was uns glücklich machen wird. Wir sind abhängig von der Bestätigung der Anderen. Als erstes wollen wir unsere Eltern stolz machen oder zumindest nicht enttäuschen. Wir wollen in unseren „Gruppen" dazugehören. Dazu gehören ein schönes Auto, ein repräsentatives Heim und blondgelockte Kinder, die nirgends anecken.

Die Suche nach dem heiligen Gral

In den folgenden zwölf Monaten reiße ich Schritt für Schritt mein Leben herum. Ich mache mich wirklich auf die Suche nach mir selbst, nach der Verbindung zu mir. Bis dahin hatte ich zwar schon viele gesellschaftliche Vorstellungen über Bord geworfen, unglaublich viel an Persönlichkeitsentwicklung durchlaufen, viel geschafft, mir ein erfolgreiches Business aufgebaut, meinen Mann verlassen - alles Dinge, die mir vor zehn Jahren noch völlig unmöglich erschienen waren. Aber ich war die ganze Zeit getrieben - durch die Bestätigung von außen. Mein Glück und mein Wohlbefinden waren abhängig davon, dass ich meine Ziele erreichte. Dass genug Kunden kamen. Dass meine Kunden erfolgreich wurden. Dass ich Likes und Kommentare auf Facebook einsammelte. Dass mehr Abonnenten auf meine Liste kamen. Dass die Leute mir auf die Schultern klopften - virtuell und auch sonst.

Der Weg zu Erfolg und Erfüllung führt nach innen. Vishen Lakhiani von Mindvalley nennt das: „becoming un-fuck-with-able" (auf „gut" deutsch: „un-an-fick-bar werden"). „Unanfickbar" ist ein Zustand, in dem du völlig in dir ruhst, unantastbar wirst für die Erwartungen anderer, die Kritik, Beleidigungen, das Kopfschütteln. Ein Zustand, in dem du nur noch auf dich und deine Intuition hörst, in dem dein einziger Wegweiser (und jetzt halt dich fest...) dein „Happy" ist. Revolutionär, oder? Stell dir mal vor, du triffst Entscheidungen nur noch danach, ob dich etwas glücklich macht, oder nicht. Das ist doch unerhört. Und vor allem absolut unmöglich! Oder?

Heutzutage fühlt sich mein Leben einfach größer an. Und ich spreche jetzt nicht nur von der größeren Wohnung, dem größeren Bankkonto und dem größeren Geschäft. Nein, ich bin größer geworden. Ich habe größere Träume, Ziele und Visionen. Meine Welt und meine Visionen beschränken sich nicht mehr nur auf mich und meine kleine Familie. Ich möchte dazu beitragen,

Frauen ein neues Bewusstsein zu bringen. Denn das ist die Art von Revolution, die wir heute brauchen: eine innere Revolution. Wir müssen wieder lernen, uns selbst und unsere wahren Bedürfnisse ernst zu nehmen. Wir müssen unserer puren Lebensfreude folgen, und nicht nur dem höheren Gehaltsscheck. Meine Mission ist es, Frauen dazu zu inspirieren, sich selbst auszudrücken, zu sich zu stehen, ihre wahren Stärken wiederzuentdecken und sie nutzen, um daraus ein lukratives Geschäft aufzubauen. Denn am Ende ist dein Geschäft nur ein Mittel zum Zweck. Es soll dir ein Leben in Freiheit ermöglichen. Ein Leben, in dem das, was du täglich tust, Sinn macht und dich ausfüllt. Ein Leben, in dem du dein Potenzial entfalten und leben kannst.

Als ich Frauenbusiness 2014 gegründet habe, hatte ich keine politische oder soziale Agenda. Ich hatte einfach Lust, mit Frauen zu arbeiten. Heute bin ich mehr als je zuvor davon überzeugt, dass meine Arbeit wichtig ist, dass sie gebraucht wird und dass ich die Welt ein Stück besser mache. Beinahe jeden Tag schreiben mir Frauen, wie eins meiner Videos oder eine meiner Facebook Challenges oder die Arbeit mit mir ihr Leben verändert hat. Und so verändert man als Geschäftsfrau die Welt - einen Kunden nach dem anderen. Die Welt braucht ein neues Bewusstsein - ein weiblicheres Bewusstsein. Wir brauchen mehr Gefühl, mehr pure Lebensfreude, mehr Liebe. Ja, ich möchte die Welt verändern, aber das heißt nicht, dass ich die Last der Welt auf meine Schultern nehme. Starte, wo du bist. Nutze, was du hast. Tu, was du kannst. Das ist mein Lebensmotto. Das heißt für mich, dass ich jeden Moment mein Bestes gebe (auch wenn mein Bestes manchmal nicht besonders gut ist, glaub mir), dass ich bereit bin Risiken einzugehen und auch steinige Wege zu gehen, um so zu leben, wie ich leben will, und um anderen Frauen den Mut zu geben, das auch zu tun.

Was auch immer du tust, Liebes, tu was du liebst und liebe, was du tust. Das wünsche ich dir von Herzen.

Kathrin Luty im Kurzportrait:

Kathrin Luty ist Weltenbummlerin, Karriere-Chamäleon, alleinerziehende Mutter von zwei (Prä-) PuberTieren und Zeitmillionärin. Neben ihrer 20 Jahre langen Odyssee um die Welt (sie lebte jahrelang in England, Australien und in der Schweiz) baute sie sich ein erfolgreiches Online Business auf. Kathrin hilft Frauen mit Mindset & Marketing Strategien, sich ein erfolgreiches Geschäft aufzubauen und ihr Leben endlich wieder richtig zu genießen. In der manchmal etwas zwielichtigen Online Marketing Welt steht Kathrin für Echtheit, Klarheit und Integrität. Heute lebt sie glücklich & zufrieden mit ihren Kindern in ihrer Wahlheimat Berlin.

www.frauenbusiness.biz
www.denkenachundwerdereich.biz

„Nutze, was du hast.
Tu, was du kannst.
Das ist mein Lebensmotto.
Das heißt für mich, dass ich jeden
Moment mein Bestes gebe
(auch wenn mein Bestes manchmal nicht
besonders gut ist).“
Kathrin Luty

SANDRA WOLLERSHEIM

◆◆◆

Soll ich, soll ich nicht, soll ich, soll ich nicht meine Geschichte auf-schreiben? Eine Entscheidung muss her – bald! Vor ein paar Wochen erhalte ich eine E-Mail. Eine Verlegerin schreibt mich an. Aus heiterem Himmel, ohne Vorgeplänkel stellt sie ihr Buchprojekt vor. Fünfundzwanzig Frauen und ihre Geschichte „Wie hast Du das gemacht?" Sie hat mich über Social-Media gefunden. Sie fragt, ob ich nicht Lust habe, dabei zu sein. Wir vereinbaren ein Telefonat und unterhalten uns prima – sofortige Sympathie – wie schön! Auch sie hat ihre Geschichte, wie wir alle. Wir tauschen uns aus. Locker, entspannt, interessant, lustig. Spontan sage ich meine Beteiligung am Buchprojekt zu. Ihre freundliche Kollegin schickt mir den Vertrag zu. Dann kommt, was immer kommt. Der Kopf geht an, die Diskussion beginnt. Ich kenne dieses Phänomen. Unaufhaltsam rollt der Gedankensturm heran. Ein Zweifel nach dem anderen ploppt auf.

Plopp – Du möchtest deine Geschichte doch wohl nicht mit der halben Welt teilen? Nun, eine so hohe Absatzzahl ist wohl kaum zu erwarten–

29

jedenfalls, wäre das eher ein Glücksfall als ein Hinderungsgrund. Aber ich werde noch sichtbarer, das ist Fakt.

Plopp – du musst einen Vertrag unterschreiben! Verträge macht nur, wer betrügen will! Lies aufmerksam das Kleingedruckte! Wo ist der Haken bei der Sache? Du läufst Gefahr, hinterrücks in die Pfanne gehauen zu werden!

Plopp – du musst Geld investieren. Wie jetzt? Die wollen meine Geschichte und ich soll dafür bezahlen? Behalte Kosten und Nutzen stets im Auge!

Plopp – Das ist so ein Ego-Ding! Du willst wohl reich und berühmt werden? Das hast Du doch längst hinter dir gelassen!

Plopp – die Abgabe ist schon Ende des Monats! Das schaffst Du nicht. Es bleibt nicht genügend Zeit für die wichtigeren Dinge.

Plopp – die Anfrage kommt aus Amerika. Das ist per se schlecht. Alles, was aus Amerika kommt, ist mit äußerster Vorsicht zu betrachten.

Plopp – Du hältst dich wohl für besonders interessant? Was soll schon Außergewöhnliches an gerade deiner Geschichte sein?

Plopp – du kannst die Folgen nicht absehen. Wer weiß, was die aus der Geschichte machen. Das sind Journalisten. Die verdrehen dir das Wort im Mund!

Plopp, plopp, plopp – Wie der Benachrichtigungston für eine WhatsApp-Nachricht. Wie das Geräusch eines Kronkorkens beim Öffnen einer Flasche. Wie Hagelkörner, die auf dem Wintergartendach auftreffen. Wie … Erst vereinzelt, dann immer mehr und schließlich unzählige. Die Gedankenmaschine dreht durch. Klarheit. Ich brauche Klarheit. Eine unendlich lange Zeit bade ich im Hagelgewitter und die Plopps hinterlassen Dellen und Beulen und Schrammen. Aua! Ok. Ignorieren ist keine Lösung.

Also gehe ich den Entscheidungsprozess noch einmal, dieses Mal kognitiv-analytisch an. Mein Kopf ist verwirrt im Chaos zwischen Emotionen, Glaubensmustern und Sacheargumenten. Ich nehme mir also ein weißes Blatt Papier und einen Stift zur Hand. Das ist die Oldschool-Variante – ich weiß! Ich habe über mich gelernt, dass es mir Klarheit verschafft, eine hand-geschriebene Zeichnung, ein Schaubild oder eine Tabelle anzufertigen, wenn es darum geht, mir Sachverhalte zu verdeutlichen. Der Prozess des Schreibens per Hand bringt mich in einen seltsamen Flow. Ich kann jetzt Klarheit in meine Gedanken bringen. Ich wäge also das Für und Wider ab, aber ist das auch die Sicht von außen? Habe ich an alles gedacht? Als erstes frage ich meine beste Freundin. Wir kennen uns seit fast 40 Jahren. Verständlicherweise ist also ihre Meinung genau das, was ich jetzt brauche. „Liebes, was denkst Du? Den ganzen Wahnsinn niederschreiben, soll ich das tun? Was wird das mit mir machen?" Sylvi schätzt nach Fakten ab. „Ok." sagt sie, „für 10 Seiten Geschichte mit Lektorat und Feinschliff plane mal eine Woche Zeit ein. Das ist zu schaffen. Wenn es dir emotional zu heftig wird, dann komme ich auf eine Kanne Tee vorbei." Das ist beruhigend und jetzt habe ich einen festen Anhaltspunkt. Der Zeitaufwand scheint mir machbar. Ich notiere das im Kopf. „Du brauchst aber wahrscheinlich doch länger", fügt Sylvi hinzu. „Eine Geschichte entwickelt sich während des Schreibens. Der Schöpfungsprozess kann aber sehr heilsam sein." „Liebes, Du hast wie immer recht." Als nächstes frage ich die Nachbarin. Sie ist Journalistin und das Schreiben von Geschichten ist ihr tägliches Brot. „Klar, ich schaue gerne einmal darüber", versichert sie mir. Ich spreche außerdem noch mit einer Bekannten, mit meinem Webmaster, meinem Sohn, einer Kollegin, zwei Kollegen und einer weiteren Nachbarin – jede und jeder holt seine Sacheargumente, Emotionen und Assoziationen aus der Tasche. Nur mein kleiner Hund sagt, wie immer gar nichts dazu, er guckt nur süß. Na toll! Ich bin über jeden Hinweis froh. Ich höre mir alles an und ich bin dankbar. Dankbar für einen so vielfältigen und kompetenten Bekanntenkreis, dessen Antworten wirklich Gold wert sind. Ich sortiere sie alle in meinen virtuellen Kontenplan ein. Für und Wider, Soll und Haben, Ja oder Nein. Es steht nicht schlecht für das Buchprojekt. Aber ich bin noch immer hin- und hergerissen.

Ich tue, was ich seit einiger Zeit immer tue, wenn es darum geht eine Entscheidung zu treffen. Ich treffe sie aus mir selbst heraus und deshalb gehe ich in mich. Ich suche mir einen stillen Platz. Ich setzte mich auf den Boden. Ich öffne meine beiden Hände wie zwei Schalen. Ich schließe meine Augen. Ich atme. Dann lasse ich sie antreten. Einen Gedanken nach dem anderen. Zuerst die Gedanken, die Ratschläge, die Hinweise meiner Freunde und Bekannten. Ich sehe sie vor mir, ich höre sie sprechen. Es berührt mich an verschiedenen Stellen meines Körpers. Ich bemerke, wie mir allein die Vorstellung von einer Person ein Lächeln auf mein Gesicht zaubern kann. Ich bemerke, wie eine Erinnerung an eine vergangene Situation mir einen Stich versetzen kann. Ich bemerke, wie allein die Vorstellung eines kommenden Ereignisses mir den Hals zuschnürt. Im nächsten Schritt erlebe ich mich mit allen Emotionen, die sich an diese Vorstellungen anhaften. Ich betrachte den Glauben, die Befürchtung, die Erwartung, die dahintersteckt. Ich verabschiede jede einzelne, prüfe jede Emotion. Was hat das mit mir zu tun? Jenseits der Stimmen ist es still. Jenseits der Bilder ist nur Licht. Dann werde ich leer. Hier bin ich. Lang, kurz, weit, geborgen. Indem ich mich für die Erkenntnis aus der Stille öffne, meine Gedanken zum Schweigen bringe, habe ich Zugang zu etwas Größerem. Wie eine weise Instanz, die in mir wohnt. Ich lege den Fokus auf meine Ziele und meine Wünsche und fülle sie mit Liebe. Ein Schauer von Liebe durchdringt und umhüllt mich. Ich entlasse alles. Es fließt aus mir heraus, hinaus in eine weiße, klare, helle Zukunft. Alles klar, ich tu's! Der Vertrag ist unterschrieben und zurückgesendet. Was nun? Eine Struktur muss her! Ich brainstorme den Inhalt und bringe meine Gedanken in eine Ordnung. Hier sitze ich nun und blicke zurück. Nicht nur meine eigene Wahrnehmung hat sich deutlich verändert. Die Menschen ringsumher sehen meine Veränderung in den letzten Jahren, nicht nur äußerlich. Ich bin wie „neugeboren". Auferstanden wie Phönix aus der Asche.

Wie bin ich hierhin gekommen? Ich arbeite heute als Heilpraktikerin für Psychotherapie mit klinischer angewandter Hypnose als Methode in eigener Praxis. Als ich hypnotische Sprachmuster zum ersten Mal entdeckte und verstand, wie sie funktionieren, war das für mich wie ein Kometeneinschlag. Aus dem NLP waren mir solche Sprachmuster zwar nicht neu, aber Emotionen durch Worte und Metaphern zu erzeugen, um damit therapeutisch zu arbeiten, während der Klient entspannt auf einem Sessel in einem Trancezustand befindet. Ich bin begeistert, ich finde das großartig. Hier kommt also meine Geschichte.

Dankbarkeit

Ich wachse auf dem Land auf. Mein Geburtsort zählt kaum mehr als 50 Einwohner. Die revolutionäre Zeit, die wilden 60er, läuft an der Familie vorbei. Politische Ereignisse bleiben weitgehend unbeachtet. Klassische Rollenbilder dominieren das Bild. Behütet bin ich und geliebt. Das Landleben ist einfach und still in diesen Tagen. Meine ersten Erinnerungen führen mich zu endlosen Wartezeiten in meinem Kinderbettchen. Ich kann nicht selbst aufstehen, mich nicht erheben, und möchte doch nichts lieber als dabei sein. Ich schlafe wenig und halte mich an keinen Rhythmus. Ich hungere nach Leben. Alles Essen kommt aus dem eigenen Garten, aus Stall und Wald. Ich nehme meine Umwelt förmlich in mich auf. In die Erinnerungen mischt sich der Geruch von Schnee, weiß, tief und klar, dann die betörende, endlose Weite eines blauen Sommerhimmels ohne Flugzeuge. Darüber legen sich die Geräusche sich der Tiere, der Geschmack von Früchten, direkt von Baum oder Strauch, in der Luft rieche ich den Rauch von Holzfeuer und Braunkohlebriketts im Winter.

Schule, Ausbildung, Studium, Ausbildung, Fortbildung, Weiterbildung, Reisen, Lesen – viel davon und noch mehr. Immer neue interessante Themen, immer neue Erfahrungen, Enttäuschungen, Misserfolge in verschiedenen Gesichtern, auf verschiedenen Schultern, in anderen Herzen. Immer in der Dysbalance, mal zu viel gegeben, mal zu viel genommen. Das Wissen um die Gesetze des Lebens ist mir erst später, viel später, begegnet. Ich erinnere mich an Situationen, in denen ich kurz aufgetaucht bin. Augenblicke der Weisheit, des Verständnisses und der Einheit. Ich erinnere mich an die Gefühle, die so tief und klar sind, dass alles stimmt. Geborgenheit in starken, weichen, warmen Armen. Ich erinnere mich an Zustände von tiefem Koma, in den Abgründen der Seele, ohne Aussicht auf Rettung. Worte hallen in meinen Ohren wider, Worte, die heilen und Worte, die verletzen. Ich öffne mich für

die anderen Menschen. Ich höre hin, dann nicke ich und blicke mein Gegenüber an, bin zugewandt. Das schafft Nähe und Intimität. Die Menschen gehen
von mir weg und fühlen sich besser als zuvor. Oft erkenne ich ein Lächeln in
ihrem Gesicht. Es ist etwas geschehen, etwas Unerklärliches. Ich habe gar
nicht viel gesagt. Die wenigen Worte, die ich finde, verhallen fast ungehört.
Jahre später habe ich dafür einen Begriff gelernt: aktives Zuhören. Auch mich
erfüllt das. Ich fühle mich gut. Meine Gedanken kreisen um die anderen
Menschen und auch immer wieder um mich selbst. Ich bin erstaunt über mein
Mitgefühl.

Keine Frage, „Helfen" ist mein Beruf. Menschsein soll vor allem Spaß
machen. Das kann jeder erreichen, davon bin ich überzeugt. Es gibt eine
Lösung für ihre Verstrickungen. Jeder verdient die Heilung seiner Verletzungen, vor allem auf der Seelenebene. Jeder darf sein, wer er ist. Jeder Mensch
darf sich dabei unterstützen lassen, seine Freiheit zu leben und sein Leben
optimal auszunutzen. Ich möchte mehr darüber lernen, wie das geht. Abitur,
Jahrespraktikum, Studium der Sozialpädagogik. Der Weg ist klar. Zwischen-
drin lebe ich das pralle Leben. Freundinnen, Freunde, erste Beziehungen. Wild
und frei lebe ich. Ich bin immer die Letzte. Ich bin die, die am frühen Morgen
als Letzte am Feuer sitzt. Ich bin die, die, wenn die Getränke ausgehen, noch
zur Tankstelle fährt. Ich fahre noch mit zur nächsten Party, ohne Helm, ohne
Geld, ohne Haustürschlüssel. Ich bin auch die, die bis zum Morgengrauen
kellnert. Ich bin die, die nach dem Essen noch den Nachtisch verputzt und
danach den Digestiv rausholt. Vielleicht noch jemand Käse? Ich bin die, die es
übertreibt. Ich bin die, die kein Ende findet. Ich bin die, die hinfällt und
aufsteht, die, die die Prüfung wiederholt, die, die den Wagen schrottet und sich
direkt wieder hineinsetzt. Ich laufe mitten in der Nacht durch den
Hauptbahnhof, in fremden Städten, in fremden Ländern. Ich schlafe am
Strand, allein und nackt. Sonnenbrand, Liebeskummer, Gehirnerschütterung.
Ich lasse alle Türen offen und die Fenster, damit das Leben immer
hineinkommen kann. Keine Regeln für mich, keine Grenzen. Solange ich nicht
um die Gefahren weiß, habe ich keine Angst vor ihnen. Immer habe ich im
Hinterkopf, dass das Leben Spaß machen soll. Das verstehe ich als meinen
Lebenszweck. Zwischen Gesetzen, Konventionen und Strukturen finde ich
meine Freiheit. Ich ecke an und korrigiere den Kurs. Ich steuere bisweilen zu

weit in die falsche Richtung, gerate in Stürme und Untiefen. Dem Ertrinken ganz nahe, fast verbrannt und heftig aufgeschlagen. Meine Verletzungen sagen mir, wann ich die Richtung wechseln muss. Immer kurz vor dem Untergang reiße ich das Ruder herum. Niemand kann mich retten, das muss ich selbst tun. Mein Hunger bringt mich aus dem Gleichgewicht. Ich bin 23 Jahre alt und wiege 95 kg. Das macht mich zum Kumpel, mit dem man Pferde stehlen kann. Als Frau werde ich nicht wahrgenommen. Die ist nett, aber zu fett. Ich verliebe mich oft, aber es kommt selten zu einer Beziehung oder gar Partnerschaft. Läuft nicht so gut.

Dann beschließe ich, etwas zu verändern. Ich stelle meine Ernährung um und treibe Sport. Nun ja, vielleicht ist Sport nicht die richtige Bezeichnung. Ich rackere mich ab. Die Pfunde purzeln. Innerhalb von 9 Monaten diäte und strampele ich mich auf 60 kg herunter. Zuerst reagiert meine Umwelt mit Anerkennung, dann mit Unsicherheit und schließlich bekomme ich zum Geburtstag ein DIN A1 großes Suppenkasper-Poster geschenkt. Stopp, das reicht! Innerlich fühle ich mich wieder zwiegespalten. Leicht und dünnhäutig zugleich. Mit der Partnersuche entwickelt es sich auch nicht wie erwartet. Das Studium neigt sich dem Ende zu. Ich verhaue meine Diplomarbeit. Zuhause steht der Champagner kalt und ich muss die Botschaft meines Versagens verkünden. Läuft wieder nicht so gut, gerade. Was nun? Aufgeben? Nein! Aufstehen! Zweiter Anlauf - das kommt mir bekannt vor. Das Tal der Schmerzen durchwandern und danach gestärkt weitermachen.

Das nächste Level
Eigentlich komme ich gerade wunderbar mit mir selbst zurecht. Ich fühle mich schön. Das Studium ist fast vorbei und die erste Festanstellung wartet bereits. Ich habe einen großen Freundeskreis, ein eigenes Auto und ich bin kerngesund. Da begegne ich dem Menschen, der das Extreme und die Lebensfreude genauso sehr lebt und liebt, wie ich. Vielleicht ist Jörg noch mutiger als ich, auf seine Art. Das gefällt mir. Wir gefallen uns und wir beschließen gemeinsam zu leben. Wir tun uns gut auf dieser Achterbahnfahrt zwischen Anarchie und Spießertum. Nein danke, für mich keine Ehe, aber Treue, Ehrlichkeit, Freiheit. Unsere Interessen könnten unterschiedlicher nicht

sein. Er ist der Sportler, ein Mann des Wettkampfes und der stetigen Challenges, vor allem gegen sich selbst. Ich übernehme die klassische Hausfrauenrolle, koche, backe, gärtnere und beschäftige mich, zunächst beruflich, dann auch gedanklich mit Kindern. Die Vorstellung, wie Leben schmecken soll, verbindet uns, hält uns zusammen. Ich lerne zu streiten. Ich lerne zu lieben. Ich lerne, mich durchzusetzen. Wir halten uns, feiern uns, werden kosmisch und schließlich verspüren wir den Wunsch, uns zu vermehren. Im verflixten siebten Jahr unserer Beziehung gehen wir auf die nächste Ebene. Ich bin schwanger. Oh, wie gerne bin ich schwanger. Ich freue mich so. Ich kann es kaum erwarten, Mutter zu sein. Ich lebe gesund. Ich achte auf jede Regung meines Körpers und des Körpers in mir. Zauberhaft. Der schönste Tag in meinem Leben und die mit Abstand intensivste Erfahrung ist keine Hochzeit im herkömmlichen Sinne. Die Hoch-Zeit ist die Geburt eines Kindes. Währenddessen im Geburtsschmerz wieder der Gedanke, der mich schon mein Leben lang begleitet: Ich bin damit beschäftigt zu leben und das Beste dabei herauszuholen.

Und noch ein Level up. Weiter geht es im täglichen Spagat zwischen gesellschaftlichen Erwartungen, der Enge und dem Regelwerk unserer Umwelt und der Weite und Lebenslust unserer kleinen Familie. Alles kann, nichts muss. Ich beschließe, meine gut dotierte Stelle als Leiterin einer Jugendeinrichtung aufzugeben. Ich möchte bei meinem Kind und meinem Partner sein. Wir bauen ein eigenes Unternehmen auf. Wir arbeiten Tag und Nacht, feiern dazwischen ausschweifend. Wir machen unsere Erfahrungen. Wir expandieren und schrumpfen wieder zusammen. Wir kaufen ein Haus. Ein großes Haus, mit vielen Zimmern und einem noch größeren Garten. Darin feiern wir uns und unser Leben. Manchmal gehen wir auf dem Zahnfleisch. Vollkommen verausgabt, übermüdet und nahe an der Pleite. Manchmal sind wir dekadent, hochmütig, arrogant. Wir sparen und wir geben das Gesparte mit vollen Händen aus. Das lässt uns das Leben spüren. Wir leben uns aus. Innerhalb unserer selbst erschaffenen Räume verwirklichen wir, was Leben für uns bedeutet. Extremsport, Theaterspiel, Gartenträume, Kulinarisches, Fahrzeuge aller Art, Reisen, Sex, Drugs und Rock'n'Roll, eine Katze, ein Hund, noch ein Hund. Die Jahre vergehen. Vollgefüllt mit Ereignissen. Keine Langeweile, das bloß nicht! Immer getreu der obersten Prämisse: „Alles ist erlaubt, Hauptsache, die Stimmung ist gut!" Ich weiß nicht genau, wann die Stimmung gekippt ist. Immer öfter kommt das Gefühl auf, dass es nicht reicht. Ich bin weiterhin damit beschäftigt zu leben und das Beste dabei herauszuholen. Mangeldenken stellt sich ein. Das Geld reicht nicht. Der Spaß reicht nicht. Der Schlaf reicht nicht. Die Zeit reicht nicht. Wir (er-)reichen uns nicht. Wir werden nicht mehr satt. Die Fragen nach dem Sinn und der Bestimmung für die zweite Hälfte unseres Lebens kommen immer öfter auf. Wir schaffen es seltener, eine gemeinsame Vision dafür zu finden. Jeder sucht allein. Ziele und Interessen entstehen vor unseren Augen. Mehr geistiger Input, noch höhere Berge, noch extremere Temperaturen. Noch weitere Forschungen, noch mehr Wissen, mehr Internet. Im Hintergrund plagen uns unsere Verpflichtungen, finanziell, gesellschaftlich, als Eltern. Sie scheinen uns aufzufressen. Die Basis bekommt Risse und bröckelt. Ich glaube an uns. Wir sind Wir. Wir gehören zusammen. Wir teilen unser halbes Leben miteinander. Wir planen den Ausstieg. Wir rechnen aus und wir träumen. Die Träume gehen auseinander. Anstatt in einem gemeinsamen Traumbild finden wir uns immer häufiger, vor scheinbar unlösbare Aufgaben gestellt, in verschiedenen Zimmern wieder. Träume verworfen, verschoben auf später. Ausgepowert.

Dann begegne ich meiner Passion. Es gibt sie doch, diese eine Bestimmung in meinem Leben. Ich bin doch wegen irgendetwas hierhergekommen. Meine Aufgabe ist es, andere Menschen darin zu unterstützen, zu werden, was sie sein wollen, zu werden, was sie sind! Das war ein langer Weg bis hierher und ich habe jede Sekunde voll ausgekostet. Jetzt ist es Zeit für meine Lebensbestimmung. Ich gehe jetzt weiter. Weiter in Richtung selbstbestimmtes Leben. Das ist es, wonach ich gesucht habe. Ich bin noch etwas wackelig auf den Beinen, aber ich fühle mich auf dem richtigen Weg.

Ich beginne eine Ausbildung. Mit 45 Jahren starte ich etwas Neues. Ich habe die Hypnose als ultimatives Tool für meine therapeutische und beraterische Arbeit im Dienst der Bewusstwerdung der Menschen entdeckt. Ich bin entflammt. Mein Herz brennt. Eine neue Erfahrung jagt die nächste. Faszination pur. Eine ganz neue Denkweise, eine Methode, die im Inneren ansetzt. Weg von allem, was im Außen begrenzt, entdecke ich eine vollkommen neue Welt. Spiritualität war zu allen Zeiten ein Bestandteil meines

Lebens. Jetzt nimmt sie mehr und mehr Raum ein. Ich darf schweben. Ich darf abheben und alles in einem neuen Licht betrachten. Nach der Ausbildung zur Hypnotherapeutin folgt eine weitere Ausbildung. Die Prüfung zur Heilpraktikerin Psychotherapie ist anspruchsvoll und zeitraubend. Wieder werden meine freiheitsliebenden Gedanken in kleine Schubladen verfrachtet.

In den 90ern habe ich Rupert Sheldrake gelesen. „7 Experimente, die die Welt verändern können" enthielten mehr Antworten auf meine Fragen über das Leben, als ich in 20 Jahren Schulbildung und Studium erhalten hatte. Die Öffnung der Wissenschaft, jenseits der bislang möglichen messbaren Beweise, hin zum Eingeständnis eigener spiritueller Erfahrung, das ist es, was ich mir wünsche. Ursachenforschung statt Symptombekämpfung. Bewusstsein schaffen, dafür, dass viele Theorien auf rein hypothetischen Annahmen beruhen. Es sind Gedankenkonstrukte, gebaut auf Gedankenkonstrukten. Spirituelle Dimensionen von Wissenschaft, anstatt gekaufter Glaubensideen, das ist es, was ich suche. Das ist es auch, was ich anderen Menschen zugänglich machen möchte. Eigenes Erleben ist so viel mehr und wahrhaftiger als die Anpassung von Statistiken, Mustern und Studien auf ein vollkommen individuelles Wesen. Sicher, es gibt die Naturgesetze. Ja, wir leben in einer linearen Welt. Ja, die Gesellschaft umgibt uns. Ja, wir sind in den weltlichen Kontext eingebunden. Aber ist unser Erleben nicht trotz alledem subjektiv? Nicht zwei Menschen auf dieser Erde haben eine exakt gleiche Lebenswelt. Sie mögen denselben Umständen ausgesetzt gewesen sein, aber haben sie auch dieselben Erfahrungen gemacht? Wer ist es, der bewertet, was richtig und was falsch ist? Wo beginnt und wo endet die persönliche Freiheit? Gibt es nicht innerhalb des Regelwerkes trotz allem tausende von Möglichkeiten, sich die eigene Welt zu gestalten?

Der Gedanke ist der Vater aller Dinge
Eine Gratwanderung zwischen Medizin, Psychologie, Biologie, Chemie, Physik, Religion und Esoterik - so verstehe ich Leben. Um in Deutschland mit Hypnose zu praktizieren und auch um die Gesetze kennenzulernen, nach denen die Kollegen aus Wissenschaft und Schulmedizin vorgehen, lege ich die Prüfung zur Heilpraktikerin Psychotherapie ab. Ich erwarte Unterstützung von

meinen engsten Menschen. Ich glaube, dass ich ein Recht darauf habe, dass mich die Familie versteht. Ich bin mit Lernen beschäftigt. Meine Gedanken sind dort und weniger bei der Familie. Diese Aufgabe erfordert Konzentration, Durchhaltevermögen, Zeit und Disziplin. Ich bewältige sie.

Am Vorabend der Jahreswende bekomme ich Bauchschmerzen. Erst räume ich dieser Tatsache wenig Bedeutung ein. Die Schmerzen werden stärker. Ein Schmerzmittel hilft mir einzuschlafen. Mitten in der Nacht erwache ich schweißgebadet. Das Thermometer zeigt Fieber. Ich versuche aufzustehen, aber es schmerzt im Unterbauch. „Blinddarmentzündung", fährt es mir in den Kopf. Kein Zweifel, ich muss handeln. Am Silvester-Morgen wird der stark entzündete Blinddarm entnommen. Keine Sekunde zu früh. Eine innere Schlacht scheint in vollem Gange zu sein. Die Tragweite bleibt mir jedoch noch verschlossen. Ich bin nicht in der Lage, zu erkennen, was das mit meinem Leben zu tun hat und was mir diese Entzündung sagen will. Ich verlasse die Klinik und kümmere mich nach der Genesung weiter um mein Herzens-Business. Zum Wohle aller, wie ich finde. In unserem Haus habe ich eine psychotherapeutische Praxis eingerichtet. Klienten kommen und ich verdiene das erste Geld. Ich investiere jeden Cent in den Aufbau des Unternehmens, gehe zu Netzwerktreffen, besuche Seminare, lese Bücher und schreibe selbst ein Buch. Ich gebe Webinare, ich werde sichtbar in der Presse, auf Messen und im Netz. Natürlich fehlt mir deshalb die Zeit für gemeinsame Unternehmungen mit Jörg. Keine langen Wanderungen, ausschweifende Partys oder gar Urlaub. Nur noch ein paar mehr Investition bis zum großen Durchbruch. Die Vision geht weg vom 1:1-Coaching und der Mensch-zu-Mensch-Therapie hin zu einem Online-Business. Ich möchte von überall arbeiten können und damit wir erfüllen uns den Traum vom Leben aus dem Camping-Bus. Geplant ist es, das Haus zu verkaufen und umherzureisen. Mit einem Online-Business wird alles finanzierbar, so meine Gedanken. Das erfordert nun einmal Opfer. Aber das große Ziel, unser gemeinsames Ziel, halte ich hoch.

Natürlich vermisse ich Jörg. Nicht nur die gemeinsame Freizeit fehlt mir. Ich erwarte seine Aufmerksamkeit und Anerkennung für das, was ich tue. Anstatt mich zu unterstützen, so wie ich mir das wünsche, zieht er sich jedoch mehr und mehr zurück. Ich bin zurzeit auch nicht das, was er sich wünscht. Wir erreichen uns nicht. Er verbringt Zeit mit Steffie, meiner Freundin Steffie. Sie fahren gemeinsam Fahrrad. Ich freue mich, dass sie Spaß haben dabei. Mir lässt das Raum für meine Aufgaben, meine Arbeit. Manchmal werde ich von beiden gefragt, ob es mich stört, dass sie Zeit miteinander verbringen. „Solange ihr nur Rad fahrt," antworte ich wahrheitsgemäß, „ist das für mich kein Problem."

Der Prozess des Unternehmensaufbaus ist kräftezehrend. Ich fühle mich oft niedergeschlagen und überfordert. Eine Ernährungsumstellung soll neue Energie bringen. Basische, vegane Kost hält Einzug. Ich sehe noch die langen Gesichter in den Augen meiner Lieben beim Betreten der Küche. Schon der fremde Geruch der Speisen hat Schlimmes erahnen lassen. Der Anblick hat jedoch alle Befürchtungen übertroffen. Ist das alles? Warum ist das nicht süß? Die Folge davon ist, dass jeder in der Familie ab jetzt sein eigenes Süppchen kocht. Eine weitere gemeinsame Aktion, das gemeinsame Essen, fällt ebenfalls weg. Dennoch bin ich zuversichtlich. Wir schaffen das. Ich lasse keinen anderen Gedanken zu. Immer öfter verbringen Jörg und Steffie Zeit miteinander. Die Ausfahrten werden länger. Bekannte weisen mich auf diese Tatsache hin. Ich tue das ab. Die beiden teilen nur ihr Hobby. Ich bin weiterhin damit beschäftigt zu leben und das Beste dabei herauszuholen.

Anstatt zu erblühen und zu wachsen, baue ich mehr und mehr ab. Ich hinterfrage alles, betrete mit jedem Schritt neues Land und verliere die Orientierung. Was ist richtig, was nicht? Was bedeuten die neuen Erkenntnisse für mich und für mein Leben? Dem Partner Freiheit zugestehen, sich selbst weiterentwickeln, sich verwirklichen. Es ist gut für mich, für uns. Je mehr ich lerne und wiederentdecke, desto verwirrter werde ich und desto mehr stoße ich auf Widerstand in meinem Umfeld. Das ist wackelig, ungewohnt und unstimmig. Ich sollte mich besser fühlen. Durchhalten. Nur noch ein wenig mehr Zeit und alles wird gut. Ich erlebe die Ereignisse wie ein Beobachter meiner Situation aus der Ferne. Aber ich bin ein Beobachter mit getrübtem Blick. Ich lege meinen Fokus auf andere Dinge. Für die Entwicklung der Beziehung zwischen Jörg und Steffie scheine ich nahezu blind zu sein. Das ist er wohl, der berühmte „blinde Fleck". Auf eine Manifestation im Außen brauche ich nicht lange zu warten. Eines Morgens kann ich den Fleck in der Sklera, der weißen Lederhaut meiner Augen sehen, als ich in den Spiegel schaue. Einige Tage später entwickele ich zudem eine Rötung, eine Art Neurodermitis rund um meine Augen. Sie beginnen zu jucken und zu tränen. Ich bin schon eingetaucht in die Lehre der Psychosomatik. Ich weiß um die Auswirkungen der Psyche auf die Gesundheit, aber ich weiß die Phänomene bei mir selbst nicht einzuordnen. Ich bin mit vermeintlich wichtigeren Dingen beschäftigt. Ich bin damit beschäftigt zu leben und das Beste dabei herauszuholen.

Dann ein Abend im Oktober. Ich fühle, dass etwas geschehen ist. Jörg hat den Tag mit Steffie verbracht, wieder einmal waren sie gemeinsam unterwegs. Ohne mich. Auf der Geburtstagsfeier von Sylvi haben sie beide gefehlt. Das Offensichtliche scheint nun nicht mehr zu leugnen. Wieder ist es meine beste Freundin, die mich sozusagen mit der Nase darauf stößt. „Fahr nach Hause," sagt sie. „Wenn Du heute nicht mit Jörg sprichst und ihn fragst, was da los ist, dann werde ich es tun! Ich kann da nicht länger hinschauen. Da stimmt etwas nicht! Das ist doch nicht normal!" Als ich nach Hause komme, finde ich meinen Jörg am PC vor. Er bearbeitet gerade den Videomitschnitt vom Tagesausflug mit Steffie. Ich schaue ihm über die Schulter und erkenne einen warmen Ausdruck in ihren Augen. Sie schauen sich so vertraut an und sprechen so liebevoll miteinander. Ein Verdacht kommt in mir auf. Es drängt sich mir förmlich auf. Ich muss fragen, was los ist. „Hey Jörg," sage ich, „was ist da zwischen Euch? Sag mir, was los ist!" Der entsetzte Blick in seinen Augen, die Schärfe in seiner Stimme. Fast anklagend formuliert er die befürchtete Antwort. „Ja," sagt er, „wir haben uns geküsst. Vor einer Woche, bei einem gemeinsamen Ausflug, an einer Bank. Ich hätte es dir gesagt, aber ich bin selbst verwirrt und überrascht von den Ereignissen…" Die Welt verschwimmt vor meinen Augen. Ein Orkan von Gefühlen überschwemmt mich. Das kann und darf nicht sein, jetzt ist alles vorbei. Ich kann nicht glauben, dass es wirklich wahr ist. Meine komplette Welt bricht zusammen. Ein Schrei erstickt mir in der Kehle. Vor mir steht mein Ex-Partner und alle Farbe fällt ihm aus dem Gesicht. Auch, wenn alle Vorzeichen auf diesen Umstand hingedeutet haben, die Wahrheit trifft mich dennoch unvorbereitet. Jörg ist ehrlich und fair. Er und sie. Mein Mann und meine Freundin. Sie haben so viel Zeit miteinander verbracht, sie haben gemeinsame Interessen und sie haben sich ineinander verliebt. So ist es nun. Akzeptiere, was ist. Dieses Mal bin ich noch tiefer gestürzt als jemals zuvor. Ich wache auf. Mit einem Schlag direkt in mein Gesicht erkenne ich, dass ich raus bin. Ich schreie, ich schlage um mich, ich verletze mich selbst und die anderen. Immer wieder. Ich bin wie von Sinnen. Wie ein Tier, dass die Stäbe seines Käfigs zum ersten Mal bewusst wahrnimmt, drehe ich vollkommen durch. Es ist die Hölle. Herzlich willkommen in der Opferrolle! Ich will nicht akzeptieren was ist. Langsam beginne ich damit, den Tatsachen ins Auge zu sehen. Kopfkino vom Allerfeinsten bringt mich um den Schlaf und lässt mir auch tagsüber keine Ruhe. Ich kann nichts essen, ich kann nicht arbeiten, ich kann nicht denken und weder mich selbst, noch andere Menschen ertragen. Ich bin vornehmlich damit beschäftigt, nicht zu sterben.

Wochen, angefüllt mit Vorwürfen und Anklagen. Klägliche Versuche, Normalität in einen vollkommen desolaten Haushalt zu bringen. Zusammenbrüche, Szenen, Dramen und immer wieder der Aufbruch meines, mehr denn je, geliebten Partners in die Arme einer anderen Frau. Kann das Ruder noch herumgerissen werden? Wie stark ist die Bindung zwischen Jörg und mir? Wir sind immerhin unser halbes Leben lang zusammen. Wir haben einen wunderbaren Sohn, ein Haus, ein gemeinsames Unternehmen und Pläne für die Zukunft. Das ist doch so wertvoll. Liebt Jörg mich denn überhaupt nicht mehr? An einem sonnigen Wintertag erhalte ich die endgültige, niederschmetternde Botschaft. Nach Wochen voller Hoffen und Bangen, Flehen und Betteln, Anklagen und Drohen verkündet er: „Wir werden heiraten." Zu spät. Worte, die mich krank machen. Ich habe verloren. Ich kann nichts tun. Ich liebe doch. Ich liebe, ich hasse, ich liebe. Ich weiß nicht weiter. Oh, wie ich sie verabscheue, diese Sackgassen und Situationen, die ich nicht ändern kann. Längst sind andere Pläne entstanden, ohne mich. Ich bin raus. Meine Basis, mein Leben, mein Partner, mein Haus, meine Praxis, mein Garten, mein Lebenstraum und die Jahre der Zweisamkeit - alles weg. Nichts. Mir gehört gar nichts!

Der Tag ihrer Hochzeit im Frühjahr wird zum schlimmsten Tag in meinem Leben. „Sie haben es tatsächlich getan, haben es wahr gemacht," schluchze ich. Es bricht aus mir heraus, aber ich scheine kein passendes Ventil zu finden. Ich mache Fehler, dabei sollte ich es besser wissen. Wie vielen Menschen habe ich geraten? Ich kenne die Prozesse genau, aber kann ich sie auch für mich selbst anwenden? Ich bin damit beschäftigt, nicht zu sterben. Wahrlich, was für ein harter Aufschlag in der Realität. Ein Schattenthema nach dem anderen bricht sich bei mir Bahn. Alle verdrängten und verleugneten Aspekte meiner Persönlichkeit treten an die Oberfläche. Ich muss jetzt hinschauen. Ich stelle mich ihnen. Es führt kein Weg mehr daran vorbei. Lektion für Lektion lerne ich mich immer besser kennen. Ich bin kein Gutmensch und kein Bösewicht. Ich erlebe Gefühle von Zerrissenheit, roh und verbrannt. Ich kämpfe mich durch tiefe Verletzungen, Schmerz, Wut, Trauer, Angst, Scham – die komplette Palette. Alles strömt auf mich ein. Neros Tränenvase hätte in eine 10-Liter-Amphore umgetauscht werden müssen. Ich bin nicht bei Sinnen, oder eben jetzt erst recht? Inmitten dieses Supergaus, dem Chaos der Gefühle, muss ich trotz allem Entscheidungen treffen, die weitreichende Folgen für meine Zukunft haben werden. Ich musste Distanz schaffen, zwischen Jörg und mir, innen wie außen. Das gemeinsame Haus wird verkauft. Ich miete eine kleine Dachwohnung in der Nähe. Zum ersten Mal in meinem Leben bin ich ohne Rückhalt, vollkommen auf mich allein gestellt. Ich muss die Dinge neu sortieren. Ich miste aus und trenne mich, auch von Erinnerungen, ja, von den meisten Habseligkeiten. Übrig bleibt das Existenzielle. Der Auszug aus einem großen Haus mit Garten in eine winzige Dachwohnung, erfordert die Reduktion auf das Wesentliche. Abschied vom Überfluss. Ich nenne meine neue Wohnung liebevoll mein „Zelt". Ich beginne Sport zu treiben – ich! Jeden Morgen fahre ich ins Schwimmbad. Bevor der Tag richtig anbricht, schwimme ich einen Kilometer. Ich verliere Gewicht und mein Körper verändert sich. Ich bin hauptsächlich damit beschäftigt, nicht zu sterben und das Beste dabei herauszuholen. Langsam, sehr langsam komme ich wieder zu Kräften. Von einem Tag zum anderen lebe ich weiter. Ich lerne, was es bedeutet, demütig zu sein. Ich übe mich jeden Tag in Achtsamkeit und Demut vor dem Leben. Ich muss ständig darauf achten, mir an der Schräge im „Zelt" nicht den Kopf anzustoßen. Ich krieche ins Bett und wieder hinaus. Ich weine, ich schreie. Es ist kaum auszuhalten und dann habe ich mich doch bis zum nächsten Morgen gerettet. Aber das Licht finde ich nicht, noch nicht. Ich arbeite an mir. Noch intensiver als bisher in meinem Leben. Ich schaue mir genau an, was ich tue. Ich überlege genau, wen ich treffe, wann, wo. Ich bin damit beschäftigt, am Leben zu bleiben. Bin ich am Ende angelangt? Schein-bar.

Ich entwirre und entwickle mich. Ich suche nach Antworten. Ich fahre zu Lehrern, ich spreche mit Bekannten und Fremden. Ich versuche heraus-zufinden, was ich wirklich will, wer ich bin und wie es weitergehen soll. Ich erfahre Neues, sehe Bekanntes. Ich lerne und erinnere mich. Ich finde Antworten und immer neue Fragen. Und ich erleide Rückschläge. Immer wieder heule ich mich aus. Danach ist es ein wenig besser, aber nicht für lange. Ich kann nicht mehr, ich will nicht mehr. Dann ein neuer Morgen. Murmeltiertag? Es geht irgendwie weiter. Meine Sichtweise verändert sich, langsam, aber stetig. Meine Beurteilungen verändern sich mit. Meine Gefühle verändern sich. Die Geschehnisse bleiben unverändert, an sich. Fakten, Zahlen, Daten. Das Material ist scheinbar gleich. Verändert sind Bewertungen, Einschätzungen, Emotionen. Selbst die Erinnerungen verändern sich dadurch. Vergangenheit und Zukunft stehen in anderem Kontext da und sie bekommen neue Farben. Ich suche nach Beweisen. Die Zeit vergeht. Ich suche nach den Gesetzen des Lebens. Jetzt, nach einer schier endlosen Zeit, de facto sind es zwei Jahre, die seitdem vergangen sind, fasse ich zusammen, was ich für mich herausgefunden habe:

Energie folgt Aufmerksamkeit.
Das Leben folgt einer Bestimmung, deiner Bestimmung.
Deine Lebensbestimmung geht über dein Ego hinaus.
Behalte das Allgemeinwohl immer im Auge.
Der Körper folgt dem Geist. Dein Körper drückt diese Wahrheit aus. Er
    kann nicht anders.
Höre auf die Stimme des Herzens. Was du fühlst, ist wahr.
Gedanken formen Realität.
Selbstliebe ist ein Schlüssel zum Glück.
Dein Inneres und deine Umwelt spiegeln sich.
Dein Einfluss auf das Leben beginnt und endet bei dir selbst.
Integriere alle Aspekte deiner Persönlichkeit. Umarme auch die dunklen
    Seiten. Das bedeutet es, heil zu sein.

Übe dich in Dankbarkeit.

Praktiziere Achtsamkeit.

Ein hauptsächlicher Bestandteil der Bewusstwerdung ist die Demut vor der Schöpfung.

Ich bin ein Teil davon.

Es ändert sich alles, wenn Du die Verantwortung für dich selbst übernimmst.

Diese Erkenntnisse sind schmerzhaft und befreiend zugleich. Ich verursache Wirkungen durch mein Handeln. Jede Wirkung hat eine Ursache. Die Tatsache, dass ich sie nicht kenne, also eine unbewusst herbeigeführte Ursache, führt genauso zu einer Wirkung wie eine bewusst gesetzte Ursache. Je genauer ich überprüfe, wer ich bin, was ich will und wie ich es bekomme, desto eher kann ich mein Ziel erreichen. Die Beobachtung der Natur und ihrer Zusammenhänge liefern Erklärungen für die Welt. Jede schmerzliche Erfahrung bringt mich auf das nächste Level. Eine Weisheit nach der anderen bestätigt sich auf eindrückliche Weise in meinem Leben. Ich kann nun sehen, was für eine immense Lernerfahrung in meiner Geschichte steckt und bin versöhnt mit dem Leben. Es fühlt sich so an, als sei ich auf einem anderen Level angekommen. Habe ich diese Erfahrung gebraucht? Anscheinend ja. Ich finde spannend, was da wohl noch auf mich zukommen mag. Aus dieser Perspektive bekommt das Leben eine neue Qualität und immer neue Herausforderungen und Aufgaben. Ich freue mich schon auf die nächste. Ich bin damit beschäftigt zu leben und das Beste dabei herauszuholen.

Sandra Wollersheim im Kurzportrait:

Sandra Wollersheim ist Mind-Coach. Ihr Leben widmet die heute 50-jährige Sozialpädagogin dem Studium menschlichen Verhaltens. Als Resümee aus drei Jahrzehnten unternehmerischer, beratender und therapeutischer Tätigkeit bietet sie die Essenz aus Konzepten und Strategien an, die eine kurzfristige und dauerhafte Optimierung der Persönlichkeit bewirken. Sandra ist Diplom Sozialpädagogin, Heilpraktikerin für Psychotherapie und Hypnose-Therapeutin. Sie ist in eigener Praxis tätig. Neben 1:1 Coaching-Sitzungen engagiert sie sich als Dozentin, Autorin und Speakerin. Aktives Netzwerken und die Leitung eines Seminarhauses runden ihr Aufgabenfeld ab. Ausbildungen in den Fachgebieten: NLP, Transaktionsanalyse, Hypnotherapie (NGH, Halifax) (Milton Erickson), Gestalttherapie, Systemisches-Coaching, Kliententzentrierte Gesprächsführung (C. Rogers), Autogenes Training, Progressive Muskelrelaxation, EMDR unterstützen sie in ihrer Arbeit. Krisen betrachtet Sandra als Chance. Aus einer veränderten Perspektive, gemeint ist die hypnotische Trance als Bewusstseinszustand, wird der Nutzen für den Menschen erfahrbar. Jeder ist genau an der richtigen Stelle auf seinem Lebensweg. Ziel ist es, das Leben mit Leichtigkeit und in harmonischer Freude zu leben.

www.hypnose-rheinsieg.de
www.facebook.com/Hypnoserheinsieg

„Je genauer ich überprüfe,
wer ich bin, was ich will und
wie ich es bekomme, desto eher kann ich
mein Ziel erreichen."

Sandra Wollersheim

CHRISTINA SALOPEK

◆ ◆ ◆

Sehe ich mich als erfolgreich? Zahlen, Daten und Fakten sprechen dafür, doch das war nie mein Ziel auf diesem, meinem, spirituell bewussten Weg, den ich 2007 begonnen habe zu gehen. Mein Ziel war es, die Welt zu retten und das lässt mich heute ganz laut lachen, denn natürlich war das ein großer Mädchentraum. Doch dieser Traum hat mich beflügelt, mit all dem, was da an Übersinnlichem auf mich einprasselte, umzugehen und es zu erforschen.

Um hier zu erzählen wie ich erfolgreich geworden bin, gehört weit mehr dazu als Zahlen, Daten und Fakten. Ich bin aus dem klassischen Raster der weiblichen Rollen der Hausfrau, Mutter, Weibchen und der liebenden Ehefrau herausgefallen und erst einmal unsanft auf dem Boden einer neuen sich für mich zeigenden Realität gelandet. An dem Tag, als alles anfing, als mich meine innere Stimme rief, als ich über Nacht das Gefühl hatte, neben mir im Bett liegt eine Bruder-Figur und nicht mehr mein geliebter Mann, habe ich meinen Mann mit unseren drei Kindern verlassen – von heute auf morgen – ohne ersichtlichen Grund. Wir führten eine traumhafte Ehe und er war der wundervollste Mann der Welt. Doch mein Gefühl gab mir keinen Spielraum zum Nachdenken, keinen Spielraum zum Abwarten, ich musste bedingungslos „gehen"! Und es tat mir so weh, diese ersten und auch noch die vielen nachfolgenden Schritte zu gehen. Doch es fühlte sich nie an, als dass ich eine Wahl gehabt hätte. Es war zu tun. Es tat einfach weh, bis ich schließlich erkannte, warum es so wichtig für mich war.

Kurzer Rückblick, um ein bisschen zu verstehen was mit mir geschehen ist: Bis 2006 führte ich das Leben einer klassischen Hausfrau: Ich hatte einen Mann, drei Kinder und genoss den angenehmen Wohlstand, den wir uns aufgebaut hatten. Dazu gehörten ein schönes Haus, zwei tolle Autos und vermeintliches Glück und Harmonie in unserer bis dahin 12-jährigen Partnerschaft und Ehe. Das war auch alles ganz wunderbar, denn ich kannte diese eine Seite in mir bis dahin nicht, diese unglaubliche Mystik, die Gaben und Fähigkeiten, die ich in mir trug. Ich konnte sie nicht einmal erahnen und machte mir bis dahin auch nie Gedanken darüber, denn es war ja nicht „da". Kein Gedanke, kein Gefühl, keine Sehnsucht, so wie es oft bei anderen Menschen ist, die sich etwas anderes oder neues für ihr Leben wünschen. Ich war glücklich. So glücklich wie ich es zum damaligen Zeitpunkt sein konnte. Ich wusste bis dahin auch nicht, was es bedeutet, eine Partnerschaft, eine Ehe oder gar ein Leben zu führen, dass ein vollkommen neues Bewusstsein in sich tragen würde. Aus heutiger Sicht weiß ich, dass ich damals überhaupt kein Selbstbewusstsein hatte! Ich stand als „hübsches Püppchen" neben meinem erfolgreichen Mann. Zu dieser Zeit hat das jedoch keiner von uns beiden so gesehen. Für uns war alles in bester Ordnung! Auch für unser Umfeld sah alles perfekt aus und wir galten für viele als das „Traumpaar" schlechthin. Für mich fühlte sich meine damalige Welt wirklich gut an, bis der Tag kam, an dem sich alles veränderte.

Mein Leben wurde von einem Tag auf den anderen auf den Kopf gestellt und ich machte mich auf zu einer Reise in eine mir bis dahin unbekannte Welt. Ich glaubte bis zu diesem Zeitpunkt nicht an Gott. Dass es da irgendetwas gab, das konnte ich mir zwar schon vorstellen, aber ich machte mir nicht sonderlich viele Gedanken zu diesem Thema. Ich glaubte nicht an Engel, Geistwesen oder übersinnliche Fähigkeiten. Für mich waren das alles nur nette Geschichten, wenn ich darüber etwas las oder hörte. Und um Heiler,

Energetiker und sonstiges spirituelles Leben machte ich einen großen Bogen. Ehrlich gesagt hielt ich diese Menschen für völlig bekloppt. 2007 begann ich plötzlich und völlig überraschend, mit offenen Augen, Energiefelder am Himmel zu sehen. Spiralen, Linien, traubenförmige Gebilde, Kreise, Punkt und vieles mehr. Ich kippte schier aus meinen Latschen, als das begann. Dieses „Etwas" am Himmel zu sehen, brachte mir Tränen und gleichzeitig ein unglaublich weites Gefühl in meinem Herzen ein. Ich wusste überhaupt nicht, was das war und es ging nie wieder weg. Ich sah diese Zeichen und Dinge einfach überall, irgendwann sogar in meinen Kochtöpfen am Herd. Es schwirrte und waberte immer um mich herum. Es war, als ob ich in die unterschiedlichsten Dimensionen hineinblicken konnte. Ich hörte Stimmen, begann Umrisse von Licht- als auch von Schattenwesen zu sehen. Jeder Tag, jede Nacht wurde plötzlich zu einem Fantasy-Abenteuer. Ja, so würde ich es aus heutiger Sicht beschreiben.

Viele, die ich auf meinem Weg traf, sagten: „Ja, Du hast es ja einfach, Du siehst „sie" – hörst „sie" und bekommst Deine Informationen". Doch es war wirklich alles andere als einfach. Im Gegenteil. Es war sogar ganz furchtbar in den ersten Monaten und Jahren. Ich weiß nicht, ob sich man sich das wirklich vorstellen kann. Es kommt etwas in Gang im Innersten, dass alles, was Du für Dich bis dahin als richtig und als Dein Leben angesehen hast, vollkommen infrage stellt. Und dieses Gefühl ist so immens stark, dass es einem unglaubliche körperliche sowie auch seelische Schmerzen bereiten kann, wenn man Entscheidungen mit dem Verstand trifft und nicht diesem Gefühl folgt, das so unbekannt und irrational erscheint. Oft bin ich in den Wald gegangen und habe geweint, weil ich so vieles nicht verstanden habe. All die Gefühle, alles, was ich begonnen habe zu sehen: Bilder, Farben, Formen, Gesichter, Tote, dunkle Wesen – all die Stimmen, von denen ich anfänglich nicht wusste, wo sie herkamen. Ich war oft fix und fertig und komplett überfordert, und wenn ich nicht wahrhaftig mit offenen Augen die ganzen Symbole und Zeichen am Himmel gesehen hätte, ich hätte mich selbst als schier wahnsinnig abgestempelt. Ich habe eine Weile versucht zu namenhaften Energetikern zu gehen, um nach Antworten und Hilfe zu suchen für das, was ich da am Himmel sah und in mir fühlte. Jeder hatte mir etwas dazu zu sagen, doch nichts von alledem fühlte sich für mich gut und stimmig an. So begann ich, ganz allein zu forschen, zu gehen, damit umzugehen! Und das war für mich die beste Entscheidung, die ich für mich treffen konnte. Denn ich habe gelernt, ausschließlich mir und meiner inneren Stimme zu vertrauen. Egal, wie turbulent die Lebensstromschnellen auch waren, ich bin da durchgeschwommen, immer mit dem Fokus auf mich und mein Leben. Heute weiß ich natürlich, dass alles stets zu meinem höchsten Wohle war. Egal, wie schwer und traurig sich die Erfahrungen anfühlten, ich habe begonnen, damit den Weg einer Vor-Weggeherin zu beschreiten. So war es bei mir und so ist es heute noch. Heute, zehn Jahre später, ist es natürlich wesentlich ruhiger geworden und ich habe viel erfahren, in mir verändert und geheilt. Ich bin zwar immer noch im gleichen Körper, doch im Inneren eine komplette neue Frau geworden. Dieser Weg hat mich zu einer anderen Frau werden lassen: zu einer modernen Hexe, zu einer Heilerin, zu einer Priesterin und zu dem Weib, das ich heute bin.

Das Besondere an meiner Geschichte ist zusätzlich, dass sich mein Mann hat mitentwickeln dürfen. Als ich ihn damals verlassen habe und aus unserem wunderschönen Haus ausgezogen bin – ohne Geld zu haben und im Vertrauen, dass ich das mit den Kindern allein schaffe, tat sich auch in ihm etwas. Auch hatte ich kurzfristig eine Affäre, mein Mann ebenfalls, doch wir sind trotz allem in dieser Zeit immer gut und respektvoll miteinander umgegangen. Das war schon wirklich einzigartig. Er hat mir circa sechs Monate die Miete für mein neues Zuhause bezahlt, obwohl wir uns beide in neuen Partnerschaften befanden. Bis es dann auch bei ihm bergab ging. Durch den Betrug eines ehemaligen Geschäftspartners stand er durch seine Gutmütigkeit und ein paar Handschlag-Vertrauensbekundungen ganz schnell mit dem Rücken zur Wand und ein Konkurs vor der Tür. Heute sage ich, dass es genau diese Situation brauchte, damit auch Robert seinen Weg findet. Er wäre sonst, so glaube ich, nicht aus seinem bis dahin erfolgreichen Unternehmertum ausgestiegen. Egal, was da in ihm vorging, es begann sich ebenfalls zu zeigen.

Schon bevor sich das andeutete, begann eine Phase, in der wir uns immer öfter wiedertrafen, natürlich auch wegen der Kinder. Er hatte damals zu seiner neuen Partnerin immer gesagt: „Wenn meine Frau zurückkommen möchte, dann werde ich da sein." Das war eine Ehrlichkeit, die ich in der Tat schon sehr erstaunlich fand. Doch ich war mir so sicher, dass ich nie wieder zurückwollte, obwohl ich diesen Mann irgendwie immer noch liebte, nie aufgehört habe, ihn zu schätzen und zu lieben. Aber da war dieses Bruder-Gefühl. Doch das hörte mit einem Mal plötzlich auf! Es dauerte circa acht bis neun Monate, bis ich fühlte, wie sehr mir mein Mann fehlt, als Mann und auch als Liebhaber an meiner Seite, wie sehr ich ihn liebe und wie sehr ich mich zu ihm zurücksehne. Wir haben viel gesprochen in dieser Phase, über das, was wir uns wünschen und was wir an unserer „harmoniegedeckelten" Ehe auch so nie wieder leben wollten. Wir haben uns beide ehrlich miteinander ausge-sprochen: „Wenn wir uns wieder gemeinsam auf den Weg begeben, dann nicht wegen unserer Kinder"! Die Kinder waren damals 3, 5, und 16 Jahre jung!

Schon in der Phase, als wir getrennt waren und es auch bei ihm immer mehr bergab ging und gleichzeitig auch seine Spiritualität zum Vorschein kam, habe ich begonnen, mit meinen Gaben an die Öffentlichkeit zu gehen. Das war aus heutiger Sicht vollkommen verrückt, denn ich hatte wirklich null Ahnung, was ich da eigentlich tue. Doch mein Vertrauen, dass da Gutes durch mich fließt und die vielen und auch schnellen Beweise, die dann kamen, haben mich darüber hinweg getragen. Das alles hat mich wirklich in meinem Mut gestärkt, nach außen zu gehen. Der erste Beweis war eine Frau, die bei mir angerufen hat, weil sie von einer Freundin hörte, was ich für eine „Begabung" hätte. Das war er, mein allererster Termin, den ich einer alten Dame zu verdanken hatte. Ich wäre fast im Erdboden versunken vor lauter Scham und Aufregung, als ich diese Frau am Telefon hatte, doch irgendetwas in mir hat mich ruhig werden lassen und ich gab meine erste „Fernheilung" über das Telefon weiter. Ich wusste damals wirklich nichts darüber. Auch nicht, dass es sogenannte Fernenergien gibt – dass Energie raum- und zeitlos ist zum Beispiel. Aber es hat funktioniert. Diese besagte Frau, die seit Jahren einen Ärztemarathon hinter sich hatte und der niemand bei ihrer Erkrankung helfen konnte, sie heilte! Das war mein Startschuss! Ich, selbst mit allem überfordert, was da mit mir passierte, mein Leben noch ein einziges Chaos, begann meine ersten Termine auszuführen. Ich war 600 km von meinem Zuhause entfernt unterwegs und hatte stets ein ausgebuchtes Wochenende vor mir. Ich glaube, es waren zwölf Personen, die allesamt mit ihren Problemen zu mir kamen. Ich arbeitete einfach drauflos und sah, was ich plötzlich alles „wusste – sah – bekam" über Menschen, die ich nicht ansatzweise kannte. Ich schmunzle, wenn ich an diese Zeit zurückdenke. Ja, das war der Beginn, dass ich für mich selbst sorgen konnte. Ich setzte von Beginn an Preise von ungefähr 150 Euro für eine Einzelsitzung fest, was ich auch als normal ansah. Ich kannte diese Bescheidenheit, die sonst in der spirituellen Szene vorherrscht, nicht. Woher auch? Ich musste noch einiges lernen in den nachfolgenden Jahren. Natürlich kamen dann die ganzen Prozesse und Innenarbeiten an meiner persönlichen Wertigkeit und eigenen Wertschätzung hinzu. Auch die Selbstliebe sowie die Scham, sich zu zeigen, kein Geld mit meinen Gaben verdienen zu dürfen, damit setzte ich mich auseinander. All das und noch viel mehr, kam in sämtlichen Facetten und Reflektionen für meinen Lebensweg zum Vorschein. Doch nichtsdestotrotz, ich war auf dem Weg!

Nach meinen Erfolgen in Dortmund dauerte es nicht lange und ich begann, Werbung in einschlägigen Zeitschriften zu schalten. Ich hatte zwar nicht wirklich Geld für die Werbeanzeigen, doch ich hatte das Vertrauen, dass ich durch neue Arbeit alles immer wieder bezahlen konnte. Und so war es auch! Als erstes habe ich immer die Werberechnungen bezahlt, um wieder neue Anzeigen schalten zu können. Mein Werbebudget steigerte sich innerhalb der ersten zwei Jahre auf circa 2000 bis 3000 Euro im Monat! Nach knapp einem Jahr meiner Bewusstseinsöffnung hielt ich mein erstes eigenes Seminar mit acht Teilnehmern. Und um es abzukürzen, nach weiteren sechs Monaten hatte ich um die 100 Teilnehmer auf meinen damaligen Herzöffnungsseminaren. Das war unglaublich! Doch all das geschah nicht von selbst, sondern ich war die Impulsgeberin, weil ich immer vorwärts gegangen bin. Alles, wirklich restlos alles, was in dieser Zeit an Impulsen reinkam, habe ich umgesetzt. Und wenn es auch noch so verrückt für mein damaliges Dasein war, ich habe es einfach getan. Und da gehörte dieses Vertrauen, ein so hohes Budget für Werbung auszugeben, einfach dazu! Tun ist für mich ein Zauberwort des wirklichen Erfolges. Denn Schwelgen und Schwätzen „tun" viele, doch seine Impulse/Ideen auf die Erde zu bringen und in die Tat umzusetzen, das ist für mich ein „Erfolgsgen"!

Zurück zu meinem Mann. Es war auch für ihn vorgesehen, einen anderen Weg zu gehen. Es hat offenbar so sein sollen, damit wir wieder zusammenfinden oder uns auch gemeinsam auf diesen Weg begeben konnten. Unzählige

Frauen und auch Männer, die ich mittlerweile auf diesem Weg begleitet habe, haben sich meistens in genau diesen Entwicklungsphasen voneinander getrennt. Oder sind stehen geblieben oder wieder „zurückgefallen", aus Angst den Partner zu verlieren. Wir hatten wirklich schwere Jahre, doch wir würden immer wieder Ja sagen zu dem, was uns widerfahren ist, denn heute könnten wir uns kein anderes Leben mehr vorstellen! Es ist so unglaublich echt geworden. In allen Bereichen! Hier möchte ich nun nicht ausführlich auf unsere Kinder eingehen, doch eines ist mir noch wichtig zu kommunizieren: Neben all den Menschen, die wir begleiten haben und immer wieder begleiten, neben all dem Business, was wir aufgebaut haben und unsere Berufung wirklich unser Leben geworden ist, wir leben, was wir reden! Das ist so wichtig in der heutigen Zeit. Ehrlichkeit, Vertrauen und ein Vorleben, ein wirkliches Umsetzen von dem, was man selbst von sich gibt. Aber wo wollte ich hin? Zu unseren Kindern. Heute 15, 17 und 27. Die große Tochter hat wenig mit Spiritualität am Hut und das ist auch in Ordnung. Sie hat einen heilpädagogischen Weg gewählt und ich bin mir sicher, dass sie auch einen Funken von dem, was ihre Mutter in sich trägt, besitzt. Die Jungs sind beide hellsichtig, hochsensitiv und leben als ganz normale Jugendliche ihr Leben. Der Große bereitet sich aufs Abi vor und der Jüngere hat noch Zeit. Der Jüngere wäre wahrscheinlich im Alter von 5 bis 8 Jahren in der Psychiatrie gelandet, wäre da nicht seine Mutter gewesen, die sah – was er sah! Die fühlte, was in ihm wirklich vorging. Die erahnen konnte, was er durchmachte. Wenn ich daran zurückdenke, dann kommen mir die Tränen. Heute bin ich so unglaublich glücklich und stolz, dass Robert und ich unseren Weg geschafft haben und dadurch unseren Kindern die Tore für ihre inneren Welten weit offenlassen konnten. Keine Schule und keine starrsinnigen Erziehungsmethoden, Machtausübungen und Begrenzungen, um sie zu zwingen „normal" zu sein. Denn sie sind sowas von normal. Sie leben das Einen von oben und unten – die Verbindung der geistigen, spirituellen Welt mit ihrem irdischen Dasein hat sie so unglaublich wachsen und ganz werden lassen. Wir hatten immer auch ganz klare Regeln in unserer Familie. Regeln, die uns die maximale Freiheit brachten!

Ich denke, ich wurde so erfolgreich, weil ich eine gesunde Basis in meinem Zuhause und meinem Leben erschaffen habe. Und immer all das nach außen gegeben habe, was zum Zeitpunkt meiner eigenen Entwicklung an der Reihe war. Ich habe nie etwas geben können, was ich selbst nicht erlebt hatte. Und dann war da meine unglaubliche Magie, in meiner Stimme, meinen Mediationen und meinen Heilarbeiten. Das bewegte und öffnete die Herzen all derer, die mit mir in Berührung kamen. Das war mein Schlüssel zum Erfolg. Mich so zu zeigen, wie ich bin. Mit allen Höhen und Tiefen auf meinem Weg. Und das ist kein bloßes Gerede, denn ich habe das intuitiv begonnen zu leben und lebe es noch heute so.

Noch ein paar Worte zu meinen Zielen

Entgegen vieler Erfolgskonzepte hatte ich nie ein konkretes Ziel vor Augen. Ich hatte keine Marketingstrategien oder Agenturen, die mich coachten. Ein einziges Mal ließ ich mich dazu überreden, mir von einer Marketingagentur ein Konzept für meine Vorgehensweise und meine Unternehmensstrukturen anzuhören. Es war toll ausgearbeitet und hörte sich großartig an, doch in meinem Innersten verkrampfte ich und sagte schließlich nein zu diesen Vorschlägen. Was heißt das? Das heißt, dass ich entgegen aller Vernunft und Erfahrungswerte aus der Wirtschaft mein Business so aufgebaut habe, wie es sich für mich gut anfühlte. Oft habe ich Entscheidungen getroffen, bei denen mein Mann die Hände über dem Kopf zusammengeschlagen hat, doch es ging nicht anders. Es war vielleicht nicht immer alles gut, was ich entschieden habe. Auf den ersten Blick, die ersten Wochen und Monate danach und es gab Zeiten, da zweifelte ich sogar sehr oft an dem, was mir mein übersinnliches Wahrnehmen als Entscheidungsgrundlage lieferte. Ich habe immer wieder viel Geld verloren, weil ich meinem Herzen gefolgt bin. Ich habe immer wieder vermeintliche Fehlentscheidungen getroffen. Doch ich wusste immer irgendwann, für was es gut war! Ich habe trotz aller Tiefen, die ich auf meinem Weg hatte, sei es geschäftlich oder durch einige Widersacher, nie meinen Glauben an meinen Weg verloren. Natürlich gab und gibt es auch heute viele Neider, die ihre Verleumdungsgeschichten immer noch gerne erzählen. Ab und wird es über ein paar Ecken an mich herangetragen, das hat mich teilweise unglaublich verletzt, denn ich wollte doch eigentlich nur Gutes tun. Doch aufgrund meiner besonderen Lehre durch die geistige Welt wusste ich natürlich, solange es mir weh tut, solange ich Empfindungen dazu habe, sei es Wut, Unverständnis, verletzter Stolz oder ähnliches, solange trage ich eine Resonanz in mir, die mir selbst schadet und die mich immer sehr verletzlich macht oder mich auch immer wieder zu Fehlentscheidungen führte. Das habe ich mir eine Zeit lang angeschaut, mich davon geheilt und so auf eine so gesunde Basis geführt, wie es eben in meiner Macht stand, das zu tun! Das hat mich mehr und mehr meinen Herzensweg leben lassen und den Erfolg schier angezogen. Ich kam gar nicht mehr drumherum, er war einfach da.

Oft war es mir zu viel Arbeit, zu viel dieses oder jenes und ich verlor ab und an die Dankbarkeit für das, was ich leben durfte, aus den Augen. Das waren immer genau die Zeiten, in denen ich mein Innerstes wieder neu justieren musste, Zeiten, in denen auch der Geldfluss abriss oder wieder neue Prüfungen anstanden, die mich letztendlich wieder wachsen ließen. Alles, wirklich restlos alles, was ich heute lebe und bin, habe ich mir mit Mut, Demut und Hingabe für das, was ich in mir trage, erarbeitet. Jedes bisschen an negativen Gefühl und Taten habe ich mir angeschaut und zu einer Veränderung geführt. Ich bin nicht vollkommen, aber wer ist schon vollkommen? Ich sage immer: jeder Mensch ist so vollkommen, wie er es zum Zeitpunkt seiner Entwicklung, seines Lebens sein kann.

Ich habe mich einer intensiven Schattenarbeit unterzogen. Und das hieß nicht nur ein paar dunkle Flecken zu sehen und Ying und Yang wieder in Einklang zu führen. Nein, das hieß wahrhaftige Dunkelarbeit, in der ich mich als absolute Spezialistin sehe. Genauso, wie sich die Lichtmagie in mir ausbreiten durfte, habe ich auch das Pendant dazu in mir angenommen. Ich habe in mir alles soweit in Einklang gebracht, wie ich es konnte. Das war eine Arbeit über Jahre und das ist es auch heute noch. Es ist naiv zu denken oder zu glauben, dass wir auf dem bewussten Weg irgendwann fertig sind, Ruhe haben oder durch vermeintliche Erleuchtung einen Platz einnehmen, der uns zu etwas Besserem macht als diejenigen, die vielleicht gerade erst beginnen, diesen Weg für sich zu entdecken. Natürlich darf ich einen riesigen Erfahrungsschatz in mir tragen und jederzeit darauf zurückgreifen, im Wissen und mit hingebungsvollem Herzen habe ich diese Erfahrungen durchleben dürfen, damit sie zur Erkenntnis wurden.

Das alles waren die Puzzleteile auf dem Weg zu meinem Erfolg. Ich bin eine der teuersten Anbieter in meiner Branche und ich weiß, dass ich selbst auch eine der Besten bin. Darf man so etwas eigentlich überhaupt noch denken, geschweige denn es aussprechen? Und genau das ist ein weiteres Puzzleteil, das das Puzzle meines Lebens vollständiger macht. Ja, ich sehe mich in der Tat als Spitzenanwältin der Seelen und es gibt für mich heute nichts mehr, was es nicht gibt. Warum also sollte ich das dann nicht auch öffentlich aussprechen und dazu stehen dürfen, zu diesem so wundervollem Gefühl für etwas, was ich mir hart erarbeitet habe. Ich bin so unglaublich glücklich darüber und oft gehe ich durch den Wald und schreie mein ganzes Glück einfach in die Welt hinaus. Das heißt nicht, dass ich keine Tiefen mehr habe. Nein, ich bin auch nur Mensch und lebe nach wie vor mit Höhen und Tiefen in meinem Leben. Allerdings haben diese Höhen sowie die Tiefen ihre Spitzen verloren. Das überzogene Getue an unechter Freude (das kennen sicher auch viele von Euch) oder das Drama, welches einem in so manchen Lebenssituationen begegnet, hat seinen Nährboden verloren. Wichtig war für mich immer, die Waage zu halten zwischen Geben und Nehmen (Empfangen). Ich habe immer schon viel verschenkt, wenn mein Gefühl es mir sagte. Wenn ich Menschen bei mir hatte, die dringend Unterstützung brauchten, sich mich jedoch nicht leisten konnten. Oft wurde ich dadurch auch ausgenutzt. Doch das wiederum war ganz allein mein Thema, um auch diese Energie in mir zu einer Heilung zu führen, ohne dabei mein Herz zu verlassen. Ich blieb immer offen für ein Geben. Allerdings sollte sich dahinter keine Taktik verbergen, im Sinne von: Wenn ich einem anderen viel gebe, dann bekomme ich auch ebenso viel wieder zurück. Oder gar der Gedanke, dass man nur einmal wieder etwas verschenken muss, um sein Image aufzupolieren. Nein, es muss stets aus unserem Inneren fließen und jegliches taktische Kalkül zählt für uns auf dem bewussten Weg als Eigentor und wird uns irgendwann laute oder leise ausbremsen und Umwege bescheren.

Egal, wie schwer mein Weg auch ab und an war, und egal, wie viele Umwege ich auch gehen musste, eins habe ich immer in mir getragen, auch wenn die Zweifel manchmal sehr laut auf sich aufmerksam machten: Den Glauben an mich und die Verbindung zur kosmischen Welt. Dieser Glaube daran hat in mir gleichzeitig so eine große Liebe entfacht, eine Liebe zu vielen anderen Zeiten und vorherige Leben, an die ich mich im Laufe der Jahre erinnerte. Eine Liebe zu dem, was ich bin und in mir trage. Dieser Glaube und diese Liebe waren immer der Motor und hielten mein Herz offen. Offen für neue Erfahrungen und Begegnungen. Das war sehr wichtig, denn manchmal war ich kurz davor, mein Herz zu verschließen, weil die Erfahrungen so dunkel und schmerzhaft waren. Mein Glaube, dass es Freundschaft unter Frauen gibt, verschwand zum Beispiel immer mehr. Es gibt so viele Frauen und Männer, die vor lauter innerer Dunkelheit anderen ihren Weg nicht gönnen. Egal, in welchem Bereich jemand erfolgreich oder glücklich ist, es gibt immer Menschen, die dem etwas entgegenzusetzen haben. Doch das ist einfach so und das ist Leben. Deshalb ist es so wichtig, in seinem Innersten stabil zu werden, um auch auf der Erfolgswelle bleiben zu können und vor allem sein Glück zu behalten. Ein gutes Beispiel sind da sicherlich viele Prominente, die vermeintlich keine Sorgen haben, doch allzu oft erfahren wir irgendwann dann doch, wie es in ihrem Innersten ausgesehen haben muss. Depressionen, Burnout, Süchte und Selbstmord sind nicht selten die Folge davon. Ja, Glück und Zufriedenheit kann man sich wahrlich nicht kaufen. Es ist eine Lebenseinstellung, die wir allerdings auch nicht einfach so entscheiden können, wie das leider oft dargestellt wird. Mit ein paar leicht gesagten Schritten zum Erfolg oder Glück ist es dabei nicht getan. Es geht darum, in sein Inneres zu schauen und sich selbst in der Tiefe zu erkennen.

Wer bin ich? Was tut mir gut? Was tut mich nicht gut? Was wünsche ich mir für mein Leben? Was lebe ich heute und was möchte ich ab morgen leben? Erst dann kann etwas „Echtes" beginnen, was möglicherweise zu Glück, Erfolg und Reichtum führt. Zu einem inneren und äußeren Reichtum. Das lässt sich für mich einfach nicht mehr trennen. Beides gehört ganz klar zusammen und zwar so, dass sich beides auf Augenhöhe begegnet.

Zum Schluss ein paar Weisheiten aus der spirituellen Szene
Lege Dein Ego ab – höre auf zu bewerten und sei bescheiden! Diese Weisheit treibt viele auf dem sich bewussten und so lichtvollen Weg ins Verderben! Viele wunderbare kraftvolle Energetiker stehen sich damit selbst im Weg und nahe dem wirtschaftlichen Ruin. Ich habe für mich folgenden Weg aus meiner

geistigen Führung und inneren Stimme gelehrt und gezeigt bekommen: Lerne Dein Ego kennen, reiche ihm die Hand und übernimm die Führung. Erschaffe Dir ein gesundes Bewertungssystem basierend auf Deinem Herzensraum. Lege falsche Bescheidenheit ab, agiere hingebungsvoll und zeige Dich! Tritt hervor aus dem Schein des Seins und lass Dein inneres Licht Dein Leben erfüllen! Es weist Dir den Weg.

Christina Salopek im Kurzportrait:

Christinas Weg führte sie hauptsächlich ins weibliche Feld. Eine Stärke von ihr ist es, die hinterlegten Schleier der Ohnmacht, Abhängigkeiten und Manipulationen ins Bewusstsein zu holen und somit den Weg frei zu machen für die Reaktivierung des großen bunten Blumenstraußes der weiblichen Fähigkeiten. Der urweiblichen Macht! Und einfach einem sich selbst wieder FÜHLEN & SPÜREN. So wie wir in unserer Essenz wirklich sind, fernab aller anerzogenen Verhaltensweisen und hinterlegten Glaubenssätzen. Christinas Art zu sein und zu geben, öffnet Herzen für das eigene innere Wissen, für die Kraft der Selbstbestimmung, der Selbstheilung und somit der eigenen Herzenswege. Sie liebt die Mystik, weibliche Rituale und tanzt auch mal ums Feuer! Sie steht zu sich und diesen wundervollen weiblichen Facetten in Verbindung mit allem, was Frau im Leben ausmacht. Gelebte weibliche Spiritualität in absolutem Einklang mit Business, Alltag und Familie ist DIE ERFÜLLUNG für Mann und Frau von heute!

www.christina-salopek.de
www.sei-so-wie-du-bist.com

„Um Heiler, Energetiker
und sonstiges spirituelles Leben machte
ich früher einen großen Bogen. Ehrlich
gesagt hielt ich diese Menschen für völlig
bekloppt."
Christina Salopek

STEPHANIE KESPOHL

Heute lebe ich als glückliche Mama in einem kleinen Dörfchen in Thüringen, genieße die Zeit mit meiner wunderbaren Tochter und baue mir mein Herzensbusiness auf. Ich meditiere jeden Abend, affirmiere mir meine Wünsche, arbeite mit meinen Glaubenssätzen und genieße mein Leben ganz bewusst. Mit allem was dazugehört, Höhen und Tiefen. Der Weg dorthin war sehr steinig, abwechslungsreich und begann bereits im Studium. Das war mir damals noch nicht so bewusst. Ich möchte durch das Aufschreiben meiner Erlebnisse und meiner derzeitigen Situation anderen Frauen Mut machen, sich zu finden, ihren persönlichen Weg zu gehen und vor allem in ihre weibliche Kraft zu finden. Das kann wehtun, Veränderungen benötigen oder es können sogar Menschen aus dem eigenen Leben verschwinden. Doch eins ist ganz sicher: Dieser Weg zu sich selbst ist unbeschreiblich wertvoll. Heute begleite ich Frauen genau auf diesem Weg zu ihrer Weiblichkeit im Einklang von Körper, Geist und Seele. Doch wie kam ich von einem BWL-Studium hierher?

So macht man das doch, oder?

Jeden Tag die gleichen Routinen, das gleiche Hamsterrad, das von innen aussieht wie die Karriereleiter. Mit 18 habe ich genau das gemacht, was von mir erwartet wurde. Ich habe studiert. Und was? Natürlich Betriebswirtschaftslehre, „denn damit findest du immer einen Job", so die Meinung der anderen. Mir wurde gesagt, dass das eine gute Möglichkeit ist, überall Arbeit zu finden. Doch was wollte ich? Das wusste ich damals noch nicht. Ich war grün hinter den Ohren und wusste nur, dass ich eigentlich mit Menschen arbeiten und im Ausland Abenteuer erleben wollte. Ich hatte mich sogar schon früh für Au-pair-Möglichkeiten interessiert, aber nur interessiert und nicht umgesetzt. Der soziale Bereich interessierte mich noch mehr, doch hier hätte ich ja kein Wochenende oder Feiertage, so die Auffassung der anderen. Zu der Zeit hörte ich darauf sehr und meinen Wunsch, mit Menschen zu arbeiten, schluckte ich herunter und widmete mich den Zahlen. Na gut, dann hieß es erstmal studieren. Fleißig büffeln und nebenbei arbeiten, so macht man das ja. Jedenfalls dachte ich das zu dem Zeitpunkt. Ich bin von daheim weg zum Studium mit etwas Erspartem, meinem Kindergeld, Bafög und diese Art von Großeltern, die einem immer heimlich etwas zustecken, aber natürlich sollte das nie jemand wissen. Und ich wohnte bei meinem Papa, sodass ich mir die Miete mehr oder weniger sparte. Die ersten zwei Semester waren geprägt vom Feiern und weniger vom Studieren. Zu der Zeit genoss ich mein Studium sehr. Ich machte mir keinen Kopf über meine Noten, meine Karriere oder meine Zukunft. Ich lebte absolut für den Moment und fühlte mich frei. Doch mit Ende der Vordiplomphase änderte sich auch in mir etwas. Ich wurde strebsamer und schlug mir das Feiern immer mehr aus dem Kopf. Ich wollte beweisen, dass ich gut bin, dass man stolz auf mich sein kann. Doch wem wollte ich das eigentlich beweisen? Mir? Keiner stellte irgendwelche Ansprüche an mich, nur ich selbst. Und so setze ich meinen Fokus immer mehr auf mein Studium. Zu dieser Zeit war ich in einer Beziehung, lebte bei meinem Partner und hatte relativ wenig Kontakt zu meiner Familie. Mein soziales Umfeld wurde immer dünner und ich verschanzte mich hinter meinen Büchern. Mich machte es auf eine Art glücklich, dass ich so gut war, dass ich wirklich was bewegen konnte, wenn ich dranblieb. Die andere Seite war, dass ich mich selbst immer mehr vergaß.

Das Jahr 2005 sollte bei mir den Grundstein für meine bewusste Veränderung legen, aber das wusste ich damals noch nicht. Im Februar verstarb mein geliebter Opa, meine „aufgepustete Erbse", wie ich ihn unglaublich liebevoll nannte. Er war und ist immer noch für mich eine ganz wichtige Seele in meinem Leben. Sein Tod und all das, was ich damit erlebte, veränderten meine Sicht auf das, was wir wahrnehmen. Er begleitet mich noch heute ganz eng und steht mir in schwierigen Situationen zur Seite, wie sich immer wieder zeigt. Diese Traurigkeit, die ich in dieser Zeit und noch lange danach spürte, war sehr tief und führte mich zu mir. Sie führte mich zu meiner Sensibilität, das erfuhr ich aber erst später. Das Jahr wurde noch aufregender. Ab dem fünften Semester, also Ende 2005, arbeitete ich in der Automobilbranche im Personalbereich und führte eine Fernbeziehung. Ich pendelte drei Jahre zwischen Thüringen und Bayern, arbeitete und studierte quasi gleichzeitig. Wow, darauf konnte man ja stolz sein. Ich funktionierte perfekt. Doch ich setzte mich selbst irgendwie immer mehr unter Druck, gut sein zu wollen. Das machte mich sehr traurig, aber ich funktionierte einfach weiter. Irgendwie verlernte ich zunehmend, auf mich zu hören, und mein Körper spiegelte mir das. Ein großer Wunsch in der Zeit von mir war, an Gewicht zu verlieren, und das tat ich auch. Natürlich nicht auf einem gesunden Weg, sondern durch Kontrolle und Disziplin. Ja, ich hungerte und vergaß immer mehr das Essen. Das machte mich nicht nur körperlich schwächer, sondern legte sich auch auf meine Familie, die sich immer mehr Sorgen machte. Meine Eltern und Großeltern, meine Schwester und viele Freunde redeten auf mich ein, dass das doch nicht gesund sei und ich etwas ändern solle. Dass das doch so nicht gehe und ich sie dadurch ebenfalls kaputt mache. Aber all das wollte ich nicht hören, denn ich hatte endlich eine Art Selbstkontrolle über mich. Im Mai 2008 wog ich nur noch 38 Kilogramm und ich erschrak vor mir selbst. Mein Studium lief reibungslos, meine Beziehung bröckelte und ich? Ich war nur noch Haut und Knochen. An dem Punkt wurde mir zum ersten Mal bewusst, dass ich wirklich etwas für mich ändern möchte.

So begab ich mich zu einer Ernährungsberaterin und schaffte es durch eigene Kraft wieder an Gewicht aufzubauen. Ich stabilisierte nicht nur meinen Körper, sondern auch meinen Geist. Das schaffte ich, indem ich anfing zu schreiben. Alles, was mir einfiel, kam in mein Tagebuch oder ich erzählte es Menschen. Der Druck, den ich mir oftmals selbst aufbaute, wurde dadurch geringer. Doch mein Leben wurde noch nicht entspannter. Ich hatte neben meinem Studium weiterhin zwei Nebenjobs in der Automobilbranche und pendelte hin und her. Meine Diplomarbeit schrieb ich bei dem Automobil-zulieferanten und ich wurde übernommen. So macht man das wohl. Ich war eine Vorzeigestudentin und Jahrgangsbeste. Doch innerlich völlig leer und angespannt. War ich glücklich? Nein. Ich war unruhig und umhergetrieben, meine damalige Beziehung ging den Bach runter und ich war allein. Ich wollte es allen beweisen, dass ich das schaffe und mir selbst etwas aufbauen kann. In unserer Gesellschaft ist es ja wichtig, etwas aus sich zu machen, jedenfalls habe ich das immer so gedacht. Also arbeitete ich fleißig weiter, doch nicht nur in meiner vorgeschriebenen Zeit, sondern machte natürlich mehr. Ich wollte ja schließlich was werden. Ich habe die Zeit sehr genossen. Ich konnte meine Ideen einbringen, konnte mich entwickeln und ich hatte Geld, um „gut" zu leben. Ich lenkte mich immer weiter von mir ab. Von dem, was in mir brodelte und endlich gesehen werden wollte. Darin bin ich Perfektionistin gewesen. Einfach immer weitermachen, ohne dabei zu schauen, was ich eigentlich möchte. Mit meinen damaligen Freunden und Kollegen waren ich sehr oft feiern und ich genoss einfach die Freizeit, die es noch für mich gab. Nachdem ich einige Zeit in Vollzeit gearbeitet hatte, kam die Kurzarbeit. Ich entschloss mich, die Zeit zu nutzen, und begann meinen Doktor zu machen. Damals hätte ich auch einfach weniger arbeiten und entspannen können, aber nein, mein Ego wollte mehr und es immer noch allen beweisen. Heute frage ich mich: „Für was das alles?"

Durch mein neues Ziel, meinen Doktortitel mit spätestens 30 Jahren zu haben, musste ich noch einmal studieren. Das war notwendig, da ich mein Diplom nur an einer Fachhochschule ablegte. Also ging ich nach Zittau zum Doktorandenstudium und das wöchentlich. Und da es ebenfalls wichtig war, Lehrerfahrung zu machen, tat ich das auch. Und so war meine Woche sehr straff strukturiert und geplant: Montag bis Mittwoch Arbeiten in Franken, natürlich 35 Stunden, Donnerstag Studium in Zittau, Freitag und Samstag Vorlesungen halten. Und Sonntag? Den verbrachte ich meistens im Zug, wie auch sonst die übrige Zeit. Das hielt ich ganze zwei Jahre durch. Dank einer Bahncard 100 war das gut möglich. In mir brodelte es weiter und es kamen immer öfter die Fragen „Für was mache ich das?", "Macht man das wirklich so?" „Ist das mein Leben?" 2011 wurden diese Fragen dann immer lauter. Mein Körper schrie sie förmlich, bis ich endlich auf ihn hörte. Anfang des

Jahres konnte ich nicht einmal mehr klare Gedanken finden, alles kreise und ich fühlte mich einfach nur leer. Das war die Zeit, in der es darum ging Ruhe zu finden, mich nicht mehr abzulenken, einfach mal nicht zu funktionieren und den Erwartungen anderer zu entsprechen bzw. den Erwartungen, die ich mir aufbaute. Die größte innere Hürde, die ich hatte, war Unterstützung anzunehmen. Denn dadurch fühlte ich mich schwach und nichts wert. Für mich war es verdammt schwer jemanden zu fragen: „Kannst du mir helfen? Ich schaffe es nicht allein." Doch mein Körper zeigte mir sehr eindeutig und immer wieder, dass ich Hilfe von außen benötige, um zu erkennen, was in mir steckt. Natürlich löst keiner meine Probleme oder übernahm Verantwortung für mein Leben, aber in Gesprächen mit anderen eröffnete sich oft sehr viel in mir selbst. So hatte ich die Möglichkeit bestimmte Sachen auszusprechen und schluckte sie nicht einfach nur runter. Ich ärgerte mich nicht mehr innerlich, sondern stand immer mehr zu meinen Bedürfnissen. Den Schritt zu gehen Coachinggespräche zu suchen, war für mich so unglaublich wertvoll. Dort konnte ich unter anderem lernen, dass es ganz „normal" ist, auch schwach zu sein und dass sich daraus eine unglaubliche Stärke entwickeln kann. Ich gestand mir ein, immer offener mit meinen Problemen und Herausforderungen umzugehen, denn dass mein Leben nicht nur rosarot ist, war doch völlig in Ordnung. Und plötzlich wurden auch meine Mitmenschen offener. Sie erzählten mir von ihren Themen und Herausforderungen und ich lernte so, dass ich doch nicht allein war. Als Kind lernen wir oft, wie wichtig es ist, nicht allein zu sein, da ja sonst unsere Existenz gefährdet ist. Und das nehmen wir mit ins Erwachsenenleben. Das wird uns auch auf vielen Ebenen gespiegelt. Um uns verbunden und dazugehörig zu fühlen, gehen wir in Vereine, sind in Parteien, Projekten oder ganz anderen Organisationen engagiert. Wir möchten zu einer Gemeinschaft gehören und nicht allein sein, besser gesagt: wir möchten uns nicht einsam fühlen.

Mitte 20 fühlte ich mich komplett allein, ja, sogar richtig einsam und das, obwohl ich es im Außen nicht war. Ich hatte viele Bekannte, war immer aktiv und unterwegs. Ich war stark eingebunden in mein Umfeld. Doch in mir kam das nicht an, denn ich fühlte mich getrennt von mir selbst. Das wusste ich zu diesem Zeitpunkt aber noch nicht, für mich war ich einfach nur unzufrieden.

Ich lenkte mich immer mehr ab von diesem inneren Gefühl, dass sich endlich zeigen wollte. Für mich wurde es zu dieser Zeit immer wichtiger, auch wirklich mit mir allein zu sein. Aus dem Gefühl heraus ging ich allein spazieren, genoss ein Glas geschmackvollen Wein und leckeres Essen, las ein Buch nach dem anderen und genoss einfach meine Zeit mit mir. Das war so unglaublich wertvoll für mich, denn ich lernte auf mich zu hören. In dieser Stille höre ich einfach besser auf mich. So begann ich auch zu meditieren, machte Pilates und Yoga. Nicht weil man das so macht, sondern weil ich spürte, dass es für mich gut war. Einige dieser Dinge konnte ich immer mehr in meinen Alltag integrieren, andere verschwanden wieder und machten Platz für Neues. Ich verfiel allerdings immer wieder in meine alten Muster. Es dauerte lange, bis ich neue und bewusste Strategien für mich entwickelte, die ich nun schon langfristig umsetze.

Nach meiner Kündigung Anfang 2011 fokussierte ich mich zunächst nur auf meine Doktorarbeit. Aber um das Vorhaben realisieren zu können, musste ich mich für ein Stipendium bewerben. Damals erhielt ich 1000,-€ monatlich, damit ich mich nur auf meine wissenschaftliche Arbeit konzentrierte. Doch was machte ich stattdessen? Ich fiel wieder in meine alten Verhaltensmuster zurück und suchte mir einen Job an der Hochschule, machte Überstunden und nebenbei machte ich mich noch selbstständig. Schon wieder war ich gefangen in Ablenkungen. Wieder fühlte ich mich getrieben. Ich machte das alles jedoch, um gesehen zu werden. Das weiß ich heute. Damals dachte ich mir: „Ach, das schaffe ich schon." Im Oktober 2011 ging ich dann zu meinem ersten Gespräch mit einem Psychotherapeuten. Und ich wurde so oft gefragt, ob ich einen an der Klatsche hätte. Gerade meine Oma konnte damit gar nichts anfangen und auch meine Eltern waren zunächst irritiert, denn „auf dem Dorf macht man das ja nicht." Doch das war der erste und wichtigste Schritt zu mir selbst. Weg von all den Erwartungen, weg von all dem Druck, den ich mir so oft machte. Ich hatte es verinnerlicht zu funktionieren und immer das zu machen, was von mir erwartet wurde. Als ich anfing über mich und meine Gefühle, Wünsche und Ängste zu reden, löste sich unglaublich viel auf. Und ja, es kamen auch Konflikte ans Licht, die besser hätten vergraben bleiben sollen. Ich spürte, dass mein Leben eine Veränderung benötigt und das verstand ich nun. Hier fand ich auch einen Zugang zu der Trauer über den Tod meines Opas, die mich nun bereits sechs Jahre tief begleitet hat und nicht gesehen wurde. Zu fühlen, dass er immer bei mir ist, wenn ich ihn brauchte, hat mir sehr geholfen. Auf einer energetischen Ebene sind wir immer miteinander verbunden. Zu der Zeit fand auch mein Hund, ein deutscher Boxer namens Pablo, den Weg zu mir und wir wurden zu einer kleinen Familie. Wir erlebten sehr viel zusammen und reisten durch Deutschland. Ich lernte immer mehr auf meine Gefühle zu hören und auf das, was ich tatsächlich wollte. Mit meinem Coach bearbeitete ich weiter alte Muster und Situationen, die mich prägten. Ich übernahm immer mehr Verantwortung für mein Leben. In der Zeit fing ich an, meine Neugier für die Spiritualität und das „Andere" zu entdecken. Das, was man nicht sieht oder mit der Vernunft erklären kann. Doch noch ließ ich mich nicht richtig auf meine innere Stimme ein. Auch Pablo zeigte mir durch seine Krankheiten, wie wichtig es war, zur Ruhe zu kommen und endlich anzukommen. Er spiegelte mich und meine Gefühlswelt.

So beendete ich zunächst meine Doktorarbeit und das Studium noch bevor ich den Titel hatte. Ich kündigte den Job und begann etwas Neues an der Ostsee, zusammen mit Pablo. Dass ich wieder einfach nur wegrannte, spürte ich erst am Meer, zwischen Überstunden, verschiedenen Hotelbetten und meinem kranken Seelenhund. Ich war verzweifelt, ich wusste einfach nicht, wie man das macht mit diesem erfüllten Leben. Immer diese Konflikte im Außen, diese Erwartungen, diese Verpflichtungen. Irgendwann konfrontierte ich mich selbst immer mehr mit meinen Ängsten. Diese Angst, nicht genug zu sein, die Kontrolle zu verlieren, dass mein Leben mir entgleiten könnte. Das waren die Gründe, warum ich so viel leistete. Ich wollte anderen Menschen beweisen, dass ich gut bin, dass ich es wert bin, mit mir Zeit zu verbringen. Doch was war mit mir? Zu mir selbst war ich unverbindlich, lebte auf meine körperlichen und seelischen Kosten. Ich ging immer wieder über mich hinweg, respektierte mich selbst nicht, achtete mich nicht und vor allem vertraute ich mir nicht. Das musste ich auch schmerzlich im Außen, also an meinem Umfeld, erfahren. Doch damals war ich noch gar nicht in der Lage mein Außen als Spiegel meines Innenlebens zu sehen. Und so kam der Punkt, dass ich von der See wieder wegzog, zurück in die Mitte Deutschlands und damit kam ich auch immer mehr in meine Mitte. Das war im Sommer 2014, der Beginn von dynamischen Veränderungen, herausfordernden Beziehungen, finanziellen Problemen und noch mehr Bewusstsein. Als ich zurück nach Thüringen ging, fand ich dort zunächst mehr Stabilität, meinen Raum und vor allem fand ich immer mehr mich selbst. Meine Therapiegespräche nahm ich wieder auf und ich fühlte mich endlich wieder. Ich legte damals den Fokus wieder mehr auf mich und nicht auf mein Außen. Durch einen wunderbaren gestalttherapeutischen Ansatz fühlte ich mich immer runder. Durch meine damalige Beziehung war ich sehr zerrissen. Einen Menschen zu lieben und zu spüren, dass er mir nicht guttut, war sehr energieraubend und belastend. Ich löste mich immer mehr aus dieser Beziehung und gleichzeitig sehnte ich mich nach diesem Menschen. Ich erhielt eine Morddrohung und gleichzeitig wurde mir gesagt, dass er sich was antun will. Das war zu viel für mein Herz und ich brach den Kontakt radikal ab. Das dauerte sehr lange und ich schaffte es nur langsam, mich wirklich davon zu lösen. Auch heute versucht er immer wieder Kontakt aufzunehmen, doch ich spüre, dass mir das nicht guttun würde, und sehe es als Herausforderung standzuhalten und verbindlich zu mir zu sein.

Was damals geschah, machte sich auch wieder körperlich bemerkbar. Ich hatte ständig Migräne, Rückenschmerzen, Übelkeit, Durchfall und sogar Herzprobleme. Durch einen sehr guten Freund fand ich den Weg zu einem chinesischen Mediziner, denn aus schulmedizinischer Sicht war alles in Ordnung. Mein erster Besuch bei diesem Mediziner veränderte mein Bewusstsein für das, was wirklich wichtig für mich war. Mir wurde eine neue Philosophie offenbart, die traditionelle chinesische Medizin ist heute ein fester Bestandteil in meinem Leben. Damals wusste ich noch nicht, wie wertvoll sie für mich sein sollte. Heute lebe ich immer mehr nach dieser Philosophie und gebe sie an andere Menschen weiter. Darüber hinaus fand ich meinen Weg zu einer herzensguten Kartenlegerin, die bis heute meinen Weg begleitet. Damals fand ich meinen Zugang zu etwas anderem. Zu etwas, was man nicht einfach erklären und greifen kann. Ich fühlte mich endlich erfüllt. Mir war immer mehr egal, was die anderen sagten. Eins der wichtigsten Themen zu dieser Zeit war meine Freiheit. Sobald ich diese nicht mehr spürte, ging es mir schlecht. Ich fühlte, dass das mein Wert ist, den ich nie wieder verraten und übergehen wollte. Und darauf achte ich jeden Tag, egal was andere sagten. Das Kartenlegen ist heute ein ganz wichtiger Bestandteil meines Lebens. Meine Karten visualisieren meine Gefühle und das, was gelebt werden möchte. Ich begleite damit meinen, aber auch den Weg von anderen Menschen, die ihre Fragen an mich herantragen.

Im Jahr 2016 erfüllte ich mir dann einen Traum und kaufte mir ein kleines Häuschen mit etwas Land. Ich wollte eine Gemeinschaft aufbauen, in der Werte gelebt werden, die in unserer Gesellschaft immer mehr verdrängt werden, Freiheit, Klarheit und Wertschätzung. Mir war es wichtig, alles ganz natürlich und in seinem Tempo aufzubauen. Ich hatte keine finanziellen Ressourcen, keinen festen Job und keine Beziehung. Dank einer privaten Unterstützung konnte ich mir dieses Haus dennoch finanzieren und zahle diesen Traum ab. Allein mit diesem Projekt fühlte ich mich unglaublich frei und stabil. Dieses Gefühl, dass mich führte, war sehr stark und ich wusste, dass alles gut sein wird. Ich war so dankbar, was ich dort erleben und aufbauen konnte. Dieses Vertrauen in mich und in meinen Traum war für mich überall spürbar und greifbar. Es war eine Zeit, in der ich lernte mir und meinen Gefühlen bedingungslos zu vertrauen. Damals war ich auch politisch aktiv und setzte mich für die Region ein, in der ich lebte. Auf einer politischen Versammlung lernte ich dann einen Mann kennen, der mich auf eine harte Weise lehrte, wie wichtig es ist, sich nicht unterdrücken zu lassen, für seine Träume zu kämpfen und sich für das einzusetzen, was einem wichtig ist. Einen ganz tiefen Wunsch, den ich immer hatte, war es, in einer eigenen „heilen" Familie zu leben. Tatsächlich wurde ich im Oktober 2016 schwanger und meine wunderbare Tochter kam im Juni 2017 zur Welt. Das glücklichste Ereignis in meinem bisherigen Leben, was zwei wichtige Frauen meines Lebens begleiteten. Meine Mama nahm sich damals frei, um mich zu einer Untersuchung zu fahren. Meine Tochter entschied dann spontan, dass sie doch mal Omas freien Tag nutzt, um auf die Welt zu kommen. Meine Schwester kam dann auch noch ins Krankenhaus, obwohl ich das nicht wollte. Heute bin ich unglaublich dankbar, dass sie mal wieder nicht auf mich hörte und uns in unser gemeinsames Leben begleitete.

Und da war sie, die Chance auf meine „heile" Familie. Und tatsächlich lebe ich diesen tiefen Wunsch aus, allerdings ganz anders als gedacht. Bereits in der Schwangerschaft spürte ich, wie wichtig es ist, uns, also mir und meinem Baby, Ruhe und Geborgenheit zu schenken. Vor allem aber spürte ich, wie wichtig es ist, auf mein Bauchgefühl zu hören. Mit 31 Jahren bin ich zurück zu meinen Wurzeln. Ganz bewusst bin ich aus einer Situation und einer Beziehung heraus, die ich mir anders gewünscht hatte. Ich lebe wieder bei meinen Eltern, die mich liebevoll ihr Bumerang-Kind nennen, in einem nun 4-Generationenhaus und bin für meine Kleine allein verantwortlich. Sie wächst in einer Umgebung auf, die ihr Sicherheit, Geborgenheit und Ruhe schenkt. Mein Traum einer „heilen" Familie, nur anders. Ich habe meine eingeschränkte Sichtweise einer heilen Familie losgelassen und einfach verändert. Diesen Weg zu gehen, hat mich sehr viel Kraft gekostet. Ich war zwischenzeitlich sehr verzweifelt, kraftlos und wusste nicht weiter. Dank meiner Familie habe ich wieder Halt gefunden, denn sie haben mir bedingungslos den Rücken freigehalten und ich konnte wieder zu Kräften kommen. Dieses Gefühl der Ohnmacht und der Ausweglosigkeit hat mich müde gemacht. Ich konnte keine klaren Gedanken fassen und war einfach überfordert. Immer wieder frage ich mich in stillen Momenten: „Wie bin ich da heraus gekommen?"

Ich habe es nicht länger zugelassen, dass mich die Situation überfordert, ich habe Verantwortung übernommen für mein Leben, habe klare Grenzen gesetzt und sie gehalten. Und vor allem habe ich auf mich gehört und mir mein Leben nicht durch einen anderen Menschen bestimmen lassen. Das war so unglaublich wichtig für meinen inneren Frieden. Mein Körper hat nämlich immer mehr abgebaut und mir gezeigt, dass er unbedingt Ruhe braucht. Ich habe mir Unterstützung durch eine Ernährungsberatung nach der 5-Elemente-Lehre geholt, habe verschiedene Beratungsstellen aufgesucht und bin zu verschiedenen Ämtern, die mir mehr oder weniger geholfen haben. Das Allerwichtigste, was mir am meisten geholfen hat: ich habe auf mich gehört. Ich bin meinem Bauchgefühl gefolgt. Und ich hatte meine Familie! Ich durfte nämlich feststellen, dass da wo unser Sozialstaat aufhört zu funktionieren, die Familie der größte Halt überhaupt ist. Auch heute empfinde ich in ein paar

Momenten noch Traurigkeit und Schmerz, wenn ich an das Erlebte zurückdenke, doch genau daran wachse ich jeden Tag. Mittlerweile gibt es jedoch nur noch wenige Momente, die mich emotional runterziehen und mich an der Vergangenheit hängen lassen. Ich werde immer freier und unabhängiger. Tatsächlich kann ich aus tiefen Herzen schreiben, dass ich für jeden Moment, der mir passiert ist, sehr dankbar bin. Denn dadurch habe ich mich gefunden, meinen Seelenfrieden. Ich habe gelernt, was mir wichtig ist und eine unglaubliche Stärke entwickelt. Seit meiner Schwangerschaft habe ich noch mehr Bewusstsein in mein Leben integriert. Ich meditiere, mache Yoga, tanke Energie in der Natur und lebe im Einklang von Körper, Geist und Seele. Meine innere Stimme ist mein Kompass zu mehr Freiheit, Klarheit und Begeisterung.

Mein Herzensbusiness und das Ding mit den Finanzen

Umso mehr ich meinen Weg ging, umso knapper wurde das Geld. Und was soll ich sagen? Dank unseres Sozialsystems bin ich praktisch pleite, denn ich werde aufgrund meines „besonderen" Weges nicht von den Gesetzmäßigkeiten aufgefangen. Da bekomme ich Sätze gesagt wie: „Naja, Pioniere müssen einfach mal einen harten Weg gehen. Aber sie sind erfolgreich." Der Weg zum Jobcenter fiel mir besonders schwer, doch es gab keine andere Möglichkeit mehr: viele Ausgaben, wenige Einnahmen und dann auch noch der Streit um den Unterhalt. Ich füllte alle Unterlagen brav und wahrheitsgemäß aus, ging mehrmals zu Terminen und wartete. Und dann kam das Schreiben: etwas mehr als 50 Euro bekam ich als Unterstützung und wohlgemerkt nur für drei Monate. Ich kann gar nicht begreifen, wie das andere Menschen machen und davon überleben können. Naja, aber so war es. Mein Haus konnte ich aufgrund meiner persönlichen Situation nicht mehr bewohnen, musste es aber weiter finanzieren, meine Verpflichtungen wurden nicht kleiner und mein Leben nicht billiger. Meine Existenzängste meldeten sich immer lauter und ich begann immer mehr darauf zu vertrauen, dass ich meinen Weg trotzdem gehe. Ich habe die felsenfeste Überzeugung, dass alles aus einem bestimmten Grund passiert. Aber wie soll es nun beruflich weitergehen mit einem Baby, dass ich 24 Stunden mit voller Aufmerksamkeit betreue? Eine Fremdbetreuung kam mir nicht in den Sinn! Um uns finanziell abzusichern, bin ich nun wieder selbstständig und baue mir mein Herzens-business auf, wenn meine Tochter schläft. Da ich für uns allein verantwortlich bin, mache ich das von Herzen gerne, denn so kann ich sie zu 100 Prozent betreuen und ihr Geborgenheit schenken. Ja, das kostet Kraft und Schlaf, doch wir sind es mir wert. Und zwei Tassen Kaffee am Morgen helfen dabei, die Müdigkeit zu überwinden. Außerdem gönne ich uns viele Ruhepausen, um Energie aufzutanken. Ich fasste neuen Mut und innere Stabilität. Ich weiß, dass das mein Weg ist, egal wie viel Kraft er kostet. Und umso offener ich werde, umso mehr neue kreative Projekte kommen in meinen Kopf und die setze ich Tag für Tag mit meiner Tochter gemeinsam um. Denn das ist das Wichtigste: meine Tochter! Jeden Morgen stehe ich mit dem Bewusstsein auf, dass ich ein Leben in Fülle, Wohlstand und Reichtum führe. Ich visualisiere mir meine Wünsche und gehe jeden Tag in die Umsetzung, egal wie müde ich bin. Mein Körper ist dabei immer mein Indikator, denn ich habe gelernt auf ihn zu hören. Wenn es ihm nicht gut geht, bin ich von meinem Weg abgekommen und ich verändere wieder die Richtung.

Ich gehe meinen Weg. Mit wenig Geld in der Tasche, aber mit einer Fülle und einem Wohlstand in meinem Herzen. Ich bin reich an Glück, Zufrieden-heit, wundervollen Momenten, besonderen Begegnungen und Träumen. Gerade höre ich schon die Stimmen, die sagen: „Davon kannst du aber nicht deine Miete zahlen." oder „Jetzt hast du Verantwortung gegenüber deiner Tochter." oder „Du brauchst einen festen Job." All diese Menschen, die mir das sagen, meinen es gut mit mir, aber es sind ihre Glaubenssätze und nicht meine! Ich übernehme Verantwortung, baue mir mein Business weiter auf und ermögliche meiner Tochter und mir damit Freiheit und finanzielle Sicherheit zugleich. Ich gehe einfach Schritt für Schritt und es werden sich immer wieder neue Wege auftun. Dieses Buchprojekt ist für mich zum Beispiel ein Herzenswunsch, den ich mir nur durch meine Schwester ermöglichen kann. Sie glaubt an mich und unterstützt mich. Mit 32 Jahren halten mir meine Eltern den Rücken frei, bis ich wieder komplett auf eigenen Beinen stehen kann, denn allein würde ich es nicht alles schaffen. Vor allem nicht, wenn Sicherheitssysteme nicht greifen oder sich Menschen aus der Verantwortung ziehen. Natürlich kommen da auch Existenzängste hoch und ich fühle mich nicht gut und würde gerne den Kopf ab und zu in den Sand stecken. Aber ehrlich, da ist es ganz schön dunkel und für mich wahrlich kein Ort, um mein Leben zu leben. Stattdessen trage ich meinen Kopf oben und schaue mit wachen Augen, was mir mein Leben schenkt. Ich begeistere mich jeden Tag für die kleinen und großen Dinge, die mir auf meinem Weg entgegenkommen. Meine Perspektive ändere ich täglich und lerne weiter, wie wichtig es für mich ist, dass ich an mich glaube und meinen Gefühlen vertraue. Dabei achte ich immer darauf, dass ich im Einklang von Körper, Geist und Seele lebe, denn so kann ich meine weibliche Stärke leben. Ich lasse meine Vergangenheit los und gebe mich dem Leben hin, damit kann ich den Moment in vollen Zügen genießen. Und all meine Erfahrungen gebe ich von Herzen an andere Frauen weiter und begleite sie offenherzig, ehrlich und liebevoll auf ihrem Weg in ihre Stärke. In meinem Herzensbusiness vereine ich alles, was ich erleben durfte, meine Kraft und vor allem meine Intuition. Mit meinem Anliegen Natürlich.Ehrlich.Mama gehe ich einen Weg, den ich mir erträumt habe, denn ich darf all das ausleben, was und wie ich bin. Heute kann ich voller Stolz sagen, dass ich mir sehr viel wert bin, dass ich zu mir und meinen Gefühlen stehe und meine Sensibilität liebe und achte. Meine Freiheit, Klarheit und Stärke lebe ich jeden Tag mit vollem Herzen, auch wenn mein Ego mich immer wieder neu testet. Ich liebe mein Leben und jeden Tag, der mir geschenkt wird.

Stephanie Kespohl im Kurzportrait:

Unzählige Überstunden, hunderte Kilometer Dienstreisen und zahlreiche Umzüge prägten ihren Weg. Stephanie Kespohl funktionierte solange, bis ihr Körper sich meldete. In den letzten sieben Jahren veränderte sie ihre innere Einstellung, ihre Perspektive und lauschte in sich selbst. Das Außen wurde ihr ein wichtiger Spiegel, um ihre inneren Prozesse zu gestalten. Geführt von ihrer Intuition und ihrem tiefen Vertrauen ins Leben begleitet sie nun selbst andere Frauen und vor allem Mamas zu einem kraftvollen Alltag, einem liebevollen Miteinander in der Familie und dabei, ihren persönlichen Weg zu finden.

Begeisterung, Leichtigkeit und vor allem Freiheit sind Stephanie dabei besonders wichtig und sind die Werte, die ihr Leben prägen. Mit Natürlich.Ehrlich.Mama lebt sie selbst ihren Weg und kann so das Mamasein jeden Tag genießen.

www.natuerlich-ehrlich-mama.com
www.facebook.com/natuerlich.ehrlich.mama/

„Ich gehe meinen Weg.
Mit wenig Geld in der Tasche,
aber mit einer Fülle und einem
Wohlstand in meinem Herzen."

Stephanie Kesphol

JENNY SIERING

Mein Name ist Jenny Siering. Ich komme aus einem kleinen Dorf zwischen Hamburg und Bremen. In diesem kleinen Dorf bin ich gut behütet und umsorgt aufgewachsen. Ich durfte viel in der Natur spielen, durfte mich frei bewegen. In der Schule war ich das Kind, das sich um andere kümmerte. Das Kind, das häufig nicht verstand, warum Lehrer so oft schimpften und sich deswegen zurückzog. Diejenige, die nicht mit Druck klarkam. Ich war kreativ und liebte Fächer, in denen ich Dinge erschaffen konnte.

In den Hauptfächern war ich laut Bildungssystem nicht die hellste Leuchte auf dem Weihnachtsbaum. Deswegen musste ich mir über sehr viel Fleiß meine Noten verdienen. Wenn ich mich überfordert und nicht verstanden fühlte, bekam ich schnell Symptome, die mir mein Körper spiegelte. Ich fühlte einen hohen Druck, wollte mich immer gern zurückziehen, hatte oft Probleme mit dem Magen und mit meiner Haut. Ich war in der Schulzeit oft krank. Heute würde man wohl sagen, ich war ein sehr sensibles Kind oder auch hochsensibel. Durch die Arbeit an meiner Persönlichkeit in den letzten Jahren durfte ich viel über mich selbst lernen. War das immer leicht? Nein, auf keinen

Fall, doch es hat sich gelohnt. Ich habe gelernt, gut mit meiner sensiblen Seite umzugehen und diese Sensibilität als Gabe zu sehen.

Meine Eltern haben sich über die Jahre hinweg einen guten Mittelstand erarbeitet. Doch meine Familie kannte es auch, wie es ist, nicht so viel Geld zu besitzen. Als Kind habe ich das gar nicht bewusst mitbekommen, doch auch diese Phase hat mich geprägt. Glaubenssätze, die sich bei mir verankert haben wie: „Ich muss hart arbeiten, um Erfolg zu bekommen. Für mich wird nur Mittelstand drin sein. Ich muss auf mein Geld aufpassen. Ich muss mich gut absichern." haben sich festgesetzt. Ich brauchte sehr viel Sicherheit.

Mit 19 Jahren bin ich mit meinem damaligen Freund nach Hamburg gezogen. Naja, erstmal in eine Kleinstadt in die Nähe von Hamburg, doch das war für mich ein großer Schritt. Weg von der bekannten Umgebung, weg von den Freunden, weg von der Familie. In Hamburg durfte ich dann meine Kreativität wieder etwas mehr ausleben und habe eine zweite Ausbildung zur Screen-Designerin gemacht. Meine erste Ausbildung als Industriekauffrau, die ich mit 15 Jahren angefangen habe, war eher pragmatisch: Ich wollte gern etwas Kreatives machen, aber im Dorf gab es nicht viele Alternativen. Der Bus fuhr nur zweimal am Tag in die nächstgrößere Stadt. In der Firma, in der auch mein Vater angestellt war, gab es eine Ausbildungsstelle als Industriekauffrau. Und das wäre doch etwas schön Solides, meinte mein Vater. Also machte ich mal etwas schön Solides, denn das fand meine Familie natürlich gut. Mein Körper merkte aber auch hier recht schnell, dass es nicht das war, was ich eigentlich möchte. Ich bekam mehr Allergien, als ich sie eh schon hatte. Meine Sehfähigkeit wurde rapide schlechter.

In Hamburg angekommen, musste ich mich erst einmal einleben und anpassen. Anpassen konnte ich mich schon immer gut und das nicht nur zu meinem gesundheitlichen Wohl. Ich habe es durch meine Empathie und das Gespür, was andere brauchen und fühlen, immer gut geschafft, mich auf andere einzustellen. Doch was für mich wichtig war und wo meine richtigen Bedürfnisse steckten, darauf habe ich nicht so sehr geschaut. Die Beziehung, aufgrund derer ich auch nach Hamburg gegangen war, ging langsam in die Brüche. Ich fühlte mich nicht verstanden, wobei ich auch nicht oft äußerte, was ich brauchte. Ich fühlte mich nicht frei, sondern eingeengt. Eigentlich war es ja klar, dass wir beiden Dorfmenschen heiraten, ein Haus bauen und Kinder kriegen würden. Für mein Umfeld war das auf jeden Fall klar. Ich spürte einen unglaublichen Druck, denn tief in mir drinnen spürte ich: Dieses Leben hält mehr für mich bereit. Aber ich wusste nicht was.

Ich trennte mich daher nach sieben Jahren von meinem ersten festen Partner und besorgte mir eine eigene kleine Wohnung in Hamburg. Ich zog in eine Wohnung ein, in der ich noch mal neu anfing. Ich fühlte mich frei in dieser Wohnung. Ich konnte machen, was ich wollte und konnte die große Stadt Hamburg nun ganz allein erkunden. Wie gut mir die neue Freiheit auch gefiel, so gab es viele Momente, in denen ich mich sehr einsam fühlte. Dabei wollte ich doch nur so geliebt werden, wie ich bin. Doch wer war ich eigentlich? Ich fing an, mich auszuprobieren. Ich war viel feiern, lernte immer neue Menschen und Männer kennen, die aber alle nichts Festes wollten. Meine Einsamkeit wurde mit Alkohol verschleiert. Der Alkohol half mir, meine Gefühle nicht so zu spüren, mich schöner zu fühlen, liebenswerter zu erscheinen, mich cooler und mutiger zu fühlen. Meine Hellfühligkeit - die ich zu dem Zeitpunkt nicht verstand und auch nicht wusste, dass ich sie besitze - wurde auch von diesem Betäubungsmittel in den Hintergrund gedrängt.

Mit 27 begegnete ich dann meinem neuen festen Freund. Er hatte mich gleich fasziniert. Er war anderes, er war geheimnisvoll und besaß eine gewisse Melancholie. Er hörte dieselbe Musik wie ich, war in denselben Bars unterwegs wie ich und eine Schwäche für Punk-Rocker hatte ich mir über die Jahre hinweg auch angeeignet. Er faszinierte mich und sehr schnell führten wir eine innige Beziehung. Wir zogen schnell zusammen. Doch ab dem Zeitpunkt des Einzuges kippte die Harmonie zwischen uns. Wir haben nicht mehr viele Dinge zusammen gemacht. Er wollte mit seinen Freunden losgehen und die Freundeskreise sollten nun getrennt werden. Ich kämpfte um seine Liebe und um seine Aufmerksamkeit. Ich wollte, dass er der ist, den ich in ihm sah. Ich hatte Erwartungen an ihn und unsere Beziehung, hatte ein Bild erschaffen, wie er sein sollte für mich. Ich wollte mir eine Zukunft mit ihm aufbauen. Bei ihm drehte es sich jedoch immer mehr um Alkohol und Medikamente, und darum, sich Bestätigung bei anderen Frauen zu holen. Nach zweieinhalb Jahren Beziehung war mein Körper am Ende. Zwar nicht nur von der Beziehung, doch jetzt würde ich sagen, es war schon ein sehr großer Auslöser.

Ich hatte zu diesem Zeitpunkt viele Herausforderungen in meinem Bürojob. Ich wollte oft für meine Familie und Freunde da sein. Doch mein Körper rebellierte, weil er in einer Liebesbeziehung steckte, die ihm nicht guttat. Trotzdem habe ich sehr an dieser Beziehung festgehalten. Mein Arzt sagte einmal: „Frau Siering, Sie laufen da schön in ein Burnout hinein". Mein ganzer Körper war müde, reagierte auf viele Lebensmittel, mein Magen brannte so sehr, dass ich nicht mehr schlafen konnte und mein damaliger Freund war weiter feiern.

Eines Nachts kam er vom Feiern nicht mehr zurück nach Hause und ich machte mir unglaublich viele Sorgen - dadurch ging es mir immer schlechter. Als ich in meinem Bett lag und völlig verzweifelt und verheult war, kamen Gefühle in mir hoch: Ich wusste nicht mehr weiter. Ich wollte, dass es mir besser geht. Doch ich wusste einfach nicht wie und woher ich die Kraft dazu nehmen sollte. Ich wollte doch nur lieben und geliebt werden, was war daran denn so schwierig? Ich gab auf und in diesem Moment war das erste Mal mein Gebet ans Universum: „Ich brauche Hilfe. Ich brauche Hilfe, dass es mir wieder gut geht. Ich brauche Hilfe, wie ich das anstellen kann. Und ich brauche Hilfe, wie ich mich von meinem Partner trennen kann, obwohl ich diesen Menschen liebe und sehe, was in ihm steckt. Nach ein paar Tagen entdeckte ich per Zufall auf der Startseite eines Online-Buchhandels ein Buch über Meditation. Dort stand, dass man durch Meditation Schmerzen loswerden kann. Dass Meditation Menschen wieder zu ihrer Kraft zurück und in ihre Mitte bringt. Ich wusste damals nicht, was Meditation ist. In meiner Verzweiflung kaufte ich das Buch mit Meditations-CD. Ab diesem Zeitpunkt ging es bergauf. Ich fing an zu meditieren und lernte, meinen Schmerz anzunehmen und ihn nicht zu unterdrücken. Ich arbeitete mit meinem Schmerz, meiner Trauer, meiner Wut, der Verständnislosigkeit und der Einsamkeit. Ich sah mir jedes Gefühl, jedes Symptom an und verfluchte es nicht mehr. Ich bekam meine Stärke zurück und ich fing wieder an, mich zu spüren - meine Bedürfnisse, meine Lücken, die ich nun mit meinem Ich auffüllen wollte. Ich trennte mich von meinem Freund und die spirituelle Welt, Yoga und die

Energieheilung wurden mein neues Zuhause. Die alte Punk-Rockseite habe ich nie ganz gehen lassen, doch ich habe einfach etwas Neues, Inspirierendes dazugewonnen. Ich war so wissbegierig wie noch nie zuvor in meinem Leben. Ich kaufte mir viele Bücher über unser Energiesystem, über Yoga, über Symptome, über Psychologie, über Persönlichkeitsentwicklung etc. Ich wollte alles wissen, was mich dazu gebracht hatte, mich so aufzugeben. Ich wollte das Wunderwerk Körper, Geist und Seele verstehen. Ich wollte wissen, wie alles zusammenhängt. Ich wollte die Liebe zu mir selbst finden, sodass niemand anderes die Lücken meines Ichs mehr schließen muss. Ich ging wieder gestärkter zu meinem Bürojob, in meiner Freizeit lernte ich. Ich machte schnell meine erste Ausbildung zur Yoga-Lehrerin, dann kamen einige Ausbildungen und Fortbildungen im Energieheilungsbereich hinzu. Ich merkte, dass mir diese Entwicklung guttat. Das wollte ich an so viele Menschen wie möglich weitergeben. Mir war auf einmal klar, dass mein vorheriger Lebenswandel etwas war, den niemand führen muss. Ich wollte die Begleitung für Menschen sein, die sich auf eine ähnliche Reise zu sich selbst machen wollen. Ich hatte erkannt: Wir alle können jederzeit unser Leben in die Hand nehmen. Wir müssen nur wieder anfangen, auf unser Herz zu hören.

Ich merkte 2015, dass ich mich in diesem Bereich zuhause fühlte. Es war klar, dass ich meinen Bürojob nicht mehr mit den üblichen vierzig Stunden Vollzeit weiterführen wollte. Über elf Jahre hatte ich bis dahin für das Unternehmen gearbeitet. Mein Wunsch war es, meine Wochenstunden auf 33 Stunden zu reduzieren. Damit hätte ich den Freiraum gehabt, ab und an Yoga zu unterrichten, die Energieheilung weiter zu lernen und mein Wissen an Freunde und Klienten weiterzugeben. Du musst wissen: Das Unternehmen, für das ich arbeitete, war sehr konventionell und sehr hanseatisch. Eigentlich hatte dort noch nie jemand zuvor die Stunden reduziert, außer man hatte ein Kind oder eine schlimme Erkrankung. Doch ich wusste, dass ich neben den üblichen vierzig Stunden nicht unterrichten, und keine Energieheilungssessions geben konnte, ohne Gefahr zu laufen, wieder auszubrennen. In meiner morgendlichen Meditation sagte ich mir: „Ich werde all das annehmen, was in diesem Gespräch mit meinen Vorgesetzten rauskommt. Ich kann nicht wissen, was für mich richtig ist, um weiter auf meinem neuen Weg zu gehen."

Das Gespräch kam und mein Chef bat mir einen 24-Stunden-Job an. Was ich mir in meiner Meditation gesagt hatte - dass ich mit allem einverstanden bin – war in dem Moment plötzlich ganz weit weg. Wie sollte ich denn mit 24 Stunden finanziell klarkommen? Wie würden meine Eltern reagieren? Was sagt mein neuer Freund, mit dem ich damals erst ein paar Monate zusammen war, dazu? Was würden meine Kollegen sagen, von denen einige meinen neuen Weg sowieso belächelten? Die Optionen waren eindeutig: 40 Stunden oder 24 Stunden. Ich redete an dem Wochenende mit meinen Eltern. Meine Eltern, die alle Versicherungen besitzen, die man haben kann. Mein Vater, der immer in einer festen Anstellung war. Wie würden sie reagieren? Ich war wirklich erstaunt über ihre Antwort. Meine Eltern sagten: „Jenny, wir merken doch, dass du dort nicht mehr zufrieden bist und dass dein neuer Weg dich so glücklich macht. Mach es, was hast du zu verlieren?" Und sie hatten so recht. Was hatte ich zu verlieren? Ich merkte schon, dass ich in dieser Firma nicht mehr alt werden würde. Dass da etwas Neues war, das vielleicht finanziell nicht so attraktiv war, aber dafür hüpfte einfach mein Herz. Ich nahm das Angebot an und arbeitete nur noch 24 Stunden die Woche. Es war in dem Moment die beste Entscheidung, dieses Angebot anzunehmen - auch wenn ich nicht wusste, was kommt. Ich hatte viele Zweifel in mir, aber ich spürte, dass ich etwas in meinem Leben ändern musste. Die 24-Stunden-Woche war der Startschuss für Herzzeit. Natürlich waren in meinem Kopf viele Fragen: Wie kann ich nun mehr Geld generieren, sodass ich in Hamburg gut leben kann? Bin ich schon bereit, was ich gelernt habe, an andere weiterzugeben? Brauchen die Menschen mich? Habe ich ihnen überhaupt etwas zu sagen? Gibt es Menschen, die zu meinen Energieheilungssessions kommen werden? Was ist, wenn ich bald Mutter sein möchte, sollte ich jetzt wirklich die Stunden reduzieren? Doch der Wunsch, Menschen zu helfen und meinem Herz zu folgen, war größer als meine Zweifel. Ich wollte Menschen die Möglichkeit geben, wieder in den Kontakt mit sich selbst zu kommen und wieder zu ihrem Herz zu gelangen.

Das Herz soll der Sitz unserer Seele sein und es ist wichtig, dass wir eine gute Verbindung mit diesem Bereich haben. Meine Mission ist es geworden, vor allem Frauen zu zeigen, dass sie sich nicht limitieren sollten, dass sie in Liebe zu sich selbst sein dürfen und dass das nichts mit Egoismus zu tun hat.

Dass sie Sorgen, Herausforderungen und Krankheiten nicht unterdrücken sollten, sondern sich den Herausforderungen stellen dürfen. Denn nur das, was wir uns ansehen, darf gehen. Alles andere bleibt bestehen. Doch wie sollte ich es anstellen? Gerade Energieheilung ist in Deutschland noch nicht das hippste Wort. Yoga hat da schon ein anderes Standing.

Ich sammelte erst einmal alles, was mir wichtig ist. Ich habe mir in meinem Smartphone alles notiert, was mir in den Kopf kam. Das mache ich übrigens immer noch. Jede Idee, jedes Gefühl, jede Vision. Ich bekam langsam eine Struktur und mir wurde immer klarer, was ich vermitteln möchte. Moderne Spiritualität war für mich ein wichtiges Wort geworden. Ich beschäftigte mich mit meinen Gaben, mit meinen Werten. Alles, was ich gesammelt hatte, wurde nach und nach sichtbarer und floss in meine Herzzeit-Homepage. Wenn ich nicht im Büro arbeitete, war ich in Sachen Herzzeit unterwegs. Ich bastelte an meiner Homepage, machte weitere Fortbildungen, unterrichtete Yoga, las Bücher, habe Visitenkarten entworfen. Ich habe Texte geschrieben, habe Energieheilungssessions gegeben, habe die ersten professionellen Bilder von mir machen lassen, habe mir einen Instagram-Account zugelegt. Was ich auch gemacht habe, ich habe sehr viel an mir selbst gearbeitet. Dabei immer auf die Fragen in meinem Kopf gehört: Woher kommen meine Ängste? Was erzählt mir tagtäglich mein Geist? Über die Monate kamen allerdings Zweifel auf: Warum sollte es ausgerechnet bei mir klappen, da gibt es doch viel bessere? Wie sollte ich das schaffen? Dafür musste ich doch noch viel mehr wissen. Was könnte alles schief gehen? Was sagen meine alten Freunde, dass ich jetzt so eine Esoterik-Tussi bin? Was ist, wenn das alles nicht klappt und ich meinen Traum nicht leben kann? Und sobald ich einen dieser Glaubenssätze gefunden und ihn transformiert hatte, hat sich irgendwann wieder ein neuer negativer Glaubenssatz gezeigt. Ich sage dir: Es wird im Kopf nie langweilig - und das ist es, was mich so lebendig hält.

Ich merkte in dieser Zeit, dass ich umso mehr Zuspruch bekam, je mehr ich mit meinem Herzen bei der Sache war. Im Raum meiner damaligen Lehrerin durfte ich meine ersten Klienten empfangen. Es waren am Anfang vielleicht drei bis fünf Klienten im Monat. Das war jetzt finanziell nicht sonderlich attraktiv, aber ich hatte das erste Mal in meinem Leben das Gefühl: Ich liebe, was ich tue, ich vergesse die Zeit und ich kann das noch machen bis ich neunzig Jahre alt bin. Ich war komplett in meinem Element. Ich liebte es, die Geschichten meiner Klienten zu hören und dann im Coaching mit ihnen zu arbeiten. Die Energieheilung macht dann den Rest und zieht alte Dinge aus den Zellen, sodass Platz für neues und für viel Transformation ist.

Herzzeit wuchs immer weiter. Ich bekam mehr Klienten, ich unterrichte mehr Yoga und veranstalte Workshops und Retreats. Jedes Mal, wenn es eine neue Stufe hinaufging, hatte ich Respekt und kurze Zweifel. Doch die Yogapraxis hat mich gelehrt, dass ich meine Grenzen immer überwinden kann und ich dadurch wachse. Die Yogapraxis und dabei vor allem die Handstände haben mich unglaublich mutig gemacht. Ich bin aus meiner Komfortzone herausgetreten, habe mich meinen Ängsten und Zweifeln gestellt und bin immer wieder in meinem Tempo weitergesprungen.

2016 fragte mich eine Freundin, ob ich mir vorstellen könne, meine eigenen Räume zu haben, in denen ich meine Sessions anbiete. Und ob sie für uns beide mal etwas suchen solle. Schneller als gedacht war die Suche erfolgreich. Ich hatte das Angebot, Hauptmieterin meiner eigenen Praxisräume werden, indem ich mir die Mietkosten mit vier Freunden teilte. Natürlich ließ mich mein Geist auch hier nicht in Ruhe und erzählte mir viel: Was ist, wenn ich nur für die Miete arbeite? Was ist, wenn es nicht klappt? Klappt das mit meinen Freunden? Was muss ich alles investieren? Was ist, wenn nicht genug Klienten zu mir kommen? Doch da es in meinem Bürojob immer anstrengender wurde und manche Kollegen mir das Leben nicht so einfach machen wollten, musste der nächste Schritt her. Eine eigene Praxis, statt immer zu fragen, ob ich in die Räume meiner Lehrerin darf: Eine super Sache! Die Räume so zu gestalten, wie ich es wollte. Verstärkt Spiritualität cool und leicht verständlich zu den Menschen zu bringen – das war mir ein so großes Anliegen. Ich sah die Möglichkeit, Spiritualität auf moderne Art und Weise als Glücklich-Macher auf den Weg zu unserem Kern unter die Leute zu bringen. Damit war klar: Der Mietvertrag wird unterschrieben.

Die Praxis nahm schnell Gestalt an. Ein Urlaub auf Bali und ein Besuch bei einem Heiler vor Ort brachten mir dann den nächsten Schritt. Der Heiler gab mir zu verstehen, dass es meine Berufung ist, energetisch mit Menschen zu arbeiten. Sollte ich den Weg nicht gehen, würde ich auf kurz oder lang sehr krank werden. In Deutschland wieder angekommen, entzündete sich ein Moskitostich aus Bali so sehr, dass ich eigentlich sofort zum Arzt hätte gehen müssen. Doch stattdessen schleppte ich mich ins Büro, um nicht noch mehr ins Visier der einen oder anderen Kollegin zu geraten. Am Abend ging es mir emotional sehr schlecht. Die Gedanken, die schon lange in meinem Kopf waren, wurden immer lauter. Es kamen Gedanken wie, dass ich mich im Büro stets so klein machte. Dass ich mich dort verstellte. Dass ich dort viel Kraft verlor. Dass ich dort nicht auf mich achten konnte. Im Gegenzug merkte ich, wie stark, glücklich und kraftvoll ich bei der Arbeit mit meinen Klienten und in der Praxis war. Kombiniert mit der wachsenden Anzahl an Klienten war die Doppelbelastung zwischen Büro und Herzzeit tageweise sehr herausfordernd. Ich hatte manchmal Tage, an denen ich um 8 Uhr im Büro war, abends sofort in die Praxis gefahren bin und um 23 Uhr noch die letzten Mails beantwortete. Das alles machte mir irgendwann ganz schön zu schaffen.

Die Entzündung durch den Moskitostich schritt immer weiter voran, ich konnte kaum auftreten und jeder Schritt schmerzte. Ich hatte verstanden, dass ich zum Arzt musste. Mein Arzt war äußerst besorgt. Er fragte mich, warum ich erst jetzt käme, wenn ich doch schon solche Schmerzen hätte. In mir kam alles hoch: Ich wollte von meinen Kollegen gemocht werden. Ich wollte dazu-gehören. Doch ich gehörte längst nicht mehr dazu. Ich hatte mich für einen anderen Weg entschieden und ich musste endlich anfangen, mich selbst als wichtigsten Menschen in meinem Leben zu sehen. Und ist es nicht das, was ich meinen Klienten immer predigte? „Du bist der wichtigste Mensch in deinem Leben!" Wie konnte ich authentisch sein und inspirieren, wenn ich es selbst nicht lebte? Ich ließ mich an diesem Tag nicht krankschreiben. Es war mir auf einmal so klar: Ich muss kündigen, und zwar sofort! Ich fuhr nach dem Arztbesuch ins Büro und reichte nach zwölf Jahren meine Kündigung ein. Ich habe viel geweint, weil es ein großer Abschied war. Ich wusste aber, dass ich loslassen muss, damit etwas Neues kommen und ich gesund sein darf!

Am nächsten Tag kam ich dann ins Krankenhaus, denn die Entzündung breitete sich weiter aus. In einer Notoperation wurde sie dann am oberen rechten Oberschenkel entfernt. Heute bin ich dankbar, dass ich diese Narbe habe, denn sie zeigt mir immer wieder: Ich muss für mich einstehen, ich muss auf mein Herz hören. Auch wenn das heißt: „Ich muss etwas loslassen und das heißt Veränderung." Ich bin im Nachhinein auch dankbar, dass mir die Zeit im Büro schwer gemacht wurde. Ich wäre vielleicht sonst nie gegangen und würde jetzt nicht das Leben führen, welches ich nun gerade lebe.

Was kam nach der Kündigung? Die eine Tür ging zu und zig andere gingen auf. Ich bekam von meinem Webseiten-Anbieter das Angebot, einen Werbespot mit ihnen zu drehen. Dieser Spot hat gedanklich auch noch mal einiges mit mir gemacht. Möchte ich mich wirklich ganz der Welt zeigen? Möchte ich das, was ich bin, erzählen und ganz zu mir stehen? Mit diesem Werbespot war mir klar: Ich möchte mich mehr zeigen, möchte meine Geschichte erzählen und dadurch immer mehr Menschen inspirieren, ihren ganz individuellen Weg zu gehen. Egal, woher sie kommen, welche Glaubenssätze sie haben und wie sie die Welt im Moment sehen. Mein Instagram-Account durfte ebenfalls wachsen, ich liebe es, dort mit meiner Community zusammen zu sein. Ich habe die Sprache für mich entdeckt und dass Menschen mir vertrauen und mir gern zuhören. Dadurch ist mein Herzzeit-Podcast entstanden. Ich habe viele neue Menschen kennengelernt. Und ich fühle, dass das alles erst der Anfang ist. Immer mehr Menschen kommen in meine Praxis zu einer 1:1 Session. Ich liebe es, ihre Geschichten zu hören. Vor allem geht mein Herz so auf, wenn ich anschließend lesen oder hören darf, was die Arbeit mit mir bei meinen Klienten bewirkt. Das herzliche Feedback ist immer das größte Geschenk für mich.

Ohne die Herausforderungen, die Hürden, die Zweifel, die Ängste wäre ich nicht da, wo ich jetzt persönlich bin. Die Selbstständigkeit hat mich noch mal auf ein anderes Level gebracht. Ich bin dankbar für jeden Schritt, den ich gehen durfte, für jede Herausforderung, die ich gehen musste, für jede Erkenntnis, die ich gewinnen konnte und für jedes Bewusstwerden. Es ist mein Weg zu meiner Selbstliebe, zu meinem Selbstwert, zu meiner Authentizität und zu meinem Herzen. Ich bin mutiger, entscheide schneller, ich probiere mich aus, auch wenn nicht immer alles gelingt. Ich erlaube mir zu scheitern, auch wenn ich das immer noch nicht so gern mag. Ich lerne jeden Tag und ich entwickle mich weiter und das ist es, was meine Seele will: Meine Seele will nicht bequem am Beckenrand liegen, meine Seele möchte mittendrin im Ozean schwimmen und sich von der Fülle des Lebens treiben lassen. Meine Seele möchte noch gar nicht am Ziel sein, sie will sich ausdrücken und sich immer wieder neu erfinden. Ist das immer leicht? Nein! Doch der Weg lohnt sich zu gehen!

Herzzeit ist im September 2018 drei Jahre alt geworden. Hätte mir jemand damals gesagt, wo ich jetzt stehe, ich hätte niemals angefangen. Nicht, weil es mir keinen Spaß macht. Ganz im Gegenteil, ich arbeite manchmal länger als früher im Büro. Doch es ist für mich und für mein Warum. Nein, wenn ich gewusst hätte, was aus Herzzeit wird, hätte ich nicht angefangen, weil es mir zu verrückt erschienen wäre. Ich wusste nicht, wie man mit einem Baukasten-System eine Homepage baut. Ich wusste nicht, wie man Yoga unterrichtet. Ich wusste nicht, wie man Menschen auf eine ganz besondere Art energetisch berühren kann. Ich wusste nicht, dass ich Menschen durch gute Fragen an ihr Ziel bringen kann. Ich wusste nicht, wie man einen Instagram-Kanal aufbaut. Ich wusste nicht, dass ich Social Media mag. Ich wusste nicht, wie man Zeitungsartikel oder Bücher schreibt. Ich wusste nicht, wie man Events veranstaltet. Ich wusste nicht, wie man einen Podcast aufnimmt. Und vor allem wusste ich nicht, wie man sich selbstständig macht. Doch das ist egal, das Wie kommt nach und nach. Bleibe stets bei deinen Gedanken: „Was möchtest du verändern? Wie möchtest du sein? Wer möchtest du sein? Wie möchtest du dich fühlen?"

Wie geht es mir gerade? Ich habe immer mal wieder Ängste, dass das Geld nicht so fließt, wie ich es vielleicht brauche. Aber bis jetzt war das noch nie der Fall, das ist alles nur in meinem Kopf. Es ist eine Umstellung, wenn man immer ein festes monatliches Gehalt hatte und diese vermeintliche „Sicherheit". Doch jetzt ist auch Luft nach oben und es darf noch mehr Fülle kommen. Ich habe viel mehr Energie und Kraft. Ich arbeite für mich und darf Menschen berühren und inspirieren. Ich darf jeden Tag lernen. Ich bekomme Angebote und ich kann entscheiden, welche ich davon annehme. Ich kann meine Zeit so einteilen, wie ich es möchte.

Meine große Liebe habe ich auch gefunden und bin jetzt verheiratet. Und auch das durfte nur zu mir kommen, weil ich mich selbst gefunden habe und mir meine eigene beste Freundin geworden bin. Wo der Weg für mich noch hinführt? Keine Ahnung. Ich habe zwar eine Vision von meiner Zukunft, doch ich lasse mich von meinem Herzen treiben und vertraue auf das Universum. Denn das Universum hält für uns alle mehr bereit, als wir uns je vorstellen können. Ich habe gelernt, dass es immer ein Auf und ein Ab geben wird, denn wir befinden uns in einer dualen Welt. Ich vertraue auf meinen Mut und ich habe ein großes Warum. Mein Warum bist du! Mein Warum ist es, Menschen wieder zu ihrer Kraft und zu ihrem Potenzial zu führen und ihnen zu zeigen, dass es eine Energie gibt, die uns dabei hilft. Ich möchte, dass du bewusster mit dir selbst umgehst und somit auch mit deinem Umfeld. Das multipliziert sich dann immer weiter in die Welt hinaus. Wenn ich zweifle, sage ich mir: Ich wähle Liebe anstatt Angst! Dieser Planet darf noch schöner, liebender, bunter und gesünder werden. Sei du auch eine Lichtbringerin, egal, auf welche Art und Weise du deine Gaben ausdrückst. Doch bitte verstecke dich nicht. Bring dein Licht nach draußen!

Jenny Siering im Kurzportrait:

Jenny Siering ist EnergyHealer, SoulCoach, Yoga-Lehrerin und Podcasterin. Aufgewachsen ist Jenny in einem kleinen Dorf. Mit 19 ging es für sie in die große Stadt nach Hamburg. Sie machte zwei klassische Ausbildungen in der Wirtschaft und arbeitete hier über 12 Jahre. Eine Liebe, die ihr nicht guttat, zu wenig sie selbst sein, zu viel Fokus im Außen und ein Erschöpfungszustand mit Ende 20 ließen sie umdenken. Sie fand ein neues Zuhause in der undogmatischen Spiritualität. Hier tankte sie Kraft und fand zu ihrem selbstbestimmten Leben. Jenny gibt ihr Wissen seit 2015 in ihrer eigenen Praxis in Hamburg weiter. Sie schafft es mit ihrer emphatischen und herzlichen Art, dass Menschen sich öffnen und bei ihr eine Session erleben, die sie so vielleicht noch nie erlebt haben. Ihre Kundinnen freuen sich auf Tiefe, Transformation, Energie, Ruhe und eine Zukunft in mehr Fülle und Harmonie mit sich selbst.

www.herzzeit-hamburg.de

„Ich habe zwar eine Vision
von meiner Zukunft, doch ich
lasse mich von meinem Herzen
treiben und vertraue auf
das Universum."

Jenny Siering

MARIAH McKIMBROUGH

◆◆◆

BÄÄM - Hier war er also, der große Absturz. So viele Gefühle und doch war ich wie paralysiert und absolut unfähig, auf die Worte einzugehen. Messerstiche! Ich dachte an Brutus. So ist das also. Was war in meinem Leben schiefgelaufen, dass es so weit kommen konnte?

Meine Eltern übten keinen Druck auf mich aus, prophezeiten mir jedoch schon früh eine Bühnenkarriere. Ich war einfach froh darüber, denn mein schüchternes junges Ich fühlte mich dem nicht gewachsen. Es blieb also spielerisch und ich genoss die Leichtigkeit. Kein Ziel, kein Druck, keine Verpflichtung. Ich verbrachte meine Zeit mit Ballett, Jazzdance, Gardetanz, Klavier, Opernchor, Gesang, Jugendtheater, Hip-Hop, Akrobatik, ach, einfach mit allem, was in irgendeiner Form mit Bühne zu tun hatte. Zum Ausgleich powerte ich beim Taekwondo und vertiefte mich in die krassesten Bücher. Meine Gedanken beschrieb ich in Poesie und Kurzgeschichten. Trotz dieser eindeutig künstlerischen Veranlagung entschied ich mich später für einen soliden Berufsweg – Mit Graphik und BWL fühlte ich mich sicher und im Angestelltenverhältnis gut aufgehoben. Ich redete mir ein, alles sei wie ich es wollte und verdrängte meinen inneren Ruf „Performing Arts" weiterhin. Es war eben nur ein Hobby.

Die Wende kam durch einen der ersten schicksalhaften Momente der folgenden Jahre, in denen mich meine damalige Chefin in einem Musical auf der Bühne sah. In der folgenden Woche legte sie mir in einem persönlichen Gespräch nahe, meiner Berufung zu folgen. Meine Einwände wischte sie vom Tisch, gefolgt vom Versprechen, dass ich im Fall des Falles jederzeit zurück könnte. Wow! So schnell konnte ich das alles gar nicht verdauen, doch die Ereignisse überschlugen sich und die Zeit rauschte nur so vorbei. Ich ging nach Hamburg und ließ mich zur Musicaldarstellerin ausbilden. Ich fühlte mich verloren in dieser viel zu großen Stadt. Doch irgendwie schaffte ich es als kleiner Fisch durch die ersten Jahre des Haifischbeckens namens „Showbusiness". Emotional wie auch finanziell hätte ich meine Ausbildung lieber in meiner sicheren Heimat verbracht. In dieser Zeit arbeitete ich 24/7, entweder für meine Bühnenzukunft oder um mir meine Brötchen zu verdienen.

Zeitgleich zeichnete sich ab, dass meine Mum ihren langen Kampf gegen den Krebs verlieren würde. Nach so vielen Jahren wollte ich einfach glauben, sie würde immer weiter gewinnen, doch der Konflikt zwischen Karriere und meiner Verantwortung als Tochter zerriss mich. Ausgerechnet meine Mum schaffte es immer wieder mir klarzumachen, dass ich trotzdem meinen Weg weitergehen müsste und gerade dieses Wissen ihr Kraft gab. An meinem Geburtstag erlitt meine Mum eine Lungenembolie und fiel ins Koma. Ich habe keine Worte für die Tränen und Laute, die in dieser Nacht aus mir herausgebrochen sind. Ich fühlte mich so allein, aber was es bedeutet, begann ich erst viel später zu begreifen. Mein „egoistischer" Geburtstagswunsch wurde mir tatsächlich erfüllt, meine Mum erwachte und wir holten sie nach Hause. Mein Dad, meine Tante und ich umsorgten sie. 40 Tage später starb meine Mum in der Nacht – es war eine Nacht ohne mich. Ich fühlte mich überwältigt und völlig zerstört, als ich jedoch meinen Dad sah, verstand ich, was völlig zerstört bedeutet. Mein Dad, der mich mit seinen starken Armen immer beschützt hatte, war nicht mehr da. Seine Seele starb mit meiner Mum – er erholte sich nie davon. Durch die Taubheit des für mich bis dahin größten Verlustes bohrte sich Stärke und Bestimmtheit. Ich fühlte ihre Kraft in mir und gleichzeitig fühlte ich mich wie ein kleines verlassenes Kind. Ab jetzt war ich erwachsen!

Ich kümmerte mich um ihr Begräbnis, verfasste die Trauerrede und erfüllte ihren letzten Wunsch, an ihrer Beerdigung zu singen. Woher an diesem Tag meine Stimme kam, kann ich mir bis heute nicht erklären. Aber bis heute erinnere ich mich in schweren, scheinbar ausweglosen Situationen, dass es eine größere Kraft gibt. Ich habe in diesem Moment nicht nur erfahren, getragen zu werden, wenn ich nicht mehr stehen kann, nein, ich bin auch mir selbst begegnet. Ungefiltert und ungeschminkt. Wollte ich das wirklich sehen? Ich tat, was ich am besten konnte, stürzte mich so richtig in die Arbeit und damit in meine Karriere. Getrieben vom Wunsch, irgendwie alles wieder gut zu machen. Meine Eltern sollten nicht umsonst an mich geglaubt haben.

„Alles gut" wurde bald meine Standardantwort. Was sollte ich denn auch auf Fragen über mein Befinden erwidern? Welches Gefühl ist angemessen, wenn man innerlich zerbrochen nach außen die Haltung bewahrt und dabei vom Bühnenapplaus in die lauteste Stille von unzähligen Hotelzimmern oder Kurzzeit-Appartments stürzt? Ich spielte meine Rolle, niemand erkannte meine Dunkelheit, auch nicht ich selbst. Nach Jahren der Flucht vor mir selbst, musste ich mir eingestehen, wie ungesund meine Art der Trauerverarbeitung war. Ich hatte eine schwere Depression entwickelt und musste mich in Therapie begeben. Meine Therapeutin gab alles, mich für „schuldfreie" Alternativen zu öffnen, doch erst die Sicht eines Schauspielers öffnete mir die Augen:

„All it takes is a beautiful fake smile to hide an injured soul."
(Robin Williams, Schauspieler, der sich im August 2014 das Leben nahm)

Nach Jahren der Therapie ließ mich sein Tod, der Tod eines mir fremden Menschen, letztlich akzeptieren, selbst eine „versteckte Depression" zu haben, einhergehend mit allem, was es bedeutet. Mein Lachen war nicht aufgesetzt, meine Schlaflosigkeit kein Lifestyle und mein immer getriebenes Arbeitstier nicht karriereorientiert. Es sollte noch ein komplettes Jahr dauern, bis jene Veränderungen in meinem Leben Platz fanden, die mir ermöglichten, mich zu befreien und damit im Umgang mit meinem inneren Puppenspieler gesunde Mechanismen zu entwickeln. Ausgerechnet der Verlust dessen, was ich in all den Jahren aufgebaut hatte, löste rückblickend den nötigen Tsunami aus und riss damit meine stärksten Ängste, Zweifel und Schuldgefühle mit sich.

Da saß ich um 3 Uhr nachts, rekapitulierte den Weg, der mich an diesen Punkt gebracht hatte und musste letztlich akzeptieren, dass ich beinahe 20 Jahre meines Lebens in ein Feld investiert hatte, das ich nicht ernten würde. Ich hatte mein Unternehmen verloren. Es würde vielleicht irgendwie weiter existieren, aber ohne mich. Die vertraute Taubheit kam zurück und hüllte alles ein. Meine Hunde schafften es irgendwie, mich aus meiner Starre zu lösen, und ich folgte ihnen nach Hause. Der Morgen nach einem traumlosen Wachschlaf riss mich zurück in die Realität. Ein endloser Spaziergang mit meinen treuen kleinen Gefährten blieb ziellos. Die Sonne schien und die Menschen strahlten zurück. Ich hielt das ein oder andere kleine Gespräch, niemand bemerkte etwas. Im Lächeln war ich doch so geübt. Einatmen, ausatmen, einfach weiter und weiter gehen. So wie die Sonne unterging, verging auch meine letzte Hoffnung darauf, dass es nur ein Albtraum war, aus dem ich gleich erwachen würde. Meine Gedanken kreisten unermüdlich. Was war falsch gelaufen, was hatte ich falsch gemacht und was war überhaupt geschehen? Statt Antworten auf diese Fragen zu finden, sprangen mir stattdessen lachend die Fakten ins Gesicht.

Unsere Wege hatten sich getrennt, unüberbrückbare Differenzen, „Mehrheit", die nicht immer Wahrheit ist und noch andere Zutaten machten diese Tatsache zu einem der bittersten Gerichte, welche ich je verdauen musste. Dabei wurde doch alles aufgeboten. Vermittlungsversuche und diverse Mediatoren, immer in der Hoffnung, eine Lösung zu finden. Ironie, dass diese Lösung letztendlich in der Auflösung lag. Im August 2015 waren wir am Ende aller Möglichkeiten angekommen.

Mir war es mehr als recht, mich mit Arbeit zuzuschütten, und so nahm ich meine Diagnose Krebs als Randnotiz zur Kenntnis. Ich bewies mir doch jeden Tag aufs Neue, dass ich mich nicht von dieser Krankheit bestimmen und aufhalten lasse – so dachte ich zumindest. Niemand sollte mir etwas ansehen, ich wollte kein Mitleid. Je schlechter es mir ging, desto besser sah ich aus. Es ist tatsächlich möglich, sich Gesundheit ins Gesicht zu malen. Geschickt kombiniert mit meinem „Alles ist gut" funktionierte das über Jahre erstaunlich gut. In dem einen oder anderen Moment glaubte ich es mir sogar selbst. Wen wunderte es also, dass irgendwann Zweifel aufkamen. „Das sieht man ihr ja gar nicht an, die hat doch bestimmt gar nichts."

Um den Gerüchten entgegenzuwirken, bemühte ich mich noch mehr, möglichst nicht aufzufallen, und minimierte meine Ausfälle trotz Chemo, Bestrahlung und diverser Eingriffe mehr, als es gut für mich war. Egal, Ruhe erlaubte ich mir nicht, es stand mir nicht zu, war es doch meine Verantwortung, alles für „meine" Schule zu geben. Talent und Bildung reichten da nicht aus. Ich musste wirtschaftlich denken. Von Werbung über Buchhaltung bis hin zu Webdesign und Reinigung der Räume, alles wurde selbst gemacht. Miete, Strom, Dozenten etc., es musste doch alles bezahlt werden. Entsprechend war es tägliches Ziel, mit den wenigsten Mitteln das Meiste herausholen. Da war es naheliegend, dass ich weiterhin auf der Bühne stand, um meine Brötchen zu verdienen. Dass ich weiter aktiv performte, schuf nicht nur wichtige Kontakte, es ermöglichte meinen Studenten später auch während ihrer Ausbildung, mit mir gemeinsam in Großproduktionen zu spielen. Ich genoss es, sie im „Livebetrieb" zu sehen, so erwies sich unser Konzept als absolut tragfähig. Es war eine mehr als spannende Entwicklung, vom Verein in die Partnerschaft bis hin zum großen Ziel, die erste staatlich anerkannte Berufsfachschule in unserer Region zu eröffnen.

Es wurden drei lange und harte Jahre. Mietverträge wurden unterzeichnet, notarielle Beglaubigungen gemacht, aber vor allem war ich gefordert, unzählige Male unsere Unterlagen nach Vorgabe der Regierung zu überarbeiten. Wie schreibt man Lehrpläne? Wie sollen die Statistiken geführt werden? Welche Dozenten darf man auswählen? Welche Normen müssen erfüllt sein? Das Regelwerk erschien mir unendlich. Leider gab es auch hier keine Vorlagen und Ratgeber zum Thema „Wie gründet man eine Schule". 2007 war es dann soweit, endlich hielt ich das langersehnte Dokument mit unserer offiziellen Schulnummer in Händen. Auf dem Weg dorthin hatte ich es tatsächlich geschafft, mir das nötige Knowhow durch Fort- und Weiterbildungen anzueignen und wurde jetzt offiziell als Direktorin eingetragen. Bis zur Eröffnung im Jahr 2007 hatten wir uns von den Hinterhof-Garagen-Workshops über ein nettes Domizil mit Turnhallenzugang auf dieses 800 qm Fabrikgebäude mit Westendflair hochgearbeitet. Es wurde groß gefeiert und der Bürgermeister war nicht der einzige Ehrengratulant. Geschafft! Es folgten Jahre gefüllt mit Absolventen, Bühnentalenten, unserem Großensemble,

Wasserschäden, Eheschließungen und sogar Babys wurden geboren. Ich liebte es! Neben meiner Tätigkeit als Direktorin leitete ich auch die Fachbereiche Tanz und Schauspiel. Dazu gehörte auch, die Musicals der Abschlussklassen zu inszenieren. Nach gemeinsamer Auswahl des Themas schneiderte ich passend für die jeweiligen Absolventen die entsprechenden Libretti, ließ Musik einspielen und/oder schnitt diese selbst. Außerdem stimmte ich mich mit Livebands und anderen Choreografen ab, um die optimalen Voraussetzungen für eine erfolgreiche Abschlussprüfung zu erschaffen. Der über die Jahre gewachsene Fundus an Kostümen, Bühnenmakeup, Perücken und sonstigen Requisiten ermöglichte nicht nur immer aufwendigere Produktionen. Indem wir auch für andere Theater und Filmsets die Ausstattung stellen konnten, wurde dieser Background mit der Zeit ein weiteres und stabiles Standbein. Alles erschien als perfekte Symbiose und das Inszenieren wurde meine Passion: Bühnenbilder erschaffen, Illusionen der Weite, welche jede Begrenzung auflösten. Mit der Zeit wurde unsere „Ausbildungs-Bühne" ein richtiges kleines Theater und schon bald standen nicht mehr nur unsere Studenten, sondern auch zahlreiche Kollegen und diverse namhafte Künstler auf den Brettern unserer kleinen Welt. Ja, ich liebte es!

Während ich also zwischen Berufsfachschule, Bühne und Krankheit jonglierte, verpasste ich wohl einfach die Momente, welche den Anfang vom Ende einläuteten. Dabei schrillten die Glocken geradezu ohrenbetäubend. Nachdem bereits im Jahr vor dem letzten Knall die Zeichen auf Trennung hindeuteten, malte ich mir noch immer ziemlich naiv ein Bild, in dem wir beide einen Platz fanden. Das Rückwärtszählen hatte begonnen. Trotz aller guten Intentionen zeigte dieser Countdown rückblickend eine Verzerrung, die gleich einem Bild von Hieronymus Bosch immer mehr Raum für Interpretationen und zugleich immer weniger Einigung ermöglichte. Der Vulkan rumorte, der Graben wurde tiefer und führte unaufhörlich zu meinem persönlichen „Steve Jobs Moment". Zumindest glaube ich, Mr. Jobs hätte mich gut verstanden, nachdem er durch internes Machtgerangel aus seiner eigenen Firma entfernt wurde. Er wurde „gegangen", später holte man ihn zurück, welch eine hoffnungsvolle Geschichte. Doch wie würde es bei mir ausgehen? Bald ließ sich unser ureigener St. Andreas Graben nicht mehr verdecken. Die

Stimmung war absolut vergiftet, professionelles oder gar produktives Arbeiten nicht mehr möglich. Ich versank in meinem eigenen Treibsand, hatte ich doch jede Gelegenheit möglicher Ausfahrten ignoriert. Meine „Babys" im Stich lassen, das konnte ich doch nicht. So jemand war ich nicht, so jemand wollte ich nicht sein – aufgegeben wird nicht! Auf Bitten meiner letzten Absolventin versicherte ich ihr, ihren Abschluss auf jeden Fall zu übernehmen. Dass sie wirklich meine letzte Absolventin und das die letzte Produktion in meinem Theater sein würde, davon hatte ich keine Ahnung.

Meine Inszenierung wurde gleichzeitig Erfolg und Untergang. Überall waren Zweifel, zu viele Missverständnisse für Zufälle und trotzdem glaubte ich allen Ernstes, ich könnte mit genügend Einsatz das Unvermeidbare abwenden. Es kam, wie es kommen musste, mein Schiff ging unter wie die Titanic, im eigenen Glanz und mit Festbeleuchtung. Als am Abend der Diplomprüfung die wie immer unabhängige Prüfungsjury das Bestehen der Prüfung verkündete, wurde auch mir gratuliert. Ich freute mich so sehr für meine Studentin und ja, ich hoffte leise, dass dieser gemeinsame Sieg uns alle irgendwie wieder annähert. Wir hatten doch so gekämpft, mit uns selbst und gegeneinander und trotzdem hatten wir es irgendwie geschafft.

Bis in den frühen Morgen saßen wir im Theater. Es wurde gelacht. Über die Bedeutung der Worte „meinen Erfolg zu genießen, solange ich es noch kann" wollte und konnte ich in diesem Moment nicht nachdenken. In den folgenden zwei Wochen bis zum offiziellen Ende des Schuljahres wurde ich beschuldigt, der Schule schwer geschadet zu haben. Der Vorwurf eines Plagiats stand im Raum, hätte sich dieser bestätigt, wäre es nicht einmal mehr möglich gewesen, die letzten Aufführungen über die Bühne zu bringen. Egal, wie man es drehte und wendete, es war meine Verantwortung. Ich musste einstehen für alles, was geschah und für alles, das nicht geschah. Ich setzte mich ein, doch es reichte nicht aus, um das Misstrauen auszuräumen. Gedanken, die erstmal in die Köpfe der Menschen gelangt sind, lassen sich nicht aufhalten. Der große Tag der Zeugnisausgabe wurde traditionell zum Aufräumen genutzt. Früh morgens führte ich die Gespräche mit den Schülern, mittags räumten wir gemeinsam auf. Die Bühne wurde demontiert. Dass ich selbst als letzter Tagespunkt zur Demontage anstand, kam mir dabei nicht in den Sinn. Schließlich saßen wir in großer Runde zusammen. Mit Kollegium und Schülern besprachen wir Organisatorisches und äußerten Gedanken und Wünsche für das kommende Jahr. Die Stimmung war gespannt, ich fühlte mit jeder Pore, dass ich nicht länger Teil dieses Teams war. Gelacht wurde nicht mehr. Abschließend wurden die Schüler durch die Vertrauenslehrer ermuntert, sich zu äußern, ob ihnen noch etwas auf der Seele liegen würde. Nachdem ich von allen Schülern zahlreiche Emails erhalten hatte, in denen sie sich ausdrücklich und aufs Tiefste bei mir bedankten, mir aber auch ihren Kummer über die gespannte Stimmung im Team und ihre damit verbundene Unsicherheit mitteilten, glaubte ich mich vorbereitet. Ich lag so falsch. Alles und jeder stand gegen mich. Ich hatte mich wohl in all dem Chaos der Probenzeit tatsächlich überschätzt, hatte Fehler gemacht und aus diesen wurde mir jetzt der Strick gedreht. Hatte ich absichtlich falsch oder fahrlässig gehandelt? War dem Unternehmen meiner Schule Schaden dadurch entstanden? Die Antwort ist ein klares Nein. Aber es war für mich ja selbst unerheblich Ob ich durch Boykott, durch meine eigene Naivität oder Unfähigkeit zu dieser Situation beitrug? Für mich zählte in diesem Moment nur, dass ich dazu beitrug. Ich hatte als Schulleitung die Verantwortung und dieser hatte ich mich zu stellen.

Von all den gefallenen Vorwürfen gab es einen, der mich wirklich getroffen hat: „Wir waren Dir immer egal, Du warst nie da für uns." Dieser eine Satz klang noch lange in mir nach, das Schlimmste jedoch war das Schweigen der anderen. Ich dachte an eine der zahlreichen Dankeskarten, die noch auf meinem Schreibtisch lagen, auf einer stand: "Ohne Dich hätte ich das nie geschafft, danke, dass Du immer für uns da bist. Vergiss nicht, auch mal was für Dich selbst zu tun." Es war die Dankeskarte meiner aktuellen Absolventin.

Ich konnte es nicht fassen, ich konnte nicht mehr argumentieren, geschweige denn überhaupt irgendetwas sagen. In mir schrie alles danach, einfach abzubrechen, aufzustehen, zu gehen und mir das einfach nicht mehr anzutun. Doch ich konnte mich nicht bewegen. Wie konnten sie wirklich glauben, was sie da sagten? Ja, ich fand es ungerechtfertigt. Trotzdem versuchte ich zu verstehen, wie diese Vorwürfe hatten entstehen können – Verstehen als Antwort auf meine Fassungslosigkeit. Aber ich musste einsehen, hier ging es nicht mehr um Fakten. Dead end. Ich konnte an nichts und niemanden mehr glauben, vor allem nicht mehr an mich selbst. Wo blieb die Gerechtigkeit, die Belohnung für all den Einsatz und Verzicht, den ich aufgebracht hatte? Wo waren die Menschen, für die ich alles gegeben und immer gekämpft hatte? Wo war mein Wille, weiter gegenzuhalten? Nichts davon war mehr da. Absolut nichts. In diesem Moment gab es keinen Trost, nur noch Stille, meine Hundis und, irgendwo verloren im Nichts, dieses verzweifelte Fragezeichen meiner selbst. Die beiden saßen auf meinem Schoß wie ein Schutzschild. Meine Hände zitterten, doch ich streichelte sie. Sie ließen mich nicht im Stich.

Weit nach Mitternacht stand fest, dass ich dem Wunsch zu gehen nachkommen würde. Ich dürfte in der nächsten Woche abholen, was mir allein gehört, über alles Weitere würde man sich dann im Laufe des Sommers einigen. Als ich „meine Sachen" abholen kam, empfand ich mich als Eindringling in meinem eigenen Haus. Dass ich die Verantwortliche war und im Mietvertrag stand, spielte keine Rolle. Es wäre mein Recht gewesen, mich durchzusetzen, doch ich wollte es nicht mehr. Als Persona non grata war ich nicht mehr erwünscht und wurde beim Packen nicht aus den Augen gelassen. Sentimentale und auch wirtschaftliche Werte, welche ich eingebracht hatte, blieben zurück. Im Laufe der Jahre hatte sich, wohlgemerkt nicht nur von meiner Seite aus, einiges angesammelt. Es blieb dabei, im Glauben an eine spätere Gelegenheit nahm ich nur ein paar sehr persönliche Dinge mit, der Rest verblieb dort. Ich betrat diese Räume nie wieder.

Kommuniziert wurde, wenn überhaupt, nur noch über Anwälte und es war so hässlich, wie es sich anhört. Hatte ich das nicht alles verhindern wollen? War ich denn komplett gescheitert? Zum Finale wurde ich ganz offiziell und schriftlich auch meines Amtes als Vereinsvorstand enthoben. Ich nahm auch das hin. Es war nichts mehr übrig, das zerstört hätte werden können. Wie und wer die Schule weiterleiten würde, war nicht länger mein Thema. Ich klärte von meiner Seite aus mit der Regierung, was zu klären war. Es folgte eine Ewigkeit, in der ich mich zu mir selbst zurückarbeiten musste. Mehr und mehr entwickelte sich mein Schweigen zu Akzeptanz und damit zu meinem bislang deutlichsten und entschlossensten Ja zu mir selbst.

Noch hatte ich keinen Plan, ich ließ mir Zeit. Endlich ließ ich mir Zeit. Das Leben hatte mir seine Lektion erteilt. Diesmal sah ich mir die Bruchstücke meines Lebens sehr genau an. Ich erkannte, dass es die gleichen Eigenschaften in mir waren, die Erfolge und Rückschläge gebracht hatten. War ich Täter?

Eindeutig Ja. Meine Tat war: Ich hatte etwas erschaffen, dass es vorher nicht gab, ich hatte meine Berufung gelebt und ebnete den Weg für andere und ich hatte über zwei Jahrzehnte meine Brötchen mit dem verdient, was ich liebte. Fühlte ich jetzt tatsächlich die nötige Resilienz in mir erwachen? „Immer einmal mehr aufstehen als zu fallen"! Diesen Satz schrieb ich mir überall hin, in den Kalender, auf Zettel, sogar auf den Spiegel – samt Smiley. Was klang das positiv, ich schien mich relativ schnell und gut zu regenerieren. Zumindest schien es so.

Hinter den Kulissen

Während ich stets vorgab, dass „alles gut" ist, sah es doch im „Backstagebereich" meines Lebens völlig anders aus. Mein innerer Rückzugsort, dorthin gelangte kein Zuschauer, dort malte ich mir die entsprechende Maske des Tages, dort war Ruhe und dort war es finster. Und in dieser, meiner eigenen Finsternis, hatte sich bereits einiges eingebrannt, der Verlust meiner Eltern, mein Stillborn-Babygirl, Insolvenz und Krankheit(en), glühend heiß und auf ewig. Dunkelheit, die mich selbst überwältigte und die Welten derer, die einen Blick darauf erhaschen wollten, in Schwärze hüllen würde. Jedem ist bewusst, dass es diese Welt der „Hinterbühne" gibt. Bloß nichts verraten, würde es doch den Zauber zerstören. Und ja, es stimmt. Es gibt keinen Weg dorthin und ich biete auch keine Touren an, aber ich leugne und verschweige nicht länger die Existenz. Es ist und war immer mein Schutz, Öffentliches und Privates zu trennen. Ich gehe so weit, dass es ein elementarer Teil meiner Regenerationsfähigkeit ist. Niemand wird seine Schatten los! Und so habe ich mich entschieden, mein Leben voller unendlicher Tiefen und unlöschbarem Licht zu liebkosen.

Der Abgrund lässt mich stark sein – nicht, weil ich es bin, sondern weil ich es muss. Genau diese Dissonanz lässt mich in meinem Menschsein immer unvollendet bleiben. Das kreative Beiwerk schenkt mir jedoch mehr als genug Material für meine Texte und Songs. Ich schreibe und singe nicht, um gelesen oder gehört zu werden, ich mache es, weil ich nicht anders kann. Für manches Material kommt seine Zeit später, für manches nie. Selbst wenn es nur als Fingerübung dient, es ist niemals umsonst. Welch ein Kontrastprogramm, aber bis zu diesem Tag hatte ich dennoch alles überlebt, was man gemeinhin als

Schicksalsschläge bezeichnen kann, und damit trotz oder vielleicht auch deswegen durchaus Vorzeigbares erreicht. Die Erfolge hatten mich selbst überrascht, wurden meine Ideen und Pläne des Öfteren als Phantasterei abgetan. Vielleicht aus Trotz, ich bin immer „all in" gegangen, jedoch ohne mir darüber wirklich bewusst zu sein. Meine Hartnäckigkeit und eine gute Portion Wahnsinn machten aus durchaus naiven Visionen nutzbare Wege. Ist es Glück, Zufall oder Schicksal zur richtigen Zeit am richtigen Ort zu sein und dann auch noch die richtigen Menschen zu treffen? Ich bekam Sachen zu hören wie: „Du bist/hast eben stark/ Talent/Glück/Unterstützung etc." Ja und Nein!"

Über 80 Prozent meiner Visionen sind gescheitert. Manchmal sanft und leise, aber eben auch hart und mit großem Gepolter. Weiterzumachen, wenn andere aufgeben, oder noch schlimmer, wenn ich es selbst in Betracht ziehe hinzuwerfen, war rückblickend die einzige Konstante, die mich immer weiterbrachte. So manche Umsetzung begann damit, gegen jedes „Das geht nicht" ein „Wie kann ich das erreichen?" zu halten. Meine Neugier trug sicher maßgeblich dazu bei, dass ich immer wieder Lösungen und Ergebnisse für scheinbar Unmögliches ersinnen konnte. Ich holte mir unzählige blaue Flecken und Abfuhren, aber ich lernte immer weiter dazu und erlebte dadurch magische Momente, in grandiosen Produktionen auf, vor und hinter der Bühne. Die schönste Belohnung war und ist es, die Menschen zu berühren und sie tatsächlich in Zauberwelten zu entführen. Unendliche Welten, verborgen und gefüllt mit Magie und Fantasie - grenzenlos für uns alle! Grenzen zu durchbrechen, das half mir auch dabei, meinen eigenen Beschränkungen zu entwachsen. Ich entwickelte mich vom Bühnensternchen zur Direktorin, nutzte meine völlig zusammenhangslosen Ausbildungen dazu, mich zur IHK-Ausbilderin fortzubilden, und sorgte so nicht nur für Bühnen-, sondern auch für kaufmännischen Nachwuchs.

„Und was bist Du jetzt genau?" Immer wiederkehrende Fragen, die ich bis heute nicht beantworten kann und will, aber eines weiß ich ganz sicher: Ohne diese Erfahrungen wäre ich nicht der Mensch, der ich heute bin. Die Schule des Lebens ist brutal und endet nie. Ich schuf mir eigene Netzwerke und bekam Kontakt zu den nötigen Entscheidungsträgern, eben weil ich an zahlreiche Türen klopfte, manche blieben bis heute geschlossen. Von außen wird Erfolg ja gerne in Zahlen gemessen. Die Frage, ob ich davon leben kann, kommt immer wieder auf den Tisch. Sei es Neugierde oder einfach Sorge, meine Antwort ist kurz und schlicht: „Ja, ich kann"! Warum? Weil ich in Bewegung bleibe und etwas unternehme. Aus dem Blickwinkel eines „erfolgreichen Täters" betrachtete ich auch die gegenteilige Definition. War ich also das Opfer? Eindeutig Nein! Weder hatte ich mich selbst, noch durch andere dazu machen lassen. Verarbeitungswege für unabänderliche Ereignisse zu finden, bedeutet für mich nicht, bis ans Ende aller Tage Wunden zu lecken. Es gab also absolut keinen Grund in Selbstmitleid zu versinken und mich durch die eine Rolle zu blockieren, die ich nie war und nie annehmen werde: die Opferrolle.

Endlich begrüßte ich den „Survivor" in mir. Nichts von dem, was geschehen war, würde diese Tatsache ändern. Hätte ich mit dem Wissen, dass und wie es endet, genauso gehandelt? „Ja, das hätte ich." Also erleichterte ich mich von unnützem Gepäck und übte mich im Verzeihen. Verzeihen! Jenen, die nur den Stachel im Auge des anderen sehen können, vor allem aber auch das Verzeihen mir selbst gegenüber. Es war eine Herausforderung, die sich gewaschen hatte und sie gelang mir nicht immer. Nach wie vor habe ich meine Momente, die in dieser Hinsicht alles von mir fordern. Aber ich bleibe dran, denn ich will frei sein. Erst jetzt öffnete sich der Weg zum Frieden mit meiner Vergangenheit. Ich blicke ohne Bitterkeit zurück. Träume wurden gelebt, manche wurden zu Ende geträumt, aber „mein Baby" hat von mir alles mitbekommen, was ich zu geben hatte, und so wird es weiterleben.

Auf seine Art schenkte mir das Leben die Möglichkeit, mich wundervollen neuen, aber auch beinahe vergessenen alten Visionen zu widmen. Gerade in den Momenten, in denen mein Körper seine Aufmerksamkeit einfordert, ich im Krankenbett oder gar in Kliniken liegen muss, habe ich es wirklich zu schätzen gelernt, diese Zeit zu nutzen und ganz in mich einzutauchen. Dann entdecke ich in mir Wege und Möglichkeiten, die ich bislang überhaupt nicht auf dem Schirm hatte. Gut, dass ich als sehr neugieriger Mensch Abenteuer liebe, denn ich bin täglich mittendrin. Eine Spannung wie damals, als ich raus aus dem Angestelltenverhältnis in ein doppelt unsicheres Künstler- und Unternehmerleben sprang. Und doch ist heute einiges anders. Zum einen meine Erfahrung, zum anderen sind allein schon die technischen Voraussetzungen beinahe grenzenlos geworden. Niemals zuvor war es so einfach, dort zu leben und zu arbeiten, wo man will. Vor 20 Jahren waren mir Beschreibungen wie Entrepreneur und Co völlig unbekannt. Inzwischen werden sie scheinbar in jeder Minute geboren. Die Welt ist voller Influenzer und digitaler Nomaden. Ich sah und hörte mich um. Wie machen es andere? Dabei lernte ich unheimlich kreative Begriffe kennen, aber egal wie sehr ich mich bemühte, keiner davon passte auf mich. Ich fragte mich, wie ich meine Fähigkeiten für meine Zukunft nutzen kann. Auf der Suche nach meiner Nische stellte ich erneut fest, dass ich nach wie vor in keine Schublade passe. Es bleibt dabei, ich mag keine Stempel, noch nicht mal meine eigenen, und trotzdem suchte ich erstmal nichts weiter als die scheinbare Sicherheit (m)einer Schublade. Wo war er denn nun, mein Platz? Meine Existenzangst schränkte meinen Blick wieder enorm ein, plötzlich ging es nur um Verdienstmöglichkeiten. Ich entfernte mich wieder von meiner eigenen Energie. Tja, und da waren sie wieder, meine Gefährten namens Angst und Zweifel! Oder doch nicht? Gab ich vielleicht einfach zu vielen Meinungen Raum? Immer öfter rief mir mein Innerstes panische Fragen zu. Bin ich denn noch ein Profi, wenn ich so viele verschiedene Facetten lebe? Muss ich überhaupt ein Profi sein und wie definiert sich das?

Aber es half nichts, auch ich muss mein Leben irgendwie stemmen, wie soll das alles nur funktionieren? Mit all diesen Stimmen, in und um mich herum, wollte ich es jetzt doch endlich „richtig" machen. Aber waren es wirklich meine Gedanken, oder lief ich Gefahr, es allen recht machen zu wollen? Die anderen überzeugen zu wollen, statt an mich selbst zu glauben? Ich begann zwar alles zusammenzutragen, was ich für nützlich hielt, doch zuletzt räumte ich alles vom Tisch. Keine Pläne mehr. Was, keine Pläne mehr? Ganz genau, ich will mein Ziel fixieren – und diese Energie nicht für Pläne nutzen, die flexibel sein sollten – sein müssen. Nach der einen oder anderen Panikattacke sah ich ein, dass diese Entscheidung die ehrlichste war, die ich für mich treffen konnte. Ironischerweise fand ich durch dieses offene Treibenlassen meinen Halt und kam wieder auf Beine. Ich konnte wieder atmen und mir wurde klar, ich hatte das Pferd von hinten gesattelt. Anfangs war es mir tatsächlich nicht ganz geheuer. Im Laufe der Jahre hatte ich es mir in meiner Komfortzone durchaus bequem gemacht. Keinen Plan zu haben, war weit außerhalb meines persönlichen Wohlfühlbereiches. Trotzdem zog ich es durch, und natürlich bin ich damit auch angeeckt. Diese Veränderung führte zu Chaos, aber eben auch zu Entwicklung. Heute liebe ich Chaos. Durch dieses Eingeständnis stehe ich mehr als jemals zuvor zu mir selbst.

Ich bin kein „Superhero", ich zweifle nach wie vor an mir selbst und auch, wenn der Morgen von selbst kommt, schüchtert er mich ein. Ich flirte immer mal wieder mit dem Desaster, umarme das Leben, beschäftige mich regelmäßig mit der Vergänglichkeit und berausche mich an der Musik, um die Lautstärke meiner eigenen Stille zu übertönen. Gleichzeitig faszinieren mich die Rätsel der Naturwissenschaft und ich finde Beruhigung in einer soliden Buchhaltung und einem ordentlichen Management. Ein Mash-Up, bei dem es mir durchaus regelmäßig schwindelig wird. Ja, all das bin ich – und ich bin nicht länger bereit, Teile meiner selbst ungenutzt verkümmern zu lassen. Aber vielleicht könnte mir jemand mit sachlichem Abstand besser erklären, ob und wie ich all das nutzbar machen konnte. Auf der Suche nach entsprechenden Beratungsstellen musste ich jedoch feststellen, dass es für Fälle wie mich keine Beratungsstelle gibt. Dort ist man „entweder/oder". Zuerst war ich frustriert darüber, auf diesem Weg keine Hilfestellung finden zu können, machte mir aber schließlich eine kleine Randnotiz: „Gibt es noch andere wie mich – wo kann ich sie finden – könnte sich diese Energie bündeln lassen?"

Ich ließ es erstmal dabei und konzentrierte mich darauf, selbst in Bewegung zu bleiben. Ich hatte bereits gelernt, dass alles Konsequenzen hat – auch das Nichtstun. Also nahm ich erneut Anlauf und sprang weiter ins Ungewisse. Wieder malte ich meinen Smiley aufs Spiegelbild und schwor mir, zumindest für ein Jahr ausschließlich meiner eigenen Stimme des Herzens zu folgen. Und da war sie, plötzlich konnte ich gar nicht mehr verhindern, meine innere Stimme zu hören – sie übertönte alles. Mein eigener Beat bekam seinen Raum. Statt das Leben anderer zu covern, war ich bereit, mit meiner Melodie in Resonanz zu gehen. Wenn ich mit meinem Stolpern so richtig Krach mache, wurde und wird nichts mehr kaschiert. Das ist meine persönliche Choreographie.

Einer meiner Herzensmenschen sagte mir mal, ich würde sie an den Song „Always like a feather" erinnern – sie wäre sich nie sicher, ob ich falle oder fliege! Das saß erstmal, bin ich etwa flatterhaft? Im Allgemeinen verbindet man doch nichts Positives mit dieser Tugend und doch, sie hatte so recht! Bis heute wurden meine Flügel immer wieder gestutzt, aber eben auch kräftiger und flexibler. Mit jedem Sturz ließ ich mich weniger lähmen. Erstaunlich, wie viel Bodenständigkeit erst durch Fliegen ermöglicht wird.

Im Jetzt

Mein Flug hat in jedem Fall meinen Horizont erweitert. So kann ich mir inzwischen vorstellen, auch die Bühne auf ganz neue Weise für mich zu entdecken, als Speaker zum Beispiel. Themen gäbe es genug, aber mein Solobetrieb erfordert eben auch eine gesunde Form von Minimalismus. Durch all diese rationale Träumerei entstand neben meinem „Backstagebereich" mein persönliches kleines Neverland – and straight to morning. Hier finden all die Erinnerungen, Erfahrungen, Fehler und Momente des großen und kleinen Glücks ihren verdienten Platz. Hier habe ich die Kraft gefunden, über das Geschehene zu schreiben, ohne erhobenen Zeigefinger und Lästerei zu meiner Vergangenheit zu stehen, und damit auch zu den Menschen und Ereignissen, die Teil meines Lebens waren. Ich will zu Voraussetzungen beitragen, sich bei zufälligen Treffen in die Augen sehen zu können, vielleicht sogar gemeinsam in Erinnerungen zu schwelgen, bis dahin genieße ich diese Leichtigkeit jedoch schon heute. Theaterstücke, die ich in meinem Garten entwickelt habe, Kinderlachen, Vogelgezwitscher und grelle Stimmen waren mir genauso Inspiration wie das Scheppern der kaputten Auspuffanlagen vorbeifahrender Autos – diese Eingebung führte zu einem herrlichen Maschinengewehrsong für Bonnie & Clyde. Das Traben der Pferde führt mich zurück in eine Halle, in der sonst Superstars stehen und die ich, durch wundervolle Friesen begleitet, mit meiner Stimme füllen durfte. Es ist schon beinahe filmreif, am Tag der Abschlussprüfung einen Wasserschaden zu haben, der, durch eine Überschwemmung ausgelöst, mal eben die eine Hälfte des Hauses versinken lässt. Während unten Wasser geschöpft wurde, wurde oben die Abschlussshow gespielt. Innerlich konnte ich nur noch lachen, aber die Show ging weiter. Später wurde der Schwingboden eben ein zweites Mal selbst verlegt, völlig umsonst übrigens. Nachdem durch diese Katastrophe das komplette Gelände verkauft wurde, hieß es wieder umziehen, inklusive Schwingboden verlegen. Die Belohnung war doppelt so viel Platz, allerdings gehört Wände einreißen und aufbauen wirklich nicht zu meinen Stärken.

Auch Erinnerungen an unbefangene Begegnungen aus meinen Kindertagen, die mir den Zugang zu Menschen ermöglichten, die kein festes Dach ihr Eigen nennen können und doch in ihren Herzen Königreiche voller Liebe und Güte besitzen. Mein anfangs rein persönlicher Einsatz durch Sammeln und Verteilen von Lebensnotwendigkeiten für meine „Schwefelhölzer" und ihre tierischen Begleiter ist mit den Jahren stetig gewachsen und wird inzwischen fleißig durch Privatpersonen ehrenamtlich unterstützt. Als die ersten Benefizkonzerte umgesetzt wurden, musste ein Name her. Durch Andersons Geschichte inspiriert fand sich schließlich ein Titel frei von Stigma: „Projekt Schwefelhölzer". Oder der Blick auf die Urkunde meiner Marke „Molli Moves" zeigt mir, was durch Motivation möglich ist. Sah ich meine Kurven als ein Alleinstellungsmerkmal für einen gewissen Rollentyp, begegnete ich Jungs und Mädels, die mir verzweifelt ihre Hemmungen mitteilten. Wie sollten sie tanzen, wenn sie doch mehr auf den Hüften hatten. Das klassische Bild durchtrainierter Tänzer war eben nicht für alle ein Schub fürs Ego. Aus dem Ausruf „Molli Moves mit Mary" entwickelte ich ein Programm. Spaß und Tanz, ohne den Druck abnehmen zu müssen. Durch die Feedbacks meiner Klassen sowie diverser Kaufinteressenten bin ich vom Potential überzeugt. Ich bin gespannt und freue mich, wohin sich „dieses Baby" entwickelt. Im Zuge meiner ersten Markeneintragung sind mir natürlich auch Fehler unterlaufen, so wurde ich zum Beispiel gezwungen, später beweisen zu müssen, dass es auch wirklich mein Produkt ist.

Fehler sind die besten Lehrmeister und ich habe daraus gelernt. Jede Möglichkeit des Lernens schätze ich heute als Investition in mich selbst und damit in meine Zukunft. Bei neuen Themen begrüße ich den „Beginner" in mir und neige beinahe besessen dazu, alles aufsaugen, was es an Theorie und Praxis darüber gibt. Mit einem Hang zum Autodidakten, gepaart mit einer Portion „Zwangs-Mut" zur Lücke, würde ich diese Kombination nicht empfehlen. Wenn es dann darauf ankommt, wünsche ich mir im letzten Moment oft noch mal mehr Zeit. Aber ich glaube, dass diese Unsicherheit uns immer trifft, wenn uns eine Sache eben wirklich wichtig ist. Diese Momente zeigen mir klar und deutlich, wo meine Leidenschaft liegt, und führen mich immer wieder zurück zur Musik. Mein erstes Instrument ist meine Stimme.

Ich folge nur dem, was mich die Musik fühlen lässt, Theorie interessiert mich in diesen Momenten nicht. Stimmung ist Stimme und Stimme ist Stimmung. Egal, ob Stimme, Piano, Gitarre oder Cajon, um so flexibel wie möglich zu bleiben, fordere ich mich im Cross-Genre stetig heraus: „Use it – or loose it!" Meine Instrumente bereiteten mir den Weg, auf und hinter den Bühnen dieser Welt zu performen, und in den unterschiedlichsten und großartigen Musicals, Shows und Konzerten mitzuwirken. Die Größe der Bühne ist unwichtig - Menschen berühren, das Medium ist austauschbar. Das Theaterleben formte mich zum Weltenbürger und fordert mich immer wieder heraus, in die verschiedensten Rollen zu schlüpfen. Meine innere Stimme ist es dann, die mich mit ihrem Sonar wieder zielsicher nach Hause führt. Das Showbusiness ist natürlich verlockend. Einfach mal im Rampenlicht stehen, Johnny Depp auf dem roten Teppich treffen, unübertreffliche After Show Partys, Bussi-Bussi mit dem Who is Who, wirkliche Wahnsinns-Erlebnisse. Spätestens bei solchen Berichten kommen öfter Aussagen wie: „So ein Leben hätte ich auch gerne." oder „Mit Dir würde ich gerne tauschen." Ich frage dann inzwischen schonmal nach, „mit welcher Seite genau?" Der Boulevard der Träume ist undurchsichtig, wird für manche zum Glamourtraum, während andere durch seine Tücken in abgrundtiefe Albträume stürzen. Trotzdem, ich gebe offen zu: „Ja - ich liebe es!" Jedoch weiß ich inzwischen, dass ich es nicht brauche, um das zu tun, was ich liebe, und das ist eine der größten Befreiungen für mich. Wenn ich performe, liegt die Schönheit in der Vergänglichkeit des Augenblicks. Egal, ob auf der Straße, im Wohnzimmer oder auf der großen Bühne. Es ist immer der einzige Moment. Im Gegensatz dazu hinterlasse ich einen Teil meiner Seele, vielleicht sogar für die Ewigkeit. Ich empfinde es als natürliche Entwicklung, bei der mir selbst unbekannte Schichten freigelegt werden. Als welche Art Künstler ich wahrgenommen werde, geht mich dann letztlich nichts mehr an.

Als Essenz daraus, aber auch zur Mahnung an mein Ego, habe ich meinen Leitspruch aus vergangenen Tagen übernommen. „Inspiration Show Business" ist heute kein leerer Slogan mehr für mich. Jedes einzelne Wort steht für die Säulen meiner Persönlichkeit und ist Bindeglied zu meiner Vergangenheit. „Inspiration" lässt mich fliegen – ist jedoch vergänglich wie Schneeflocken. „Show" verzaubert Menschen, lässt vergessen, träumen oder einfach nur genießen und weckt unser aller Fantasie – eine Verbindung mit einem Signal ohne Grenzen. „Business" erdet und erinnert mich immer daran, eine gute Portion Bodenhaftung in meiner Mary Poppins-Tasche dabei zu haben. Es ist Marke, Titel und Beschreibung in einem und bleibt dennoch in seiner tieferen Bedeutung für jede Interpretation frei. Mein jetziges Business wurde nicht mehr auf dem theoretischen Reißbrett geplant, es ist durch die harte Realität des Lebens geprüft und sturmerprobt. Pläne sind für mich austauschbar geworden, mein Leben ist es nicht. Am Ende des Tages zählt, ob ich mit dem, was ich heute getan habe, etwas bewegt habe und ob ich glücklich bin. Nicht jeden Tag ist die Antwort ein klares Ja, aber die Entwicklung gefällt mir. Öfter mal flexibel bis zur Sprunghaftigkeit und offen für „try and error" gebe ich alles, was mir in diesem Moment möglich ist zu geben. Bin ich dadurch angreifbar? Auf jeden Fall! Mir ist es jedoch enorm wichtig und jeden Angriff Wert. Denn wer ist schon perfekt, ich bin es nicht und ich will es auch nicht sein.

Für morgen erlaube ich mir Mensch zu sein. Das Leben ist ungerecht und damit schon wieder fair. Ich bejahe die mir eigene optimistisch-opportunistische Melancholie. Sie hat und wird mir weiterhin den Weg weisen. Und so lebe ich mich selbst, als Puzzle tausender Mosaikteilchen, wissend, bis ans Ende meiner irdischen Existenz unvollendet zu bleiben. So wie wir es eben alle sind - „work in progress."

Du hast bis hierher gelesen? Wow, herzlichsten Dank! Hast du noch Zeit und Lust für einen kleinen Epilog? Meine gesundheitlichen Baustellen zwingen mich immer wieder, mich mit der Endlichkeit des Daseins auseinanderzusetzen, schenken mir aber auch Kraft, an dieses Morgen „ohne mich" zu denken. „Memento Mori – Memento Vivere!" Als todsichere future corpse bin ich übrigens überzeugter life-seeker! Zu Cancer & Co: „Ich bin nicht meine Krankheit(en) oder meine Schmerzskala. Meine Narben an Körper und Seele sind mein persönlichster Schmuck, mein täglicher Sieg" und vielleicht auch ein Zeichen der Hoffnung für verzweifelte Momente anderer. Meiner Nomadenseele Wurzeln geben, getragen von Hoffnung einer Zukunft für die nächste Generation, ist meine Art mich zu erinnern, dass ich durch meinen persönlichen Fingerabdruck einen Beitrag leisten kann und sollte.

Damit kommt mein kleiner Blick hinter die Kulissen auch langsam zum Ende. Kein Hu-Ha-Song und keine To-do Liste zum Erfolg für Business oder Leben. Nur meine kleine graubunte Melange, ein Potpourri dessen, was Leben sein kann, nichts weiter. Aus dem größten Schutt lassen sich neue Welten bauen – immer! Wenn wir uns also irgendwo treffen, ob persönlich oder per Social Media, würde ich mich sehr freuen, wenn Du mir von Deiner neuen Welt erzählst. Bis dahin wünsche ich mir ein „Happy end!" Und zwar uneingeschränkt für uns alle. Utopisch? Natürlich, und das ist fantastisch. To be continued…

Mariah McKimbrough im Kurzportrait:

Als Human beeing zum Singer, Artist & Songnovelist in USA/ Hinesville geboren. Aufgewachsen in Germany/ Nürnberg - „Mash-up", mit Franconia-, Gypsy-, Scotts- & Cherokee Roots. Außer Yoga und Taeguks (2.Dan Taekwondo) liebt sie jede Form von Sporting und allem, was Action zu Land, Wasser oder in der Luft verspricht. Founder, Brandowner & CEO von Inspiration Show Business, Molli Moves Projekt Schwefelhölzer sowie der Berufsfachschule für Musical und Entertainment der Metropolregion Nürnberg. Nach klassischer Bühnenausbildung, Finalistin unterschiedlichster Wettbewerbe (Musical Showstar, Hypo-Vereinsbank Musical, Bundeswettbewerb Gesang u.a.). Neben ihrer eigenen Tätigkeit als Musical & Theater-Artist ist sie verantwortlich für Regie und Choreographie zahlreicher Bühnen-Produktionen (Annie get your Gun, Jesus Christ Superstar, Rocky Horror Picture Show, The

King and I, Buddy Holly, Decembersongs, Shows, Konzerte u.v.w.). Engagiert sich als Networker z.B. als Mitglied im Bundesverband Deutscher Gesangspädagogen, dem Förderverein Bundeswettbewerb Gesang u.v.w.

www.mckimbrough.com
www.facebook.com/mckimbrough

„Für manches Material
kommt seine Zeit später,
für manches nie.
Selbst wenn es nur als Fingerübung
dient, es ist niemals umsonst."
Mariah McKimbrough

DANIELA SOMMER

Bis vor einigen Wochen habe ich nicht daran gedacht, einen Teil meiner Lebensgeschichte zu veröffentlichen. Dass ich diesen Schritt mache, hat nichts damit zu tun, dass ich mich oder meine Geschichte für so einzigartig halte, sie zu veröffentlichen. Ich tue es, weil ich anderen Frauen zeigen möchte, dass es möglich ist, die eigenen Wünsche zu verwirklichen.

Seine eigene Geschichte aufzuschreiben ist gar nicht so einfach, wie es sich vielleicht anhört. Ja, an Erlebnissen bei über dreißig Jahren Lebens-erfahrung mangelt es mir sicher nicht - und doch war lange immer der erste Satz, wenn mich jemand gefragt hat, was es denn bei mir so im Leben Neues gibt: Nichts. Ich hatte das Gefühl, nichts Besonderes zu sein oder berichten zu können und unterstellte vor allem anderen, dass sie ein viel interessanteres Leben führen. Früher war es meine Überzeugung und heute weiß ich, dass es einerseits nur meine Vorstellung über die anderen war und andererseits viele Menschen nicht wirklich dauerhaft zufrieden mit ihrem Leben sind - und Schwierigkeiten nach außen nicht preisgeben. Ich bin eine von insgesamt circa acht Milliarden Menschen auf diesem wunderschönen Planeten. Eine vielleicht unauffällige und zumindest anfangs zurückhaltende Frau, der es wenig darum geht, im Mittelpunkt zu stehen. Und doch reicht mir das nicht mehr. Es zieht mich immer mehr auf die ‚Bühne des Lebens', es ist ein Streben in mir für mich selbst einzustehen, etwas zu erschaffen und Größeres zu erreichen. Ich bin mir sicher, es wird Tag für Tag Momente geben, die mich dem Ziel näherbringen und die mir letztendlich ermöglichen, meine Wünsche umzusetzen - durch die richtigen Menschen, Begegnungen, Taten und Ereignisse in meinem Leben. In mir gibt es viele Seiten, die ich mir für mich zukünftig vorstellen kann: die liebevolle Mutter und Ehefrau, die erfolgreiche Businessfrau, die Abenteuerin und ‚Piratenbraut', die sich ohne weitere Gedanken alles nimmt, was sie will. Selbstbestimmtheit hat für mich als Halbwaise mit einer starken Mutter als Vorbild schon immer einen großen Stellenwert in meinem Leben - aber auch meine Freiheit wird mir ebenfalls zunehmend wichtiger. Von klein auf habe ich immer tolle Frauen in der Familie als Vorbild gehabt, die mir gezeigt haben, dass man nicht zwangsweise einen männlichen Ernährer benötigt. Ich bin keine Emanze und denke, dass Frauen jeden Beruf ausüben müssen oder besser sind als Männer. Im Gegenteil, ich liebe Männer. Ich denke, in Sachen Selbstbehauptung, Selbstvertrauen und Selbstbewusstsein ist der Großteil der Frauen sehr zaghaft und könnte sich einiges von Männern abschauen. Ja, ich fühle mich wohl als Frau und wenn ich mir die Welt anschaue, bin ich froh, in Europa mit allen Chancen aufgewachsen zu sein, die mir es heute ermöglichen, alles zu leben, was mir wichtig ist. Im Grunde möchte ich es schaffen, die eben beschriebenen Frauentypen in mir zu vereinen. Und jetzt kommen wir zum Punkt, der sich immer wieder in meinem Leben zeigt: Meine Bedürfnisse. Es ist definitiv eine meiner Aufgaben, meine Bedürfnisse anzuerkennen und zu stillen, denn früher habe ich oft die Bedürfnisse der anderen wichtiger genommen als meine eigenen. Auch heute ertappe ich mich hin und wieder dabei, aber es ist mir zunehmend bewusst, meine Bedürfnisse wahrzunehmen und zu leben. Es ist eben doch alles ein Prozess – manchmal langsamer, als mir lieb ist. Dennoch habe ich manchmal das Gefühl, dass sich meine Persönlichkeit im Vergleich zu früher um 180 Grad gedreht hat. Dafür bin ich sehr dankbar und auch stolz, dass ich mir diese Freiheit erarbeitet habe.

Ich bin dankbar für alles, was ich in meinem Leben erreicht habe, meine ganze persönliche Entwicklung in den letzten zehn Jahren. Solange ich denken kann, habe ich das Streben in mir, noch mehr erleben, weiterkommen und erreichen zu wollen. Es ist vielleicht vergleichbar mit einer Schlange, die wächst und sich immer wieder häutet. So habe ich Phasen, in denen ich zwar zufrieden bin, aber dann wieder den nächsten Schritt tun muss. Es ist wie ein kleiner Zwang, denn wenn ich es nicht tue, fühle ich mich unvollständig und der innere Antrieb lässt mir keine Ruhe. Dankbar und stolz auf das Erreichte zu sein, ist mir inzwischen wichtig und ich bin froh, diese Erkenntnis erlangt zu haben, denn so kann ich mir selbst Anerkennung für die schwere Zeit, die ich durchlebt habe, zurückgeben. Es gab Zeiten, die ich für mich selbst als schwer empfinde - und doch bin ich wirklich demütig, dass mir andere, viel dramatischere Schicksale, die Menschen tagtäglich erleben müssen, erspart wurden. Auch wenn es schwer war und ich gerne auf manche Erfahrung verzichtet hätte, ist mein Leben im Rückblick doch sehr gut verlaufen und darüber bin ich sehr froh.

Mein Leben ist von Kindheit an geprägt durch diverse Umzüge in Süddeutschland und es gab wirklich Zeiten, da habe ich diesen Umstand verflucht, nie an einem Ort sesshaft geworden zu sein, weil ich mich nie als dazugehörig empfand. Momentan kann ich es mir dagegen kaum vorstellen, überhaupt jahrelang am selben Ort zu leben, und ich liebe den globalen Austausch mit Menschen. Der Abenteuer-Anteil in mir schlägt aktuell mal wieder durch.

Ich kann mich an viele Ereignisse in meinem Leben als Kleinkind erinnern, aber die sicherlich erste prägendste Phase war die Trennung meiner Eltern, als ich ungefähr fünf Jahre alt war. Meine Mutter zog mit mir von Bayern nach Baden-Württemberg. Die ständigen Streitereien der Eltern und der Umstand, von meinem Vater getrennt zu sein, machten mir emotional zu schaffen. Heute als Erwachsene kann ich es natürlich nachvollziehen, was zwischen den Elternteilen an Enttäuschung und Verletzung vorliegen musste, aber damals als Kind konnte ich das nicht. Es ging während der ganzen Trennung natürlich auch um mich. Allein mit meiner Mutter herrschte meistens Harmonie, aber sobald mein Vater da war, kam es zum Streit. Obwohl ich ihn abgöttisch liebte, brauchte und regelmäßig sehen wollte, hasste ich zwischenzeitlich förmlich Aufeinandertreffen meiner Eltern und wollte nur noch, dass diese Streitereien aufhörten. Diese Situation war aber noch nicht das Schlimmste, wie sich herausstellen sollte. Mir fehlt eine korrekte zeitliche Einordnung, aber bald darauf eröffnete mir meine völlig fertige Mutter, dass mein Vater gestorben sei. Schock! Meine Gefühle daraufhin kann ich kaum beschreiben: absolute Leere. Ein Schlag ins Gesicht und auch Fragen: Warum kommt Papa nie wieder? Habe ich etwas falsch gemacht? Wenn ja, was habe ich falsch gemacht? Wie soll es jetzt weitergehen? Eigentlich wusste ich überhaupt gar nichts mehr, denn diese Situation war mir schließlich absolut fremd und schlichtweg noch unerträglicher als alles Bisherige. Kurzum, es zog mir den Boden unter den Füßen weg – als 5-jährige wurde mir hier erstmal bewusst: Das Leben kann richtig brutal sein! Ab da war es nichts mehr mit der heilen Welt einer 5-jährigen: kein harmonisches Kindergartenleben, Spielen, Unbesorgtheit, Schutz, Sicherheit, wie man es in diesem Alter meistens noch im Alltag wahrnimmt. Nein, das knallharte Leben traf mich völlig unvorbereitet und unvermittelt. Ab diesem Moment waren meine naiv-kindlichen Eigenschaften überlagert.

Heute beklage ich mich manchmal über mangelnde Wirkung meiner Manifestationen, aber vielleicht hat mein Wunsch, mein Gedanke nach Frieden damals schon funktioniert! Die ganze Power meiner Emotionen haben eventuell gewirkt. Und vielleicht habe ich mir das schlichtweg aufgrund der damaligen Ereignisse unterbewusst selbst zukünftig verboten und innerlich boykottiert. Vielleicht durfte ich dann erst später lernen, mir das wieder zuzugestehen.

Irgendwie arrangierte ich mich damals mit der Situation, keinen Vater zu haben. Meine Mutter gab wirklich ihr Bestes und ich bin ihr heute auch noch für alles sehr dankbar – insbesondere für ihre Stärke und wie sie die Situation gemeistert hat. Unsere Vermieter, die ebenfalls im Haus wohnten, hatten drei Jungs – gemeinsam waren wir Kinder fast wie Geschwister. Mir wurde alles ermöglicht, teilweise wurde ich vielleicht auch etwas verwöhnt und dennoch war ich von Natur aus einfach auf ‚Funktionieren' und ‚Rücksichtnehmen' eingestellt. Die Schule lief gut, Lernen machte mir Spaß und ich hatte Freunde, mit denen ich meine Freizeit gestaltete.

Infolge der Ereignisse nahm ich für mich erschwerende Muster und Glaubenssätze an. Darunter fiel mein Bedürfnis, anderen immer gefallen zu wollen und keinen Ärger zu machen. Erst viel später als Erwachsene wurde mir klar, dass ich mich stets wie ein Chamäleon den Menschen und Situationen anpasse und mich selbst dabei gar nicht mehr spüre oder Rücksicht auf mich nehme. In Bezug auf Karriere und Erfolg war es meine Überzeugung, dass Erfolg und Ansehen schwer zu erreichen sind und nur den Besten bzw. besonders Fleißigen zustehen, ganz nach Sätzen wie „Lern was, dann wirst Du was", „Nur mit den besten Noten kommt man weiter", „Das Leben ist unfair" oder „Im Leben fliegt einem nichts zu".

Mein beruflicher Weg besteht aus meiner Sicht oft aus ‚Sonderschleifen' – heute sehe ich es nach dem Motto: Umwege erhöhen die Ortskenntnis. Man lernt ja schließlich immer dazu. Zum Beispiel ging ich nicht den direkten Weg zum Abitur. Die Lehrer empfahlen mich auf die Realschule, anstatt mich auf das Gymnasium gehen zu lassen. Es hieß, ich sei zu sensibel und in der Tat war ich gut darin, mich selbst unter Druck zu setzen. Nach der Realschule war natürlich mein Ehrgeiz da und ich machte noch drei Jahre Gymnasium, um das Abitur zu bekommen. Studieren wollte ich nach dem Abitur nicht und vor allem hatte ich mit 19 Jahren keine Ahnung, was ich genau hätte studieren sollen. Bodenständig und praktisch veranlagt wie ich war, entschied ich mich für eine Ausbildung zur Bürokauffrau, denn ich wollte Geld verdienen und vor allem wollte ich einen Beruf, in dem ich möglichst viele Einsatzmöglichkeiten in unterschiedlichen Branchen hatte. So weit, so gut. Die Ausbildung habe ich sehr gut bestanden. Im Ausbildungsbetrieb wäre ich mit Kusshand über-nommen worden und es gefiel mir grundsätzlich auch dort. Unglücklicher-weise war nur in der Abteilung eine Stelle zu besetzen, die ich absolut niemals haben wollte. Es war weder fachlich und vor allem aus personellen Gründen keine Option für mich, denn noch schlimmer als die Aufgaben waren die dortigen Kolleginnen bzw. die Abteilungsleiterin. Ich war noch einige Monate in der Buchhaltung als Aushilfe tätig und danach dann in fester Anstellung bei einem Kleidungszulieferer für Lebensmittel-Discounter tätig. Parallel lieb-äugelte ich zwischendurch mit einem dualen Studium und bewarb mich auch bei einigen Firmen – bekam aber Ablehnungen. Zudem dachte ich auch über ein BWL-Studium an der Universität nach, aber ich hatte mich inzwischen an mein eigenes Einkommen gewöhnt und Auslandssemester schreckten mich zusätzlich ab, da ich mir das nicht zutraute. Da blieb ich lieber in der erschaffenen Komfortzone, was ich aus heutiger Sicht als ungünstig einstufe. Eigentlich war es diese erste Festanstellung, die meine bisherigen Muster und mein Verhalten ins Wanken brachte. Eine Einarbeitung durch die ausscheidende Kollegin war nicht mehr möglich und meine direkte Kollegin war nur vormittags anwesend. Dennoch tat sie alles, um mich bestmöglich einzuarbeiten, und da ich ja auch nicht auf den Kopf gefallen bin, habe ich die Stelle bald gut ausgefüllt. Kollegen und Vorgesetzte haben mich gelobt und waren zufrieden. Nur eine war nicht zufrieden: Ich selbst! Denn die Tatsache, dass ich trotz meiner korrekten Arbeit Fehler von anderen auszubaden und mit den Folgen von ausbleibenden Lieferungen zu kämpfen hatte, widerstrebte mir zunehmend und ich versuchte verzweifelt, die Situation zu kontrollieren. Mit der Folge, dass ich die Ereignisse eben nicht kontrollieren konnte. Denn Lieferverzögerungen von Containerschiffen aus Bangladesch oder geschlossene Kundenlager aufgrund einer verspäteten Anlieferung der Spedition konnte ich beim besten Willen eben nicht beeinflussen. Ich konnte mit der Situation nicht umgehen und es ging mir zunehmend schlechter. Jeder Tag auf der Arbeit entwickelte sich für mich zu einem Horror, weil ich einfach keine Freude bei der Arbeit hatte und bereits abends graute mir schon vor dem nächsten Morgen. Aufbrausende Chefinnen und interne Zwistigkeiten unter den Kollegen taten ihr Übriges, um das Arbeitsklima innerhalb der Firma zu vergiften, und Mitarbeiter verließen das Unternehmen am laufenden Band. „Was soll's", dachte ich mir. Ich hatte nur einen Jahresvertrag und nach diesem Jahr war mir klar: Ich bin weg.

Also bewarb ich mich auf eine Stellenausschreibung. Es wurde damals ein Quereinsteiger in einer Unternehmensberatung gesucht. Ich konnte im Bewerbungsgespräch überzeugen und habe die Stelle angetreten. Noch angeknackst von meiner vorherigen Stelle habe ich mit einer weiteren Kollegin neu im bestehenden Team angefangen. Diese Stelle war etwas komplett anderes, als ich bisher gewohnt war. Die betrieblichen Prozesse waren sowohl themenmäßig als auch in Bezug auf die anzuwendenden Programme sehr komplex und speziell. Obwohl ich clever war und bisher im Leben alles schnell gelernt hatte, kam ich hier nicht in meinem gewohnten Tempo vorwärts. Dazu fand die Kollegin, die damals ebenfalls mit mir neu ins Team kam, anscheinend viel schneller in die Thematik als ich – das stresste mich zusätzlich und ich begann, mich unter Druck zu setzen. Jeden Morgen ging es mir schlecht, obwohl ich an sich gerne in die Firma ging, denn das Team war wirklich nett, konnte ich mit meinem eigenen Druck, gut zu sein, mich wie immer schnell einzulernen und selbstständig zurechtzufinden, nicht umgehen. So wollte ich nicht weitermachen und konnte es auch nicht. Körperlich und seelisch ging es mir erneut schlecht: Jeden Morgen war mir übel, ich hatte Ängste und meine Gedanken kreisten nur um die Arbeit.

Mit Hilfe eines Coaches durfte ich damals lernen, meine Einstellung zu ändern und mir selbst wieder mehr Gutes zu tun. Ich begann intensiv an mir zu arbeiten und auch viele Bücher zum Thema Persönlichkeitsentwicklung und innerer Haltung zu verschlingen, die inzwischen immer mehr auf den Markt kamen. Beruflich ging ich daneben auf meinen Vorgesetzten zu und bat um die Versetzung in ein anderes Projekt, das mir für mich geeigneter erschien. Glücklicherweise hatte mein damaliger Vorgesetzter Verständnis und hat sich kooperativ gezeigt, denn es erwies sich als die richtige Entscheidung - in diesem Team arbeitete ich letztendlich über zehn Jahre lang. Noch heute bin ich dankbar für diese kollegiale Zeit und das gute Verhältnis mit meinen Vorgesetzten und das Potential, dass sie damals schon in mir sahen. Doch immer wieder kam ich an meine persönlichen Grenzen. Es gab viele Hochs und auch immer wieder Tiefs.

Während eines dieser Hochs beschloss ich eine Weiterbildung zu machen, denn inzwischen war ich von zu Hause ausgezogen, und wollte monatlich mehr Geld zur Verfügung haben. Wie erwähnt habe ich einen gewissen Ehrgeiz und so wählte ich einen Kombinationskurs, mit dem ich - berufsbegleitend zu meiner Festanstellung (zeitweise auf 90 Prozent reduziert) - in knapp drei Jahren gleich zwei Weiterbildungen machen konnte. Hier kam ich nach circa eineinhalb Jahr erneut an meine persönlichen Grenzen, denn der mangelnde Ausgleich zu Arbeit und Weiterbildung aufgrund des regelmäßigen Fachunterrichts am Wochenende forderte mir und meinem immer noch vorhandenen perfektionistischen Verhalten einiges ab. Dazu kam eine neue Teamleiterin bei der Arbeit, die aufgrund fehlender Führungskompetenzen das komplette Team gegeneinander ausspielte und ins Wanken brachte. Sowohl beruflich als auch in der Weiterbildung wollte ich alles geben – jedes bisschen Freizeit musste zwangsweise für Unterricht und Lernen genutzt werden. Ich habe zwischendurch sogar überlegt die Weiterbildung abzubrechen, aber habe mich auch mit Rückhalt meines Arbeitgebers dann doch dazu entschieden weiterzumachen. Allein was ich in diesen Jahren erlebt und an mir gearbeitet habe, würde vermutlich ein Buch füllen. Ich als Perfektionistin wollte die Situation immer wieder kontrollieren und vor allem immer das Beste geben. Ständig bin ich Situationen im Vorfeld gedanklich schon x-mal durchgegangen, die erst am nächsten Tag anstanden. Immer wieder dachte ich: „So, jetzt hast Du aber den Dreh raus. Ab jetzt handelst du anders, entspannter, gelassener, lässt dich nicht mehr aus dem Konzept bringen. Jetzt ändert sich alles zum Besseren." Aber der Prozess dauerte letztendlich Jahre. Und obwohl ich heute sehr glücklich bin, darf ich auch immer noch lernen, mit manchen Situationen gelassener umzugehen.

Was half mir mein Leben zu ändern?

Für die nachfolgenden Einsichten und Methoden in meinem Leben bin ich zutiefst dankbar, denn sie haben mir ein immer freieres und glücklicheres Leben ermöglicht. Und ich begegne immer Situationen in meinem Leben, aus denen ich lernen darf. Sein Leben zu ändern bedeutet nach meinen Erfahrungen vor allem eins: Willensstärke, Kraft und die Lust und Bereitschaft an sich zu arbeiten. Gut, an Ehrgeiz fehlte es mir noch nie – und so begann ich diese Stärke für mich zu nutzen. Die Hände in den Schoss legen und darauf zu warten, dass es irgendwie besser werden wird, funktioniert nicht. Sorry, aber so einfach ist eben doch nicht. Ich habe mir das natürlich auch oft auch gewünscht: morgens einfach aufzuwachen und alles ist anders. Damals habe ich mit Yoga begonnen. Es hat mich fasziniert, mich vielleicht das erste Mal im Leben richtig auf meinen Körper zu konzentrieren und mich selbst wahrzunehmen. Mich zu fühlen und alles andere für eine gewisse Zeit auszuschalten. Damals wurde mir erstmals bewusst, was mit ‚innerer Frieden' gemeint sein muss. Auch wenn es nur für eine Stunde war, half es mir, mich wenigsten zeitweise aus dem Alltag auszuklinken und im Kopf regelmäßig abzuschalten. Mir half bei diesem Prozess die Einsicht, dass ich, und zwar nur ich, mein Leben führen kann – kein Partner, Freund oder andere Einflüsse können das veranlassen. Diese Erkenntnis war einerseits wirklich schmerzhaft, weil es nun keine Ausrede mehr für mich gab, auf dies oder jenes zu warten. Andererseits erleichterte es für mich die Situation ungemein, weil ich nun einen klaren Weg vor mir sah. Dazu kommt, dass ich eine (teilweise schon unverbesserliche) Optimistin bin. Dennoch hat es Jahre gedauert, diese Optimistin regelmäßig bzw. dauerhaft an die Oberfläche zu locken. Sie war zwar immer unterschwellig da, aber wurde von meinen negativen Gedanken im Kopf überlagert, die sich mit den möglichen Problemen beschäftigten und sich die schlimmsten Szenarien ausmalte. Das lähmte mich, denn aus Angst traute ich mich nicht, so manche Dinge erst anzugehen. Dabei half mir enorm, meine inneren negativen Hauptgedanken (Glaubenssätze) zu identifizieren und durch positive Formulierungen zu ersetzen, die mir meinen Alltag und meine Lebenseinstellung erleichtert haben. Je mehr ich mir meiner negativen Gedanken bewusst wurde, konnte ich sie aktiv stoppen und durch positive ersetzen. Das Schwierigste dabei ist es, diese Gedanken im Alltag zu bemerken. Der beste Indikator sind die empfundenen Gefühle (hinderliche Gedanken = schlechte Gefühle wie Angst, Überforderung, Panik, Fluchtreflexe aus der Situation). Immer wieder gab es Phasen oder Zeitpunkte in meinem Leben, in denen ich mir bewusst war, dass ich allein nicht weiterkam. Aus diesem Grund habe ich mir immer wieder Rat bei Coaches geholt und mit ihnen erfolgreich daran gearbeitet, die Steine, die mir im Weg lagen, beiseite zu räumen und so mein Leben zu erleichtern.

Ich habe mich vorhin mit einem Chamäleon verglichen, denn beruflich, aber eben auch privat, habe ich mich bei aller Zielstrebigkeit oft den Situationen und Menschen angepasst. Dies hatte rückwirkend vor allem folgende Gründe: Ich wollte gefallen, perfekt bzw. gut genug sein, ich wollte es anderen recht machen. Mein von klein auf erlerntes Verhalten schlug voll durch. Irgendwann begann ich mich im Innersten wieder selbst wahrzunehmen, weil ich im Herzen immer unzufriedener wurde, da ich meine Bedürfnisse gar nicht mehr ernst nahm. Dazu gehörte, dass es mir immer wichtiger wurde, dass ich beruflich mehr Anerkennung erhielt und auch zukünftig eine für mich sinnhaftere Arbeit haben wollte. Zudem wollte ich mir einen Auslandsaufenthalt ermöglichen. Also wurde ich mehr oder weniger gezwungen auf mich selbst zu hören (mir quasi erstmal selbst Anerkennung zu geben), mich selbst zu sehen, und was mir überhaupt wirklich wichtig war. In meiner damaligen Beziehung war ich nicht mehr wirklich glücklich. Trotz eines harmonischen Alltags zwischen uns scheiterte es letztendlich an den ungleichen oder auch nicht vorhandenen gemeinsamen Zukunftsvorstellungen. Mein Partner war zufrieden wie es war und ich versuchte verzweifelt, die privaten und beruflichen Puzzleteile irgendwie so zu drehen und zusammenzufügen, dass ich meine beruflichen und privaten Vorstellungen verwirklichen konnte. So stand ich auf einmal auch privat an einer Weggabelung, nämlich vor der Wahl, ob ich meinen Weg mit oder ohne meinen damaligen Partner gehe. Ich entschied mich, nach langem Ringen mit mir selbst, schweren Herzens dazu, meinen Weg vorerst allein zu gehen. Also stand ich beziehungstechnisch wieder bei Null. Zum damaligen Zeitpunkt eine Enttäuschung für mich, aber es war meine Entscheidung, die ich getroffen und nun auch zu vertreten hatte. Was ließ mich nach vorne schauen? Ich stürzte mich in die Arbeit an meiner Vision, die Realisierung meines Traumes, ein privates und beruflich freies Leben zu führen – ortsunabhängig, also auch im Ausland arbeiten zu können, wann immer ich wollte. Die Idee des ortsunabhängigen Arbeitens lernte ich durch meinen damaligen Coach Doris Gross überhaupt erst kennen und ich wusste: Das ist meine Möglichkeit. Von der Selbstständigkeit wollte ich vorerst nichts wissen, doch war das nach langer Überlegung letztendlich für mich die Option, die mir vorerst am meisten Möglichkeiten bot. Ich wusste nicht genau wie, aber ich legte einfach mal los, denn wenn ich nicht anfing, konnte auch nichts entstehen. Ich habe ein Gewerbe gegründet, das mir ermöglicht, das zu tun, was ich kann und liebe. Schritt für Schritt tat ich eins nach dem anderen. Ich fing an Kontakte zu knüpfen, Informationen einzuholen und mein Business neben meiner Festanstellung aufzubauen. Ich habe nochmals eine Weiterbildung gemacht, um mich besser am Markt aufzustellen und um auch meine Chancen, ortsunabhängig arbeiten zu können, zu erhöhen. Aktuell betreue ich als Freiberuflerin Kundenprojekte (vorrangig im Projektmanagement und Social Media Management) und arbeite dabei ortsunabhängig. Ich habe mir ein abwechslungsreiches Aufgabenfeld geschaffen, habe tolle Auftraggeber und Arbeit, die mir riesigen Spaß macht. Natürlich bin ich erst am Anfang und es ist noch nicht perfekt (da haben wir es wieder!), aber ich fühle mich so frei wie nie. Und so gut wie nie. Ganz klar muss ich noch an meiner Rolle als Unternehmerin arbeiten und darf auch hier mal wieder dazulernen.

Ich und die Menschen, die ich liebe, sind gesund und das ist mir - neben aller Persönlichkeitsentwicklung - ebenfalls enorm wichtig. Ich habe beruflich und private Vorstellungen, die ich noch umsetzen möchte. Dazu notiere ich mir regelmäßig Ziele und Affirmationen, die mir dabei helfen, im Alltag meine Aufgaben für meine Ziele umzusetzen. Immer wieder kamen mir im letzten Jahr die Wörter ‚Berufung' oder ‚Lebenssinn' in den Sinn. Viele Menschen sehen diesen klar in ihrem Leben und ich habe mich in den vergangenen Jahren oft gefragt, was eigentlich meine Berufung sein soll. Ich war nie eine absolute Karrierefrau - auch wenn ich immer viel Spaß an meiner Arbeit hatte und viel gearbeitet habe. Im Nachhinein gesehen habe ich mich aber auch beruflich zu viel von anderen beeinflussen lassen und gedanklich eingeschränkt. Kinder waren zwar eine Option, aber auch hier habe ich mich (noch) nicht einhundertprozentig entschieden. Inzwischen bin ich mir relativ sicher, dass es meine Aufgabe im Leben ist, das Steuer loszulassen und einfach ich selbst sein zu dürfen. Das bedeutet, den einengenden Perfektionismus gehen zu lassen, Optimistin sein zu dürfen und mein Traumleben zu verwirklichen, indem ich vertraue. Ich vertraue mehr und mehr auf das Leben und darauf, dass es mich immer und in jeder erdenklichen Weise unterstützt, mit mir meine Träume zu realisieren. Das bedeutet nicht, dass ich nichts tue, sondern dass ich darauf vertraue, die richtigen Partner, Menschen, Aufgaben usw. zu erhalten, um meine Wünsche zu realisieren. Dazu gehört Mut für Neuanfänge und das Wahrnehmen neuer Möglichkeiten meinerseits. Die Fokussierung darauf, wie ich eigentlich leben möchte und diese zu halten. Ich habe gelernt, eine Vision von meinem Leben zu haben. Mein Lebenssinn ist es - so vermute ich aktuell - zurück zu mir zu kommen und nicht immer nur auf das Außen zu reagieren. Es ging und geht darum, auch auf meine Bedürfnisse zu hören und diese zu leben!

Jeder hat seine eigene Geschichte, seinen eigenen Weg, seine eigenen Stärken und Schwächen, die eigenen Stolperfallen im Leben, an denen man arbeiten oder durch die man lernen darf. Rückwirkend ergeben die meisten

Menschen und Ereignisse im Leben für mich Sinn, weil sie gut für mich waren – nicht alles, aber ich hoffe, das wird sich auch noch klären. Für mich ist Dankbarkeit ein wichtiger Punkt. Inzwischen bin ich für sehr viele Situationen im Leben dankbar – auch für die schwierigen, auf die man eigentlich lieber verzichtet hätte. Ich bin für alle meine wichtigen Wegbegleiter dankbar, durch die ich Anregungen und Hilfe erfahren habe. Viele der Dinge, die ich früher in meinen Beziehungen oder auch beruflich wollte – oder gedacht habe zu wollen – waren damals für mich zu verfrüht oder stellen sich inzwischen als für mich nicht geeignet heraus. Warum? Weil ich mich noch mehr entwickeln, wachsen bzw. selbst entdecken und erkennen musste, was ich wirklich im Leben will. Davon bin ich überzeugt. Früher habe ich mich den beiden Frauenrollen (Karrierefrau oder Mutter) versucht anzupassen. Inzwischen ist mir das ziemlich egal – mein Leben hat seinen eigenen Takt. Ich bin wie jede/r ein Unikat, ein Individuum, ich habe meine eigenen Bedürfnisse und meine eigene Geschichte. Ich versuche nicht mehr das ‚Entweder/Oder‘ zu leben, sondern das ‚Und‘, indem ich bestmöglich versuche, meine Vorstellungen miteinander zu kombinieren. Es muss auch inzwischen nicht immer perfekt sein. Ich darf einfach leben, Freude haben, ausprobieren und dadurch auch Neues entdecken. Dadurch, dass ich gedanklich freier wurde, habe ich gelernt, mich auf das Leben einzulassen und mehr Freude zu haben.

Im vergangenen Jahr, während meiner beruflichen Veränderung und auch Trennung von meinem Partner, meinte meine Mutter öfter zu mir: „Ich weiß gar nicht, woher dieses Verlangen nach mehr in Dir kommt. Du hast es doch gut." Ja, ich habe es gut und ich bin dankbar dafür. Ich kann mir meine Vorstellung nach Veränderung und neuen Eindrücken im Leben selbst nicht erklären – es ist in mir. Ich weiß nur eins: Wenn ich es nicht versuche, bin ich enttäuscht von mir selbst und ich erfahre nie, ob es nicht doch funktioniert hätte. So ging es mir zum Beispiel mit der Kündigung meiner Festanstellung. Meine Festanstellung aufzugeben war ein großer Schritt für mich, denn am Anfang konnte ich es mir gar nicht richtig vorstellen, aber mit jedem Monat, mit dem ich die Kündigung aufgeschoben habe, habe ich mich von mir selbst enttäuscht gefühlt, weil ich nicht zu meinen eigenen Wünschen gestanden habe. Eine Haltung, die ich als sehr ungeduldige Person für mich mehr und mehr annehme, ist, zu akzeptieren, dass alles für mich im richtigen Tempo geschieht. In der Geschwindigkeit, die für mich angemessen ist, um mich in einer Situation zu entwickeln. Nach dem Motto ‚life happens for you' versuche ich Dinge gelassener zu sehen, die nicht nach Plan laufen oder mir auch zu langsam vorangehen - sofern ich sie nicht beeinflussen kann - anstatt mich unter Druck zu setzen.

Folgende Verbildlichung habe ich einmal gelesen: „Deine Träume sind wie Kinder, die geboren werden wollen." Diesen Satz fand ich sehr schön. Ich bin davon überzeugt, dass der Optimismus, den ich in mir trage, seine Berechtigung hat, und dass die Gefühle der Größe und die Vision, die ich tief in mir spüre, zum Leben erweckt werden sollen. Mein Traum wächst weiter in mir, bis er eines Tages endlich das Licht der Welt erblickt und umgesetzt wird. Wie, das weiß ich nicht immer genau. Ich versuche einerseits aktiv zu lenken und anderseits eben zu vertrauen. Was man tief aus dem Herzen fühlt, kann nach meinem Verständnis nur richtig sein. Ich werde daher alles Erdenkliche dafür tun, meine anhaltenden Gefühle zu leben, meine Wünsche und Träume zu realisieren. Ich denke, wir alle haben ein Leben geschenkt bekommen und wir sind hier auf dieser Welt, um in der verbleibenden Zeit das beste und schönste Leben für uns daraus zu machen!

Daniela Sommer im Kurzportrait:

Daniela Sommer ist in Bayern geboren und in Baden-Württemberg aufgewachsen. Sie ist staatlich geprüfte Betriebswirtin und Social Media Managerin nach langer Anstellung in der Unternehmensberatung hat sie sich ein ortsunabhängiges Online-Business aufgebaut und ist aktuell als freiberufliche Projektmanagerin tätig. Ihr langfristiges Ziel ist es, ihre berufliche Tätigkeit mit Auslandsaufenthalten zu verbinden und weltweit tätig zu sein. Zu ihren persönlichen Interessen gehört vor allem die Persönlichkeitsentwicklung.

www.simplifysuccess.de

„Ich versuche nicht mehr das ‚Entweder/Oder‘ zu leben, sondern das ‚Und‘, indem ich bestmöglich versuche, meine Vorstellungen miteinander zu kombinieren.“

Daniela Sommer

SONJA ISABELLE RÜEGSEGGER

◆◆◆

Das bin ich und das ist die Geschichte, die meinen Weg geprägt hat. Die Geschichte, die mich zu mir selbst gebracht hat. Mit der folgenden Geschichte bin ich im Dezember 2015 in mein freies Leben als ich selbst gestartet. Die Gründung meiner Modelseite und mich selbst im Außen zu zeigen, war für mich persönlich einer der größeren Schritte, aber ich hatte erkannt, dass es nun an der Zeit war, diesen auch zu tun. Als ich diesen Text zu verfassen begann, erkannte ich plötzlich die Dankbarkeit für all die wundervollen und bereichernden Erfahrungen, die ich bis heute bereits machen durfte. Gleichzeitig weiß ich aber, dass auch noch einige mehr auf mich zukommen werden.

Ich kann mich erinnern, wie es war, als ich Kind war: Ich war immer der glückliche Sonnenschein, verträumt und sorglos. So fühlte ich mich bis in meine Jugendjahre. Meine Ausstrahlung und mein Lachen waren stets ansteckend. Dann kam der Umbruch. Ich kam in die Pubertät und ich fühlte mich plötzlich unglücklich und nicht mehr geliebt bzw. angenommen in dieser Welt. Trotz der Veränderungen fühlte ich mich zwar immer noch wohl in meinem Körper, jedoch gab mir das Umfeld immer wieder zu spüren, dass diese

129

so nicht gut seien. So begann ich meinen Körper allmählich infrage zu stellen und zu kritisieren. Ich wollte anders sein. Ich fühlte mich in meiner Haut nicht mehr wohl. Auch die eigene Lust und Sexualität wurde durch das Gesellschaftsbild als etwas Schmutziges abgetan. Ich befand mich in einem totalen Zwiespalt mit mir selbst und ich begann mich zu schämen und fühlte mich unwohl. Letztlich begann ich mich der Gesellschaft anzupassen, was jedoch dazu führte, dass ich mich zwar akzeptiert und im Einklang fühlte, nur nicht glücklich. Damals hätte ich mir natürlich auch nie vorstellen können, dass das in Zukunft mal ganz anders sein könnte.

Ich befasste mich also bereits sehr früh mit meinen Lebensthemen Weiblichkeit, Schönheit, Ausstrahlung sowie Sexualität. Zudem wurde mir die Vergänglichkeit des Lebens durch den Tod meines Vaters schon sehr früh vor Augen geführt. Daraus entwickelte sich mein unbändiger Wille, dass ich immer wieder versuche, mich für mein eigenes Glück einzusetzen. Ich will niemals in meinem Leben zurückblicken und dabei sagen müssen: „Ach, hätte ich nur." Dann kam dieser wunderbare Mann in mein Leben, welcher mein Leben völlig auf den Kopf gestellt und mich auf die wundervollste Art und Weise verzaubert und gestärkt hat. Durch ihn habe ich erfahren, dass man Liebe nicht erklären oder kontrollieren kann und dass Liebe der Grundbaustein für alles ist. Liebe kann Berge versetzen, auch wenn sie noch so hoch sind. Liebe braucht keine Erklärung, sondern ist der Grund. Ich habe gelernt, auf mein Herz zu hören, zu vertrauen, mich zu öffnen und mich einfach fallen zu lassen. Ich habe gelernt, bedingungslos und frei zu lieben, dabei musste ich jedoch zuerst erfahren, dass man niemanden fesseln oder besitzen kann und musste Hoffnungslosigkeit, Trauer und Verzweiflung erleben. Indem ich meine ungezügelte Eifersucht dankbar anzunehmen gelernt habe, konnte ich diese dann auch ablegen. Dieser wunderbare Mann hat mir gezeigt, wie wunderschön ich bin. Ich habe wieder gelernt, meinen Körper zu lieben, mich in meinem Körper zuhause und wohlzufühlen. Ich konnte meine Sexualität schamlos ausleben und habe dadurch gelernt, für mich, meine Lust und Sexualität einzustehen und sie zu lieben. Endlich konnte ich wieder ich selbst sein!

Diese Beziehung entspricht überhaupt nicht unserem Gesellschaftsbild bzw. dem, was allgemein als „normal" angesehen wird. Durch andere Beziehungen habe ich jedoch auch selbst erfahren, dass ich nicht leben oder glücklich sein kann, wenn das Grundlegende, und zwar die Liebe fehlt - auch wenn der Verstand mir das oftmals anders zu erklären versucht hat. Tief in meinem Inneren wusste ich von Anfang an, dass dieser Mann immer ein Teil meines Lebens sein wird. Auch wenn ich das nicht erklären konnte. Ich fühlte es einfach und fühle es noch jetzt! Ich werde ihm immer dankbar sein für all diese wunderbaren Geschenke, die ich durch ihn erfahren durfte – egal, wohin unsere Beziehung in Zukunft noch führen wird. Noch nie habe ich mich einem Menschen so sehr geöffnet wie ihm. Ich habe mich voll auf diese Beziehung eingelassen, ohne zu wissen, was kommen würde und wie fest ich dabei hätte verletzt werden können. Ich liebe ihn von ganzem Herzen und bin unglaublich dankbar, dass er ein Teil meines Lebens ist.

Sexualität war schon in meiner frühen Jugendzeit ein Thema, das mich einfach fasziniert und magisch angezogen. Ich las viele Bücher und sprach mit meinem Mitmenschen sehr offen über Sex. So kam es, dass eine Mitschülerin in der Hebammenausbildung einen Nebenjob suchte. Sie stieß dabei auf eine Firma, die wie ähnlich wie für Tupperware Partys machte, aber eben mit Sextoys. Sie sagte mir das dann einen Tag darauf und meinte eher im lustigen Sinne, dass das genau der richtige Job für mich sei. Und ich ergriff die Chance, weil ich so neugierig war. So begann ich im Jahr 2009 als Toyverkäuferin nebst meiner Ausbildung zu arbeiten. Ich arbeitete dann etwas mehr als ein Jahr bei dem Betrieb, bis ich einfach nicht mehr zufrieden war mit meinen Konditionen. Ich hatte richtig Erfolg, aber schlussendlich war der Ertrag für mich nur ein Almosen. So entschied ich mich mit zwei anderen Mitarbeiterinnen die Firma zu verlassen und wechselte zu einer anderen Firma, die zwar das gleiche Verkaufssystem hatte, jedoch andere Anstellungsbedingungen. Uns wurde noch in der Probezeit aus nicht nachvollziehbaren Gründen gekündigt. Ich war damals sehr enttäuscht und für mich brach eine Welt zusammen. Ich liebte diesen Job, den Austausch mit den Frauen und so offen über Sexualität sprechen zu können und auch, dieses Thema in der Gesellschaft endlich zu enttabuisieren. Heute bin ich für diese Kündigung sehr dankbar, weil ich weiß, dass ich mich sonst wahrscheinlich nie selbstständig gemacht hätte.

Ich wurde also vor die Entscheidung gestellt, ob ich diesen Nebenjob wirklich ganz aufgebe oder eine eigene Firma gründe. Ich konnte mir einfach nicht vorstellen, diesen Job komplett an den Nagel zu hängen, deshalb war bald klar, dass ich eine Lösung finden musste. Durch einen guten Kollegen, der bereits seit Jahren selbstständig ist, wurde ich dann ganz toll unterstützt - sowohl finanziell, als auch was die Buchhaltung und das Rechtliche angeht. Er hat mich schon, als ich noch angestellt war, immer wieder motiviert, mich doch selbstständig zu machen. Aber ich hatte einfach Angst vor der Selbstständigkeit und das Gefühl, angestellt zu sein, war damals für mich noch die bessere Alternative. So entstand im Jahr 2012 letztendlich meine eigene Firma SELUS. Durch SELUS konnte ich ein Geschäft mit meiner persönlichen Philosophie erschaffen. Zugleich habe ich eine Plattform geschaffen für Frauen, aber auch für Männer und Paare, wo Sexualität als natürlich, frei von Scham und alltäglich angesehen werden darf. Hier bieten wir Sextoys oder Erotikartikel an, dabei steht aber nicht ausschließlich der Verkauf im Vordergrund, sondern die kompetente, individuelle und diskrete Beratung über Sexualität und Frauenheilkunde spielen ebenfalls eine wichtige Rolle. Dazu veranstalte ich vor allem Homepartys bei den Frauen zu Hause, weil mir der direkte Kontakt zu den Frauen und Paaren sehr am Herzen liegt.

Im September 2014 habe ich mich dazu entschieden mit meiner Firma an einer ganz gewöhnlichen Herbstmesse teilzunehmen und Sextoys auszustellen neben Versicherungen, Haushaltsgeräte und vielen anderen alltäglichen Gebrauchswaren. Ich wollte nicht an einer speziellen Sexmesse teilnehmen, weil ich mich klar vom „Schmuddelgeschäft" distanzieren wollte. Ebenfalls war es mir ein Anliegen, den Menschen auf natürliche Weise und unkomplizierte Art Zugang zu ihrem Sexualleben zu vermitteln, und dass Menschen ihre Bedürfnisse erkennen, Tabus und Schwierigkeiten in einer Liebesbeziehung ansprechen dürfen. Sexualität ist ein alltägliches Thema, jeder macht es, aber niemand spricht darüber. Warum kann man nebst dem Einkaufsbummel für den Haushalt nicht auch noch etwas für das Liebesleben tun? Ich hatte große Angst, dass ich mit ganz vielen negativen Konfrontationen rechnen muss. Dass mich viele kritisieren und verurteilen würden, aber ich wollte einfach unbedingt meine Philosophie verbreiten und Menschen eine Plattform bieten. Es kam aber alles anderes. Ich wurde bejubelt und viele Menschen bedankten sich bei mir für diese neue Plattform und meinen Mut, diesen Schritt gewagt zu haben. Im Nachhinein fand ich das Ganze dann auch gar nicht mehr so schlimm, sondern freute mich jedes Jahr immer ein bisschen mehr auf die tolle Messezeit und die vielen wunderschönen Begegnungen mit Menschen.

Anfang 2015 habe ich mich ans Limit meiner Kräfte gearbeitet und stand kurz vor einem Zusammenbruch. Ich habe erfahren, was es heißt, unter Panikattacken zu leiden und das Gefühl zu haben, die Kontrolle zu verlieren. Ich hätte nie gedacht, dass mir das passieren könnte. Glücklicherweise hatte ich bereits gelernt, zu erkennen, dass das ein Zeichen ist, dass ich mein Leben ändern muss. So bin ich erneut für mich eingestanden und habe mir Unterstützung geholt. Ich habe erfahren, wie die Gesellschaft mit solchen Themen umgeht und wie nutzlos angeblich tolle Ratschläge von anderen sind. Gleichzeitig wurde mir bewusst, wie ich vorher selbst damit umgegangen bin und Menschen mit so kleinen Problemen belächelt habe. Es hat mir aber auch gezeigt, dass es nie zu spät ist, das eigene Leben zu verändern, das Leben in die Hand zu nehmen und dass uns das Leben schlussendlich nur auf unserem Weg bestärken will. Hier wurde mir auch bewusst, dass wir nicht nur aus Körper bestehen und dass unser Geist und unsere Seele ebenfalls einen wichtigen Teil des Ganzen darstellen. Einmal mehr lernte ich auf mein Herz zu hören und darauf zu vertrauen. Dadurch ist mein erstes Tattoo „Folge dem Weg deiner Seele" entstanden.

In dieser Umbruchphase habe ich selbst eine Coaching-Ausbildung zum Integral Coach gemacht. Hiermit hatte ich in meiner schwierigen Zeit ein hervorragendes Netzwerk an Menschen, welche mir begleitend zur Seite standen. Ich habe mich regelmäßig coachen lassen. Für mich war immer klar, dass ich in der Medizin keine Lösung für meine Themen finden werde. Ich wollte keine Medikamente schlucken, die meine Emotionen abtöten. Ich wusste, dass da was war, das gelöst werden wollte und ich nur bereit sein musste, hinzuschauen. Der schlussendliche Ausbruch aus dieser ganz schwierigen Zeit war die Erkenntnis, dass ich mich liebe wie ich bin, auch wenn ich weder körperlich noch mit meiner Beziehung oder meinen Lebensthemen den üblichen Gesellschaftsnormen entspreche. Und dieser Weg zu mir selbst, zu meiner Selbstliebe und der Annahme meiner selbst hat mein

Leben völlig neu gestaltet. Ich fand zu einem Selbstbewusstsein und Selbstvertrauen, welche in meinem Leben wahrhaftig Berge versetzt haben. Diesen Weg zu mir selbst habe ich dank dem Sheroes Coaching Programm von Priska Baumann gefunden. Sie ist Teil des ersten Buches und auch weiterhin immer noch eine wichtige Inspirationsquelle für mich. Sie hat mich dazu inspiriert, meine Geschichte in die Welt hinaustragen. Erst durch sie wurde mir richtig bewusst, welche Schätze ich bereits erhalten habe, dass das Leben mir genau das Richtige gebracht hat und dass das Leben immer Sinn macht oder einen Plan für uns hat.

Es rührt mich zu Freudentränen, sehen zu dürfen, dass ich mich voll und ganz auf meinem Weg der Seele befinde. Es fühlt sich einfach toll an. Ich habe noch nie so intensiv gelebt, gefühlt und konnte noch nie so authentisch ich selbst sein. Das ist für mich die pure Freiheit. Durch all diese Erfahrungen wurde ich viel empathischer gegenüber meinen Mitmenschen. Denn ich habe erfahren, wie schwierig es ist, Scham zu überwinden und emotionale Blockaden zu lösen. Ich hatte Angst vor Verurteilung und Unverständnis. Und gerade in solchen Situationen sind vertrauensvolle, mitfühlende Ansprechpartner enorm wichtig. Ich verspüre immer wieder eine unglaubliche Dankbarkeit gegenüber den Mitmenschen, welche ihre intimen Geschichten mit mir teilen und mir dadurch ihre verletzliche Seite zeigen.

Durch weitere Menschen, welche mir eine Zeit lange sehr nahestanden, durfte ich erfahren, mir selbst treu zu bleiben und mich auch nicht für eine Freundschaft oder Partnerschaft aufzugeben oder verbiegen zu lassen. Ansonsten wäre ich daran sicher irgendwann zerbrochen. Denn die Liebe fordert nicht. Mir wurde bewusst, was Freundschaft und Partnerschaft wirklich heißen. Gleichzeitig habe ich gelernt, wie schmerzhaft es sein kann, Menschen loszulassen. Ich habe erkannt, dass Menschen im Leben immer zur eigenen Weiterentwicklung beitragen und wenn es an der Zeit ist, dass wir sie auch dankbar wieder gehen lassen können, damit es auch wieder Platz für neue Gleichgesinnte gibt.

Durch das Göttinnen-Shooting vor einigen Jahren habe ich meine Lebenswerte kennengelernt. Die Göttin Venus „Aphrodite", welche für Schönheit, Weiblichkeit und Sexualität frei von Scham steht, spiegelt diese völlig wider. Sie hilft Frauen, ihren Körper, ihre Weiblichkeit sowie ihre Sexualität zu lieben und zu ehren. Sie verkörpert die Liebesgöttin und steht damit für die leidenschaftliche Liebe. Sie ist sich ihres Selbstwerts bewusst. Deshalb auch mein Tattoo auf meiner rechten Schulter. Durch den Weg zu mir selbst wurde in mir der Drang geweckt, all das auch mit anderen Menschen zu teilen. Mir war klar, dass es da draußen ganz viele Menschen gibt, denen es ähnlich geht wie mir damals, welche aber den Mut oder die Möglichkeit noch nicht gefunden haben, ihren persönlichen Herzensweg zu gehen. Ich möchte anderen Frauen die Möglichkeit bieten, sich auch aus ihren gesellschaftlichen Fesseln zu lösen und ihre eigenen Wege zu gehen, dass sie lernen, ihren Körper zu lieben und ihn dankbar anzunehmen. Denn Schönheit hat nichts mit Körpermaßen zu tun, sondern schlussendlich immer mit einem selbst. Jeder sollte die Möglichkeit erhalten, sein Licht leuchten zu lassen. Ich wusste, dass ich mit meiner Erkenntnis und meinem „ich selbst sein" ins Außen gehen musste, um andere Menschen zu motivieren und zu inspirieren. Ich wollte anderen Menschen Mut machen und vor allem wollte ich einfach ich selbst sein und mich der Welt offenbaren.

Ich wollte die Welt einfach ein wenig besser machen und das vorzuleben, war der erste Schritt dahin. Ich wollte mich genauso zu zeigen, wie ich bin. Denn Selbstliebe ist für mich der Schlüssel für ein glückliches und zufriedenes Leben. Es lohnt sich auszubrechen, weil du dabei in deine Freiheit kommst. Freiheit hat nichts mit Geld und Status zu tun, sondern mit Selbstliebe und ob du deinem Herzen folgst. Ich stand privat schon öfters vor der Kamera und so kam durch eine Kollegin, die mich auch schon öfters abgelichtet hat, die Idee zustande, dass ich doch meine eigene Modelseite auf Facebook eröffnen soll. Das fühlte sich sehr stimmig für mich an und ich wollte unbedingt neben dem Posten von Fotos meine Herzensbotschaft weiterverbreiten. Am 6. Dezember 2015 habe ich also meine eigene Modelpage auf Facebook ins Leben gerufen und stand ich das erste Mal für meinen Körper und mich selbst in der Öffentlichkeit ein. Hätte mir da damals jemand gesagt, wo ich heute, drei Jahre später, stehe, dann hätte ich das wahrlich nicht geglaubt. Wichtig war mir damals - und ist es mir auch heute noch - dass ich authentisch bin und mich auch so zeige. Deshalb findet man auf meiner Modelseite neben den bearbeiteten Profifotos auch ungeschminkte Selfies oder Videobotschaften. Damit will ich für die Menschen eine Brücke sein zwischen der realen und der erschaffenen Modewelt. Ich habe mich trotz Anfragen von Modeagenturen oder Misswahlen dazu entschieden, dass ich auch hier meine eigene Philosophie verfolgen möchte und einfach das tue, was mir Freude macht und sich für mich stimmig anhört. Ich möchte nicht Aufträge erledigen müssen, weil es von mir verlangt wird oder in ein 0815 Raster gepresst werden, so wie es in der Modelbranche leider oft gang und gäbe ist. Deshalb bin ich auch die falsche Anlaufstelle für Frauen oder Mädchen, die eine Karriere als Model in der Modelbranche anvisieren. Ein einziger Tipp, den ich geben kann, ist: Tu, was dich glücklich macht und dich erfüllt. Stelle dir die Frage, warum du Model werden möchtest? Fühlt sich etwas nicht stimmig an, dann lass es! Ich setze Projekte und eigene Shootingevents um, die mich erfüllen, in denen ich aufgehen darf und bei denen ich meine Kreativität ausleben kann. Was mich beim Modeln am meisten erfüllt, ist die Begegnung mit Menschen. Dabei kann ich mich weiterentwickeln und werde selbst inspiriert und genährt.

Was jedoch macht meinen Erfolg beim Modeln aus? Wie bin ich zu so vielen Followern auf den sozialen Medien gekommen? Das hat auch nichts mit Marketingstrategie zu tun, denn ich konnte mich nie mit dem Gedanken anfreunden, eine Zielgruppe herauszufiltern oder auszusuchen. Da wären wir schon wieder beim Thema „Aussortierung", das mir so sehr widerspricht. Ich bin der Überzeugung, dass nicht die Strategie der Schlüssel ist, sondern der Mensch selbst. Ich habe Erfolg, weil ich authentisch bin, und meine starke und verletzliche Seite mit meinen Mitmenschen und Followern teile. Dadurch ernte ich auch keine Kritik, denn ich habe mir die Follower nicht ausgesucht, sie sind freiwillig gekommen. Ich will niemandem meine Lebenseinstellung aufdrängen. Ich bin einfach ich und somit werden davon auch die richtigen Menschen angesprochen beziehungsweise berührt und finden den Weg zu mir.
Freiheit ist für mich innere Ruhe und Gelassenheit, Frieden im Herzen und das Gefühl des vollkommenen Glücks umhüllt von Geborgenheit. All das lässt mich im Außen erstrahlen und lächeln. Dabei bin ich ganz ich selbst. Ich akzeptiere und liebe mich, so wie ich gerade bin. Ich erkenne, dass ich mein ganz persönliches Ich in Einzigartigkeit lebe. Dabei spielt das Außen keine Rolle mehr.

Aber was habe ich wirklich gemacht?

Ich habe erkannt, dass mir das Leben immer das Richtige schenkt und dass alles aus einem guten Grund passiert, damit ich weiterkommen und meinen Weg finden kann. Ich weiß, hätte ich mich nicht in einen verheirateten Mann verliebt, der viel älter ist als ich, dann wäre ich nie zu dieser wunderbaren und starken Frau herangewachsen. Ich hätte mich nie so intensiv meinen Lebensthemen stellen können. Ich hätte auch nicht erfahren, was Liebe ist. Bedingungslose Liebe. Dass Liebe zu uns selbst und anderen nicht im Kopf entsteht, sondern im Herzen lebt. Was mich aber wirklich zu meinem Mut und Selbstvertrauen gebracht hat, ist die Leidenschaft. Meine Leidenschaft besteht genau in den Dingen, die ich tue. Es ist genau das, was mich fasziniert. Egal, ob im Beruf, ob beim Modeln oder in der Liebe, meine Leidenschaft für diese Tätigkeiten oder Menschen hat mich dazu veranlasst, über meine Schatten zu springen, und sie steht über meinen Ängsten. Wer schon einmal dieses Feuer der Leidenschaft in sich gespürt hat, bei Dingen, die einem besonders am Herzen liegen, der weiß, wovon ich schreibe.

Und weil man sich gerade bei Dingen, die man aus Leidenschaft tut, so erfüllt und wahnsinnig gut fühlt, will man mehr davon. Genau so ging es mir auch. Ich wollte einfach glücklich sein. Ich wollte die Welt entdecken und stürzte mich ins Abenteuer, immer und immer wieder. Dazu gehört aber auch eine Prise Vertrauen. Vertrauen ins Leben, dass alles schon gut werden wird und gut ist, so wie es eben gerade ist. Obwohl bei mir dieses Vertrauen vor zehn Jahren noch nicht so bewusst und stark war. Damals bin ich jedoch bereits meiner Leidenschaft gefolgt, weil ich wusste, dass das Leben vergänglich ist und ich mir schon in jungen Jahren geschworen habe, dass ich nie zurückblicken und sagen möchte: „Ach, hätte ich nur". Und ja, heute kann ich mit Stolz sagen: „Ich habe". Mit meinen 31 Jahren habe ich wirklich das Gefühl, gelebt zu haben, wahrscheinlich mehr und intensiver als viele Menschen, die vielleicht schon doppelt so alt sind wie ich. Viele denken, irgendwann mache ich dieses und jenes und verschieben dabei immer alles auf später. Was, wenn es ein Später nicht mehr gibt? Das Bewusstsein über meine Vergänglichkeit machte es aus, dass ich bereits mit 20 Jahren bereit war, meiner Leidenschaft zu folgen. Und das tue ich auch heute noch. Ich arbeite Teilzeit als Hebamme in einem Angestelltenverhältnis im Spital und gehe in der Freizeit meiner Leidenschaft nach. Im Moment bin ich öfter als Model unterwegs und die ehemalige Toyberaterin rückt etwas in den Hintergrund. Aber das ist ja gerade das Geniale an der Selbstständigkeit, dass ich immer wieder selbst entscheiden kann, wofür ich im Moment meine Zeit investiere. Ich versuche bei der Entscheidung, wie ich meine Lebenszeit verbringen möchte, stets mein Herz zu fühlen. Ich mache das, was sich eben gerade stimmig für mich anfühlt. Und wenn ich mich mit zu vielen Plänen wieder mal selbst überfordere, gibt mir das Leben die entsprechenden Zeichen, wieder achtsamer zu werden.

Wunder geschehen immer wieder und ich bin fasziniert, was in so kurzer Zeit alles passiert ist. Was alles noch kommt und wie reich ich beschenkt werde mit so wunderbaren Begegnungen durch das Modeln und euch. Wie toll und lebenswert doch mein Leben ist. Dadurch habe ich wirklich das Gefühl, die Welt etwas besser zu machen. Genau das war auch einer der Gründe für die Entstehung meiner Modelseite. Umso schöner ist es zu sehen, dass sich das Feuer der Leidenschaft auch auf andere überträgt, andere Menschen dadurch inspiriert werden und auch den Mut finden, sich selbst zu lieben oder beginnen sich auf die Reise zu sich selbst zu machen. Selbstliebe ist für mich der Schlüssel. Selbstliebe ist in keiner Weise damit gleichzusetzen, das Gefühl zu haben, besser oder mehr wert zu sein als andere. Es gibt so viele Menschen, welche sich täglich in einem Kampf mit sich und ihrem Körper befinden. So viel unserer Lebenszeit verschwenden wir an eine Oberflächlichkeit, die aber nur einen kleinen Teil von uns ausmacht und widerspiegelt. Unsere Aufmerksamkeit liegt dabei meistens auf dem Mangel, dem Negativen und dem, was noch alles erreicht werden sollte. Deshalb sind auch sehr viele Menschen verletzt und unglücklich. Es ist absolut lebensverändernd, wenn wir plötzlich anfangen, uns selbst wertzuschätzen und dankbar zu sein für unser Sein, unseren Körper und das Leben, das wir geschenkt bekommen haben. Auf diese Weise können diese Liebe und Wertschätzung weiterwachsen und schlussendlich auch an unsere Mitmenschen weitergegeben werden.

Sei dankbar für dich, für deine Lebenserfahrung mit all den Höhen und Tiefen. Sei dankbar für all die Begegnungen mit deinen Mitmenschen, die dich geprägt haben oder dich einfach wachsen ließen. Sei dankbar für deinen

Körper, der einfach funktioniert und dir die Möglichkeit gibt, dich hier leben zu lassen, zu erfahren, zu spüren und der dein Leben mit Narben und Zeichnungen widerspiegelt. So lernst du, dich selbst zu umarmen, das anzunehmen, was einfach ist und gibst dir somit selbst Halt. Selbstliebe heißt nicht, immer glücklich und zufrieden zu sein, sondern auch in Zeiten, wo du dich traurig, krank, schwach oder nicht wertvoll fühlst, genauso wertzuschätzen. Dich einfach so zu fühlen, wie es gerade ist. Du weißt, alles ist gut und in Ordnung so, wie es ist. Denn du bist genau richtig, so wie du gerade bist.

Als ich begann,
mich selbst zu lieben,
mich zu umarmen in Zeiten der Scham,
mich zu halten in Zeiten der Traurigkeit,
mich zu lieben in guten wie auch in schlechten Zeiten,
ich zu sein mit all meinen Makeln und Schwächen,
mich zu lieben für das, was ich bin,
mich zu lieben für das, was ich tue,
mich zu lieben und dankbar zu sein für all meine Erfahrungen, die mich zu dem gemacht haben, was ich heute bin,
mich zu lieben und dankbar zu sein für mein Wesen, meinen Körper und meine Stärke,
mich wert zu schätzen für mein Leben in Einzigartigkeit,
ich zu sein und mein Leben zu lieben und zu leben,
habe ich mich selbst zu der wichtigsten Person in meinem Leben gemacht.

-Isabelle Bella Curvy Model

Sonja Isabelle Rüegsegger im Kurzportrait:

Sonja Isabelle Rüegsegger bzw. Isabelle Bella Curvy Model hat sich voll und ganz der Authentizität verschrieben und folgt ihrem Weg der Seele. Dabei verleiht sie ihren Lebensthemen Weiblichkeit, Frau-Sein und Sexualität Ausdruck. Sie steht für sich ein, spricht ganz offen über ihre Stärken, über Selbst-liebe, aber auch über eigene Ängste und so manches Tabuthema. Dabei wird auch unser Gesellschaftssystem oftmals hinterfragt. Und gerade weil sie so echt sein kann, wird sie von vielen Frauen für ihre Offenheit, ihren Mut und ihre Natürlichkeit bewundert. Sonja arbeitet Teilzeit als Hebamme im Spital. Im Jahr 2012 hat sie die Firma SELUS gegründet und bietet Sextoys oder Erotikartikel an, dabei steht aber nicht der Verkauf im Vordergrund, sondern die kompetente, individuelle und diskrete Beratung über Sexualität und Frauenheilkunde auf Homepartys. Seit Dezember 2015 steht sie in ihrer Freizeit gerne als Isabelle Bella Curvy Model vor der Kamera. Dabei kann sie ihre kreative Seite voll ausleben sowie ihre natürliche Schönheit von innen heraus strahlen lassen. Ihre Fotos publiziert sie auf ihrer Facebookseite und Instagram Isabelle Bella Curvy Model und erreicht somit viele mit ihrer Herzensbotschaft „Sei du selbst, sei einzigartig und gehe deinen Weg". Innerhalb von einem Jahr hat sie bereits über 5`700 Likes erhalten – das zeigt mehr als deutlich, dass das Thema die Menschen anspricht. „Frau sein" darf nicht nur auf das äußere Erscheinungsbild reduziert werden – leider wird heute in unserer Gesellschaft immer noch zu viel Wert darauf gelegt. Aber: Jede Frau ist einzigartig und wunderschön - Selbstakzeptanz und Selbstliebe bringen jeden Körper zum Strahlen.

www.isabellebella.com
www.selus.ch

„Ich akzeptiere und liebe mich,
so wie ich gerade bin.
Ich erkenne, dass ich mein ganz
persönliches Ich in Einzigartigkeit lebe.
Dabei spielt das Außen keine
Rolle mehr."

Sonja Isabelle Rüegsegger

KATHRIN REIN

Auf dem Ultraschall war ich ein Junge. Meine Eltern hatten sich monatelang auf mich gefreut und den Namen Nikolaus für mich ausgesucht. Bei meiner Geburt war ich dann allerdings eine Kathrin. So war ich also schon seit meiner Geburt: unerwartet, anders, überraschend und unangepasst. Mein Leben ist noch sehr jung, ich denke, für eine Autobiografie ist es zu früh. Hier sind jedoch einige Auszüge meines Lebens und meiner Grundsätze, denen ich folge oder die mir im Leben geholfen haben. Ich erzähle euch, wie ich sie zu meinem Vorteil genutzt habe. Ich hoffe, dies inspiriert dich, hilft dir oder stößt zum Denken an. Ich würde mich sehr freuen von dir zu hören. Über Facebook, Instagram oder meine Webseite!

Glück ist jahrelange Präparation, die auf Gelegenheit wartet
In letzter Zeit höre ich sehr oft, wie viel Glück ich doch habe. Alles wäre so leicht für mich. Ein kleines Geheimnis: Es sieht zwar alles sehr leicht aus, aber hinter meinem Erfolg stecken jahrelanges Scheitern, Selbstzweifel und harte Arbeit. In meinem Leben hat mir wirklich niemand etwas auf dem silbernen Tablett serviert. Ich habe auch nie danach gefragt. Alles, was ich erreicht habe, habe ich mir selbst kreiert, dafür gekämpft und gearbeitet. Ich habe keine reichen Eltern, keinen Doktortitel und keine guten Beziehungen. Mein Geheimnis ist einfach harte Arbeit, Disziplin und Sparsamkeit.

Wie so oft im Leben spielen wir uns und unsere Leistungen vor anderen herunter, nur um sie nicht neidisch zu machen oder um angepasst zu sein. Das war auch bei mir der Fall, bis vor einigen Jahren. Inzwischen bin ich da ganz anders. Ich stelle mich nicht mehr zurück, nur damit andere sich besser fühlen. Ich habe die letzten Jahre dabei viele Freunde verloren. Sie waren entweder neidisch oder konnten mit meinem Erfolg nicht umgehen. Das ist ok. Ich persönlich bin immer motiviert, wenn ich mit Leuten zusammen bin, die mehr erreicht haben als ich. Ich will dann immer genau wissen, wie sie es gemacht haben und was ich noch von ihnen lernen kann. Ich sehe es als Inspiration. Diese Leute sind für mich das Licht, das mich motiviert. Man ist sozusagen immer der Nenner der fünf Leute, mit denen man am meisten seine Zeit verbringt. Man sollte sich deshalb ganz genau überlegen, mit wem man seine Zeit teilt. Leute, die einen jedoch runtermachen oder nur neidisch auf andere sind, sollten da nicht dazugehören.

Manchmal muss man Dinge einfach tun, auch wenn der Weg Unsicherheit bedeutet. Ich denke, man sollte einfach loslegen, irgendetwas wird sich schon ergeben. Im Jahr 2004 habe ich kurz vor dem Ende meiner Schauspielschule eine Ausschreibung gesehen, die dafür warb, als Au Pair in die USA zu gehen. Mein Stiefvater ermutigte mich dazu mit den Worten: „Du weißt nie, was sich daraus ergibt." Es war schon immer mein Traum, in die USA zu gehen. Also wagte ich es und war einen Sommer lang Au Pair. Die Familie war erst ganz ok, aber dann setzten sie mich am Ende meiner Zeit mit einem gebrochenen Arm am Flughafen ab. Ich hatte aber noch zwei Wochen Urlaub in Los Angeles vor mir. Ich erinnere mich noch genau daran, dass meine Mutter nicht wollte, dass ich nach Los Angeles fliege. Sie wollte, dass ich gleich nach Deutschland zurückkomme, um den Arm medizinisch versorgen zu lassen. Allerdings hatte ich andere Pläne. Man kann mir wirklich schwer etwas ausreden, was ich mir in den Kopf gesetzt habe. Ich blieb von da an komplett in den USA. Man muss dazu sagen, dass niemand von meiner Familie jemals in die USA ausgewandert ist, geschweige denn die USA besucht hat. Es lag also überhaupt nicht in meinem Blut, dorthin auszuwandern. Ich kannte keine Menschenseele und hatte noch gut 700 Dollar bei mir.

Mit gebrochenem Arm flog ich also nach L.A. und fuhr dort mit dem Fahrrad zur Physio-Therapie. Ich wohnte schließlich in der Jugendherberge und lernte schnell neue Leute kennen. Meinen zweiten Abend verbrachte ich in der Mansion auf einer Party von Jennifer Lopez' Musikdirektor. Als ich kurz darauf mit meinem damaligen Freund zusammenzog, schmiss er mich eines Tages raus und ich schlief daraufhin zwei Wochen lang in meinem Auto. Große Lektion: Ich habe danach alle Wohnungen und Häuser auf meinen Namen gemietet. Anschließend zog ich mit einer Freundin zusammen. Wir teilten uns ein kleines Zimmer für einen Zeitraum über zwei Jahre. Ich war in der Zeit auf allen Partys, die man sich nur vorstellen kann. Playboy Mansion, Golden Globes, Oscar Party etc. Ich war jedoch nie richtig eingeladen (außer zur Playboy Mansion), aber irgendwie habe ich es immer geschafft, dass ich die Partys gecrasht habe. Ich habe einfach, jung und naiv wie ich war, nicht um Erlaubnis gefragt. Natürlich würde ich so etwas heutzutage nicht mehr machen, schließlich bin ich nicht mehr 25. Aber es waren damals durchaus lustige Zeiten. Ich wusste damals nicht, dass mir die Schauspielerei einmal so viele Türen öffnen würde. Im Jahr 2005 war ich bei den Filmfestspielen in Cannes. Ich hatte ein Apartment gebucht, das ich mir mit gefühlt 20 anderen Leuten teilte. Wir hatten viel Spaß zusammen und trafen eine Menge Leute. Dort traf ich Buckley Norris, einen Film-Versicherungsagenten. Ja, in diesem Jahr habe ich auch Harvey Weinstein kennengelernt und er gab mir seinen Zimmerschlüssel, aber ich habe ihn nicht angenommen. Buckley hat Harvey dafür ganz schön angeschrien. Buckley wurde schließlich ein enger Freund von mir, bis er 2014 leider verstarb. Er hat mich auch dem Filmproduzenten Glen Larson vorgestellt. Mit Glen verbinde ich einen großen Teil meiner Zeit in Los Angeles. Er und seine Frau Jeannie sind auch die Pateneltern meiner Kinder. Ich habe nie wieder Leute wie die beiden kennengelernt. Sie haben mir so viele Ratschläge in meinem Leben gegeben und ich hatte ihnen quasi nix zu bieten. Ich war eine arme junge Schauspielerin und sie haben mich wie eine Tochter in ihren Kreis aufgenommen.

Im Jahr 2007 hatte ich eine ziemlich erfolgreiche Stand-up-Comedy-Karriere angefangen. Ich wurde von einer großen Ikone in einer meiner ersten Shows entdeckt und meine nächsten Shows fanden in den größten Venues von

Los Angeles, zum Beispiel im Comedy Store und L.A. Improv, statt. Ich hatte wirklich eine tolle Zeit. Leider hatte ich ein Problem: Der Job wurde ziemlich schlecht bezahlt. Dann wurde ich plötzlich schwanger und im Jahr 2009 wurde dann mein Sohn geboren. Zu dem Zeitpunkt war ich gerade mal 25 Jahre alt und es passte eigentlich überhaupt nicht in mein Leben: Ich wohnte in Hollywood in einem kleinen Haus, zusammen mit ungefähr zehn anderen Mitbewohnern. Also, du siehst, ich habe schon immer sehr sparsam und nicht im Luxus gelebt. Obwohl ich es nicht geplant hatte, so jung Mutter zu werden, habe ich wieder etwas gewagt und bin froh, dass ich es so durchgezogen habe. Ich habe vieles dafür aufgegeben, zum Beispiel meine geliebte Karriere im Filmgeschäft und im Stand-Up-Comedy-Business. Allerdings hatte ich anfangs schon ein bisschen das Gefühl, dass ich gescheitert sei.

Wenn ich jetzt zurückschaue, dann denke ich Folgendes: Jeder will berühmt sein. Doch hat jemand wirklich einmal erlebt, wie es sich anfühlt, berühmt zu sein? Dauernd von Paparazzi verfolgt zu werden? Nie wirklich öffentlich irgendwohin gehen zu können? Dauernd nach Selfies gefragt zu werden? Nie zu wissen, wer deine wahren Freunde sind? Ich habe jahrelang Zeit mit diversen Celebrities auf Partys verbracht. Deren Leben ist nicht so glamourös, wie es nach außen hin aussieht. Es ist wirklich ein Geschenk, nicht berühmt zu sein. Man ist einfach viel freier und hat dadurch ein viel besseres Leben. Mein Sohn hat mich also davor bewahrt. Als wir für den Job meines Mannes erst nach New York und dann nach Miami zogen, habe ich wieder etwas Ungewisses gewagt: Ein Freund meinte zu mir, ich solle eine Immobilienmakler-Lizenz machen. Das habe ich dann getan. Es dauerte ungefähr ein Jahr, denn ich hatte ja ein kleines Baby, das ich überall mitnehmen musste, aber danach hatte ich die Lizenz. Hat es mich am Anfang gereizt oder habe ich gesehen, dass ich darin so erfolgreich sein kann? Nein. Aber ich habe es einfach gemacht und ich habe mich komplett in den Beruf verliebt. Ich hatte ja keine Idee, dass ich meine Comedy-Talente so gut nutzen konnte. Auf einmal kam alles zusammen und machte auch noch Sinn. Das ist jetzt alles schon sieben Jahre her und ich bin inzwischen Selfmade-Millionärin und gehöre zu den erfolgreichsten Immobilienmaklern in Miami.

Challenge yourself

Ich war irgendwie schon immer von einem anderen Stern. Nie angepasst, immer ein bisschen verrückt. Das Wort normal bedeutet für mich pure Langeweile. Leute, die normal sind, waren immer ein Gräuel für mich und wann immer mir langweilig war, ging für mich die Welt zu Ende. In der dritten Klasse hätte ich einen Jahrgang überspringen sollen, aber meine Mutter meinte, dass das nicht gut für mich wäre, denn ich sei zu klein dafür. Also musste ich mich in der Schule weiter langweilen. Wenn ich mir meinen Sohn ansehe, dann geht der heute durch die gleiche Situation wie ich damals. Allerdings wohnen wir in Amerika und nicht in einem kleinen Dorf in Bayern, wo man nur belächelt wird, wenn man begabt ist. Mein Sohn ist in einem Hochbegabten-Programm und seit er daran teilnimmt, ist er überhaupt nicht mehr schwierig, wie es zum Beispiel noch vor ein paar Jahren der Fall war. Er wird gefördert und jetzt ist er glücklich.

Have a great relationship with money

Seit ich klein war, fand ich Geld immer toll. Ich habe schon sehr früh entdeckt, wie ich zu Geld kommen kann. Ich spielte mehrere Instrumente und am Geburtstag meiner Oma oder der Verwandtschaft habe ich immer etwas dazuverdient. Wenn man in Deutschland aufwächst, wird einem immer gesagt, dass man nicht über Geld reden soll. Warum denn nicht? Ich finde das sehr wichtig. Derjenige, der eine ungesunde Einstellung zum Geld hat, schweigt. Ich habe eine gute Beziehung zum Geld. Ich weiß, dass es nicht glücklich macht, aber es kann mir ein schönes Leben erlauben und es kann auch gute Dinge tun. Wir spenden sehr viel und helfen anderen. Meine Kinder haben ein Leben, das ich als Kind nicht haben konnte. Um das jetzt nicht falsch zu verstehen, wir waren zu Hause nicht arm. Meine Eltern haben mir so ziemlich alles ermöglicht, was sie konnten. Allerdings habe ich nie ein Auto, ein großes Erbe oder einen finanziellen Zuschuss zu unserem Haus erhalten. Das will ich definitiv für meine Kinder ändern, schließlich sind dafür in meinen Augen die Eltern da. Anfang 20 bekam ich ein Stipendium für die UCLA in den USA, konnte es aber nicht antreten, denn das Stipendium deckte nur 90 Prozent der Kosten und wir konnten uns den Rest nicht leisten. Beschwert habe ich mich darüber nie. Es ging halt einfach nicht. Wenn ich nur daran denke, meinen

Kindern so etwas verwehren zu müssen, weil ich es mir nicht leisten kann, dann fühle ich mich ganz unwohl. Ich will, dass meine Kinder alles im Leben machen können und dürfen, was sie wollen. Beide sind außerdem jeden Tag in etlichen "Afterschool"-Aktivitäten zugegen, von Piano bis Karate ist alles dabei. Dass meine Kinder abgesichert sind, ist wirklich meine höchste Priorität. Ich weiß wie unglaublich schwer es ist, zu studieren und nebenbei einen Vollzeitjob zu haben, um zu überleben. In meiner Studienzeit hatte ich keinerlei Pausen, es gab für mich nur Studium, Arbeit, Studium, Arbeit usw. Wenn andere in den Urlaub fuhren, war ich am Arbeiten. Dafür kann ich mit Anfang 40 wohl in den Ruhestand gehen (was ich wahrscheinlich nicht mache, denn dafür liebe ich meine Arbeit viel zu sehr), aber ich werde nicht mehr arbeiten „müssen".

Ich habe festgestellt, dass viele Menschen ihr Nettovermögen nicht wissen. Was ist Nettovermögen? Ich habe Folgendes auf meinem Kühlschrank stehen: Alle meine Besitztümer: Haus, Auto etc. minus Schulden = Nettovermögen. Kurz gesagt: Wie viel hast du noch auf der Hand liegen, wenn du alles, was du besitzt, verkaufst? Ich weiß zu jeder gottgegebenen Zeit, wie hoch mein Nettovermögen ist. Wir haben inzwischen fünf Immobilien. Und ich habe mit meinen zwei Kindern immer noch in einem 2-Schlafzimmer-Haus gewohnt, als unser Nettovermögen fast 1.5 Millionen Dollar umfasste. Dann erst habe ich mir ein größeres Haus geleistet. Wann immer wir Erspartes übrig hatten, sind wir nicht in den Urlaub gefahren, sondern haben uns eine neue Immobilie gekauft. Quasi ein gezwungenes Sparkonto. Ich kann gar nicht in Worte fassen, wie sehr mich die Immobilienwelt insgesamt geprägt hat. Ich arbeite nicht nur darin, sondern ich lebe diese Welt auch. Nichts in der Welt ist so eine sichere „Geldanlage" wie eine Immobilie. Kaufe so viele Immobilien wie möglich, denn Land wird keines mehr gemacht und Menschen brauchen immer ein Dach über dem Kopf. Es ist wirklich zu meiner Leidenschaft geworden, Leuten zu erklären, wie sie sich mit Immobilien absichern können. Es ist keine „Geldanlage", wie man das idiotischerweise in Deutschland nennt. Man will ja nicht nur anlegen, sondern auch einen Gewinn machen. Um einmal ein Beispiel zu geben: Eine unserer Immobilien ist für $6000/Monat vermietet und die Abzahlung beträgt nur $2500. Der Rest ist reiner Gewinn.

Seit ungefähr einem Jahr biete ich Beratungsgespräche für Kunden an, um mit ihnen über ihre finanzielle Absicherung zu sprechen und diese zu planen. Die meisten wissen weder, was ihr Nettovermögen ist, noch kennen sie die Rendite ihrer Investitionen. Wir überlegen dann gemeinsam, wie wir das verbessern können und welche Schritte wir unternehmen müssen. Inzwischen sind auch sehr viele Deutsche dabei. Deutschland ist ja bekannterweise das Land, das am besten spart, aber am schlechtesten investiert. Ich habe kürzlich gelesen, dass die Deutschen so viel Angst hätten, ihr Gespartes anzulegen, dass sie es lieber auf dem Sparbuch lassen und dadurch ihr Geld durch Inflation immer weniger wird.

Ich wuchs in der Nähe von Rosenheim in Bayern auf. Meine Eltern kommen beide aus dem Mittelstand. Allerdings habe ich mir immer schon mein ganzes Leben komplett selbst finanziert, und das, seit ich ungefähr 13 Jahre alt bin. Ich habe bei Karstadt Inventur gemacht, im Schlussverkauf gejobbt, später Promotions für Messen und Events organisiert. Es gibt wahrscheinlich keinen Job, den ich nicht schon gemacht habe. Es war immer mit viel Spaß verbunden, aber es bedeutete auch stets viel Arbeit. Wenn ich mich an meine Jugend und Studienzeit zurückerinnere, dann kann ich mich entweder an Sport oder viel Arbeit erinnern. Ich habe nie übermäßig Geld ausgegeben, sondern immer gut gespart. Im Nachhinein hat mir das sehr geholfen, meine Disziplin zu prägen. Auch jetzt, wenn ich in einer großen Villa wohnen könnte, leben wir in einem schönen, aber überschaubarem Haus und investieren alles Ersparte in Immobilien.

Know your weaknesses and use them to your advantage.
Delegate things you don't enjoy.

Über mehrere Jahre hinweg war ich in den verschiedensten Sportarten mit Wettkämpfen beschäftigt: Tennis, Skifahren, Langlauf, Laufen. Es gab nicht ein Wochenende, an dem mal kein Wettkampf anstand. Im Gegenteil, es gab immer etwas zu tun oder etwas zu gewinnen. Als ich 18 Jahre alt war, hatte ich einen Meniskus- und Kreuzbandriss. Das war ein totaler Schock für mich. Sport war das Einzige, was ich im Leben kannte und hatte. Ich wusste nicht, was ich auf einmal mit der ganzen Zeit anfangen sollte. Als ich endlich wieder

149

zu trainieren anfing, bekam ich das sogenannte Pfeiffersche Drüsenfieber. Diese Krankheit hat mein ganzes Leben verändert. Ich habe nie mehr die Energie zurückbekommen, die ich vor der Erkrankung hatte.

Seit ich mit nur circa 60 Prozent meiner Energie auskommen muss, bin ich dazu gezwungen, extrem effektiv zu arbeiten. Ich kann es mir nicht leisten, Zeit zu verschwenden. Manchmal denken Kollegen, dass ich unfreundlich bin, wenn ich einfach nur auf den Punkt kommen will, und zwar so schnell wie möglich. Denn ich weiß, dass meine Energie nicht lange reicht. Bis zum heutigen Tag muss ich mich nachmittags manchmal hinlegen, weil ich so erschöpft bin. Ich betrachte die Erkrankung als Glücksfall. Ich bin froh, dass ich so effektiv arbeiten und auch meine Schwächen einschätzen kann. Ich habe auch noch einige andere Schwächen. Ich bin manchmal total launisch, viel zu direkt und ich habe überhaupt keine Geduld. Ich bin von Natur aus eigentlich ein sehr fauler Mensch. Ich habe nur Lust auf die Sachen, die mir wirklich Spaß machen: meine Familie und meine Arbeit. Eine schlechte Hausfrau bin ich auch. Meine Oma hat immer zu mir gesagt: „Der Mann, der dich einmal heiratet, tut mir heute schon leid." Ich wusste allerdings schon immer, dass ich für die Sachen, die mir keinen Spaß machen, einfach jemanden einstelle. Deshalb haben wir jetzt eine Haushälterin. Problem gelöst. Ich fokussiere mich auf die Dinge, die effektiv sind und mir Geld bringen. Wäsche zusammenlegen und Staubsaugen gehören da leider nicht dazu. Obwohl ich wirklich gut darin bin. Gib mir zwei Stunden in deinem Haus und ich mache es tipptopp sauber. Das ist etwas, das ich von meiner Mama gelernt habe. Wir mussten damals immer bei der Hausarbeit mithelfen.

Don't listen to other people
Ich habe mir in meinem Leben meine Träume von anderen nie ausreden lassen. Wie oft ich gehört habe (sogar von meinen Eltern), dass ich mir einen anderen Beruf suchen soll – und dennoch bin ich auf die Schauspielschule gegangen. Ich bin so froh, dass ich Schauspielerin war. Es hat mich im Leben so viel gelehrt und mich weitergebracht. Alle Neider und Leute, die nicht an mich geglaubt haben, gaben mir so viel Kraft, dass ich ihnen das Gegenteil beweisen wollte. Das ist bis heute immer noch meine größte Motivation. Sag mir, was ich nicht tun kann und ich zeig dir, wie ich's mache. In meiner Zeit

am Gymnasium hatte ich eine Lehrerin, die es besonders geschafft hat, mich zu motivieren. Sie war eine bittere, gemeine Frau, die jede Gelegenheit suchte, um mich zu demotivieren oder zu blamieren. Ich denke oft an sie und daran, wie sie mich dazu motiviert hat, zu etwas Größerem aufzusteigen. Wenn sie wüsste, wie weit ich es gebracht habe, dann würde sie mit Sicherheit vor Neid zerplatzen. Demotivation von anderen hat mich nie runtergemacht. Ich habe es genutzt, um mich zu großen Dingen zu motivieren.

Von jedem Job, den ich bisher in meinem Leben hatte, kann ich mit großem Stolz sagen, dass ich ihn zu 100 Prozent gemacht habe. Meine Eltern haben mich gelehrt, dass man immer alles geben muss, egal, ob einem der Job gefällt oder nicht. Man hat die Verpflichtung, wenn man eine Stelle annimmt, alles zu geben. Diese Einstellung hat mir immer einen großen Vorteil gebracht und ich habe stets großes Lob für meine Arbeitsmoral erhalten und dadurch später immer bessere Jobs bekommen. Vergiss nicht, dass jeder Job nur ein Meilenstein ist und nicht ewig dauert. Wenn man den Job nur halbherzig macht, dann bleibt man auf dem Meilenstein stehen und hat denselben Job für immer. Leute, die in meinem Betrieb arbeiten, teste ich anfangs immer. Ich lasse sie Arbeiten erledigen, die unter ihrer Qualifikation sind und sehe dann, wie sie reagieren und ihren Job erledigen. Wenn sie sich große Mühe geben, dann gebe ich ihnen eine Chance. Ich muss mich dabei selbst immer daran erinnern, wie schwierig ich es hatte und wie mir nichts geschenkt wurde. Manchmal bin ich mit anderen nicht streng genug. Wenn man immer sein Bestes gibt, wird man irgendwann eine Gelegenheit bekommen. Man muss nur darauf warten. Gute Arbeit wird immer belohnt.

Speak up to earn respect
Als ich vor vielen Jahren für Antenne Bayern als Promo Girl arbeitete, wurde ich von dem Marketing Manager gefeuert - weil seine Freundin mich rumgeboxt hatte und meinte, dass sie mir Befehle geben könnte. Sie stand nur da und hat zugeschaut, während ich die ganze Arbeit machte. Ich wusste natürlich nicht, dass sie die Freundin vom Chef war. Aber das wäre mir wahrscheinlich auch egal gewesen, denn ich nehme Ungerechtigkeiten nicht hin, ohne etwas dazu zu sagen. Auch einige meiner heutigen Freunde starteten

nicht als meine Freunde. Mit einigen hatte ich anfangs großen Streit. Ich habe ihnen meine Meinung gesagt und jetzt sind wir eng befreundet, denn sie wissen, dass ich immer ehrlich bin und ihnen sage, wie ich die Dinge sehe. Ich sage stets die Wahrheit und rede nicht dumm hinter ihrem Rücken.

In meinem Beruf in der Immobilienbranche muss ich täglich gegen viele Männer antreten. Viele Männer sind Südamerikaner und betrachten eine Frau in meiner Position mit einem Lächeln. Das machen sie solange, bis sie dann sehen, was ich draufhabe. Da muss ich manchmal mit dem Fuß auftreten, um von ihnen gehört, respektiert und beachtet zu werden. Spätestens dann sind sie aber eigentlich immer ganz nett. Ich habe wirklich kein Problem zu sagen, was mich ärgert oder wenn etwas ungerecht ist. Ich bin nicht unfreundlich, ich sage einfach nur laut, was alle anderen sowieso schon denken.

Manchmal muss man einfach vergeben und weiterleben. Denn die negative Energie hilft einem nicht weiter. In der Zeit, in der man die negative Energie verschwendet, kann man viel kreativere Dinge gestalten. Am Ende gibt es immer das Karma. Und das Karma kommt immer zurück. Lass einfach das Karma sein Ding tun und lehne dich zurück. Es ist hart, darauf zu warten, dass das Karma die Dinge für einen regelt, weil man ja nur Gerechtigkeit will. Allerdings kann es einen selbst zerstören, wenn man sich zu sehr in manche Sachen hineinsteigert, denn dann hätte der andere nochmal gewonnen. Es gab in meinem Leben einige Leute, die mir Unrecht getan haben wie zum Beispiel, dass sie mir Geld gestohlen haben. Ich habe aber einfach weitergelebt und meine Revanche ist mein beruflicher Erfolg.

Life is precious

Vor circa 14 Jahren verlor ich meinen Vater bei einem Unfall. Er half dem Nachbarn dabei, das Dach zu reparieren. Es war ein Prozess, der sieben Monate lang dauerte und mit einem Koma einherging. Es war die härteste Zeit meines Lebens. Ich vermisse meinen Vater sehr. Er hatte einen unglaublichen Humor und ein großes Herz. Er hat immer das Richtige getan. Ich habe durch diese Erfahrung gelernt, das Leben wirklich jeden Tag zu genießen. Man weiß nie, wie viele Tage man noch übrig hat, man muss wirklich das Beste aus jedem einzelnen Tag machen. Wenn ich am Meer sitze und die Augen schließe, kann ich meinen Vater manchmal hören und spüren. Ich weiß, dass alles Gute, was mir im Leben passiert ist, mir von ihm geschickt wurde. Es macht mich sehr traurig, dass mein Mann und meine Kinder ihn nie getroffen haben.

Stay hungry

Ich liebe es zu lesen, zu lernen und neue Sachen auszuprobieren. Jeden Abend höre ich einen Podcast oder lese ein Buch. Ich gehe auf Konferenzen und ich sehe einen großen Zusammenhang zwischen Erfolg und Lernfähigkeit. Die wirklich erfolgreichen Menschen hören nie auf zu lernen. Sie bleiben nie stehen, wo sie sind, sondern sie suchen sich immer neue Lektionen, Bücher und Mentoren. Wenn du der schlaueste Mensch im Raum bist, bist du im falschen Raum. Füttere deinen Verstand. Der Verstand hat eine wahnsinnige Kraft. Er kann wirklich Berge versetzen. Ich arbeite morgens nach dem Aufstehen immer an meinem Verstand. Wenn ich in schlechter Stimmung bin, verlasse ich das Haus erst, wenn der Verstand wieder zurechtgerückt ist. Ohne das richtige „Mindset" kann man im Leben nicht erfolgreich sein. Es gibt dafür übrigens auch mehrere Apps zum Downloaden. Mindset ist immer das allererste Ziel, woran meine Agenten arbeiten müssen.

Keep your circle small

Ich habe schon viele Leute in meinem Leben kommen und wieder gehen sehen. Mein privater Kreis ist klein. Die Qualität sehr hoch. Neider fliegen raus. Leute, die meine Direktheit nicht schätzen, fliegen auch raus. Ich habe so wenig Freizeit, dass ich die wenige Zeit, die ich habe, mit Leuten verbringen will, die ich positiv sind, die mich inspirieren oder von denen ich etwas lernen kann. Man sagt ja immer: „You are the average of the five people you spend most time with" (Jim Rohn). Das gibt mir viel zu denken, täglich. Seitdem ich dieses Sprichwort in meinem Kopf habe, bin ich einige Freunde losgeworden. Leute, die billig sind und die Restaurantrechnung zerlegen, kann ich nicht ausstehen.

Je mehr Erfolg man hat, desto weniger Freunde hat man. Und das ist ok. Die meisten Leute fühlen sich einfach besser mit normalen Menschen oder Menschen, die unter ihrem Rang sind. Das ist ein limitiertes Denken, das ich nie verstanden habe. Leute fühlen sich bedroht, wenn sie mit jemandem zusammen sind, der mehr Erfolg hat. Warum? Mich hat sowas immer inspiriert. Ich kann nur sagen: Lass diese Leute einfach in Ruhe. Als ich als Immobilienmaklerin erfolgreich wurde, haben meine Freunde angefangen Bemerkungen zu machen wie „Ja, es muss ja toll sein so viele Häuser zu verkaufen." Das war am Anfang sehr verletzend, jetzt bin ich mit diesen Menschen nicht mehr befreundet. Oder Leute, die ständig jammern, dass es ihnen so schlecht geht und sie kein Geld haben, die kann ich auch nicht ausstehen. Denn ich war selbst an diesem Punkt. Ich habe mich aber nie darüber beschwert. Ich habe etwas dagegen unternommen. Ich habe auch herausgefunden, dass die Menschen, die mir am meisten bedeuten, nicht immer die sind, mit denen ich am glücklichsten bin, sondern die, die immer ehrlich mit mir sind und mir meinen Erfolg gönnen.

Pick mentors

Ich hatte viele Mentoren in meinem Leben. Irgendwie haben mich immer ältere Generationen fasziniert. Ich liebe es zuzuhören und von ihnen zu lernen. Als ich nach Hollywood kam, hatte ich drei wirklich gute Freunde: Buckley, Glen und Frances, eine Journalistin. Ich kann wirklich sagen, dass die Gesellschaft dieser drei Menschen mich unglaublich geprägt hat. Sie haben mich einfach aufgenommen, obwohl ich nichts anzubieten hatte. Ich war eine arme junge Schauspielerin, die noch nicht mal richtig Englisch konnte. Sie haben mir so viel Rat, Hoffnung und Wärme gegeben. Es ist so wichtig Leute zu finden, die Dich respektieren und ihre Erfahrungen mit Dir teilen. Und die meisten Leute machen sowas gerne. Leute, die erfolgreich sind, geben immer gerne Ratschläge und helfen anderen. Sei nicht schüchtern und frag einfach!

Ab und zu muss man Sachen einfach machen, ohne um Erlaubnis zu fragen. Man kann ja dann nachher immer noch um Entschuldigung bitten. Speziell wenn man etwas Gutes oder Mutiges vorhat, sollte man immer drauflosarbeiten. Man muss sich manchmal einfach wie ein naiver Teenager benehmen. Viele Leute finden mutige Leute, die nicht über alles zu viel nachdenken, erfrischend und sind ihnen am Ende meistens nicht böse. Als ich damals die ganzen Hollywood Partys gecrasht habe, habe ich nicht um Erlaubnis gefragt. Mein Motto war immer: „Sie haben einfach vergessen mich einzuladen." Ich war richtig mutig damals.

Give even if you don't have much

Was ich schon von klein auf von meiner Familie gelernt habe, ist: Man soll immer etwas geben für Menschen, die es nicht so gut haben. Ich erinnere mich daran, als ich in Los Angeles lebte und nur noch fünf Dollar hatte. Ich gab dem Bettler auf der Straße immer noch einen Dollar ab. Man ist wirklich nie zu arm, um anderen etwas zu geben. Man muss einfach sein Bestes geben. Eines meiner Lieblingssprichwörter ist: You can pretend to care but can't pretend to show up - Du kannst so tun, als ob du Anteil nimmst, aber du kannst nicht so tun, als warst du anwesend. Heutzutage gebe ich nicht nur Geld, sondern auch mein Wissen weiter. Ich sitze im Vorstand von meinem Büro und coache mehrere Agenten und inzwischen auch einige Firmen zum Erfolg.

Do things you are not quite ready to do

Ich habe immer zu Gelegenheiten ja gesagt, auch wenn ich am Anfang keine Ahnung hatte, wie ich das machen kann. Dann habe ich mich damit beschäftigt, alles zu lernen, um der Gelegenheit gewachsen zu sein., z.B. meine erste öffentliche Rede als Motivationscoach auf einem Kongress. Ich hatte keine Ahnung davon, wie ich es machen sollte, aber ich habe einfach zugesagt und mich dann damit beschäftigt an mir zu arbeiten, um das Publikum nicht zu enttäuschen. Und dann ist etwas ganz Unerwartetes passiert: Ich habe mich mit meiner Kompetenz selbst überrascht. Dasselbe mit diesem Buch: Ich hatte keine Ahnung, wie ich das alles aufschreiben soll, aber die Tatsache, dass du das Buch jetzt in deinen Händen hältst und liest, zeigt, dass ich es geschafft habe.

Habe keine Angst Fehler zu machen! Nur wer Fehler macht, wächst. Wer immer nur auf dem sicheren Pfad geht, wird nie über sich hinauswachsen. Wichtig ist, dass man nach einem Fehltritt immer wieder aufstehen kann. Ich habe beobachtet, dass die erfolgreichsten Menschen nicht immer die sind, die die höchste Schulbildung haben oder am härtesten arbeiten, sondern dass diese Menschen am besten darin sind, eine Niederlage wegstecken zu können. Es gibt keine Fehler. Es gibt nur Lektionen. Ich bin dankbar, dass ich die Gelegenheit hatte, aus meinem Leben das zu machen, was es jetzt ist. Auch wenn es nicht das ist, was ich am Anfang geplant hatte, so bin ich doch überglücklich darüber, wie alles gelaufen ist. Man weiß einfach am Anfang nie, wo einen der Weg hinführt.

Kathrin Rein im Kurzportrait:

Kathrin Rein ist eine deutsche Entrepreneurin. Sie ist in Rosenheim geboren und war bis zum Jahr 2013 Schauspielerin, bis sie sich dann in die Immobilienbranche vertiefte. Kathrin Rein ist die Besitzerin von Beautiful Miami (www.BeautifulMiami.com), einer exklusiven Immobilien- und Investmentagentur und hat mehrere Mitarbeiter. Sie investiert selbst in Immobilien und ist inzwischen schon mehrfache Millionärin. Sie schreibt ihren Erfolg ihrer Arbeitsmoral und harter Disziplin zu. Kathrin lebt mit ihrem deutschen Mann und zwei Kindern in Miami, Florida und ist neben ihrem Beruf als Immobilienmaklerin auch in einer neuen Immobilien-Fernsehserie „The American Dream" zu sehen. Sie ist zudem auch Mentorin, Speakerin und Coach für mehrere Firmen, CEO's und arbeitet gerade an einem neuen Coaching Programm. Kathrin Rein ist sehr involviert in Charities und hat es zu ihrer Mission gemacht, ihren Erfolg zu nutzen, um anderen Menschen zu helfen.

www.KathrinRein.com

„Ab und zu muss man Sachen einfach machen, ohne um Erlaubnis zu fragen. Man kann ja dann nachher immer noch um Entschuldigung bitten."

Kathrin Rein

SONJA GRÜNDEMANN

◆◆◆

Wenn mich heute jemand fragt „Wie machst Du das alles?", kann ich nur sagen, weil ich (fast) alles, was ich tue, liebe. Dass mein Leben so verläuft und ich mich selbst als „bunten Vogel" bezeichne, hätte ich das damals ahnen können? Vielleicht. Mein Lebensgefährte, der mich schon seit der Schulzeit kennt, sagt, dass ich schon immer ein „Freak" war.

Für meinen Abijahrgang war ich schon immer spooky. Ich bin auf dem Dorf groß geworden, in welchem das Schützenfest eine solche Rolle spielt, wie der Karneval in Köln. Ich war dort sogar im Spielmannszug, aber da ich keinen Alkohol trinke, war ich schon da der Exot. Ich hatte mit 16 drei Bands, in denen ich als Frontsängerin sang. Ich voltigierte, anstatt Tennis zu spielen oder Leichtathletik zu machen, und brachte als Schulsprecherin die Lehrer regelmäßig um den Verstand. Ich fuhr einmal im Jahr zum Theatertreffen, fuhr mit 16 Moped und einmal die Woche in die nächste Stadt zum Gesangs-unterricht. Ich durfte nicht in der Abiband singen, weil es auf einmal hieß, die besteht nur aus männlichen Bandmitgliedern und wurde aus dem Abifilm gestrichen, den es dann schlussendlich nicht einmal gab. Nach dem Abitur wollte ich einfach nur weg. Meine Eltern meinten: "Wenn Du studieren willst, kannst Du das auch in der nächsten größeren Stadt machen und am Wochen-

159

ende nach Hause kommen, und wenn Du eine Banklehre machen möchtest, dann kannst Du das auch in der örtlichen Sparkasse machen. Aber ich wollte raus. Meine Schwester studierte damals in Heidelberg und da das duale Studium in Baden-Württemberg schon etabliert war, bewarb ich mich in Mannheim und machte dort einfach beides: BWL-Studium kombiniert mit Bankausbildung.

Mein damaliger Freund wusste, wie sehr mein Herz für die Bühne schlug. Auch in Mannheim hatte ich wieder eine Band und weiter Gesangsunterricht und war damit irgendwie auch in der Ausbildung die Exotin, aber davon ließ ich mich nicht beirren. Er schenkte mir dann einen Workshop an einer Musicalschule in Hamburg. Dieser konnte gleichzeitig als Aufnahmeprüfung genutzt werden. Was ich tat. Und ich bestand. Plötzlich stand ich vor der Entscheidung: Soll ich mein Studium aufgeben und nach Hamburg gehen? Ich entschied mich dagegen. Denn wenn ich etwas mache, dann auch richtig und zu Ende. Und mit ganzem Herzen. Nach dem Studium bekam ich gleich einen Job in der Bank angeboten und blieb in Mannheim. Mein Freund und ich pendelten zwischen Salzgitter und Mannheim. Er wollte am liebsten heiraten und Kinder bekommen, aber ich wollte immer etwas anderes.

Als ich in einem Bank-Projekt in Frankfurt eingesetzt war, machten wir abends ein Event, bei welchem wir alle Go-Kart fuhren. Ich kam in einer Kurve ins Schleudern und ein Kollege fuhr mir in die Seite. Wirbelsäulenprellung. Drei Wochen Auszeit. Für ein Arbeitstier wie mich eine echte Katastrophe. Allerdings hatte ich auf einmal Zeit. Und so lag ich in meinem Bett und meine Gedanken kreisten. Die Erinnerungen kamen und ich wusste, dass dieser Workshop an der Musicalschule eine der schönsten Wochen meines bisherigen Lebens war. Meine zweite Herzhälfte meldete sich und sagte: „Sonja, wenn Du es jetzt nicht mehr machst, dann machst Du es wahrscheinlich nie mehr". Also bewarb ich mich. Nur an dieser privaten Musicalschule. Ich dachte, ich bin eh zu alt für die staatlichen Schulen, also bewerbe ich mich nur da. Take it or leave it. Das ist die eine Chance. Entweder es soll so sein, oder eben nicht. Zwei Monate später war es dann soweit. Ich machte die Aufnahmeprüfung. Zwei Tage vorher trennte sich mein Freund von mir, weil ihm wahrscheinlich bewusst wurde, dass sein Traum in meinem Leben keinen Platz mehr hatte. Es tat mir leid, aber es ging nicht anders.

Mein letzter Urlaubstag in der Bank war zugleich mein erster Schultag an der Musicalschule. Es war auch da nicht immer leicht. Mein Ballettlehrer sagte im zweiten Jahr zu mir: „Sonja, du hast eine tolle Stimme, ich habe dich auf der Bühne gesehen. Aber Deine Oberschenkel… Versuch es mal mit Frischhaltefolie und Anticelluilitecreme. Bei mir hat das geholfen." Ich war dankbar, dass ich nicht als 18-jährige in diese Mühle des Selbstbeweisens geraten war, denn das hätte mich wahrscheinlich kaputt gemacht. So war ich schon 25 und meinen Eltern unglaublich dankbar, dass sie nach dem Abi gesagt haben: „Kind, mach etwas Vernünftiges". Ihre Reaktion auf meinen Berufswechsel war: „Wir haben es immer befürchtet, aber nicht mehr daran geglaubt. Natürlich unterstützen wir Dich." Ich bin meinen Eltern sehr dankbar, dass sie mich immer unterstützt haben. Ich glaube, sie hatten es auch nicht immer leicht mit mir.

Nach der Ausbildung war natürlich das große Ziel, in tolle Musicalproduktionen zu kommen. Das hatte ich mir einfacher vorgestellt. Ich sage auch heute noch, dass wir darauf nicht genug vorbereitet wurden. Auf die Vorsingen und Vorsprechen schon, aber auf alles, was damit zusammenhängt, nicht. Was auch bedeutet, dass man nicht automatisch sofort einen Job nach der Ausbildung hat.

Mein tollstes Vorsingen hatte ich für das Musical AIDA, als weibliche Hauptrolle Amneris kam ich bis in die Final-Callbacks. Und unter die letzten 5 für diese Rolle. Meine Maße für die Kostüme wurden genommen, ich sollte mir die Show anschauen und träumte schon von der großen Musicalbühne. Es lief alles super. Der Regisseur vom Broadway war sogar da und fand mich gut. Aber irgendeine Ahnung blieb da. Und eine Woche später bekam ich die Absage, dass ich für die Show zu klein war. Für mich brach eine Welt zusammen. Das hatten die doch schon vorhergesehen? Sie haben mich doch vermessen. Meine Gesangslehrerin sagte mir ein Jahr später, dass mich diese Niederlage in ein tiefes Loch geworfen hat. Das hat es auch. Dennoch machte ich weiter. Ich reiste nach Wien, nach Berlin, sang in Hamburg vor und so weiter. Schließlich sah ich eine Ausschreibung für eine Musicalshow, die deutschlandweit auf Tournee gehen sollte. Ich bewarb mich und bekam Heilig Abend einen Anruf mit der Einladung zum Vorsingen am 27. Dezember. Ich war bei meinen Eltern und hatte keine Noten dabei, aber mit Improvisation sollte es gehen. Das Vorsingen war in Essen. Mein Vater fuhr mich früh morgens hin. Am nächsten Tag bekam ich den Anruf. Ich war in der Hauptcast als Solistin. Ich sollte die Hauptrollen mit übernehmen. Unter anderem Amneris aus AIDA. Ich war so glücklich. Bereits Anfang Januar gingen die Proben in Osnabrück los. Mit weiteren Darstellern organisierten wir ein Ferienhaus als WG in der Nähe von Osnabrück.

Ferienlagerstimmung. Die erste große Produktion

Wie es bei so Produktionen üblich ist, wurde kaum Probengage gezahlt und die auch erst am Ende der Probenzeit. Ich hatte zu der Zeit drei Nebenjobs, denen ich aus dem Bauch heraus sagte, dass ich erst einmal für sechs Wochen nicht da bin, danach zwar auf Tour wäre, aber nur an den Wochenenden. Irgendetwas hielt mich davon ab, die Jobs einfach aufzugeben, dabei waren über 100 Auftritte geplant und es gab eine Homepage, einen Radiojingle, Werbematerial, auf der Homepage der ersten Spielstätte eine Ankündigung und den Kartenverkauf. Und schließlich eine Cast, die 30 Darsteller umfasste mit jeglichen Erfahrungsstufen. Der Produzent sollte gleichzeitig auch Regie führen. Er selber erzählte, dass er in dem Musical „Tanz der Vampire" am Broadway den „Grafen von Krolock" gespielt hatte und mit einer der erfolgreichsten Broadway-Darstellerinnen Amerikas verheiratet sei und auch ein Kind mit ihr habe. Man muss dazu sagen: Es gab das Internet zwar damals schon, aber wir waren anfangs alle einfach so happy, dass wir einen Job hatten, dass wir das alles nicht hinterfragten. Es gab ja auch keinen Grund dazu.

Die Proben fingen an und es hatte ein wenig Ferienlagerstimmung. Wir waren alle gut drauf, denn wir hatten mindestens ein gemeinsames Jahr an Tour vor uns. Wir lernten unglaublich viele Lieder in unglaublich kurzer Zeit und leider vieles auch in Eigenregie. Denn da zeigte sich langsam der Haken. Es gab keine richtige Führung. Als der Produzent und vermeintliche Regisseur mal wieder eine Ansprache an uns Solisten hielt, wollte er uns sein Können demonstrieren und fing an zu singen. Vor uns stand in dem Moment aber nicht der „König der Vampire" sondern „Kermit der Frosch". Da wir aber alles ausgebildete Schauspieler waren, ließen wir uns zunächst nichts anmerken. Ehrlich gesagt waren wir eigentlich alle wie versteinert und fragten uns innerlich nur, wie wir hier bloß rauskämen, um zu besprechen, was wir nun tun sollten. Denn irgendetwas, das wurde uns immer klarer, stimmte hier nicht. Alles was dann kam, kam uns vor wie ein Film. Die Proben waren auf sechs Wochen angesetzt. Aufgrund des immer größer werdenden Probenchaos kamen immer mehr externe Personen dazu, die Darsteller kannten und baten, uns zu unterstützen: eine Choreographin, ein musikalischer Leiter, eine Regisseurin. Wir versuchten mit aller Macht die Show zu retten. Der Plan war, dass die Hexe Elphaba aus „Wicked" über die Bühne fliegen sollte, aber wie sollte das ohne Flugkonstruktion und ohne Probe gehen? Die Premiere war in zwei Wochen. Alles war unstrukturiert, wir hatten keine Kostüme, keinen Ablauf, keine fertigen Playbacks. Das Schlimme war außerdem die Gruppendynamik. Wir befürchteten alle, dass das Schiff unterging. Aber wir hatten so große Hoffnungen in dieses Projekt gesteckt. Es wurden andere Engagements abgesagt, um bei dieser Produktion dabei zu sein, eine Darstellerin stand kurz vor dem Gerichtsvollzieher und sagte, das müsse hier für sie klappen, sonst müsse sie in den Knast.

Wir trafen uns abends heimlich, um uns zu besprechen, und trotzdem war Nick uns immer einen Schritt voraus. Es musste einen Maulwurf geben. Wir wussten nicht, wer das war, aber es gab eine undichte Stelle. Es wurde zum Psychokrieg, weil niemand mehr wusste, wem er vertrauen konnte. Wir saßen abends „WG-kuschelnd" auf dem Sofa und schauten uns an und sagten „Bist Du der Maulwurf?". Niemand hatte den Mut, einfach zu gehen, denn wir wussten ja, was für Schicksale davon abhingen. Und in mir war eine große Schuld entstanden, denn viele meiner Freunde hatten mir schon Geld für Karten der Premiere gegeben, die ich in den Händen hielt. Das Geld hatte ich Nick gegeben und er mir die Karten. Ich wollte nicht, dass meine Freunde Karten für eine Produktion gekauft hatten, die dann nicht stattfand. Ich zog mich immer mehr von meiner Familie und meinen Freunden zurück, denn so ein „Fehler" durfte mir einfach nicht passieren.

Irgendwann präsentierte uns Nick eine Dame, die vermeintlich aus London kam und mit uns besprechen wollte, was das Problem sei, die Produktion hätte

ja nun Schwächen. Sie wäre die Krisenintervention. Ich saß ihr als Team-
sprecherin einen Meter entfernt gegenüber und sagte ihr, dass Nick das Problem sei, und zählte ihr alle Unwägbarkeiten auf. Sie bestätigte mir, dass sie
sich nun kümmern würde, sie wäre eine der Investoren aus London. Sie nehme
sich dem an, gab mir eine Visitenkarte mit einer Mobilnummer, die wir jederzeit anrufen könnten. Wir atmeten auf, denn nun sollte es endlich aufwärts
gehen. Aber es passierte nichts. Im Gegenteil, Nick verschwand auf einmal.
Angeblich, um Kostüme aus Hamburg zu holen. Wir erfuhren von einem Cast-
Mitglied, dass er sich bei ihm auf dem Balkon befand, als er angeblich im
Auto nach Hamburg saß.

Noch eine Woche bis zur Premiere
Als wir morgens die 30 km von unserer Unterkunft in die Tanzschule
fuhren, in der wir probten, sagte ich zu meinen Kollegen: „Das Beste, was uns
nun passieren könnte, ist, dass die Tanzschule uns nicht proben lässt". Und so
war es. Wir kamen an und die Besitzer begrüßten uns damit, dass sie ihr Geld
nicht erhalten hätten, wir uns aber gern in ihrem Barbereich zusammensetzen,
sie uns jedoch nicht in den Räumen proben lassen konnten. Sie versuchten
während des Tages noch eine Zahlungsbestätigung zu bekommen, aber es war
nicht möglich. Und uns war klar, dass das das Ende unseres Traums war. Die
Notfallnummer war eine gefakte Nummer in England, wir erreichten niemanden. Die Firma, die auf der Karte stand, gab es nicht. Der Co-Produzent,
den es namentlich zwar gab, wusste jedoch nichts von der Produktion, als wir
ihn nach unzähligen Versuchen tatsächlich irgendwann in Amerika erreichten.
Als wir am Nachmittag in unserem Ferienhaus zusammensaßen und die
Sachen packten, bekam ich einen Anruf von einer unbekannten Nummer. Ein
Anwalt war dran, bei ihm im Hintergrund Nick. Er würde uns dazu auffordern,
kostenfrei weiter zu proben. Die Premiere müsste aufgrund von schlechter
Leistung des Ensembles verschoben werden. Daraufhin berichtete ich dem
Anwalt erst einmal (unter Zeugen), wie das Ganze abgelaufen war. Und dass
wir alle unter den Umständen nicht bereit wären, so weiter zu proben. Dass
wir erst einmal die mickrige Probengage sehen wollten, die uns versprochen
war und wir nicht bereit wären, die erste Gage für die Tsunami-Opfer zu
spenden, wie es Nick von uns allen erwartet hatte. Aber das hatte ich im

Vorfeld schon abgelehnt und gesagt, wenn wir ein paar Shows gespielt haben, bin ich die Erste, die spendet. Aber in meinem Bauch grummelte es einfach auch dabei mit der Zeit. Außerdem müssten wir unser Ferienhaus verlängern und auch erst einmal bezahlen. Der Anwalt sicherte uns zu, dass das übernommen würde. Am nächsten Tag checkten wir aus, es war natürlich keine Übernahmeerklärung für die Bezahlung des Hauses da. Der Anwalt ließ sich verleugnen und als wir endlich einmal nicht sofort abgewimmelt wurden, sagte uns seine Assistentin, dass er das Mandat niedergelegt habe.

Ein Traum war geplatzt

Wir fuhren alle zurück in unsere Wohnorte. Ein großer Traum war geplatzt, bei einigen fast die Existenzen. Ich bezahlte meinen Anteil am Ferienhaus und kehrte in meine drei Nebenjobs zurück. Die Versuche, Nick zu belangen, wurde durch den Anruf seines Vaters bei einer Kollegin im Keim erstickt mit der Information, dass sich sein Sohn in eine geschlossene Anstalt habe einweisen lassen. Er wäre psychisch krank. Zwei Wochen später bekam diese Kollegin einen Anruf von einer Anwältin, die uns warnen wollte, dass er ein Betrüger sei, denn sie hätte die Homepage gefunden, und wäre vor einigen Jahren mit ihm in einem Rechtsstreit gewesen, weil er angeblich einen Freizeitpark im Ruhrpott eröffnen wollte. Diese Warnung kam allerdings zu spät. Man muss sagen, es hat Gott sei Dank niemand körperlichen Schaden genommen. Ich muss gestehen, dass ich aber in meinen Grundfesten wirklich erschüttert war. Das erste Mal hatte ich das Gefühl, dass es einen Riss in diesen Grundfesten gab. Dennoch habe ich ein großes positives Gefühl mitgenommen: Ich konnte mich trotzdem auf meine Intuition verlassen. Ich kam zurück nach Hamburg und konnte in meine Nebenjobs zurück. Die finanzielle Schädigung konnte ich Gott sei Dank verschmerzen, dank meiner BWLer-Herzhälfte hatte ich Rücklagen gebildet. Was mir jedoch sehr zu schaffen machte, war die Tatsache, dass ich das Gefühl hatte, einen Kampf verloren zu haben, in welchen ich meine Familie und Freunde einbezogen hatte. Denn sie hatten Tickets gekauft, um mich auf der Bühne zu sehen, die wertlos waren. Und es gab keine Chance, dieses Geld zurückzubekommen. Aber niemand gab mir die Schuld daran. Meine Freunde und Familie reagierten großartig, einfühlsam und fingen mich auf. Ich konnte mich fallen lassen. Dennoch blieb ein Schmerz zurück.

Wenn mich vor meiner Musicalausbildung jemand gefragt hatte, was ich mache, wenn ich rausfliege (es wurden nach jedem Jahr circa die Hälfte der Schüler ausgesiebt), habe ich immer gesagt, ich arbeite in einer Eventagentur. Warum auch immer ich das sagte, ich hatte das noch nie gemacht. Ich habe die Ausbildung abgeschlossen. Dennoch saß ich ein halbes Jahr später in einem Flieger nach Südafrika, wo ich mein erstes Event für eine Luxusmarke durchführte. Zwei weitere Monate später hatte ich parallel zu meiner Projektmanagertätigkeit mein erstes richtiges Engagement, am renommierten St. Pauli Theater in Hamburg. Da wollte ich schon immer spielen.

In den Extremzeiten war ich tagsüber in der Eventagentur und abends auf der Theaterbühne. Ich liebte es. Beides. Ich war irgendwann so etabliert in der Agentur und bei den Kunden, dass aus dem eigentlich geplanten Teilzeitjob ein Vollzeitjob als Projektmanagerin wurde und immer weniger Zeit für die Bühne blieb. So entschied ich nach drei Jahren, in welchen ich tolle Events und tolle Orte auf der Welt gesehen hatte, dass ich nun noch einmal alles auf eine Karte setzen würde. Ich verabschiedete mich aus der Eventagentur und beschloss, Theater zu spielen. Kollegen und Freunde schlugen die Hände über dem Kopf zusammen. Es waren schlechte Zeiten, ich wollte aber wieder auf die Bühne. Gott sei Dank klappte es über Empfehlungen und schnell hatte ich Engagements. Ich spielte bundesweit. Kurz davor traf ich den Vater meines Kindes, meinen jetzigen Lebensgefährten, nach Jahren, die wir uns nach der Schulzeit nicht gesehen hatten, wieder. Dieser hatte einen 9 to 5 Job. Und so sehr mir das Spielen auch Spaß machte, so bewusst wurden mir auch die Schattenseiten. Eine Beziehung zu führen, teilweise auf Distanz mit jemandem, der einen geregelten Job hat, den ich dann nur Montag- und Dienstagabend sehen konnte, war es das? Ich war über 30, wollte zwar noch kein Kind, aber war lange alleine und nun glücklich, eine ernsthafte Beziehung zu führen. Dazu kam, dass ich auch nicht jeden Job annehmen wollte. Außerdem wollte ich mich nicht mehr von Intendanten anbrüllen lassen, wenn ich Gagenverhandlungen führen wollte. Ich habe doch keine Ausbildung(en) gemacht, um am Ende für wenig Geld Theater zu spielen. Meine BWLer-Herzhälfte meldete sich zu Wort. Ich wollte spielen, aber wirklich um jeden Preis? Und war es wirklich das, was ich wollte? Jeden Abend das Gleiche spielen? Vielleicht sogar über Jahre? Versteht mich nicht falsch, jeder Abend auf der Bühne ist natürlich anders, da das Publikum immer anders ist, aber die Rolle ist immer die gleiche. Und die Kollegen auch. Eine Produktion war zum Beispiel reiner Zickenterror. Aber auf die Bühne komplett verzichten?

Business und Bühne – die für mich perfekte Kombination
Ein Bekannter empfahl mich an ein Unternehmenstheater. Das war perfekt. Business und Bühne in einem. Durch dieses Unternehmenstheater tat sich mir neben der Bühne plötzlich der Bereich Training und Coaching auf. Ich machte die ersten Gehversuche im Bereich Auftrittstrainings und -coachings. Ich erinnerte mich daran, dass ich in der Bank, als ich für die Musicalausbildung kündigte, schon für diesen Bereich vorgesehen war. Und es entwickelte sich toll, denn ich fand weitere Kunden. Der künstlerische Leiter des Theaters sah mich jedoch irgendwann mehr in dem Bereich Business-Training als auf der Bühne. Das verletzte mich. Also fing ich an, mir meine eigene Bühne zu schaffen, und schrieb und inszenierte erfolgreich mein erstes eigenes Bühnenstück „Me and Mr. Right". Ich weiß nicht, was mich dazu brachte. Ich fing an zu schreiben, zu singen und zu inszenieren, zu proben und schließlich zu spielen. Aber es war mühselig. Die Trainingsaufträge wurden es auch. Es war ein schlechtes Jahr. Ich wusste nicht recht, wie es weitergehen sollte. Ich war irgendwie nicht Fisch und nicht Fleisch, lost in space sozusagen. Schließlich hatte ich zwei Unfälle. Zuerst brach ich mir den Fuß. Ich war unglücklich. Ich kämpfte trotzdem weiter und stand fünf Wochen nach dem Bruch wieder mit „Me and Mr. Right" auf der Bühne. Ich brauchte das Geld. Das reichte aber dem Universum nicht, denn es schickte mir immer wieder Hinweise, auf welchen Weg ich mich begeben sollte. Aber ich verstand es offensichtlich immer noch nicht. Also hatte ich acht Wochen nach meinem Fußbruch auch noch einen Fahrradunfall und lag wieder auf dem Sofa. Verzweifelt, hilflos. Manche sagten: „Dann bekomm doch jetzt ein Kind, Dein Mann hat doch einen sicheren Job!" Aber so bin ich nicht gestrickt. Ich wollte immer auf eigenen Beinen stehen, mein Ding schaffen. Und plötzlich rief mich eine sehr gute Freundin von mir an: „Sonja, ich habe da ein großes Bankprojekt im

167

Bereich Training und Coaching. Ich kann das leider aus Kapazitätsgründen nicht machen. Ich habe Dich denen empfohlen!". Ich hielt meine Freundin für verrückt. Meine Bankzeit war einige Jahre her. Ihr Argument war, dass ich in der Ausbildung schon immer die Fittere in der Praxis gewesen sei und das schon schaffen würde. Sie schickte der Himmel. Und den Job auch. Ich saß drei Monate später in einem Anzug in meinem Auto vor einer Bankfiliale und dachte nur: „Was mache ich eigentlich hier?". Und dann kam mir in den Sinn, was ich im Schauspiel gelernt hatte: Ein Schauspieler behauptet seine Rolle. Wir können alles sein, wenn wir uns nur richtig hineinversetzen und vorbereiten. Ich hatte mich auf diese Rolle vorbereitet. Nicht nur die Inhalte und den Text gelernt, sondern während meines Studiums und anschließender Vertriebserfahrung auch gelernt, was es bedeutet, im Vertrieb zu arbeiten. So war ich dann vier Jahre in einem riesigen Projekt, in welchem ich deutschlandweit Vertriebsmitarbeiter trainierte und coachte. Ich stellte mich auf, ich sammelte Erfahrung, ich lernte mehr, als ich jemals in der Theorie hätte lernen können. Ich überstand Widerstände gegen mich: „Was will eine Schauspielerin mir als Bänker beibringen?" „Haben Sie meinen Lebenslauf bis zum Ende gelesen?" „Nein, hätte ich vielleicht tun sollen." Ich erkannte immer mehr, wie viel Vertrieb und Schauspiel gemeinsam hatten, und konnte meine Fähigkeiten ausbauen. Währenddessen schrieb ich mein zweites Bühnenstück „TYPisch FRAU?!" Und „zwischendurch", als ich finanziell auf dem Höhepunkt stand, bekam ich meine Tochter.

Mit einem Kind verändert sich wieder alles. Aber es bereichert auch ungemein. Ich schrieb also mein drittes Bühnenstück „Plötzlich Mama" und stellte mich wieder neu auf. Das Bankprojekt lief parallel aus. Und wieder hatte ich das Gefühl, ich fange von vorne an. Aber so war es einfach nicht. Ich bin gereift, ich habe gelernt. Ich habe immer gesagt, dass ich die bin, die ich heute bin, weil ich alles erlebt habe, was ich erlebt habe. Schon auf der Musicalschule lehnte ich ab, mich jünger zu machen und mein BWL-Studium zu unterschlagen, nur um den Castern zu gefallen. Mittlerweile weiß ich, dass mein Leben ungefähr alle drei bis vier Jahre eine Wendung nimmt. Es kommen immer unvorhergesehene Wendungen. Aber mir ist bewusst geworden, dass jede Änderung eine Chance ist. Das erzähle ich auch immer wieder in meinen Trainings und Coachings. Änderungen sehen erst einmal schwierig aus, es kommt was Neues, es ist nicht immer angenehm, aber es gibt nicht umsonst so viele kluge Sprüche. Und einer davon heißt: Schließt sich eine Tür, öffnet sich eine neue! Ich habe gelernt, dass alles, wirklich alles, was ich in meinem Leben bisher getan habe, einen Sinn hat. Oft weiß man diesen nicht sofort, aber der Kreis schließt sich irgendwann.

Ich bin angekommen. Ich lebe im Hier und Jetzt. Ich liebe es nach wie vor selbst auf der Bühne zu stehen und werde damit wahrscheinlich nie aufhören. Ich plane gerade zwei neue Bühnenprogramme. Aber außerdem liebe ich es, Menschen dabei zu unterstützen, auf ihre Bühne zu gehen. Und zwar auf ihre eigene Art und Weise, denn jeder hat seine Qualitäten und sein inneres Feuer. Ich suche das mit Menschen für die Bühne. Ich habe gelernt, dass Schablonen einfach nichts für mich sind. So arbeite ich auch. Mein erster Gesangslehrer wollte mich schon in die Schablone „klassischer Gesang" stecken und ich wollte klassisch, aber eben auch noch Rock/Pop und Musical singen. Ich habe mich nicht limitieren lassen.

Ich bin auch heute noch für einige der Freak, der ich für meine Mitschüler war. Aber ich kann damit sehr gut leben. Ich gehe nicht immer den geraden Weg, ich nehme auch gern mal den Berg mit, der sich mir in den Weg stellt, aber dafür habe ich dann eine tolle Aussicht auf meinem Weg. Und heute weiß ich, dass meine Intuition für mich das Wichtigste ist und ich manchmal den Mut brauche, mich vollkommen auf sie zu verlassen. Dann wird alles gut. Dann ist alles gut. Ich weiß, dass ich mich auf meine wahren Freunde und meine Familie verlassen kann und sie für mich da sind, wenn ich das Gefühl habe, ich weiß nicht weiter. Und ich weiß, dass es keine Zufälle gibt und alles einen Sinn hat, auch wenn man ihn im ersten Moment nicht sieht.

Ich habe in der Zeit der ersten Musicalproduktion unfassbar viel über Gruppendynamiken gelernt, was mir heute in meinen Trainings hilft. Über Bühnenarbeit, was mir in meinen Coachings und bei meinen eigenen Bühnenprogrammen einen Überblick gibt. Und ich habe gelernt, dass, egal wie schwer eine Situation ist, ich immer etwas für mich daraus lernen kann. Denn das habe ich.

Ich kann nicht sagen, dass ich Nick, dem Musical-Produzenten, dankbar bin für das, was ich da erlebt habe, aber ich weiß, dass es ein Baustein in meinem Leben ist. Ein Baustein, der mich nach einem Tief noch stärker gemacht hat, als ich es vorher schon war. Und deshalb habe ich trotz aller Stolpersteine nie aufgehört, zu tun, was ich liebe.

*Hinweis: Der Name des Produzenten wurde geändert.

Sonja Gründemann im Kurzportrait:

Sonja Gründemann ist die „Expertin für Ihren erfolgreichen Auftritt", arbeitet als Trainerin, Coach, Schauspielerin, Sängerin, Moderatorin und Speakerin und lebt mit ihrem Lebensgefährten und ihrer Tochter in Hamburg. Außerdem arbeitet sie als freie Lehrkraft für Personalführung an einer Fachhochschule. Neben Business-Trainings und -Coachings mit dem Schwerpunkt Auftritt, Präsentationen, Vorträge, Gespräche, bei welchen sie Menschen unterstützt, auf ihrer eigenen Bühne zu glänzen, steht sie immer wieder selber auf der Bühne. Mit ihren Bühnenprogrammen „TYPisch FRAU?!" und „Plötzlich Mama", mit ihrem musikalischen Duo „Sonja und Esther" und als Speakerin.

www.sonja-gruendemann.de

„Ich habe immer gesagt,
dass ich die bin, die ich heute bin,
weil ich alles erlebt habe,
was ich erlebt habe."

Sonja Gründemann

VERA FECHTIG

Mai 2013 – Uff. Da sitze ich nun also in meinem Büro und versuche zu verarbeiten, was gerade passiert ist. Die Befürchtung, dass es so weit kommen würde, lag schon länger in der Luft – eine komplette Überraschung ist es also nicht. Und trotzdem, nachdem auch durch reduzierte Gehälter das Geschehen nicht mehr aufzuhalten war und bereits andere hatten gehen müssen, bin nun also ich an der Reihe. Gerade vorhin habe ich im Büro des Chefs die betriebsbedingte Kündigung unterschrieben. Auch wenn ich weiß, wie wertvoll ich für die Werbeagentur bin und wie ungern sie mich gehen lassen – was ich später auch in dem ausführlichen Arbeitszeugnis werde nachlesen können –, so ist nun also der Zeitpunkt für mich gekommen. Zum Zweijährigen werde ich mich verabschieden müssen.

Wie soll es jetzt weitergehen? Ich hatte zwar schon begonnen, mich nach einem neuen Job umzusehen, allerdings nur halbherzig. Die Hoffnung stirbt bekanntlich zuletzt. Meinem Mann gebe ich gleich Bescheid. Meine Eltern und besonders meine Mama werden erst Wochen später davon erfahren. Nicht, dass ich mich geschämt hätte, meinen Job zu verlieren, doch sie machte sich schon immer (oft unbegründet) Sorgen um mich – vor allem seitdem mein Mann und ich unser Haus mit null Eigenbudget gekauft hatten. Fast sein komplettes Gehalt geht für die Rückzahlungen drauf, alles Weitere muss ich mit meinem Einkommen deckeln. Es folgen viele Bewerbungen, vereinzelt werde ich zu Gesprächen eingeladen, teilweise bekomme ich nicht einmal eine Absage. Einfach frustrierend. Immerhin legt mir die Werbeagentur keine zusätzlichen Steine in den Weg und ich habe auch während der eigentlichen Arbeitszeit die Möglichkeit, mit potentiellen neuen Arbeitgeber/innen persönliche Gespräche zu führen und zur Probe zu arbeiten.

Juli 2013

Nun ist es endlich so weit, dass ich eine fixe Jobzusage habe – wir müssen uns nur noch auf mein Gehalt einigen. Eigentlich. Doch Irgendetwas verursacht bei mir ein komisches Bauchgefühl. Dazu kommt die Argumentation des Chefs bezüglich der Höhe meines Gehalts. Irgendwie möchte ich nicht mehr in einer Agentur arbeiten. Wieder auf Kundenseite zu arbeiten scheint mir sicherer zu sein. Auch wenn ich keine andere Jobzusage habe und trotz aller Unabwägbarkeiten treffe ich die Entscheidung, diese Stelle nicht anzutreten. (Dass es gut war auf mein Bauchgefühl zu hören, wird sich Ende 2014 zeigen, als bekannt wird, dass die beiden Mitinhaber der Werbeagentur getrennte Wege gehen.) Mitte des Monats lädt mich eine Freundin spontan zu einem Netzwerk-Frühstück ein. Sie will mir nicht verraten, um was es genau geht, sie sagt nur, dass ich genügend Visitenkarten mitbringen soll. Und so treffe ich dann mit meinen selbst gebastelten Visitenkarten auf gestandene Unternehmer/innen und weiß nicht, wie mir geschieht. Dass es sich hierbei um den Beginn für etwas absolut Großartiges handeln wird, ist mir zu dem Zeitpunkt überhaupt nicht klar. (Übrigens bin ich auch heute noch Mitglied in diesem Unternehmer/innen-Netzwerk. Aktuell bringt es mir über 30 Prozent meines Umsatzes. Wichtig zu wissen ist, dass es sich beim Netzwerken um Beziehungsarbeit handelt. Es geht nicht darum, den anderen Mitgliedern die eigenen Dienstleistungen und Produkte zu verkaufen, sondern darum Kontakte zu knüpfen, Vertrauen aufzubauen und dadurch sich und anderen neue Möglichkeiten zu eröffnen. Ich bin mit dem Motto „Wer gibt, gewinnt!" bisher gut gefahren. Von irgendwoher ist immer etwas zurückgekommen, das muss nicht direkt von der Person sein, der ich weitergeholfen habe. Wenn ich andere unterstütze und dadurch sichtbar und präsent in meinem Netzwerk bin, denken die anderen an mich und empfehlen mich weiter.)

August 2013

Ich bekomme einen Anruf von einer Firma, bei der ich mich im Mai beworben hatte. Als ich höre, dass ich zu einem persönlichen Gespräch eingeladen werde, halte ich erst einmal den Mikrofon-Teil meines Smartphones zu und stoße einen lauten Fluch aus. Warum muss das ausgerechnet jetzt passieren?! Will da jemand prüfen, ob ich bei meinem Vorhaben bleiben kann? Ich atme tief durch und gebe der Dame bekannt, dass ich mich zwar sehr über ihren Anruf freue, jedoch gerade dabei bin mich selbstständig zu machen. Nachdem ich aufgelegt habe, setze ich mich hin und überlege, ob das wirklich die richtige Entscheidung war. Ich, die ich doch so auf Sicherheit bedacht bin, gehe tatsächlich dieses Risiko ein – trotz aller Unabwägbarkeiten und dem Wissen, dass wir einen Haufen Schulden bei der Bank haben. Mein großer Vorteil bei der ganzen Sache ist, dass ich bereits während des Studiums angefangen habe, nebenbei zu arbeiten, mir so einen kleinen Kund/innen-Stamm aufbauen konnte und deshalb keinen kompletten Kaltstart als Grafik-Designerin hinlegen muss.

Bereits als kleines Kind liebte ich es kreativ zu sein. Mir machte es Spaß, im Malatelier meiner Mutter nach Lust und Laune kreativ zu sein. Außerdem bastelte ich, nähte ohne Schnittmuster und vieles mehr. Jahre später, nachdem ich auf dem Gymnasium überhaupt nicht mehr klar kam und nur noch schlechte Noten schrieb – was vermutlich auch daran lag, dass ich mit 14 Jahren von meiner Mutter zu meinem Vater und seiner neuen Frau gezogen war –, wechselte ich die Schule, belegte dort den bildnerischen Zweig, schrieb eine Fachbereichsarbeit zum Thema „Die Simpsons als Spiegel unserer heutigen Zeit" und schloss das BORG (Bundesoberstufengymnasium) mit 1,0er-Schnitt ab. Direkt nach der mündlichen Matura (österreichisches Abitur) hatte ich meine Aufnahmeprüfung an der Fachhochschule Vorarlberg. Ich wollte unbedingt dort studieren, weil ich im InterMedia-Studiengang die verschiedensten kreativen Disziplinen kennenlernen konnte – Grafik, Typo, Video, Foto, Marketing usw. Mein Praktikum machte ich bei einer Werbeagentur in Stuttgart und mein Auslandssemester in Finnland. Bereits während meiner Studienzeit merkte ich, dass ich am liebsten Print-Produkte gestaltete. Passend dazu schloss ich die Fachhochschule – nach einem zweiten Anlauf – mit meiner Diplomarbeit zum

Thema „Die Rolle der Skizze für Kommunikationsdesigner/innen" ab. Nach dem Studium arbeitete ich ein Jahr bei einer Werbeagentur mit dem Fokus Tourismus, wechselte dann zu einem Unterwäschehersteller ins Marketing, um knapp drei Jahre später wieder in eine Werbeagentur zu gehen – wo ich im Mai 2013 die betriebsbedingte Kündigung erhielt. Da meine Eltern in Teilzeit bzw. Vollzeit selbstständig waren, hatte ich schon immer mit dem Gedanken gespielt, mich selbstständig zu machen – allerdings hatte ich mir eigentlich überlegt, das irgendwann aus der Elternzeit heraus zu starten. Tja, nun sollte ich also doch früher damit loslegen.

Zum Glück habe ich meinen Mann, der mir den Rücken stärkt und hinter mir und meiner Selbstständigkeit steht. Und es hilft mir, dass ich mir eine Exit-Strategie zurechtgelegt habe: Mein Plan besagt, dass alles innerhalb von sechs Monaten ans Laufen kommen muss – ist das nicht der Fall, wird mir nichts anderes übrig bleiben, als mich wieder arbeitslos zu melden. Diese Strategie habe ich in erster Linie mit meinem Mann besprochen – nach außen trage ich meine Begeisterung, mich selbstständig zu machen. Wichtig ist für mich, dass ich weiß, wo der Punkt ist, an dem ich sage: „Bis hierhin und nicht weiter!" Ich werde natürlich alles im Rahmen meiner Möglichkeiten tun, damit mein Business läuft. Nur falls es nicht klappen sollte wie gedacht, muss ich realistisch sein und rechtzeitig einen Schlussstrich ziehen können, um mich nicht mit Unsummen zu verschulden und vielleicht irgendwann in Insolvenz gehen zu müssen. Meine Exit-Strategie nimmt mir die Angst und hilft mir zu sehen, in welche Richtung ich gehen will – ich kann abgleichen, ob ich auf mein Ziel zusteuere oder ob es einer Korrektur bedarf. Selbst wenn nicht alles gleich funktioniert, halte ich mir vor Augen, wie oft ich als Kind hingefallen bin und wieder aufstehen musste, bis ich laufen konnte. Habe ich damals deshalb aufgegeben? Nein, denn ich habe es immer und immer wieder versucht, bis es geklappt hat – und so werde ich es auch mit meiner Selbstständigkeit machen!

Oktober 2013
Nun ist es also offiziell: Ich habe meinen Gewerbeschein als Grafikdesignerin und bin eingetragene Unternehmerin! Beim Finanzamt habe ich gleich eine UID-Nummer angefordert, denn ich denke groß – mein Business

soll kein Kleingewerbe sein, ich will mich von Anfang an daran gewöhnen, Rechnungen mit Umsatzsteuer zu schreiben. Warum sollte ich mich auch einschränken, unnötig blockieren und klein halten? Selbst als Einzelunternehmerin kann ich ordentlich Umsatz und Gewinn machen! Und wenn ich schon den für mich sehr großen Schritt in die Selbstständigkeit wage, dann doch gleich richtig! (Das Wort „Mindset" kannte ich übrigens zum damaligen Zeitpunkt noch gar nicht. Es wird mir erst jetzt beim Schreiben dieser Zeilen klar, wie wichtig es ist, schon von Beginn an die richtige Einstellung zu haben. Klar hatte ich damals richtig Bammel davor, ob das auch wirklich alles klappen wird – und auch heute ergeben sich immer wieder Herausforderungen für mich, bei denen ich über meinen eigenen Schatten springen muss. Doch genau daran kann ich wachsen und kann mein Business vorwärts bringen!)

Juni 2014

Wow! Was für ein Tag! So viele Stunden an Kraft, Energie und Kreativität habe ich in diesen Auftrag investiert und nun stehe ich tatsächlich vor den sechs Paletten, die die Druckerei am Vormittag bei meinem Kunden angeliefert hat. Darauf befinden sich 10.000 Stück der 92-seitigen Broschüre, die ich gestaltet habe. Es handelt sich dabei um das Ergebnis meines ersten Großauftrags und ich kann es kaum glauben, dass ich tatsächlich im ersten Jahr meiner Selbstständigkeit einen solchen Volltreffer gelandet habe. Ein wirklich gutes Gefühl! Ich freue mich immer noch sehr darüber, dass ich nach einem ersten kleinen Job diesen tollen Auftrag bekommen habe. Denn es ist nicht bei diesen beiden Projekten geblieben: Ich darf diesen Kunden heute immer noch betreuen. Aus dem ersten Kennenlernen ist inzwischen eine langjährige, vertrauensvolle Zusammenarbeit geworden. Ich war Jahre zuvor von der Frau des Kunden über Xing, ein soziales Netzwerk für beruflich Kontakte, angesprochen worden, weil sie etwas zu meinem damaligen Ehrenamt als Frauensprecherin wissen wollte. Aus irgendeinem Grund muss ich ihr wohl im Kopf geblieben sein und so erinnerte sie sich im März 2014 wieder an mich. Ich konnte die beiden mit dem ersten Job von mir begeistern und als dann ihre Zusammenarbeit mit der damaligen Werbeagentur irgendwie nicht mehr stimmig war, nahm man mich mit Handkuss und ich durfte ab sofort die Gestaltung ihrer Print-Produkte übernehmen. (Ich habe für mich festgestellt, dass Neukund/innen natürlich wichtig und spannend sind. Doch ebenso wichtig ist es, dass ich Zeit und Energie in Beziehungen zu bestehenden Kund/innen investiere, da ich dann mit regelmäßigen Aufträgen kalkulieren kann und so eine gewisse Basis als Sicherheit habe. Dafür versuche ich einmal im Quartal mit meinen Kund/innen über ihre Wünsche und Ziele zu sprechen und herauszufinden, ob sie für einen bestimmten Zeitraum etwas geplant haben, setze mir eine Erinnerungsfunktion in den Kalender, um rechtzeitig anzusprechen, wenn ein Firmen-Jubiläum ansteht oder ein Aktionstag, ein Jahrestag, saisonale Ereignisse etc., die sich thematisch als Aufhänger für ein Social Media-Posting, eine Veranstaltung usw. nutzen lassen, und binde so meine Kund/innen an mich, weil sie wissen, dass ich Ideen liefere und sie sich auf mich verlassen können.)

August – Dezember 2015

Ja, wir wollen ein Kind! Mein Mann und ich habe bereits vor Beginn unserer Beziehung darüber gesprochen, welche Wünsche wir für die Zukunft haben und da kam auch das Thema Familie zur Sprache. Nachdem ich als Scheidungskind sehr lange finanziell von meinem Papa abhängig war, bin ich jetzt so weit, mich auf das Abenteuer Schwangerschaft und Kind(er) einzulassen. Ich habe nun das Vertrauen in mich und meinen Mann, dass wir das gemeinsam schaffen – und dass er mich unterstützen und ein guter Papa für das Kind sein wird. Es hilft mir dabei zu wissen, dass ich als selbstständige Grafikdesignerin örtlich und zeitlich sehr flexibel bin und ich dann arbeiten kann, wenn es für mich passt, auch wenn mir klar ist, dass mir mit Kind weniger freie Zeit zur Verfügung stehen wird als jetzt.

Mitte August kommen wir aus dem Schottland-Urlaub zurück. Nachdem wir unseren Hund von meiner Schwiegermama abgeholt haben, führt uns der nächste Weg direkt ins Bad. Meine älteste Freundin, die von unseren Plänen wusste, hatte mir vorsorglich zwei Früherkennungstests mitgegeben. Das Ergebnis: Ich bin schwanger. Es hat tatsächlich eingeschlagen wie geplant! Beim zweiten Ultraschall am 1. Oktober erfahren wir: Es wird kein Einling, es sind tatsächlich Zwillinge! Wie das alles mit dem Business klappen soll, wenn die beiden da sind? Ich weiß es noch nicht. Aber ich habe jetzt ja erst mal noch ein paar Monate, um mir darüber Gedanken zu machen. Gut, bei einer

Mehrlingsschwangerschaft kann ich mich darauf einstellen, dass es etwas früher losgehen wird, aber wir sind ja erst am Anfang. Nach den klassischen drei Monaten informiere ich meine Kund/innen darüber, dass bei uns Nachwuchs unterwegs ist. Ich gebe Bescheid, was ich mir bezüglich kompletter Pause ohne Arbeit und Arbeit während der Elternzeit gedacht habe, und warne vor, dass Zwillinge früher kommen können. Alle wichtigen Projekte sind deshalb zeitnah abzuschließen, große Projekte möchte ich ab dem Zeitpunkt X nicht mehr annehmen.

Im Dezember, so kurz vor Weihnachten, ist gefühlt eh immer Weltuntergang – Weihnachten kommt doch jedes Jahr so überraschend am 24. Dezember und ein neues Jahr scheint es irgendwie nicht mehr zu geben. Der Jänner war bisher meistens einer der ruhigeren Arbeitsmonate. Dennoch werde ich unruhig. Ich schließe Projekte ab, aber es kommt fast nichts mehr Neues herein. Dass ich darüber noch froh sein werde, hätte ich zu diesem Zeitpunkt nicht gedacht.

Jänner 2016

Freitag, 29. Jänner 2016, 13 Uhr. Ich bin in der Schwangerschaftswoche 25+1 und der nächste Ultraschall-Termin steht an. Nach circa 30 Minuten werden mein Mann und ich aus dem Untersuchungsraum wieder ins Wartezimmer geschickt. Eine gefühlte Ewigkeit später, dabei sind es vermutlich nur 10 bis 15 Minuten, holt uns die Ärztin wieder herein und sagt zu mir: „Frau Fechtig, Sie erhalten jetzt eine Lungenreifespritze. In einer halben Stunde fährt Ihr Zug nach Salzburg. Wenn ich am Montag meinen Dienst im dortigen Krankenhaus antrete, weiß ich nicht, ob Sie noch schwanger sind!" Mein Mann bringt mich zum Bahnhof und organisiert die Fahrkarte und eine Jause, während ich schockiert und tränenüberströmt das Handy hervorhole und anfange, die wichtigsten Kontakte durchzutelefonieren. Die Zugfahrt nach Salzburg stehe ich alleine durch. Nachdem mein Mann sich darum gekümmert hat, dass unsere Tiere versorgt und unsere Taschen mit dem Notwendigsten gepackt sind, macht er sich mit dem Auto auf den Weg und kommt – aufgrund eines unvorhersehbaren einstündigen Halts meines Zuges – tatsächlich noch vor mir in Salzburg an.

Februar – März 2016

Entgegen den Befürchtungen der Ärztin müssen die Zwillinge doch nicht so schnell geholt werden. Wir halten noch weitere vier Wochen mit täglich drei CTGs und einem Ultraschall durch, bevor in der Schwangerschaftswoche 30+1 der geplante Kaiserschnitt erfolgt und unsere Jungs auf die Welt kommen. Für mich beginnt eine Woche später die richtig harte Zeit: Mein Mann hat neben seinem kompletten Jahresurlaub bereits allen ihm zustehenden Pflegeurlaub aufgebraucht. Er muss wieder heim nach Vorarlberg, um zu arbeiten, und wir können uns nur an den Wochenenden sehen. Ich bin gefühlt rund um die Uhr beschäftigt mit der Pflege der Zwillinge, dem stundenlangen „Känguruhen" – eine Therapieform, bei der unbekleidete Frühchen auf der nackten Brust von Mama und/oder Papa kuscheln, wodurch sie sich besser und gesünder entwickeln – und dem Milchabpumpen sechs Mal pro Tag. Im Alter von acht Tagen haben die Jungs bereits ihre erste OP, weil sich der Ductus arteriosus, eine Gefäßverbindung zwischen Aorta und Lungenarterie, trotz Medikamentengabe nicht selbst verschlossen hat. Bis ein Zimmer im Elternrefugium frei wird, behalten mich die Ärzte aufgrund der für mich großen psychischen Belastung stationär in der Uniklinik.

Wie um Himmels willen bereitet Frau sich auf so eine Situation vor? Ich weiß es nicht, denn ich konnte mich nicht wirklich darauf vorbereiten. Vielleicht hätte ich mehr nachfragen sollen, mehr lesen sollen, mehr… was weiß ich. Schlussendlich bin ich einfach nur froh, dass ich so tolle Ärztinnen und Ärzte an meiner Seite hatte, die sich miteinander abgesprochen haben, sich bestmöglich um uns kümmerten und alles so gut gelaufen ist. Punkt. Darüber möchte ich mir keine Gedanken mehr machen. Und ganz ehrlich: Irgendwie bin ich auch froh darum, dass mir vor der Zeit in Salzburg nicht wirklich bewusst war, in welcher kritischen Situation wir uns befunden haben – ich hätte mir wohl viel zu viele Sorgen um alles gemacht und ich weiß nicht, wie sich das auf den Schwangerschaftsverlauf ausgewirkt hätte. Es reichte mir damals schon völlig, als die Frage um die Höhe des Down-Syndrom-Risikos aufkam, ich eine Blutuntersuchung machen ließ und mir der Arzt – während ich im Pilates-Kurs war – mit einer so neutralen Stimme auf den AB gesprochen hatte, dass ich die Nacht erst mal kaum schlafen konnte und am nächsten Tag total hibbelig gleich um 8 Uhr zurückrief, nur um zu erfahren, dass der

Befund negativ war, wie das in der „Arzt-Sprache" so schön formuliert wird. Ich hätte ihn am liebsten durchs Telefon geschüttelt, weil er mir das für uns positive Ergebnis nicht einfach als Sprachnachricht bekannt gegeben hat.

In Salzburg konnte ich mich glücklicherweise nur auf mich und die Zwillinge konzentrieren. Geholfen hat mir, dass ich mich bereits zu Beginn der Selbstständigkeit auf möglicherweise eintretende Zwangspausen vorbereitet hatte. Neben meinen Rücklagen, die ich laufend aufstocke und die zu dem Zeitpunkt maximal drei Monate gereicht hätten, war ich wirklich froh, dass ich eine Betriebsunterbrechungsversicherung abgeschlossen hatte, die dank unseres tollen Beraters auch in diesem Fall eingesprungen ist – bei einer Schwangerschaft ist das nicht üblich!

April 2016 – April 2017
Früher als gedacht können die Zwillinge Ende März, kurz vor Ostern, nach Bregenz verlegt werden. Die zwei Monate „Auszeit" in Salzburg haben ordentlich an meinen Nerven gezehrt. Ich entschließe mich deshalb dazu, dass ich die restlichen Wochen nicht stationär als „Begleitmama" verbringen werde, sondern zwei Mal täglich zu den Zwillingen ins Krankenhaus komme. Nebenbei starte ich langsam wieder mit meinem Business.

Am Donnerstag, dem 28. April 2016, dürfen die Zwillinge endlich nach Hause kommen. Gemeinsam können wir zwei Wochen Familienzeit miteinander verbringen – für meinen Mann ist das bereits vorgezogener Urlaub vom nächsten Arbeitsjahr, anders wäre es nicht möglich gewesen. Ab der dritten Woche kommt meine Mama für circa einen Monat unter der Woche täglich halbtags vorbei, danach zwei halbe Tage pro Woche. In der Anfangszeit brauchen die Zwillinge viel Körperkontakt; mehr als füttern, wickeln, kuscheln und auf mir, dem Papa oder der Oma zu schlafen geht nicht – sonst schreien sie. In mir fuhrwerken die Hormone wie wild herum und ich fühle mich trotz der vorhandenen Unterstützung durch meinen Mann und meine Mama einfach nur alleine gelassen mit allem. Es geht mindestens bis zum ersten Geburtstag der Zwillinge so, dass ich quasi nur noch als Mama existiere – abgesehen von den Stunden, die ich arbeiten kann, bleibt mir irgendwie keine Zeit für mich selbst.

Doch ich will arbeiten. „Nur" Mama und Hausfrau zu sein genügt mir nicht. Es mag Frauen geben, die das als erfüllend empfinden. Ich streite gar nicht ab, dass „nur" hier definitiv das falsche Wort ist. Kinder und Haushalt sind ordentlich viel Arbeit. Neben den Zwillingen kann ich mich eh nicht wirklich um den Haushalt kümmern, das macht abends mein Mann. Ein Einzelkind kann man sich umschnallen und herumtragen, bei unseren Zwillingen geht das einfach nicht. Trotzdem reicht es mir nicht aus. Mit Kindern bin ich im Jetzt, neben den beiden irgendetwas anderes machen zu wollen, gestaltet sich als sehr schwierig für mich und der Haushalt ist gefühlt gerade nichts anderes als eine sich ständig wiederholende Sisyphos-Arbeit. Im Jetzt zu sein kann wunderschön sein, nur möchte ich auch dazwischen einmal etwas fertig bekommen, ein Ziel erreichen, etwas Abgeschlossenes in den Händen halten können. Kinder sind eben kein Projekt, das nach der Zeit X fertig ist.

Ich war und bin sehr froh darüber, dass sich mein Mann selbstverständlich an Kindererziehung und Haushalt beteiligt – auch wenn es sich derzeit einfach noch nicht ausgeht, dass es 50:50 aufgeteilt ist. Durch den langen Aufenthalt im Krankenhaus musste ich mich von Beginn an darauf einlassen, dass sich andere, in erster Linie mir komplett fremde Menschen um meine Zwillinge kümmern. Vermutlich fällt es mir auch deshalb leichter, nicht wie eine Glucke auf den beiden zu sitzen und meinem Mann seine Rolle als Papa zu lassen. Ihm zu vertrauen. Sicherlich macht er manche Dinge anders als ich, das bedeutet aber nicht, dass er sie schlechter macht.

Mai – August 2017

Um aus der Elternzeit heraus wieder mit meinem Unternehmen durchstarten zu können, gönne ich mir ab Ende April ein halbes Jahr Business Coaching – wichtig ist mir, dass es sich um eine Frau handelt, die selbst Kinder hat, damit sie meine Situation nachvollziehen und mich somit besser unterstützen kann. Ich entscheide mich für einen Coach, die ich seit Längerem kenne – sowohl von einem weltweiten Frauennetzwerk als auch später von dem bereits erwähnten Unternehmer/innen-Netzwerk, zu dem ich sie gebracht habe. Dadurch habe ich schon ein gewisses Vertrauen zu ihr aufgebaut und schlussendlich bringt mich ein persönliches Gespräch mit ihr zu der Überzeugung, dass sie in meiner Situation die Richtige für mich ist. Die mit Ende

Mai beginnenden drei Papa-Monate meines Mannes nutze ich exzessiv für das Akquirieren von Kund/innen, das Generieren von neuen Aufträgen und um mein Netzwerk zu reaktivieren bzw. zu erweitern.

Während ich diese Worte schreibe, kommen alte Gefühle von damals wieder hoch durch die unterschwelligen oder auch direkten Unterstellungen, warum ich den armen Mann so viel alleine lasse mit den Kindern. Das ist doch so viel zu tun! Stell dir vor: Tatsächlich hat es mein Mann allen Widrigkeiten zum Trotz geschafft, alleine so viel Zeit mit den Zwillingen zu verbringen. Schade, dass auch in der heutigen Zeit immer noch in erster Linie die „heldenhaften Männer" für ihren „mutigen Einsatz" bewundert werden. Im Übrigen hat es uns allen gut getan, dass er mit seinen Jungs Papa-Zeit verbringen konnte und ich freigespielt war fürs Business. Abgesehen davon war mir bereits seit Beginn unserer Beziehung klar, dass er ein toller Papa sein würde, weil ich gesehen hatte, wie er mit seinen Patenkindern umgeht. Wäre dieses Vertrauen nicht da gewesen, hätte ich mich nicht auf eine Schwangerschaft und Kinder mit ihm einlassen wollen. Mein Mann hat gleich in Salzburg auf der Frühchen-Station gezeigt, was für ein liebevoller und fürsorglicher Papa er ist. Tatsächlich hatte ich mehr ihm als mir zugetraut, die Rolle als Elternteil gut auszufüllen – so viele Zweifel hatte ich an mir, nicht die „perfekte Mama" sein zu können. Doch wer ist schon perfekt? Ich liebe meine Kinder über alles und tue mein Bestes, um für sie da zu sein und ihnen alles zu geben, was sie brauchen.

September 2017 – September 2018

Die Zwillinge sind inzwischen tatsächlich schon 18 Monate alt! Das bedeutet für uns eine weitere Umstellung, denn nun ist die Eingewöhnung in die Kleinkindbetreuung angesagt. Für mich heißt das auch, dass ich erst einmal wieder mehr abends und an den Wochenenden arbeite. Zumindest halten die beiden mittags circa zwei Stunden ihr Schläfchen, so bin ich nicht von 6 Uhr früh – da stehen „wir" auf – bis 5 Uhr abends durchgehend mit der „Kinderbespaßung" beschäftigt. Mir dabei von anderen vorwerfen lassen zu müssen, dass die Kleinkindbetreuung doch viel zu früh für die Zwillinge sei, Kinder in dem Alter ihre Mutter brauchen und ich wohl nicht Kinder bekommen habe, um sie gleich wieder fremdbetreuen zu lassen, stresst mich und tut weh. Warum werde nur ich als „Rabenmutter" abgestempelt? Als wäre allein ich als Mutter für die Betreuung der Kinder zuständig.

Auch wenn ich weiß, dass ich bald wieder mehr Zeit für mich bzw. für mein Business habe, fühle ich mich in die klassische Rollenverteilung gedrängt. Natürlich hatten wir vereinbart, dass derjenige zuhause bleibt, der zum Zeitpunkt der Geburt weniger verdient. Trotzdem. Ich habe das Gefühl, dass alles an mir hängen bleibt. Die Umstände in Österreich sind einfach so, dass die klassische Rollenverteilung gefördert wird. Es wird uns sehr schwer gemacht, eine andere Lösung zu finden. Ich verstehe natürlich die Arbeitgeber/innen, die sich auf ihre Arbeitnehmer/innen verlassen können müssen. Gerade deshalb braucht es andere, flexiblere Lösungen. Es kann doch nicht sein, dass in erster Linie Frauen in Teilzeitjobs gedrängt werden und Männer zig Stunden arbeiten müssen, damit sie die Familie ernähren können. Kinder haben glückliche Eltern und gleichberechtigt Zeit mit beiden Elternteilen verdient!

Wir sind aktiv dabei einen Ausweg aus der aktuellen Situation zu finden, indem wir darüber sprechen, was wir uns vorstellen und wie wir als Paar unser Leben leben wollen. Wir suchen nach Lösungen, wie wir diese Wünsche und Ziele – auch entgegen allen äußeren Umständen – gemeinsam realisieren können. Viel wird dabei aktuell von mir initiiert, weil ich mich zwangsläufig tagtäglich mit der Situation beschäftigen muss, wie ich alles gleichzeitig jonglieren kann.

Als ich im Juni über Facebook auf einen Summit zum Thema Freiheit gestoßen bin, wurde ich wieder sehr unruhig. Ich habe gemerkt, dass ich jetzt endlich eine Veränderung brauche, dass es so nicht weitergehen kann. Mir ist während dieses Prozesses deutlich bewusst geworden, dass mein Mann und ich uns unterschiedlich weiterentwickeln, weil ich als selbstständige Unternehmerin mit anderen Herausforderungen konfrontiert bin, als er als Angestellter. Ich bin froh darüber, dass nicht nur ich mich verändere, sondern auch er. Wir bewegen uns trotz allem weiter gemeinsam in eine Richtung. Für mich stellte sich die Frage, wie wir passives Einkommen generieren können, um mehr gemeinsame Zeit zu haben statt uns laufend mit der Kinderbetreuung abzuwechseln. Dabei bin ich unter anderem auf das Thema Kryptowährungen gestoßen. Als ich jedoch erfahren habe, wie viel Energie das Berechnen dieser Coins benötigt, war es für mich keine tragbare Option mehr.

Vor ein paar Wochen haben wir nun gemeinsam damit begonnen, uns mittels Network Marketing ein zusätzliches finanzielles Standbein zu schaffen. Wir haben eine österreichische Firma gefunden, die ethisch, nachhaltig und ohne Tierversuche arbeitet und ihre Produkte mit frischen Wirkstoffen ohne Konservierungsmittel herstellt. Da wir davon begeistert sind, können wir die Produkte und das Geschäftsmodell vorbehaltlos weiterempfehlen. Uns ist klar, dass wir nicht von heute auf morgen plötzlich reich werden, sondern Zeit, Energie und Geld investieren müssen – und wenn wir mit Unterstützung unserer Mentorin stetig daran arbeiten, erhalten wir in absehbarer Zeit unser erstes passives Einkommen.)

Oktober 2018
Wie schnell die Zeit vergeht: Inzwischen bin ich seit fünf Jahren selbstständige Grafikdesignerin und Unternehmerin. Seit Februar 2016 bin ich nicht mehr nur Solopreneurin, sondern auch Mompreneur. Ich habe Höhen und Tiefen erlebt und mich weiterentwickelt – sowohl beruflich als auch privat. Und nun sitze ich tatsächlich hier und erzähle als Co-Autorin dieses Buches, wie ich das gemacht habe. Außerdem arbeite ich mit einer Coachin fortlaufend an mir und meinem Business und erfülle mir einen großen Traum mit meinem ersten eigenen Buch: Es ist für Unternehmer/innen, die im nächsten persönlichen Gespräch mit ihrer Visitenkarte einen unvergesslichen Eindruck hinterlassen wollen, damit sie die mögliche Chance ihres Lebens nutzen und nicht vertun. Wie es jetzt weitergeht? Du darfst gespannt sein. Ich bin es auch!

Vera Fechtig im Kurzportrait:

Mag. (FH) Vera Fechtig kommt aus Lochau / Vorarlberg am Bodensee, ist verheiratet, Mama von Zwillings-Jungs, Rudelführerin von Sheltie-Rüde

Marlow und Dosenöffnerin für Kater Hamish und Glückskatze Juniper. Vera ist InterMedia-Absolventin und hat für ihre Diplomarbeit über „Die Rolle der Skizze für Kommunikationsdesigner/innen" u. a. Stefan Sagmeister interviewt. Nach einer betriebsbedingten Kündigung nutzte sie ihre Chance und machte sich innerhalb von nur drei Monaten mit ihrem Unternehmen „Owlet Grafikdesign" erfolgreich selbstständig . Sie liebt es, Print-Produkte zu gestalten und das passende Papier für den jeweiligen Zweck auszuwählen, weil dabei neben dem Sehen auch andere Sinne angesprochen werden. Um mehr Zeit für ihre Familie zu haben, baut sich Vera gemeinsam mit ihrem Mann mit Network Marketing ein zusätzliches finanzielles Standbein mit passivem Einkommen auf.

www.owlet-grafikdesign.at
www.ringana-fechtig.at

„Ich bin froh darüber,
dass nicht nur ich mich verändere,
sondern auch mein Mann."

Vera Fechtig

KRISTIN WOLTMANN

◆◆◆

Als ich 16 Jahre alt war, hatte ich einen beruflichen Traum. Ich war fasziniert von Menschen, ihrer Einzigartigkeit und ihrem inneren Kern und ich
wollte unbedingt stärker in die menschliche Natur eintauchen. So kam ich auf
die großartige Idee, Psychologie zu studieren. Ich war Feuer und Flamme für
meinen Traum, nahm trotz langsamen Modem-Internet (ja, das gab es damals
noch) Kontakt zu Gleichgesinnten auf und machte mir einen Plan, wie alles
laufen könnte. Eines Tages fasste ich mir mutig ein Herz und sprach mit
meinen Eltern. Ich sagte ihnen, dass ich gern nach dem Abitur ein Psychologie-Studium machen wollte und ich war bestens vorbereitet. Ich wusste alles
darüber, was man wissen musste. Doch nachdem ich viel geredet hatte und in
das zerknirschte Gesicht meines Vaters blickte, wusste ich: Der Funke der
Begeisterung war nicht übergesprungen. Im Gegenteil: Ich hörte im Wesentlichen einen Satz, der sich in meinem Kopf bis heute einbrannte: „Kristin, das
ist doch brotlose Kunst. Was willst du damit anfangen? Mach doch lieber
etwas Vernünftiges!" Alle folgenden Ratschläge und Ideen nahm ich nicht
mehr wahr. Ich war traurig, verunsichert und hin- und hergerissen. Auf der
einen Seite stand mein Traum. Auf der anderen Seite der sichere Weg der

Vernunft, den meine Eltern sich für mich wünschten. Wie die meisten Eltern, die einfach „das Beste" für ihre Kinder wollen.

Traurig ging ich aus dem Gespräch und mein Herz tat weh. Noch lange hallten die Worte in meinem Kopf: „Brotlose Kunst". Das Schlimme war nicht, dass meine Eltern damals diese Meinung hatten. Schlimmer war, dass sie mich als junge, unsichere Teenagerin natürlich damit beeinflussten. Wie viele Mädchen und junge Frauen wollte ich meinen Eltern einfach gefallen. Ich wollte, dass sie gut fanden, was ich im Wesentlichen tat und welche Entscheidungen ich traf. Also traf ich unbewusst eine Entscheidung und die hieß: Ich suchte mir etwas Vernünftiges und vergrub meinen Traum ganz tief unten in meinem Herzen – sogar so weit unten, dass ich ihn selbst vergaß.

Einige Jahre später begann ich mein duales BWL-Studium bei einem großen, etablierten Finanzdienstleister. Ich war ehrgeizig und zielstrebig bis in die Haarspitzen und machte vom ersten Tag an einen sehr guten Job. Egal, in welchem Bereich ich eingesetzt war, ich strengte mich überall an und auch im Studium war ich ganz vorn mit dabei. Alles fiel mir sehr leicht und das gab mir das Gefühl, dass ich hier genau richtig war. Finanzen, Bankgeschäfte, Betriebswirtschaft – das musste mein Ding sein. Und natürlich war meine Familie zuhause begeistert. Sie hat einen so tollen Job, verdient gutes Geld und hat einen sicheren Arbeitsplatz. Meine Eltern waren stolz auf mich und somit war ich auch stolz. Ich hatte offensichtlich den richtigen Weg eingeschlagen und es gefiel mir. Doch schon im zweiten Jahr meines Studiums kam ein Moment bzw. ein Mensch in mein Leben, der mich wieder an meinen alten Traum erinnerte. Es war mitten in meinem Marketingsemester, das so genial und außergewöhnlich war. Denn was taten wir bei diesem Professor? Wir tauchten ganz tief in die menschliche Natur ein: Neuromarketing, Werbepsychologie, Brand Building und vieles mehr. Er war eine Koryphäe auf diesem Gebiet und ich war hin und weg, dabei zu sein! Da war wieder dieses Leuchten in mir. Ich fühlte mich absolut in meinem Element, als ich höchstkreativ mit einem Team mein eigenes Produkt inklusive weltweiter Vermarktungsstrategie ausarbeiten durfte. Aber es war nur ein kurzes Strohfeuer, denn mit Ende des Marketingsemesters ging es wieder um andere Themen: Rechnungswesen, Finanzen, Steuern. Ich war auch darin gut, aber es machte mir keine Freude.

Bereits damals hatte ich schon die Ahnung, dass ich mir hier etwas vorgaukele. Ich hatte das Gefühl, hier nicht richtig zu sein, weil ich nur in Ansätzen diese Begeisterung verspürte. Es machte wohl doch einen Unterschied, ob ich in etwas sehr gut war oder ob mich etwas wirklich begeisterte. Aber im dualen Studium hatte ich so viel zu tun, dass ich diesem nagenden Gefühl einfach keine Beachtung schenken wollte. Ich war schlichtweg zu beschäftigt, um dieser leisen Stimme, die sich aus meinem Herzen meldete, Beachtung zu schenken. Stattdessen ging ich weiter zielstrebig meinen Weg im Finanzbereich. Ich schloss mein Bachelor-Studium als Jahrgangsbeste ab und begann einen Job im Vertrieb, der mich schnell zur Teamleiterin und wenig später zur Nachwuchsführungskraft aufstiegen ließ. Mein Ego freute das riesig! Es musste also doch der richtige Weg sein, wenn ich so viel Erfolg in so kurzer Zeit habe.

Um dem Ganzen noch die Krönung aufzusetzen, begann ich nebenberuflich mein MBA-Studium und ging vollkommen in Arbeit und Studium auf. Es gab nicht mehr viel anderes in meinem Leben. Ich arbeitete fünf Tage die Woche komplett durch und studierte am Wochenende. Ich machte viele Dienstreisen, ging auf begleitende Seminare und bekam immer mehr Verantwortung in meinem Job übertragen. Ich hatte immer ein offenes Ohr für meine Teammitglieder, ich löste alle Schwierigkeiten in der Kundenbetreuung und ich durfte der Geschäftsführung regelmäßig meine Ideen präsentieren. Ich war 24 Jahre alt und die Überfliegerin in unserem Bereich. Wenn ich heute auf die Zeit zurückblicke, frage ich mich selbst, wie ich das alles parallel gemeistert habe, aber ich glaube, mein Ehrgeiz und mein Ego haben mich damals angetrieben. Ich fühlte mich stark. Doch als ich nach rund zwei Jahren am Ende meines Masterstudiums stand, war ich auch gefühlt am Ende. Mein Körper fing still und leise an zu streiken. Ich bekam tierische Rückenschmerzen und häufige Migräne-Attacken. Keine Nacht konnte ich mehr durchschlafen, weil mein Geist ständig mit Arbeitsthemen, der nächsten Klausur oder meiner Masterthesis beschäftigt war. Ich wurde immer kraftloser. So war ich gezwungen, immer mal wieder für einige Tage zuhause zu bleiben und mich auszuruhen, doch das fiel mir unglaublich schwer. Ich war so sehr im Macher-Modus, dass ich kaum innehalten und mich erholen konnte. Ich war das Vollgas-Tempo über die Jahre einfach gewöhnt! Doch der Spaß war schon lange auf der Strecke geblieben. Ich hatte Schwierigkeiten, mich morgens zum Aufstehen zu bewegen und meinen Job anzutreten. Ebenso fiel es mir schwer, länger als 30 Minuten am Stück zu lernen oder an meiner Abschlussarbeit zu schreiben. Ich wollte einfach nicht mehr – doch ich quälte mich bis zum Ende durch!

Eines Tages, als ich mal wieder für ein paar Tage krank zuhause war, stellte ich mir die alles entscheidende Frage: Wenn ich das nicht mehr wollte, was wollte ich dann? Ich hatte keine Ahnung! Selbst wenn ich versuchte, mich auf die Begeisterung als 16-jährige oder meinen natürlichen Flow in meinen Marketingvorlesungen zu konzentrieren, kam die Freude nicht wieder auf. Ich fühlte gar nichts mehr. Ich war irgendwie leer und ideenlos. Der Höhepunkt meiner Gefühlslosigkeit kam dann wenige Tage später in meinem jährlichen Mitarbeitergespräch mit meinem damaligen Chef. Wir sprachen fast drei Stunden lang über das neue Jahr, meine Fortbildungen, über den Abschluss meines MBA, über neue Führungsaufgaben, über Frauenförderung und ich konnte nicht mehr als nett lächeln. Ich saß auf meinem Stuhl, spürte, wie meine Mundwinkel ein Lächeln formten, doch fühlte sich mein Gesicht so an, als wenn es gleich in 1000 Teile zerspringen würde. Ich hatte das Gefühl, dass in dem Moment ein weiserer Teil von mir meinen Körper verließ, die Situation von oben anschaute und mich fragte: „Kristin, was machst du da eigentlich?" Ich wusste es nicht, doch ich wusste: Hier musst du raus!

Keine acht Wochen später wechselte ich in einen anderen Geschäftsbereich und kümmerte mich fortan als Brand Managerin um die Markenkommunikation. Fast zeitgleich schrieb ich die letzten Seiten meiner Abschlussarbeit im Bereich Neuromarketing und Markenführung und beendete meinen MBA – wieder einmal mit Bestnoten. Doch der Stolz war nicht mehr derselbe wie früher. Ich konnte mich nicht länger täuschen. Ich konnte mir nicht länger vormachen, dass mir meine eingeschlagene Karriere als aufstrebende Nachwuchsführungskraft im Unternehmen gefiel. Ich wollte etwas anderes. Ich wollte vor allem endlich bei mir selbst ankommen und herausfinden, wer ich wirklich bin und was ich von Herzen tun möchte. Denn all die Jahre meiner beruflichen Laufbahn blieb ein großer Teil von mir auf der

Strecke. Die Stimme meines Herzens. Der Teil von mir, der wirklich weiß, wozu ich hier auf der Welt bin. Aber bestimmt nicht, um einem Titel oder einer Karrierestufe nach der nächsten nachzujagen. Und gleichzeitig regte sich eine leise Neugier – ein feines Kribbeln – in mir, genau das herauszufinden.

So begann mein Weg zur erfolgreichen Healthy Living Bloggerin

So begab ich mich 2011 auf die Reise zu mir selbst, denn endlich hatte ich wieder etwas mehr Luft und Freiraum. Ich nutzte die ersten freien Wochenenden, um mal wieder zu spüren, was mir gut tat. Ich war viel an der frischen Luft, machte wieder Sport, begann mit dem Laufen, las viel, hatte endlich wieder Zeit für die Liebe und Freundschaften und ich erholte mich. Mit einem Mal kamen auch neue Ideen zurück und ich spürte, wie etwas in mir aufblühte. Ich hatte die verrücktesten Ideen und Träume und schrieb sie alle in mein erstes Ideenbuch.

Ganz viele vegetarische Rezept ausprobieren und am besten neue ausdenken
Eigenes Obst und Gemüse anbauen
Ein virtuelles Tagebuch schreiben (damals waren Blogs in Deutschland noch selten)
Mehr über Yoga und seine Philosophie lernen
Den yogischen Kopfstand üben
Einen Halbmarathon laufen
Meine Business-Kleidung ausmisten
Mal wieder ein Bild für unsere Wohnung malen
Und vieles mehr

Ich erkannte, dass ich eine typische Scanner-Persönlichkeit mit vielfältigen Interessen und Ideen bin und es war toll! Es tat einfach gut und ich ließ mir und meinen Projekten freien Lauf. Auf diese Weise kam ich immer mehr mit gesunder Ernährung in Kontakt und machte wieder regelmäßig Sport. Aber auch mit Achtsamkeit beschäftigte ich mich viel, denn ich hatte das Gefühl, dass diese leise Stimme in mir, die genau wusste, was ich von Herzen wollte, noch in mir war und ich wollte genau sie wieder zum Leben erwecken. Also begann ich mit dem Meditieren und praktizierte regelmäßig Yoga.

Dieser rundum gesunde, ausgleichende und neue Lifestyle tat mir so gut, dass ich schon nach ein paar Wochen ganz verändert wirkte. Viel entspannter, viel energievoller, viel mehr bei mir. Auch andere Menschen spiegelten mir genau dies wieder und ich war fasziniert. Macht das wirklich so einen Unterschied? Wie genial ist das denn? Ich googelte, ob ich noch mehr Menschen fand, denen es so ging, doch die Suchmaschine förderte nur eine Handvoll Ergebnisse im deutschsprachigen Raum zutage. Dabei waren aber zwei sehr sympathische Bloggerinnen, mit denen ich in Kontakt kam und die mich inspirierten. Als dann der Jahreswechsel 2012 vor der Tür stand und ich die Silvesternacht mit Freunden verbrachte, fasste ich einen Entschluss. Ich wollte im Jahr 2012 „in die Form meines Lebens" kommen. Und das meinte ich nicht nur sportlich, sondern aus einer ganzheitlichen Sicht. Ich hatte zum Ziel, dass es mir rundum gut ging, dass ich gesund, glücklich und sportlich aktiv war. Am 1. Januar legte ich direkt los und genau einen Monat später startete ich als „Dokumentation meiner eigenen Reise" meinen Blog EAT TRAIN LOVE (www.eattrainlove.de). Dort schrieb ich von nun an begleitend über meinen gesunden, aktiven und glücklichen Lebensstil und erzählte von meinen persönlichen Erfahrungen. Es machte riesigen Spaß, eine Bloggerin zu sein, diesen Lebensstil zu leben, und meine Inspirationen aufzuschreiben.

Zu Beginn schrieb ich noch überwiegend für mich allein, doch bereits ein Jahr später hatte der Blog schon rund 20.000 monatliche Leserinnen und Leser. Ich konnte mir die Zahl gar nicht vorstellen! Es war fast verrückt – 20.000 Menschen jeden Monat, die das lesen, was du schreibst?! Doch gleichzeitig hatte ich auch unheimlich viel Arbeit in mein „Blogbaby" gesteckt. Ich schrieb jede Woche zwei bis drei neue Artikel und war auch auf Facebook und in der EAT TRAIN LOVE Community sehr aktiv, weil es mir einfach riesige Freude bereitete, meine Erfahrungen zu teilen und meinen Lesern wertvolle Ratschläge zu geben. Ein weiterer Faktor für meinen Erfolg war auf jeden Fall das „Zur-richtigen-Zeit-am-richtigen-Ort-gewesen-zu-sein"! Es ist heute kaum mehr denkbar, aber damals gab es nur eine Handvoll Blogs im Healthy Living Bereich. Natürlich spornte mich das noch mehr an und EAT TRAIN LOVE entwickelte sich mit mir weiter. Ich schrieb umfassender, meine Website wurde professioneller und ich kam immer mehr mit meinen Lesern in Austausch. Gleichzeitig setzte ich auch meine persönliche Entwicklung fort. Ich spürte noch mehr in mich hinein, welche Träume und Wünsche ich hatte und begann immer mehr der Freude zu folgen. Auch schärfte sich durch diese Entwicklung meine Vorstellungskraft und ich wurde mutiger. Ich träumte von einer wachsenden Community rund um EAT TRAIN LOVE, die sich gegenseitig unterstützt und weiterhilft. Ich sah mich als Vorbild für viele Tausende Menschen, die genau wie ich einen gesunden, aktiven Lebensstil anstreben wollten, der sie glücklich macht. Und ich träumte auch davon, meine Erfahrungen in einem eigenen Buch zu Papier zu bringen, das es eines Tages im Buchladen zu kaufen gab. All diese Träume tauchten wie selbstverständlich vor meinem inneren Auge auf und wärmten mein Herz. Ich ließ mich mehr und mehr von dieser Freude leiten und genau das, was ich tat, stieß auch auf die nötige Resonanz und Gegenliebe. EAT TRAIN LOVE wurde zu einem der größten Healthy Living Blogs im deutschsprachigen Raum und nur zweieinhalb Jahre später waren es bereits über 80.000 monatliche Leserinnen und Leser. Ich hatte eine Stimme da draußen und ich war endlich wieder so begeistert, glücklich und stolz, wie ich es mir gewünscht habe. Außerdem war die Zeit unglaublich spannend. Ich erlebte so vieles, was ich ohne meinen Weg und natürlich auch meinen Blog gar nicht getan hätte.

1. Ich lief meinen ersten Halbmarathon.
2. Ich kochte mit Volker Mehl.
3. Ich meisterte das Spartan Race gemeinsam mit anderen Bloggern.
4. Ich genoss eine exklusive Yoga-Session bei meinem Yoga-Guru Tara Stiles.
5. Ich erstellte und filmte eigene Workouts.
6. Ich absolvierte meine Yoga-Ausbildung in Hamburg und begann zu unterrichten.
7. Ich nahm meine eigenen Meditationen auf.
8. Ich durfte wunderschöne Orte und Events besuchen und erleben.
9. Ich erzählte in YouTube-Videos über Persönlichkeitsentwicklung.
10. Ich bildete mich im Coaching-Bereich fort und lernte wiederum so viel Neues.
11. Ich coachte meine ersten Klientinnen bei mir zuhause und so vieles mehr.

2015 erfüllte sich sogar mein Buch-Traum und ich wurde Autorin. Gleich drei Verlage kamen damals auf mich zu und ich durfte für einen großartigen Verlag mein erstes Buch EAT TRAIN LOVE schreiben. Spätestens jetzt war klar, dass all das, was ich mir aufgebaut hatte, kein einfaches Hobby war. Es war mein Herzensprojekt, mit dem ich auch gutes Geld verdiente, und ich war auf ganz natürliche Weise zur nebenberuflich selbstständigen Bloggerin und Autorin geworden. Welch eine „Berufsbezeichnung"!

Wenn ich Außenstehenden davon erzählte, dann sah ich häufig in ihre fragenden Gesichter: „Wie? Mit einem Blog kann man Geld verdienen?" oder „Du hast ein echtes Buch geschrieben?" Ich lächelte glücklich, denn genau das war meine Wirklichkeit geworden. Meine Wirklichkeit, in die ich Schritt für Schritt hineingewachsen bin. Auch ich musste erst lernen, wie aus einem Hobbyblog ein „Blogbusiness" werden kann. Doch aufgrund meiner Reichweite kamen recht schnell diverse Firmen auf mich zu, die mit mir als Bloggerin arbeiten wollten. Egal, ob im Food-Bereich oder für Sportevents oder als Gastautorin für Achtsamkeitsimpulse. Ich hatte einen Namen und eine Stimme mit meinem Blog, die von vielen Firmen sehr geschätzt wurde. Natürlich gab es auch diverse kuriose Kooperationsanfragen, aber die meisten waren sehr nett, wurden sogar zu langjährigen Partnerschaften auf Augenhöhe und manche erfüllten mir einige meiner persönlichen Träume. Ich sag nur: „Yoga-Class mit Tara Stiles". Es war insgesamt eine großartige Zeit und es fühlte sich zum ersten Mal so natürlich an, dass ich mich nicht dafür anstrengen oder kämpfen musste. Ich folgte einfach meiner angeborenen Neugier, ließ mich von meiner Freude leiten und tat das, was ich liebte.

Außerdem kam eine weitere Komponente dazu, die sich in meinem Leben – manchmal still und leise, manchmal gewaltig – veränderte: die Menschen und Beziehungen. Durch EAT TRAIN LOVE lernte ich so viele neue Menschen kennen und aus einigen dieser wunderbaren Begegnungen entwickelten sich langjährige Freundschaften. Genauso traten neue „Lehrer" und Unterstützer in mein Leben und - last but not least - die Menschen, denen ich durch meine Herzensprojekte helfen konnte. Es war unglaublich zu sehen, wie sehr sich mein Leben in den wenigen Jahren verändert hatte und wie ich verändert war. Einige Menschen kamen damit nicht klar. Sie wünschten sich die alte Kristin zurück und wunderten sich über meinen Weg. Einige waren neidisch und gönnten mir meinen so andersartigen Erfolg nicht. Anfangs machte mir das noch zu schaffen, aber ich lernte recht schnell, dass es nicht meine Aufgabe war, andere Menschen glücklich zu machen oder meinen Weg an ihre Vorstellungen anzupassen. Vielmehr ging es darum, mir selbst treu zu sein, und ich hatte das erste Mal seit meinem jugendlichen Traum vom Psychologie-Studium das Gefühl, dass ich genau das war: ehrlich und treu auf meinem Herzensweg. Ich lebte endlich mein Herz aus!

Nichts ist so beständig wie die Veränderung – auch in meinem Leben

Doch das Leben dachte sich etwas Neues für mich aus, das mich in den nächsten Jahren auf ganz andere Art fordern sollte. Im April 2015 lief ich an einem viel zu frischen Tag noch das Spartan Race und robbte mit meinem Mann durch den Matsch, zwei Tage später wurde ich notoperiert. Eine riesige Zyste am Eierstock verursachte mir Schmerzen und sie drohte zu platzen, wenn ich nicht sofort operiert werde. Dabei stellte sich heraus, dass es nicht nur die eine Zyste war, ich bekam die Diagnose: Endometriose Stadium 4. Für jede Leserin, die jetzt den Atem anhält, ich kann dich etwas beruhigen. Endometriose ist keine so gefährliche Krankheit wie Krebs oder Herzerkrankungen. Doch es ist eine immer noch unterschätzte Frauenkrankheit, die zu starken Schmerzen, Verwachsungen im Unterleib, Unfruchtbarkeit bis hin zur völligen Entnahme der Gebärmutter führen kann. Und nach meiner Operation war klar: Die Endometriose war bei mir schon stark ausgebreitet. Das Schlimme war jedoch nicht die Diagnose, sondern die Hoffnungslosigkeit. Endometriose ist noch so unerforscht, dass es zwar drei Theorien zu ihrer Entstehung gibt, aber keiner die wirkliche Ursache kennt. Bis auf Schmerzmittel und künstlich ausgelöste Wechseljahre durch Hormone gibt es keine einheitliche schulmedizinische Therapie. Ich hatte einige Wochen an dieser Diagnose zu knabbern, ich fühlte mich im Stich gelassen und habe geheult, als ich meinen ersten Marathon wegen Nichtteilnahme absagen musste. Natürlich stellte ich mir auch die Frage: „Warum passiert mir das?", doch ich sah keine Antwort.

Nachdem ich mich einigermaßen damit abgefunden und von meiner ersten Operation erholt hatte, kam eine neue Idee zu mir. „Vielleicht sollst du all das anwenden, was du bisher über gesunde Ernährung, Bewegung, Yoga, Achtsamkeit etc. gelernt hast, um dich selbst zu heilen. Und vielleicht findest du auch andere Menschen, die dir dabei helfen können?" Das gab mir neuen Mut. Ich wollte zu meiner eigenen Heilerin werden und mir bis ins kleinste Detail meinen Lebensstil und meine Krankheit anschauen. Schnell entdeckte ich, dass meine Krankheit mit einem Ungleichgewicht meiner weiblichen Hormone zu tun haben könnte und ich wurde zu verschiedenen Expertinnen geführt, die mir jede auf ihre Art ein Puzzlestück für meinen Weg mitgab. Mir ging es dank Ayurveda, Darmsanierung, zuckerfreier Ernährung, Luna Yoga und sanften Massagen immer besser, auch wenn ich das Gefühl hatte, dass da noch mehr war. Und wie ein gemeinsamer Nenner zog sich das Thema Weiblichkeit über alles, was ich herausfand.

„Weiblichkeit - wie sehr lebe ich weiblich? Wie sehr genieße ich meine Weiblichkeit? Was bedeutet das überhaupt? Und wie sehr nehme ich mich eigentlich als Frau wahr?", fragte ich mich immer wieder und ich folgte meiner Neugier. So tauchte ich mehr und mehr in eine faszinierende Welt ein und so viel Weisheit kam mir zugute. Gleichermaßen erkannte ich schlagartig, dass ich mich in all den Jahren kaum mit meiner Weiblichkeit und den weiblichen Prinzipien – auch als YIN bekannt - beschäftigt hatte. Ich war viel im Außen unterwegs und ließ mich von männlichen Qualitäten wie Machen, Vorantreiben, Planen, Kontrollieren etc. leiten. Bei meinen Nachforschungen erkannte ich, dass das nicht nur mich betraf, sondern dass im Grunde unsere ganze (Arbeits-)Welt von männlichen Prinzipien dominiert ist und besonders wir Frauen immer mehr von unseren urweiblichen Qualitäten abkommen. Hochgradig spannend! Ich dachte weiter: „Vielleicht hatte das mit meiner Erkrankung der weiblichen Geschlechtsorgane zu tun?! Möglicherweise führte mir mein Körper vor Augen, was ich nicht sehen und verstehen wollte?" Schließlich waren mir die weiblichen Qualitäten wie Hingabe, Vertrauen, Verbundenheit und Intuition eher fremd. Aus dem Businessleben kannte ich sie gar nicht, in meiner Blogger-Karriere leuchteten sie nur manchmal auf und im Privaten war ich ebenfalls mehr auf Aktivität, Leistung und Spaß getrimmt. In diesem Moment sprach meine Intuition wirklich zu mir und flüsterte mir zu: „Hier liegt ein ganz großer Schatz für dich verborgen. Entdecke ihn!" Ich hörte auf meine innere Stimme und begann, mich mit den weiblichen Prinzipien auseinanderzusetzen bzw. sie mehr und mehr in mein Leben einzuladen und sie zu fühlen. Es war ein ordentlicher Lern- und Veränderungsprozess. Wie sehr stecken wir doch knallhart im Verstand fest, statt sanft und entspannt aus dem Herzen zu leben? Egal, ob wir von unseren Liebesbeziehungen oder vom eigenen Business sprechen – der Verstand bestimmt sehr, sehr viel!

Doch ich war bereit, meinem Herzen die Führung zu geben, weil es das rückbetrachtend schon die ganze Zeit gewollt hatte. Ich erinnerte mich wieder an die Träumereien mit 16 oder an meine Herzenserfahrungen aus der Studienzeit. Dazu kamen noch weitere begeisterte Momente in meinem Leben, wo ich mich genauso lebendig gefühlt hatte. Zum Beispiel als ich mein erstes Persönlichkeitsentwicklungsseminar besuchte und ich absolut in meinem Element war, sodass ich am liebsten den Job der Trainerin übernommen hätte. Oder als ich auf Bali nach einer wundervollen Yoga Class mit einigen Frauen im Kreis saß, dem Wind im Bambushain lauschte und wir gemeinsam meditierten – nur verbunden durch unsere Hände und Energien. Es war magisch! Genau dieses „Magische", dieses kaum mit Worten zu beschreibende, entspannte Lebensgefühl, aus dem Herzen heraus und verbunden mit meiner weiblichen Kraft – das wünschte ich mir zutiefst für mich und so viele Frauen mehr. Ich wollte darüber sprechen und es einfach in die Welt und zurück zu mir bringen.

Frauen in ihre weibliche Kraft zu bringen wurde zu meiner Berufung

Aus dieser heilsamen Energie ist die Idee für mein neues Projekt entstanden, mit dem ich damals noch gut neun Monate schwanger ging, bevor es am Weltfrauentag 2017 das Licht der Welt mit den ersten drei Podcastfolgen erblickte. CELEBRATING YIN war geboren! Ich veröffentlichte eine Folge nach der nächsten darüber und machte CELEBRATING YIN über meinen Blog bekannt. Und wiederum hatte mein Gefühl recht behalten. Es betraf in der Tat nicht nur mich, sondern so viele Frauen da draußen sehnten sich nach einem „verlorengegangenen" Teil in sich: ihrer weiblichen Kraft, ihrem Strahlen, ihren weiblichen Stärken, ihrer YIN POWER, wie ich es nenne. Daher dauerte es auch nicht lange, bis ich viele tausend Frauen für meinen Podcast begeistern konnten und sie schon gespannt auf die neuen Folgen warteten. Es machte riesigen Spaß! Irgendwann begann ich dann auch mit virtuellen Women's Circles und entfachte damit einen mittlerweile echten

Trend in Deutschland. Aus meinem Umfeld hörte ich in dieser zweiten Gründungsphase oft die Frage: „Kristin, ist dir das nicht zu viel? Warum konzentrierst du dich nicht nur auf ein Projekt? Warum muss es jetzt noch eine zweite Businessidee sein?" Meine Antwort kam direkt aus meinem Herzen: „Es fühlt sich genau richtig an. Ich möchte Female Empowerment Coach und Mentorin sein und mein Wissen sowie meine Erfahrungen an andere Frauen weitergeben. Es ist einfach heilsam und magisch, mich mit anderen Frauen zu verbinden und gemeinsam Herzensthemen anzuschauen, Neues zu lernen und über sich selbst hinauszuwachsen. Im Zusammenhalt sind wir einfach alle stärker." Und genau das fühlte ich auch körperlich. Ich hatte zwar keinen Beweis, aber mir ging es ab dieser Zeit sogar körperlich wieder viel besser.

So startete ich nicht nur 2017 mit meinem Podcast CELEBRATING YIN für Frauen durch, sondern begann auch noch an einer weiterführenden Idee zu arbeiten. Im 1:1 Coaching hatte ich zwar schon viele Frauen auf ihrem persönlichen Weg stark gemacht und sie an ihre Einzigartigkeit und ihr wunderschönes Wesen erinnert. Doch mein Traum war es, ein ganzes Online-Coaching-Programm zu entwickeln, mit dem ich so viele Frauen wie möglich gleichzeitig mit auf die transformierende Reise nehmen konnte – hin zu Selbstliebe, Selbstvertrauen, Weiblichkeit und einem unerschütterlichen Selbstwertgefühl. Ich arbeitete fast ein Jahr lang nebenberuflich an dieser Idee und bekam auch von anderen Frauen aus meinem Umfeld und der Community Unterstützung. So wurde das Coaching-Programm so umfassend und groß, dass ich Mitte des Jahres vor einer neuen Herausforderung stand. Ich hatte mich als Coach und nebenberuflich Selbstständige so unglaublich weiterentwickelt, dass es sich nicht mehr stimmig anfühlte, das alles „nur" nebenbei zu machen. Ich wollte mit Herz und Seele ganz darin eintauchen! Ich wollte eine Unternehmerin sein! Natürlich machte mir dieser Gedanke noch Angst, denn finanziell musste ich erst einmal rechnen, wie es aussieht. Außerdem hatte ich von Kindesbeinen an ein großes Sicherheitsbedürfnis mitgegeben bekommen und aus meiner Familie war keiner ein leuchtendes Beispiel für einen erfolgreichen und erfüllten Unternehmer. Hin- und hergerissen verbrachte ich einige schlaflose Nächte und tat mich unglaublich schwer mit dieser Entscheidung, obwohl viele Gleichgesinnte in meinem Umfeld mir schon lange Mut für diesen Schritt machten. Aber in der Tat: Ich konnte gar nicht mehr anders an diesem Punkt meines Weges. Mein Ruf war so groß, dass ich tatsächlich den letzten Schritt tat und Ende des Jahres das Unternehmen verließ, für das ich zuvor zwölf Jahre lang gearbeitet hatte. Dreieinhalb Jahre nebenberufliche Selbstständigkeit waren Geschichte. Ab jetzt war ich Online-Unternehmerin mit meinem eigenen Herzensbusiness, das ich mir ganz allein aufgebaut hatte. Und ich legte einen wunderbaren Start in dieses neue Leben hin. Mein Coaching-Programm wurde ein voller Erfolg und es war ein wahres Geschenk mit über 250 Frauen gleichzeitig zum Jahresbeginn in diese Transformation voller Selbstliebe, Mitgefühl, Vertrauen und Weiblichkeit zu starten. Besser hätte mein neues Leben nicht beginnen können.

Ich fühlte mich in jeder Zelle meines Körpers als „Berufene". Ich wollte voll und ganz als Female Empowerment Coach und Mentorin für so viele Frauen wie möglich da sein und sie auf ihrem selbstbestimmten und erfüllten Lebensweg leidenschaftlich und professionell unterstützen. Gleichzeitig klopfte mein Herz wie wild, als ich meine Wünsche und Träume für das Jahr 2018 und die Folgejahre aufschrieb. Es war unglaublich! Ich fühlte mich so klar, so frei, so absolut selbstbestimmt. Ich spürte meine ganze Power und war hin und weg, welch ein neues Lebensgefühl mit diesem letzten Schritt einhergeht. Ich war von heute auf morgen im absoluten Einklang mit mir. Es war faszinierend, wie stimmig sich mein Leben plötzlich anfühlte. Wie Puzzlestücke, die sich nun auf magische Weise zusammensetzten.

1. Meine Leidenschaft für Psychologie und die menschliche Natur schon als 16-Jährige.
2. Meine Begeisterung für den Aufbau und kreative Gestaltung von Marken.
3. Mein Leidensdruck und das Gefühl, im falschen Beruf zu sein.
4. Mein Ausleben meiner Scanner-Persönlichkeit auf meinem Blog EAT TRAIN LOVE.
5. Mein nebenberuflicher Weg in die Selbstständigkeit.
6. Meine diversen Fortbildungen und Seminare im Coaching- und Yoga-Bereich.

7. Meine Krankheit, die mich zur Weiblichkeit und zum wahren Frau-sein führte.
8. Mein Podcast, der zum beliebtesten deutschsprachigen Podcast für Frauen wurde
9. Meine Berufung, die ich letztendlich zu meinem Beruf machte und heute voll und ganz auslebe.

Rückbetrachtend machte alles auf einmal Sinn. Teilweise so viel Sinn, dass ich schon schmunzeln musste. Warum konnte ich das vorher gar nicht sehen? Warum habe ich manchmal so mit mir gehadert? Warum fielen mir manche Entscheidungen so schwer? Und warum bin ich nicht eher diesen Weg gegangen? Er war scheinbar immer da, oder nicht? Doch diese Fragen sind nur hypothetisch, das weiß ich. Ich bin heute unfassbar glücklich und dankbar für meinen gesamten Weg, auf dem ich eines ganz besonders lernen durfte. Etwas, das sich wie ein roter Faden durch meine Geschichte zog. Erst hinterher konnte ich sehen, dass mein bisheriges Leben immer am Leichtesten und Freudvollsten war, wenn ich meinem Herzen und meiner weisen Intuition gefolgt bin. Dann, wenn es eigentlich gar keinen offiziellen Grund gab, diesen oder jenen Weg zu gehen, ich ihn aber trotzdem eingeschlagen habe. Manchmal auch mit Umwegen. Egal, was andere sagten!

Genau das gehörte für mich aus heutiger Sicht zu meinem persönlichen Lernprozess dazu. Ich musste erst lernen, auf mich selbst, meine Talente und mein Herz zu vertrauen, um meinen Weg kraftvoll und erfolgreich gehen zu können. Schließlich konnte ich so oft sehen, dass aus der Kraft meines Herzens immer etwas Großartiges entstanden ist. So wurde aus „brotloser Kunst", Anpassung und übertriebenem Sicherheitsdenken auf meinem Weg eine wahre Berufung, ein erfolgreiches Business und ein neues Freiheitsgefühl geschaffen. Und diese Entwicklung war für mich absolut wertvoll! Meine Intuition und meine Leidenschaft waren die Geheimzutaten für meinen Erfolg und sind es bis heute.

Ist es immer einfach, auf sein Herz zu hören? Nein, wirklich nicht. Es braucht viel Mut, Geduld und Glauben an das, was man meist noch nicht sehen kann. Doch nur weil etwas noch nicht da ist, heißt es nicht, dass es nicht eines Tages da sein wird und die Welt ein Stück weit zum Positiven verändert. Ich bin der festen Überzeugung, dass genau das für uns alle möglich ist. Und wer weiß, vielleicht stehst du schon mitten in deiner eigenen Erfolgsgeschichte…?!

Kristin Woltmann im Kurzportrait:

Als Female Empowerment Coach und Business Mentorin ermutigt und unterstützt Kristin Woltmann veränderungsbereite Frauen, die nötige Klarheit und Kraft für ihren beruflichen wie persönlichen Lebensweg und ihr Herzensbusiness zu entwickeln, um wirklich glücklich, erfolgreich und im Einklang mit ihrer Weiblichkeit zu leben. Gerade Frauen fehlt oft die nötige Klarheit und der Mut, mit alten Lebensmodellen zu brechen und neue Wege zu gehen. Deshalb begleitet sie überwiegend Frauen, die mehr aus ihrem Leben machen wollen und eine echte positive Veränderung für sich und/ oder ihr Herzensbusiness anstreben.

www.kristinwoltmann.de
www.facebook.com/kristinwoltmann

„Rückbetrachtend machte alles
auf einmal Sinn.
Teilweise so viel Sinn,
dass ich schon schmunzeln musste. "
Kristin Woltmann

EVELYN SIMON

◆ ◆ ◆

Es war ein grauer Dezembermorgen. Noch bevor der Wecker klingelte, sprang ich aus dem Bett und war so klar wie nie zuvor. Für zu lange Zeit hatte ich mir die Frage gestellt, was die richtige Entscheidung sein möge. Und an diesem grauen Morgen schien die Sonne wieder und ich konnte die innere Stimme tief in mir laut hören. Alles war klar und ich war bereit für diesen Schritt – auch wenn es der erste eines bisher unklaren Weges war.

Ich setzte mich in aller Früh an meinen Rechner und schrieb meine Kündigung. Nach sieben Jahren in diesem Unternehmen, an dem ich so hing, war ich nun froh und erwartungsvoll bereit ‚Auf Wiedersehen' zu sagen - ganz ohne Zweifel. Manchmal warten wir auf einen Grund, manchmal auf das neue Angebot, aber oft warten wir auch viel zu lange auf eine Antwort, die niemals kommt und handeln erst gar nicht, anstatt die Frage an sich ernst zu nehmen. Und so war es auch in meinem Falle.

Oh ja, ich liebte meinen Job. Menschen zu führen, Teams zu bilden, neue kreative Ideen zu entwickeln und raus in die Welt zu tragen. Ich hatte tolle Kollegen und ein wunderschönes Büro, den Firmenwagen und die Reputation. Und trotzdem, es gibt in der Regel zwei Gründe, warum Menschen kündigen:

erstens wegen eines Chefs, mit dem man nicht klarkommt oder zweitens, wenn das Unternehmensumfeld nicht im Einklang mit den eigenen Werten steht. In der Regel kündigen die wenigsten, um mehr zu verdienen oder einen besseren Titel zu bekommen. Und so war es auch bei mir. Wie kann ich als ‚Sprachrohr‘ und ‚Rolemodel‘ ins Unternehmen mal sagen, dass wir rechts gehen und dann wieder links. Dann ist doch jede Richtung unklar - ohne große Vision, klaren Sinn und inspirierendes Management kann kein Unternehmen den stürmischen Gewässern der Wirtschaft standhalten. Irgendwo auf dem Weg hatten wir aus meinem Blickwinkel wohl unser ‚Mojo‘ verloren. Aber hier geht es ja nicht um die Herausforderungen, einen Unternehmenstanker durch die wilden Wogen der dynamischen Wirtschaft zu lenken, sondern um meine persönliche Geschichte und meine eigenen Learnings.

An diesem Tag, in dieser Sekunde, hat sich mein Leben dramatisch verändert. Zum Guten? Zum Schlechten? Egal - zum Leben, und nur dadurch, dass ich meiner inneren Stimme wieder glaubte, vertraute und danach handelte. Rückblickend kann ich nur sagen, ich war viel zu lange das nette Mädchen, die es allen recht gemacht hat und dabei optimal funktionierte - zumindest aus dem Blickwinkel der Gesellschaft. Sicher, auf Papier sah alles gut aus. Ich hatte den Masterabschluss mit unter 30, Auslandserfahrung, Erfolg im Beruf mit einem tollen Titel, ein schmuckes Traumhaus und einen wundervollen Ehemann. Und trotzdem fehlte etwas - in dem Gleichnis fehlte ich. Zunächst, nach der Kündigung, dachte ich, ich gehe einfach zum Wettbewerber, mit dem ich im Gespräch war, aber dann überschlugen sich die Ereignisse. Mein Ehemann und ich entschieden nach 17 Jahren separate Wege zu gehen und nun öffneten sich plötzlich Türen, durch die ich vorher nie gegangen wäre. Meine innere Stimme brachte meinen großen Traum wieder zum Vorschein, den ich jahrelang hinuntergeschluckt hatte: Es war nun endlich Zeit, wieder nach Kalifornien zu ziehen. Allein der Gedanke und zwei gekappte Seile später brachten schnell den Stein ins Rollen. Plötzlich war alles möglich.

Raus aus der Wertefalle, rein in neue Möglichkeiten.

Der Einstieg in ‚Corporate‘ in den USA kam für mich in diesem Moment nicht in Frage, also suchte ich nach anderen Möglichkeiten eines Visums. Und wo ein Wille ist, ist auch ein Weg. Warum nicht meine eigene ‚Boutique Consulting'-Firma in den USA eröffnen?! Recherchen angestellt, Antrag gestellt, Koffer gepackt und nun hatte ich sechs Monate in San Francisco Zeit, einen standhaften Case zu entwickeln, der mir die Zusage des Visums versprach und damit das Tor öffnete, meinen Traum wahr zu machen und in Mill Valley zu leben (oh ja, es musste Mill Valley sein, denn es ging nicht um die USA, sondern um diesen bezaubernden Ort auf der anderen Seite der Golden Gate Bridge). Alles ergab sich wie von selbst. Der totale Flow, wie man so schön sagt. Ich fand durch eine Freundin ein wundervolles Apartment zur Untermiete in San Francisco mit einem sensationellen Blick über die Bay und auf die Golden Gate Bridge. Hier konnten Visionen wahr werden. Es war unfassbar, der erste Schritt war geschafft und als ich nun so an meinem Küchentisch saß und meine Firma plante, füllte sich einfach alles richtig an.

Long Story Short, ich bekam mein Visum und packte meine sieben Sachen und zog nun tatsächlich in die USA. In mir brannte ein Feuer, eine Leidenschaft, die ich noch nie so erlebt hatte. Es war, als wäre ich plötzlich lebendig geworden. Und das allein durch die Freiheit der Selbstbestimmung. Das klingt einfach und vielleicht fragt ihr euch, warum mir diese Erkenntnis nicht früher kam. Meine Antwort: weil ich meine innere Stimme nicht ernst genommen habe. Und daher muss vielleicht erst alles zusammenbrechen, bis wir loslassen, um uns selbst wieder wichtig zunehmen. Weiß Gott, ich hatte alles versucht, was in meiner Kapazität stand, meine Job- und Ehe-Situation zu verbessern. „Change it oder accept it" habe ich bis zum eigenen Zusammenbruch praktiziert, bis nur noch eine Möglichkeit bestand: leave it! Und hier war ich nun nach diesem Befreiungsschlag, in San Francisco. Jeder Tag war eine neue Kreation auf einem weißen Blatt. Es lag in meiner Hand, wie sich die Leinwand entwickelte. Natürlich war es ein Befreiungsschlag von mir selbst. Äußere Umstände halten uns nur scheinbar zurück, viel eher sind es die Muster, die wir gelernt haben und die Geschichten, die wir uns selbst erzählen.

Epiphany oder Muster durchbrechen
Ich werde nie den Moment vergessen, in dem ich mich wie von einem Balkon aus beobachtete. Nach drei Wochen in meinem neuen zu Hause war es

dringend Zeit, einen Staubsauger zu kaufen. Ja, in Deutschland habe ich einfach die Brigitte oder Freundin abonniert und dann gab es dazu einen Staubsauger. Oder ich bin zu Saturn gefahren und habe mir da einen gekauft. Aber zum einen kannte ich bis dahin nicht das Äquivalent in den USA zu Saturn und eine Zeitung zu abonnieren war auch keine Lösung, denn dazu gab es hier keinen Staubsauger. Good Old Way, erst mal eine intensive Recherche angehen, genau vergleichen, was der beste Staubsauger ist, Stiftung Warentest US-Way studieren und die neuen Bekannten befragen, Preise vergleichen und Schwupps waren zwei Wochen ins Land gegangen und ich hatte immer noch keinen Staubsauger. An dieser Stelle war mir kristallklar, wenn ich es hier schaffen wollte, musste ich loslassen von meinen alten Mustern und Denkweisen. Schnell entscheiden, offen sein, ausprobieren, nichts für immer festlegen, aber im Moment präsent bleiben. Das klingt so banal, ist aber das wichtigste Learning in meinem Prozess des Auswanderns gewesen.

Wenn man einmal seine Komfortzone verlässt, findet Wachstum statt, da man herausgefordert wird und nun offen für Neues ist, aber im Besonderen, weil man bereit ist, Altes loszulassen. In Kalifornien tickt alles viel schneller als in Deutschland. Menschen gehen und kommen - klar, Begegnungen sind oberflächlicher, aber auch tiefer rund um neue Ideen, ‚Co-Creation' und progressivem Denken. Dieser Ort ist Transformation pur, tief und erschütternd wie ein Vulkan. Ideen werden gesponnen, ausprobiert, kreiert und wieder verworfen. Und in all diesen neuen Erfahrungen, dem neuen Sein, erkannte ich plötzlich, was wirklich in mir steckte: Ein verrückter kreativer Kopf, der am laufenden Band neue Möglichkeiten erkennt, Geschäftsmodelle entwickelt, aufbaut und wieder zur nächsten Herausforderung tendiert, die nach einer Lösung ruft, in der Faszination der menschlichen Vielfalt. Ein Freund in San Francisco sagte einmal: „Du siehst das Glas nicht halb voll, sondern überlaufend." Das wäre in Deutschland nie möglich gewesen. Nicht unbedingt wegen der Art und Weise, wie man in Deutschland die Dinge angeht, sondern viel mehr durch die Umstände, die ich zugelassen habe, die Person zu werden, die alle erwarteten, ohne mich selbst darin zu erleben.

Non-stop learning, auch ausserhalb der Norm

Als ich meine große Liebe kennenlernte, war ich 17, also war ‚Dating‘ nicht in meinem Repertoire und schon gar nicht California-Style. Friends with Benefits, wo Dating in der Exklusivität erst definiert werden musste oder auch Polygamie - was es nicht alles gab, von dem ich noch nie gehört hatte. Ok, man muss nicht alles ausprobieren, aber man kann sich ja zumindest mal schlau machen, was es da draußen so alles gibt. Mein Leben war spannend, in jeder Hinsicht und das im Besonderen durch eine Offenheit ohne Beurteilung. Es war außergewöhnlich, allein durch die Menschen, die man an diesem Ort trifft und die einen unendlich bereichern. Meine Freunde in Deutschland sagten oft, wie mutig ich war, diesen Schritt zugehen. Vielleicht war etwas Mut dabei, aber ich denke, es war mehr der klare innere Ruf, der mich durch diese Monate und Jahre getragen hat.

Nach drei Monaten Businessaufbau, Staubsauger-Challenge, Wohnung einrichten, Infrastruktur etablieren, fehlten mir nun am meisten meine Freundinnen aus der Heimat, mit denen ich sonst jeden Samstag mit Kaffee und Schnacken verbracht hatte. Also habe ich schnell einen Kaffeeklatsch kreiert. Jede nette Frau, die mir begegnete, wurde nun zum monatlichen Kaffeeklatsch eingeladen. Lecker Kuchen gebacken und einen gemütlichen Rahmen zum Austausch geschaffen. Das kam bei den Amis so gut an, dass aus meinem netten Freundinnen-Treffen innerhalb von einem Jahr ein aktives Netzwerk von 350 Frauen entstand, die sich stark inspirierten und unterstützen (ein Vorgänger von LeanIn). Irgendwann habe ich keinen Kuchen mehr gebacken, sondern mich hier dem Konzept des Potlucks hingegeben. Auch das war anfangs in mir eher eine Hürde, da ich mit dem Benimm aufgewachsen bin, dass der Gastgeber für alles sorgt und nicht seine Gäste das Essen mitbringen lässt. So what?! Ich war nun in Kalifornien. Und wie man so schön sagt: in Rom do it like the Romans do. Es war wirklich nett zu sehen, wie nun auch Geschäftspartner auf mich zukamen und fragten, ob nicht auch ihre Frau zum ‚Coffieeeklotsch‘ kommen könnte (super nett, wie sie es aussprachen). Aber die wirkliche ‚lessons learned‘ in diesem Fall war nicht, wie man schnell eine ‚Community‘ aufbaut, sondern dass man sich durchaus sehr bewusst dazu entscheiden kann, wen man wie in sein Leben lässt. Denn in aller Offenheit ist man auch verletzlich und Menschen nehmen sich, was sie wollen, wenn man keine gesunden Grenzen steckt. Und das hatte ich bis dahin sicher noch nicht für mich gelernt. Das Eintauchen in eine neue Kultur ist mit vielen Erfahrungen verbunden - über die neue Kultur, aber im Besonderen über sich selbst, seine Denkweisen und Muster, die man über die Zeit hinweg für sich angenommen hat und die man immer wieder mal infrage stellen sollte. Wie ich nun durch den California-Flow glitt, war nicht alles immer rosig. Flow heißt nicht ‚stille Wasser‘, sondern wie man die Wellen am besten surft. Mein Leben – lebendig wie es war, war mit vielen Höhen und Tiefen verbunden. Leben heißt, man wird auch verletzt, aber dann steht Frau wieder auf, richtet sich das Kleidchen und läuft weiter, schlauer hoffentlich als zuvor.

Neben dem tiefen Treiben nach Freiheit, Kreation und Inspiration ist einer meiner höchsten Werte das Miteinander. Freundinnen waren da, ein etabliertes Business und auch attraktive Männer (oh ja, ich manövrierte mich durch das wilde Gewässer des Datings in der Bay recht gut. Ihr würdet bei dem Angebot an Kursen, wie man ‚Mr. Right‘ anzieht, heiße Ohren bekommen.). In mir wurde nun der Ruf nach Familie und einem Baby immer größer. An dieser Stelle war ich klarer und sicherer denn je, keine faulen Kompromisse mehr, die ich noch als ‚good girl‘ ein paar Jahre vorher eingegangen wäre. Ich wollte Mutter werden und die Uhr tickte.

Im Jahr 2009 überschlugen sich einmal mehr die Ereignisse. Ich hatte eine missglückte Knie-OP, die mich sechs Monate an Krücken band. Eine so lange Pause im Geschäft war gar nicht lustig, wenn alles an einem hängt (note to myself - never again). Und dann kam es auch noch zu einem neuen ‚Dot.Com Crash‘. Gerade wieder auf den Beinen, Business dank der heutigen digitalen Möglichkeiten neu ausgerichtet, da rollt mir doch tatsächlich in der liegenden Vapassana Meditation ein motorisierter Rollstuhl über die Hand mit gar nicht guten Ausmaßen. Wenn es nicht so traurig wäre, ist dieser Teil der Geschichte fast lustig. Wie kann in einem sicheren Raum wie einer Meditationsstunde ausgerechnet jemand, der eigentlich selbst geschützt werden muss, einen anderen so verletzen?! Well, auf seine Art traumatisch und schmerzhaft. In all dem Wirbelwind rief mich, an einem sonnigen Oktobertag, meine Freundin an und verführte mich auf einen Bootsausflug auf der Bay. Die Tage waren viel zu ernst, so why not?! Und da stand er nun vor mir, der gutaussehende Seebär, charmant, funny, und der zukünftige Vater meiner Tochter. Mit knapp 42 hatte ich noch das Glück, Mutter zu werden. Leider entpuppte sich ,Mr. Charming' als nicht ganz perfekt. Und so hat mich mein Instinkt ganz klar geleitet, die Hochzeit zwei Stunden vorher auf unbestimmte Zeit zu verschieben und meine Taschen zu packen, um in dem sicheren Hafen der Heimat mein Kind zu bekommen. Das klingt sicher dramatisch, Komponenten daraus sind es auch gewesen, und klar hätte ich mir das auch anders gewünscht, aber nach all den Jahren ist eins klar, ich bin nicht Opfer meiner Umstände, solange ich mich nicht selbst zum Opfer mache. Jeder Teil, jede Erfahrung, die uns im Leben begegnet, führt uns tiefer zu dem, wer wir sind, was Sinn macht und zu unserer eigenen Bestimmung – auch wenn dieser Weg oft hart und schmerzhaft ist, wenn ein ,easy flow' doch so schön wäre. Warum nicht das Beste aus der Situation machen, sagte ich mir und ein Leben und Business auf zwei Kontinenten etablieren? Ein ungewöhnlicher Gedanken, der jedoch durchaus machbar ist. Zur finanziellen Absicherung war es zunächst wichtig, eine neue und klare berufliche Ausrichtung zu finden und diese kontinuierlich auszuprobieren, ständig zu optimieren und anzupassen. An mancher Stelle musste ich da auch von vorne beginnen, zumindest was das Netzwerk und die Kunden betraf, da ich ja vor meiner Auswanderung ein Angestelltenleben in Deutschland geführt hatte.

Die Entscheidung, in der Selbstständigkeit zu bleiben, hat mir die Freiheit gegeben, auf zwei Kontinenten zu leben, sodass meine Tochter mit ihrem Vater aufwächst und wir gleichzeitig die Beständigkeit unserer Wurzeln hatten. Es hat mir auch die Freiheit gegeben, gleich, aber auch langsam wieder in den Job einzusteigen, nachdem ich abgestillt hatte. Oft ist es nicht die Frage, ob etwas richtig oder falsch ist oder einfacher oder schwieriger. Wir treffen eine Entscheidung mit allen Konsequenzen. Und so habe auch ich in den letzten Jahren Jobs abgesagt, was finanziell schmerzhaft war oder auch nicht meinem Lebenslauf bereicherte, aber mir Zeit mit meiner Tochter gab, was mir wesentlich wichtiger ist als jede Sache, die man sich mit Geld kaufen kann wie zum Beispiel ein großes Apartment oder ein schickes Auto.

Ich werde oft gefragt, vor allem in Deutschland, ob dieses Leben nicht wahnsinnig anstrengend ist. Zunächst einmal ist der Kern dieser Frage ja eigentlich eher ein Zeichen der Geisteshaltung des Fragenden, zweitens kann ich das für den anderen natürlich nicht beantworten. Ich, von meiner Seite aus, fand es in den meisten Fällen nicht anstrengend, sondern eher bereichernd.

In den Jahren des Kindergartens gibt es keine Anwesenheitspflicht. Und so hatten wir eben zwei Kindergärten. Meine Kleine hat den Vorteil, nicht nur bilingual aufzuwachsen, sondern auch in zwei Kulturen, was sie für die Zukunft wesentlich adaptiver macht. Und das sieht man schon heute, wie einfach sie von einem Leben in das andere schlüpft, denn für sie gibt es da keine Trennung. Für sie ist es ein Leben. Und daraus können wir eine Menge lernen. Warum separieren wir immer noch Beruf und Privatleben?! Integration, Adaption und der ständige Wandel ist nicht eine Herausforderung, sondern ein Geschenk des Wachstums und der Evolution. Wir beide haben einen tollen Kreis an multikulturellen Freunden, eine Familie auf zwei Kontinenten und sehen uns eher als ‚global citizen‘. Kommunikation ist dafür jedoch der Schlüssel und mehr gefragt, als wenn man an einem Ort lebt. Um den sozialen Fluss aufrechtzuerhalten, liegt es oft mehr an mir zu sagen: „Hey, wir sind wieder da, wollen wir uns treffen?"

In den USA habe ich die Philosophie der fünf Rythmen studiert (Flow, Staccato, Chaos, Lyric, Silence) – eine Methode, die ‚Contemporary Dance‘, Meditation und somatisches Coaching verbindet. Und ich sage euch, Chaos war anfangs nicht mein Ding, wogegen Staccato sich ganz natürlich anfühlte. Ohne nun alles zu verallgemeinern, kann man doch Tendenzen und Charakteristika in Kulturen erkennen. Staccato – im ständigen Gleichklang wie der Herzschlag sind wir Deutschen – organisiert und präzise. Chaos dagegen ist mehr die kalifornische Persönlichkeit, durch den transformativen und innovativen Spirit. Dieses Bewusstsein hat mir geholfen, zwei Wohnsitze und den Wechsel zu organisieren. Auf der einen Seite muss alles gut organisiert sein, auf der anderen Seite muss man auch spontan im Chaos zurechtkommen, denn am Ende ist das Leben nicht planbar.

Mein Umfeld in Kalifornien findet mein Leben ganz normal, ebenfalls meine Trainerkollegen in Europa, die ohnehin in der Welt rumjetten und auch oft zwei Domizile besitzen. Wo wir immer noch mehr gegen den Strom schwimmen, ist in Deutschland. Manchmal ist das ein echter Druck, aber ich möchte auch nicht mein Umfeld dort überzeugen müssen, dass unser Lebensstil der richtigere oder bessere ist. Jeder sollte für sich entscheiden, was für ihn richtig ist. Und das Leben ist bunt – ob polygam oder monogam, ob polyzentrisch oder monozentrisch.Wir gestalten unser Leben und sollten uns nicht von unserer Umwelt dominieren lassen. Ich habe unser Leben und meinen Job unserer Situation angepasst. Es ist ein Experiment, bei dem wir nicht wissen, wie das Ergebnis am Ende aussieht. Das Leben ist ohnehin nicht linear, sondern nur direktional, also müssen wir manchmal eben auch Umwege gehen. Privat liegt für uns die Magie darin, einen breiteren Blickwinkel zu haben und unsere multikulturellen Familien zu verbinden. Und auch meine Kunden profitieren von dieser Brücke zwischen zwei wertvollen Perspektiven. Das Leben auf diesen zwei Kontinenten verbindet das Bedürfnis nach Stabilität und nachhaltigem Denken mit der niemals endenden Neugierde nach neuen Kreationen, Möglichkeiten und innovativen Lösungen und Inspirationen. Aus dem physischen Kaffeeklatsch wurde ein virtueller Accelerator und Inspirationsreisen nach Silicon Valley und anderen Orten der Transformation. Aus meinem ‚Visa Business Conscious Business‘ wurde der ‚Future of Leadership‘-Salon, eine Initiative, die den Menschen im Unternehmenskontext wieder in den Mittelpunkt all unseres Handelns in der Frage der digitalen Agenda rückt. Aus meiner Staubsauger Epiphanie wurde in Kombination mit jahrelangen Studien rund um Soziologie, Persönlichkeitsentwicklung, systemischem Handeln und Denken sowie Achtsamkeit das Angebot MindfulnessLab, das agiles Design Thinking mit Achtsamkeit und bewusster nachhaltiger Führung verbindet: One step at a time for leaders with more positive impact!

Das Leben geht in Zyklen und für uns ist es jetzt mit dem Schulbeginn diesen Sommer an der Zeit, einen Ort mehr ins Zentrum unseres Lebens zu rücken. Aber im Grunde ist es egal, ob es Deutschland oder die USA ist, denn nichts ist für immer und wir können unsere Entscheidungen unseren wechselnden Bedürfnissen jederzeit wieder anpassen. Wer weiß, vielleicht könnt ihr uns im nächsten Jahr auch in Kalifornien besuchen. Das Leben offeriert keinen Fallschirm der Absicherung, das ist ein falscher Eindruck der Sicherheit, denn

Krankheit, Tod, Kündigung, Wirtschaftscrash oder Umweltkatastrophen können immer wieder unsere Planungen über den Haufen werfen. Die Frage ist: war ich lebendig als ich lebte?! Alles ist möglich, wenn unser Herz höher schlägt, auch wenn wir uns im Moment nicht vorstellen können, wie das Endresultat aussehen wird. Die innere Stimme leitet uns den Weg.

Evelyn Simon im Kurzportrait:

Evelyn (Eve) Simon, gebürtig aus Düsseldorf mit Zweitwohnsitz in Silicon Valley, leitete 14 Jahre lang Abteilungen in globalen Konzernen, bevor sie 2005 ihre Beratungsfirma Inspiration Without Borders gründete. Als Transformations Consultant, Executive Coach, TEDx-Speakerin und Serial-Entrepreneur bringt Eve mit einem progressiven und systemischen Blickwinkel ihren globalen Unternehmenskunden neue Impulse sich und ihr Unternehmen agil und nachhaltig aufzustellen. Eves Ausbildung umfasst einen Master-Abschluss der Universität Basel und eine Vielzahl von Zertifizierungen in Coaching, NLP, Mindfulness, Somatics und agilen Methoden wie Scrum & Design Thinking. 2005 rief sie die Initiative "Ladies Lead Change" ins Leben, um weiblichen Führungskräften zu helfen, ihre Rolle in der Gesellschaft zu festigen. 2018 launchte Eve den ‚Future of Leadership Salon' – ein Movement, in dem kontroverse Gespräche der momentanen Situation und Co-Kreation der Corporate Change Maker im Mittelpunkt stehen. ‚Leadership is not a position, but a mindset from profit to impact' bestätigt Eve in ihrem TEDx Talk 'Future of Leadership'.

www.ladies-lead.com
www.futureofleadership.salon

„Alles ist möglich, wenn unser Herz höher schlägt, auch wenn wir uns im Moment nicht vorstellen können, wie das Endresultat aussehen wird."

Evelyn Simon

KATJA RÜCKEMANN
◆◆◆

Hallo, ich möchte mich kurz vorstellen. Mein Name ist Katja, ich bin 40 Jahre alt und genieße ein hemmungslos weibliches und finanziell freies Leben. Als spiritueller Business-Coach lebe ich meine Berufung. Ich führe Frauen in ihre wahre Größe, ihre absolute Selbstliebe und ihr höchstes Selbstwertgefühl. Dabei begleite ich sie, auch im Außen die nötigen Schritte zu gehen, um allumfassend in Fülle leben zu können. Ich führe Frauen dorthin, wohin ich ebenfalls gegangen bin. Mein spiritueller Name ist Lara – die, die Wesen aus der Dunkelheit ins Licht führt. In meinem Leben habe ich sehr viel Dunkelheit und Schmerz erfahren müssen. Das war notwendig, damit ich aus eigenem Antrieb von dort heraus ins Licht gehen konnte, denn nur, wenn Du beide Seiten kennst, kannst Du auch anderen Menschen den Weg zeigen.

Ich selbst bin in der tiefsten Dunkelheit aufgewachsen und weiß nur zu gut, wie es sich dort anfühlt. Mein Leben lang war ich auf der Suche nach etwas in mir, was mir das Gefühl gab, akzeptiert zu werden und vertrauen zu dürfen. Allerdings hatte ich lange Zeit keine Ahnung, wie und wo ich das finden sollte. Ich wusste nur, dass ich nicht wie meine Familie leben wollte. Mein Zuhause war von Härte und mangelnder Wertschätzung geprägt. Als

Kind wurde ich körperlich und seelisch misshandelt, bis ich als Minderjährige schließlich davonlief, doch trotz der Schmerzen und Einsamkeit war da immer diese Überzeugung in mir: Es gibt die Liebe und es gibt ein Leben, das ganz anders ist als das, was ich zu Hause vorgelebt bekomme. In meiner Familie existierte sehr viel körperliche und verbale Gewalt. Nie hörte ich die Worte „Ich liebe Dich". Es gab nur sehr oft ein „Du bist nicht gut genug". Dieser ungestillte Hunger nach Liebe führte dazu, dass ich versuchte, es allen recht zu machen. Ich wollte für meine Mutter der Partner und für meinen Vater die Mutter sein, die er nicht hatte, und ich wollte meiner Schwester die Familie geben, die ich mir gewünscht hätte. Gleichzeitig litt ich unter Eifersucht und der Angst, meine Schwester könnte mehr geliebt werden als ich. Das bisschen Aufmerksamkeit, das wir von unseren Eltern bekamen, war hart umkämpft.

Das Hauptgefühl meiner Kindheit war Angst

Ich trug sehr viel Leid und Trauer in mir. Das Gefühl „Ich bin nicht gut genug" begleitete mich auf Schritt und Tritt und über allem schwebte die Angst vor dem nächsten Schlag, vor der Ablehnung und der Einsamkeit. Mit ungefähr 13 Jahren fing ich aber an, zu rebellieren und mich zur Wehr zu setzen. Ich begann, verbal „zurückzuschießen". Leider rief ich so nur noch mehr körperliche und verbale Gewalt in meiner Familie hervor. Mit 16 lief ich dann zum ersten Mal von zu Hause weg. Kurz darauf holte mich mein Vater wieder zurück. Das nächste Mal haute ich mit 17 ab – und dieses Mal glückte es. Ich zog zu meinem damaligen Freund in seine Ein-Zimmer-Wohnung. Rückblickend ist mir etwas sehr wichtig zu betonen: Ich habe nicht mit meiner Familie gebrochen. Im Laufe meines Lebens konnte ich ihnen aufrichtig verzeihen. Meine Eltern erfuhren selbst nie echte Liebe und lebten letztlich nur das weiter, was sie eben schon kannten. Innerlich wusste ich immer, dass ich mehr wert bin als das, was mir zu Hause vermittelt wurde. Auch in den schlimmsten Augenblicken spürte ich, dass ich besonders bin, und war mir sicher: Solange ich mich selbst habe, kann mir nichts passieren. Heute sehe ich, dass mich das Leid von damals zu der starken, selbstbewussten und zugleich empathischen Frau gemacht hat, die ich heute bin. Es mag verrückt klingen, aber ich bin zutiefst dankbar für wirklich jede Erfahrung in meinem Leben – auch für die allerschlimmsten.

Schon seit meiner Kindheit war ich mir mein eigener Fels in der Brandung. Ich fühlte deutlich, dass ich selbst mein größter Schutz war und ich hatte die Vorstellung von mir als Rettungsanker. Wenn es draußen in der äußeren Welt sehr viel Leid gab, dann konnte ich mich in meine Traumwelt zurückziehen. Ich setzte mich in eine Ecke und träumte mich an einen besseren Ort. Heute weiß ich, dass man diese positiven Tagträume auch als „Visualisieren" bezeichnet. Dabei malt man sich mittels der eigenen Vorstellungskraft seine ideale Zukunft aus und kann so bewusst Dinge in sein Leben ziehen – und was soll ich sagen: Es hat funktioniert! Vieles von dem, was ich damals träumte, lebe ich heute. In meiner Vorstellung sah ich mich zum Beispiel als wunderschöne Frau in einem roten Kleid auf einer Bühne stehen. Mittlerweile stehe ich wirklich auf der Bühne und spreche vor vielen Menschen. Nie kam mir der Gedanke an Selbstmord oder ans Aufgeben. Ich war schon traurig und ließ diese Traurigkeit auch heraus, aber dann stand ich auf und rückte meine Krone zurecht. Nach jeder vermeintlich negativen Erfahrung war ich stärker als zuvor. Ich stieg immer wieder wie Phönix aus der Asche auf. Tief in mir drinnen wusste ich zu jeder Zeit: Etwas Besseres wartet auf mich. Genau dieses Vertrauen möchte ich auch anderen Frauen vermitteln.

Mit 17 lebte ich also bei meinem Freund. Ich brach das Abitur ab und machte eine Ausbildung zur Krankenschwester. Aufgrund der Geschehnisse in meiner Kindheit hatte ich ein starkes Helfersyndrom entwickelt und das konnte ich im Krankenhaus wunderbar ausleben. Außerdem genoss ich es von Anfang an, Geld zu verdienen und finanziell unabhängig zu sein. Das fühlte sich einfach nur genial an. Die Arbeit als Krankenschwester sollte für lange Zeit mein Traumberuf bleiben und ich war sehr gut darin. Durch meine lockere Art und meine außergewöhnliche Empathie gewann ich das Vertrauen der Patienten und sie öffneten sich mir. Als Kind musste ich immer sehr empathisch sein, um eine Situation einzuschätzen und mich vor Angriffen zu schützen. Ich wusste einfach sofort, wenn es jemand gut mit mir meinte oder nicht. So lernte ich, die Menschen zu lesen wie in ein offenes Buch. Auch deshalb bin ich für meine Kindheit dankbar. Es ist vielleicht schwer nachzuvollziehen, aber es ist wahr. Viele meiner Talente und Fähigkeiten wurden durch die Dramen meiner Kindheit gefördert – und die Empathie ist heute eines meiner größten Talente und eines meiner wichtigsten Tools als Coach.

Wenn ich das Zimmer eines Patienten betrat, hatte ich sofort den Überblick über die gesamte Situation. Ich wusste einfach, wie es dem Menschen ging und wie es um ihn stand. Egal, ob ein Patient Schmerzen oder nur schlecht geschlafen hatte, ich spürte intuitiv, wie er sich fühlte. Trotz meiner traurigen Vergangenheit galt ich im Krankenhaus als Sonnenschein, der immer gute Laune versprühte. Ich lachte viel und gern. Das blieb auch so, als ich später auf der Krebsendstation arbeitete, und hier hatte ich die intensivsten Begegnungen – gerade auch mit sehr alten Patienten. Ich hatte schon immer eine große Affinität zu älteren Menschen. Sie mögen mich und ich mag sie. Die meisten Patienten, die im Sterben lagen, öffneten sich mir und vertrauten mir ihre tiefsten Geheimnisse an. Es passiert mir übrigens auch heute noch, dass fremde Menschen auf mich zukommen und mir ihre Lebensgeschichte und sogar ihren intimsten Schmerz erzählen. Als Krankenschwester konnte ich zutiefst verzweifelte Menschen dazu bringen, wieder zu lachen, obwohl sie im Sterben lagen. Dank meiner eigenen Geschichte vermochte ich es, ihnen Licht und Liebe in Momenten der tiefsten Dunkelheit zu geben. So verbrachte ich in den Jahren im Krankenhaus viel Zeit an den Betten der Patienten, streichelte sie, hörte ihnen zu und war an ihrer Seite, bis sie starben.

Ich erlebte die Dunkelheit, aber ich bin nicht die Dunkelheit

Ich bin nicht die Dunkelheit. Ich bin Licht und Liebe und ich kann in jedem Augenblick entscheiden, das zu leben und auszustrahlen. Das wurde mir zum ersten Mal auf der Krebsendstation bewusst. Damals fühlte ich eine Ahnung von dem, was ich heute sicher weiß: Ich habe so viel Kraft, Positivität und Liebe in mir – das reicht für 100 Jahre und für tausende Menschen. So hat mich die Arbeit als Krankenschwester viele Jahre lang erfüllt, doch dann erlebte ich einen Wendepunkt. Einer meiner Patienten war ein erfolgreicher Geschäftsmann gewesen, aber ich fühlte bei ihm eine stark ablehnende Haltung sich selbst gegenüber. Wir sprachen darüber und er sagte mir, dass er glaubte, wegen seiner fehlenden Selbstliebe Krebs bekommen zu haben. Er litt wirklich an Selbsthass und hatte alle anderen Menschen damit aus seinem

Leben vertrieben. So starb er ganz allein, ohne Angehörige oder Freunde, die ihn besuchten. Er verreckte ganz elendig – anders kann man das nicht sagen –, doch vor seinem Tod hatte ich sehr intensive Gespräche mit ihm. Am Ende legte ich mich neben ihn ins Bett und streichelte ihn, während er starb. Dieser Patient gab mir den entscheidenden Impuls, mein Leben zu verändern. Ich wollte nicht am Ende meines Lebens bereuen, dass ich mein Leben gar nicht gelebt hatte. Der Geschäftsmann hatte sein Leben dem Business geweiht und die Menschen vergessen. Bei mir war es anders: Ich kümmerte mich so sehr um andere Menschen, dass ich Gefahr lief, mich selbst zu vergessen. Dabei war ich damals schon seit einiger Zeit unzufrieden. Die Bezahlung als Krankenschwester war sehr schlecht, der Job anstrengend und ich hatte das altbekannte Gefühl, dass etwas Neues und Besseres auf mich wartet.

Als Quereinsteigerin in die Businesswelt
Damals war ich 27 Jahre alt. Ich arbeitete bereits zehn Jahre als Krankenschwester. Nach dem Tod des Geschäftsmannes traf ich die klare Entscheidung: Ich wollte mehr und ich wollte etwas Besseres für mich. So kündigte ich als Krankenschwester und begann als Quereinsteigerin im Vertrieb. Mein damaliger Mann – wir waren zu dem Zeitpunkt seit zwei Jahren verheiratet – arbeitete im IT-Consulting für CRM-Systeme. Er war ständig auf der Suche nach neuen IT-Projekten und ich fand das schon immer sehr spannend. Durch ihn bekam ich mit, wie sich Freiberufler für neue Projekte bewerben, und ich dachte irgendwann: „Das ist eine tolle Sache. So etwas würde ich auch gern machen." Also bewarb ich mich einfach in einem Unternehmen und schrieb ganz offen: „Ich bin zwar gelernte Krankenschwester, aber ich habe das tiefe Gefühl, dass ich die geborene Vertrieblerin bin." Sie gaben mir tatsächlich eine Chance und mein Vorgefühl bestätigte sich. Bereits nach drei Wochen machte ich schon die größten Umsätze in der Firma – und das als einziger Quereinsteiger bei 20 Vertrieblern! Kein Wunder! Handeln und Verkaufen machten mir seit jeher Spaß. Bereits als Kind wünschte ich mir keine Puppen, sondern einen Kaufmannsladen. Auch im Vertrieb trumpfte ich wieder mit meiner außergewöhnlichen Empathie auf. Ich kam blitzschnell mit Menschen in Kontakt und konnte die Kunden dort abholen, wo sie sich befanden. Gerade weil für mich alles neu war, machte ich mir keine großen Gedanken, sondern

legte einfach los. „Machen, machen, machen" lautete meine Devise. In den Gesprächen quatschte ich die Leute einfach mit echter Begeisterung voll, ohne Angst davor zu haben, dass sie Nein sagen könnten. Ich machte dabei aber keinen Druck, sondern behielt immer meinen Charme und meine gute Laune. Es musste nur zu einem persönlichen Gespräch kommen – und schon hatte ich einen Abschluss in der Tasche.

Obwohl ich so viel Leid durch Menschen erfahren habe, liebe ich sie aufrichtig. Es gibt nicht einen Menschen, den ich nicht mag – selbst diejenigen, die mich betrogen, belogen und geschlagen haben. Kein Mensch ist wirklich böse. Jeder reagiert einfach aus seinen Erfahrungen heraus, und ich bin mir absolut sicher, dass jeder Mensch im Grunde nur geliebt und wertgeschätzt werden möchte. Beim Verkaufen kann ich wirklich auf die Menschen eingehen, weil ich sie aus tiefstem Herzen liebe. So hatte ich in sehr kurzer Zeit großen Erfolg im Vertrieb. Ich war nun fest im IT-Geschäft und vermittelte ITler. Bald schon bekam ich eine höhere Position angeboten und leitete ein Team. Ich verdiente zum Teil schon fünfstellig, fuhr ein großes, schickes Auto und beruflich lief alles sehr gut, doch meine Ehe geriet ins Wanken. Mein erster Mann und ich trennten uns und ich durchlebte eine wirklich tiefe Krise. Diese Beziehung war eine ganz tiefe Liebe in meinem Leben und eine echte Verbindung auf Seelenebene, aber wir waren nie dazu bestimmt gewesen, gemeinsam alt zu werden, sondern sollten uns gegenseitig einfach vieles spiegeln und daran wachsen. Dafür werde ich meinem ersten Mann auch ewig dankbar sein. Ich bin froh über die gemeinsame Zeit, denn sie bedeutete für mich der Beginn eines bewussteren Lebens. Damals stellte ich mich zum ersten Mal meinen eigenen Dämonen und öffnete mich der Spiritualität.

Ein Jahr später lernte ich einen neuen Partner kennen. Da war ich gerade 28. Mit diesem Mann hätte ich mir vorstellen können, eine Familie zu gründen und Kinder zu bekommen, aber ich bekam Krebs – um genau zu sein: einen Gebärmutterhalstumor. Aus jetziger Sicht kann ich sagen, dass es mein mangelndes Urvertrauen gewesen ist, das mich damals krank machte. Ich hatte einfach keine Verbindung mehr zu meinem Herzen. Trotz der Krankheit vergrub ich mich nie. Auch damals arbeitete ich schon sehr bewusst mit meinen Gedanken und sorgte dafür, jeden Tag zu lachen und nach vorn zu schauen. Und tatsächlich besiegte ich den Krebs! Doch dann – ich war 32 Jahre alt – verunglückte mein damaliger Partner bei einem Motorradunfall tödlich. Die Trauer über diesen großen Verlust trieb mich dazu, mich gnadenlos in die Arbeit zu stürzen. Ich gab nur noch Vollgas und versuchte dadurch, meinem Schmerz zu entkommen. Ganze vier Jahre lang machte ich in diesem wahnwitzigen Tempo weiter. Dann ging die Firma, für die ich arbeitete, insolvent. Anscheinend lief dort nicht alles ganz korrekt hinter den Kulissen ab und ich verlor viel Geld, das mir noch zugestanden hätte. Ich wechselte noch einmal in eine andere Firma, obwohl ich innerlich bereits wieder deutlich fühlte: „Das ist es nicht mehr. Für Dich kommt jetzt etwas Neues!" Ich hing aber noch zu sehr an meinem alten Leben. Ich hatte ein tolles Verhältnis zu meinen Kunden und genoss natürlich den Luxus, der mit dem Erfolg einherging, doch ich sah keinen Sinn mehr in dem, was ich beruflich tat. Es ging um soundso viele Millionen Gewinn und permanentes Wachstum. Was hatte das alles mit mir zu tun? Ich war nicht mehr mit dem Herzen dabei. Gleichzeitig wollte ich auch nicht schon wieder von vorn anfangen. Also zog ich es noch eine Weile durch. Damals handelte ich sehr stark aus der männlichen Energie heraus. Ich war cool, tough und wollte nur „ein besserer Mann" sein. Dabei ignorierte ich meine innere Stimme ziemlich lang sehr erfolgreich. Und dann, mit 37, hatte ich ein Burn-Out. Im Nachhinein muss ich sagen: Zum Glück! Denn nur dadurch ging ich vom Gas herunter und begann, mich wirklich auf mich selbst zu besinnen. Heute ist es für mich völlig klar, warum ich wieder krank wurde: Ich wollte unbedingt mein altes Leben aufrechterhalten, obwohl ich mit dem Herzen längst nicht mehr bei der Sache war. Meine Seele spürte einfach: So soll es nicht weitergehen! Das ist nicht meine Lebensaufgabe und ich folge schon lange nicht mehr meinem Herzensweg. Und wenn man den Ruf der Seele nur lange genug ignoriert, wird der Körper eben krank. Ich klappte regelrecht zusammen und konnte nur noch schlafen, schlafen, schlafen – so, als müsste ich mich von meinem eigenen Leben erholen.

Der Weg zurück zum Herzen

Als ich mich wieder erholt hatte, wusste ich, dass ich auf keinen Fall mehr in mein altes Leben zurückkonnte. Ich kündigte und überlegte mir nach Jahren zum ersten Mal wieder, was ich eigentlich wirklich in meinem Leben wollte. Mir wurde relativ schnell klar, dass ich Frauen in ihrem Business unterstützen möchte, weil ich durch meine Erfahrungen genau wusste, wo ich sie abholen kann. Ich war aber noch immer von einer sehr männlichen Energie getrieben. Mit „männlich" meine ich dieses getriebene „Höher-schneller-weiter". Es ist eine Energie, die Dich permanent pusht. Weiter, weiter – zack, zack, und das alles mit Druck und Kontrolle. Ich war verbissen und kämpferisch, um nicht zu sagen: eine echte Kampf-Hyäne. Heute betreibe ich mein Business mit Spaß und Leichtigkeit. Ich streite nicht mehr, sondern ich lache aus vollem Herzen! Ich will nicht mehr recht haben, sondern glücklich sein. Und ich umgebe mich nur noch mit Menschen, die mich lieben und wertschätzen. Dass ich mich wieder mit meiner weiblichen Energie verbinden konnte, habe ich vor allem einem weiblichen Coach zu verdanken: meiner persönlichen Inspiration auf zwei Beinen, wie ich sie nenne. Sie zeigte mir, was es heißt, auf wirklich weibliche Art ein Business zu betreiben. Ich lernte sie kennen, als ich 36 war. Ich hatte wieder geheiratet und war in diesem Moment meines Lebens sowohl beruflich also auch privat sehr unglücklich, aber ich wollte auch nicht einfach aufgeben.

Ich bin vom Typ her nicht nur eine Kämpferin, sondern auch eine Retterin und zog immer Menschen an, die meine Hilfe brauchten. So versuchte ich dann auch noch einige Zeit lang, meinen zweiten Mann zu retten, aber eigentlich befand ich mich schon in einem Teufelskreis: Ich wollte retten und gleichzeitig die Kontrolle über mein Leben behalten. Ich kämpfte gegen Windmühlen und verlor immer mehr Energie, so als hätte ich mein Leben auf Treibsand gebaut. In einem Moment der größten Verzweiflung fuhr ich auf ein Retreat und begegnete meinem Coach. Ich erinnere mich noch deutlich daran: Das Retreat war auf Ibiza. Es ging um Frauen und Business. Mein Coach schaute mich an und sagte: „Du bist von all den Frauen hier jene mit dem größten Potenzial. Du bist die erste Millionärin von allen und das einzige, was Dich daran noch hindert, ist Dein Kopf. Du hast keine Verbindung zu Deinem Herzen. Weißt Du, wie Dein Herz klingt?" Und ich antwortete: „Nein, das weiß ich nicht. Ich weiß das schon lange nicht mehr. Ich versuche einfach nur, alles im Griff zu haben." Wir machten gemeinsam eine Energieübung zum Thema „Herzöffnung". Nach dieser Übung heulte ich 37 Stunden den ganzen

Schmerz meiner 37 Lebensjahre heraus. Ich konnte weder schlafen noch essen. Die Tränen liefen und liefen, und ich hatte die schlimmsten Kopfschmerzen meines Lebens. Dann war es plötzlich vorbei. In mir breitete sich eine unglaubliche Ruhe aus und ich wusste mit aller Klarheit: Ich muss diese Ehe beenden, meinen Job hinschmeißen und eine Ausbildung als Coach beginnen.

Lange Zeit suchte ich die Antwort auf meine Sehnsucht im Außen, bis ich mich vor einigen Jahren endlich nach innen richtete. Bis dahin steuerte mein Kopf mein Leben. Die Verbindung zu meinem Herzen war gebrochen. So versuchte ich, über Härte und Coolness mein Bedürfnis nach Liebe zu stillen, doch das funktionierte natürlich nicht. Als ich dann mein Herz wieder zu fühlen begann, bekam ich plötzlich überraschend einfache Antworten: Ich darf in meiner weiblichen Energie sein. Ich darf zu 100 Prozent authentisch sein. Ich darf mein wahres Selbst zeigen. Ich werde nicht dafür abgelehnt, weil ich so stark, so schön, so laut, so lustig, so durchgeknallt bin – im Gegenteil: Ich werde genau dafür geliebt, dass ich ich bin. Ich fühlte plötzlich ganz klar: Es gibt keinen Grund, Angst zu haben. Ich werde von den richtigen Menschen erkannt, weil sie mein wahres Wesen sehen können. Genauso geschah es auch.

Die Liebe meines Lebens – das bin ganz klar ich. Die absolute Liebe zu mir selbst trug mich durch alle Tiefen des Lebens und verschaffte mir die unglaublichsten Höhepunkte. Ich war so tief in der Dunkelheit und hatte nur mich selbst, woran ich mich festhalten konnte. Als ich wieder mit meinem Herzen verbunden war, wusste ich plötzlich ganz genau, was ich tun musste, um mir ein glückliches, erfülltes Leben aufzubauen. Mein Weg lag vor mir, wie eine wunderschöne Landkarte ausgebreitet.

Du musst niemand anderen retten, nur Dich selbst! Und je mehr Du Dich liebst und wertschätzt, desto mehr Fülle wird automatisch in Dein Leben kommen. Wir alle haben Verletzungen, die es zu heilen gilt – und das ist auch möglich. Wie Du an meiner Geschichte siehst, muss niemand an etwas zerbrechen. Halte Dich an Dir selbst fest und Du bist immer an einem sicheren Ort. Heute bin ich die Liebe meines Lebens und führe auch andere Frauen dahin, in die absolute Selbstliebe zu gehen. Dabei setze ich alles ein, was ich habe. Ich lege all mein Herz, meine Liebe, meine Erfahrung und meine Power in mein Coaching, damit diese Frauen ihren Durchbruch erleben. Auch finanziell bin ich heute völlig frei. Ich verdiene mindestens fünfstellige Monatsumsätze, reise um die Welt und lebe meine Berufung. Ich führe Frauen aus der Dunkelheit ins Licht, aus dem Mangel in die Fülle, aus dem Misstrauen ins Vertrauen, aus dem Zweifel in die Liebe. Dafür musste ich einfach den Weg als Erste gehen, erkennen, wer ich wirklich bin, Frieden mit mir selbst und den Menschen in meinem Leben schließen und die Erfahrungen machen, die mich zu der Person gemacht haben, die ich heute bin.

Spirituelles Businesscoaching für Frauen

Nach nicht einmal eineinhalb Jahren Selbstständigkeit als Coach habe ich mehrere tausend Follower auf Facebook und Instagram gewonnen. So war ich relativ schnell sichtbar – sicher auch, weil ich kein Problem habe, mich zu zeigen. Es ist einfach so: Ich bin von mir, meiner Leistung und vor allem von meiner Dienstleistung überzeugt. Natürlich gab es auch Hindernisse und Herausforderungen auf meinem Weg. Erst einmal musste ich den Mut aufbringen, in mich zu investieren. Damals nahm ich richtig viel Geld in die Hand, um mir mein Business aufzubauen. In was investierte ich? Natürlich auch in Webseiten und Online-Werbung, vor allem aber in mich selbst. Es heißt, dass man als Unternehmer rund 250.000 Euro in sich selbst investieren muss, bevor man richtig erfolgreich wird. Das kommt in etwa an meine Investition heran. Ich ließ mich für viel Geld coachen und zwar von Coaches, die bereits dort waren, wo ich hinwollte. Und es vergeht noch heute kein Monat, in dem ich mich nicht coachen lasse. Ich arbeite permanent an mir und meiner Persönlichkeitsentwicklung. So erhöht sich auch meine Energie ständig und ich kann meinen Kunden noch besser dienen, weil ich ihnen heute und jeden Tag einen noch größeren Mehrwert biete als zuvor.

Ich durfte viel lernen, viele Fehler machen und musste mein Mindset ändern – weg von dem Denken einer erfolgreichen Angestellten hin zu einer wirklichen Unternehmerin. In dieser Zeit bekam ich auch viel Gegenwind aus meinem Umfeld. Manche sagten mir direkt ins Gesicht: „Du spinnst vollkommen" oder „Du bist wohl größenwahnsinnig". Damals musste ich mich von sehr vielen Menschen trennen, die sich gegen meinen Weg gestellt hatten.

Für mich war es Zeit, Tabula rasa zu machen und meinen eigenen Weg zu gehen – egal, wie viele Personen mir in diesem Moment beistanden oder nicht. Denn das Wichtigste ist immer, dass du selbst Energie und Kraft hast und Dich nicht von anderen Menschen herunterziehen lässt. Dann wirst Du auch alles schaffen, was Du Dir vornimmst. Einfach war es nicht. Was mir damals sehr half, waren vor allem Meditationen. In diesen Momenten, in denen ich vollständig mit mir verbunden war, hatte ich ganz klare Visionen von meiner Zukunft. Es war, als wäre mir mein Seelenweg vom Universum direkt vor meiner Nase aufgezeichnet worden. Mein Warum war plötzlich komplett klar - und es bewegte mich emotional tief und machte mich gleichzeitig richtig geil darauf, weiterzugehen.

Zu meinen Kundinnen sage ich immer: „Wer fliegen will, muss die Fußgänger loslassen." Ich musste sehr viele „Fußgänger" loslassen, um fliegen zu können. Das kostete mich sehr viel Kraft und Energie. Ich saß verheiratet im vielbesagten goldenen Käfig – abbezahltes Haus mit Pool, für alles war gesorgt – nur meine Seele blieb hungrig. Irgendwann war ich so verzweifelt, dass ich dachte: Ok, ich gehe auf die 40 zu und stecke in einer netten Komfortzone fest. Das kann nicht der Sinn meines Lebens sein. Also zog ich die Reißleine, verließ meinen Mann und wagte mich erneut aus meiner Komfortzone heraus. Nachdem ich den Mut aufbrachte, wieder von null zu beginnen, ging ich im Business komplett durch die Decke. Eineinhalb Wochen nach meinem Auszug hatte ich schon 80.000 Euro Umsatz gemacht. Ich lernte sehr schnell viele andere Menschen kennen, die auch fliegen wollten oder schon mit Überschallgeschwindigkeit unterwegs waren. Mir wurde bewusst: Wenn ich fliege, dann lerne ich auch andere fliegende Menschen auf ihrem Weg kennen. Dank dieser Erfahrung fällt es mir nicht mehr schwer, Menschen loszulassen, die nicht mehr zu mir gehören. Es gibt die echten Verbündeten, die einem ein ehrliches Feedback geben, weil sie wollen, dass der Andere seine volle Größe entfaltet. Und dann gibt es diejenigen, die einen nur herunterziehen, weil sie sich selbst (noch) nicht auf den Weg machen wollen. Doch diese Kritik perlt an mir ab, weil ich eine sehr starke Verbindung zu mir, zu meinem Körper, zu meiner Seele und zu meinem Geist habe. Ich bin eine Königin und ich darf das!

Heute bin ich ein spiritueller Businesscoach für Frauen. Ich pflege eine sehr innige Beziehung zu meinen Kundinnen - „meinen Frauen", wie ich sie nenne. Von ihnen bekomme ich reihenweise positives Feedback und Geschenke. Es fühlt sich einfach nicht wie Arbeit an, weil ich zu 100 Prozent meine Leidenschaft lebe. Ich halte nichts mehr zurück und reiße gern alle mit, die mit mir das Fliegen lernen wollen. Danke liebes Universum! Endlich kann ich meine volle Kraft ausleben. Ich liebe mich und mein Leben – und genau das wünsche ich aus tiefstem Herzen jedem Menschen.

Katja Rückemann im Kurzportrait:

Hemmungslos weiblich und finanziell frei. Was Katja Rückemann coacht, das lebt sie auch selbst. Nachdem sie erst zehn Jahre als Krankenschwester tätig war, entschloss sie sich zu einer 10jährigen Vertriebskarriere, um dort ihre wahre Berufung zu finden und ihren Weg als Selbstbewusstseins- und spiritueller Businesscoach zu starten. Dabei verhilft sie Frauen, mit absolutem Selbstwertgefühl in ihre Weiblichkeit und in ihre finanzielle Freiheit zu kommen. In ihrem Coaching geht es um therapeutische Ansätze, Vertriebscoaching, Energiearbeit, Selbstbewusstseinscoaching und vor allem Mindset-Arbeit. Mit absoluter Authentizität, Unternehmerbewusstsein und einer hohen Energie werden Frauen in ihre wahre Größe gecoacht. Sie erkennen dabei ihre Einzigartigkeit, lernen ihr eigener Fels in der Brandung zu sein, um dann durch eine schöpferische Kraft auch die nötigen Handlungen zu vollziehen, sichtbar zu werden und mutig eine erfolgreiche Selbstständigkeit aufzubauen. Ihr Motto: „Was, wenn es doch möglich wäre? Du musst Dich nur trauen!" Katja ist 40 Jahre alt, lebt in Frankfurt, arbeitet an den schönsten Orten der Welt und hat sich ein wirkliches Lifestyle-Business aufgebaut.

info@sag-ja-katja.de
www.sag-ja-katja.com

„Ich musste sehr viele „Fußgänger"
loslassen, um fliegen zu können."
Katja Rückemann

ANJA MACK

◆ ◆ ◆

Erinnerst du dich noch daran, als du fünf Jahre alt und die Welt entdeckt hast? Vielleicht warst du neugierig auf das Leben, vielleicht warst du auch schüchtern. Vielleicht hast du, so wie ich, deine Eltern immer mit tausenden Fragen genervt, die dir durch den Kopf gegangen sind.

Stell dir folgende Situation vor: Ein kleines Mädchen, fünf Jahre alt, stets immer das Kleinste und Zierlichste, mit strohblondem Haar und blauen Augen, Sommer wie Winter barfuß unterwegs. Mit zierlicher, etwas leiser Stimme schossen pro Minute gefühlt 7000 Fragen aus dem Kindermund: Mama, wieso ist die Blume blau? Mama, wieso können wir nicht fliegen wie Vögel? Mama, wieso friere ich nicht an den Füssen, aber du schon? Mama, werde ich auch mal größer? So ging das, Tag ein Tag aus. Wieso, weshalb, warum, was? Egal welche Frage, ich glaube, jede Mama, jeder Papa, jede Oma und jeder Opa kennen sie alle! Jetzt wirst du sicher nicken und dir denken, dass wir doch alle so waren. Doch genau das ist uns oftmals verloren gegangen. Ich habe mir meine Neugierde stets bewahrt. Ich stelle auch heute noch die gleichen komischen Fragen. Wenn du meine Freunde fragen würdest, wie ich bin, sie würden antworten: komisch, anders oder immer noch kindisch-

231

neugierig. Ich habe mich dadurch wirklich immer anders gefühlt. Doch habe ich im Laufe meiner Schulzeit hart lernen müssen, dass man manche Fragen besser nicht stellt, weil es sich nicht gehört oder weil man das nicht macht. Das tut man einfach nicht. Jedenfalls wurde mir das regelrecht aberzogen. Das mag nun hart klingen, aber das soll es auch. Ich hatte mit meiner Schwester zusammen eine großartige Kindheit auf dem Bauernhof meiner Eltern verbracht. Ich war immer schon neugierig auf die Welt gewesen und habe das auch zum Ausdruck gebracht. Ich fing schon in der Schule an, mir die ganzen Fragen zu stellen, nur für andere nicht mehr so offensichtlich. Das alles spielte sich eher in meinem Kopf ab.

Ich habe immer gedacht, dass mit mir etwas nicht stimmt. Ich war anders als die anderen, irgendwie bunter. Meistens habe ich mich in der Schule zurückgezogen, oft haben meine Mitschüler über mich gelacht, wenn ich in der ersten bis vierten Klasse meine Fragen gestellt habe. Die Antworten meiner Mitschüler waren dann: „Anja, das ist einfach so" oder „Anja, stell nicht so blöde Fragen". Ich kam dann oft nach Hause und habe erst einmal geweint. „Mama", habe ich gesagt, „wieso lachen die Kinder mich aus, wenn ich so viel frage?" Doch heute weiß ich, dass viele einfach Angst hatten, sie haben einfach alles so hingenommen, was man ihnen erzählt hat. Doch das habe ich nie getan. Ich habe immer alles hinterfragt und selbst die Menschen, die das gesagt haben, habe ich hinterfragt.

In meiner Kindheit wurde bei uns zu Hause immer über das Geld gestritten. Ich hatte das Gefühl, als hätten meine Eltern kaum ein anderes Thema und in meinem Kopf gab es endlose Fragen dazu. Ständig ging es nur ums Geld. In meiner damaligen Wahrnehmung war Geld also bestimmt nichts Positives. Es entwickelten sich dann Glaubenssätze bei mir wie „Geld wächst nicht auf Bäumen, du musst für das Geld hart arbeiten. Das, was du lernst, wirst du ein Leben lang machen". Und dabei kam ich vom Land, wo immer schwer gearbeitet wurde. Ich verband Erfolg also damit, sich aufzuopfern und hart dafür zu arbeiten - bis zur Erschöpfung.

Ich wusste als Mädchen schon, ich will ins Hotelfach. Warum? Weil man dort auf viele Menschen von überall her trifft. Menschen, die Geld haben, reisen und sich einfach alles kaufen können, wozu sie Lust haben. Sie besitzen andere Nationalitäten, sprechen die verschiedensten Sprachen und haben die unterschiedlichsten Hautfarben, Kulturen und Bräuche. Deswegen war das Hotel immer wie ein großes Märchenschloss für mich. Ich sah mich an der Rezeption stehen, mit den Gästen in mehreren Sprachen reden und es war herrlich. Ich konnte sie alles fragen, was ich wissen wollte: Woher sie kommen, was sie machen, was sie erlebten, was sie arbeiteten... Ich wusste, sie würden mich anlächeln, sich freuen und mir von sich und ihrem Land erzählen. Sie würden mit mir lachen wegen meiner freundlichen und offenen und vor allem ehrlichen Art. Kannst du dir das vorstellen? Die kleine Anja, die davon träumt, ins Hotel zu gehen. Ich träumte diesen Traum sehr oft, er war so lebendig. Ich konnte ihn riechen, sogar anfassen. Doch so einfach wie es klingt, so einfach war es auch. Nur habe ich es damals noch nicht verstanden.

Ich habe schon früh erfahren, wie der Dienstleistungssektor funktioniert. Für mich ist es leicht, Menschen auf positive Art zu berühren. Ich musste nur hinhören, was die Menschen für ein Problem haben und es lösen. Ich konnte förmlich heraushören, was sie wollten. Einfühlungsvermögen, damit war ich gesegnet, doch ich erkannte es lange Zeit nicht als Gabe. Jetzt sagen sicher einige, dass das doch bloß eine Verkaufsstrategie ist. Aber wusste ich damals schon über diese Vorgänge Bescheid? Nein, ich wollte nie im Verkauf tätig sein. Aber wenn wir ehrlich sind, sind wir das doch alle auf eine gewisse Art und Weise, manchmal vielleicht auch ohne es zu wissen.

Sicher fragst du dich, was aus diesem Traum geworden ist? Ich machte ihn wahr. Hätte ich mit fünf Jahren wissen können, dass ich jeden Tag visualisiert habe? Nein. Hätte ich mit fünf Jahren wissen können, dass mein Traum wahr werden wird? Ja, weil mein Papa mir damals diese Worte mit auf den Weg gab. Bedenke, ich war erst fünf Jahre alt. Man hat mir nicht erklärt, wie das Leben funktioniert, nur dass man schwer und hart arbeiten muss. Die Worte, die aber mein Papa für mich wählte, waren folgende: „Hör nie auf zu träumen, den deine Träume kann dir niemand nehmen, auch deine Eltern nicht, niemals. Vergiss das nie, Anja!" Somit habe ich nie aufgehört zu träumen. Denn Worte können etwas erschaffen oder etwas zerstören, so viel Macht haben sie, das hatte ich damals definitiv verstanden. Und diese Fähigkeit habe ich mir bis heute bewahrt.

Die Ausbildung zur Hotelfachfrau war Himmel und Hölle zugleich. Für mich war es das, denn ich habe bis heute keine Ausbildung erlebt, die einem so viel beibringt. Ich habe viele gesehen, die mittendrin aufgegeben haben. Doch so wurde ich nicht erzogen. Ich danke meiner Mama dafür, dass ich es nicht getan habe. Ich lernte auf die harte Tour, wie das Leben funktionierte. Ich hatte am Anfang jede Beschwerde als Beleidigung gegen mich gewertet, als persönlichen Angriff empfunden. Ich ließ mich von so vielen Leuten kleinmachen. Ich habe vergessen, wie man Träume mit Leben füllt und mit Emotionen und Gefühlen. Ich habe vergessen, dass man sich Ziele setzt.

Man verdient wenig und die Arbeit ist hart. Vorgesetzte, aber auch Gäste, schimpfen oder schreien dich an und ich nahm alles persönlich. Mit 18 habe ich das Leben dann nicht mehr verstanden, denn jede Unzufriedenheit der Gäste und Vorgesetzten hatte in den seltensten Fällen mit mir zu tun. Wieder kam ich oftmals nach Hause und weinte. Manchmal jeden Tag. Manchmal wollte ich aufgeben, aber besser zu werden als alle anderen, das spornte mich dennoch an. Ich lernte, meinen Durchhaltemuskel zu trainieren, und eignete mir Disziplin und Willensstärke an. Ich gab meine Träume niemals auf. Wann immer die Menschen ins Hotel oder zum Essen kamen, sie hatten viele Geldscheine dabei, in allen Währungen, die man sich nur vorstellen kann. Doch da gab es etwas, das mich mehr faszinierte als alles andere auf der Welt: Sie kamen ins Hotel und bezahlten mit einer Plastikkarte. Es gab sie in allen Farben und von allen bekannten Banken. Man konnte einfach damit bezahlen. Ich wollte schon bald auch so eine Karte haben. Wenn ich als Kind mit meiner Mama einkaufen ging, gab es immer eine Differenzierung. Es gab reguläre Preise, die teuer waren und es gab Mamas Preise. Das waren die Dinge, die wir uns leisten konnten. Ich habe das jedoch nie verstanden, wieso andere sich mehr leisten konnten als wir. Doch das, was ich im Hotel sah, war wie eine Traumwelt: beeindruckende Menschen, die viel Geld und Luxus besaßen. Sie konnten sich jederzeit kaufen, was sie wollten. Ich wollte ebenfalls reich werden. Wie, das wusste ich noch nicht, doch es sollte einen Weg geben. Ich wollte auch ganz viele von diesen magischen Karten haben. Im Hotel zückten ständig alle Menschen ihre Kreditkarten. Egal, ob es die eigenen waren oder die der Firmen. Es war großartig zu sehen, dass manche Gäste sogar mehrere davon hatten. Das war ganz einfach ein erstrebenswertes Ziel für mich. Doch mir gefiel immer besonders eine Kreditkarte am besten. Sie begegnete mir bis dahin erst einmal und das war in Wien. Es war eine schwarze American Express. Sie glitzerte, war keineswegs aus Plastik und sie war schwer und edel. Doch man sagte mir: Menschen, die eine solche Karte haben sind reich, sie können sich alles kaufen. Dabei haben mich in meinem Leben eigentlich eher selten materielle Dinge gereizt, es waren vielmehr Erlebnisse und Abenteuer, die ich damit hätte bezahlen können. Denn von Reiseerlebnissen habe ich am Ende mehr als von unzähligen Taschen und Schuhen. Mit der Zeit wurde ich weiser, verlor aber mein Ziel nicht aus den Augen und nachdem ich meine Ausbildung im Hotelfach 2009 beendet hatte, ging ich nach Kanada.

Unbewusst habe ich also nie aufgehört zu träumen und zu visualisieren. Ich fing nun plötzlich an zu reisen. Ich wohnte in einem Hotel, durfte den Spa und die Fitnessanlagen benutzen und hatte endlich meine eigene magische Karte. Dass das alles noch viel Schaden und Leid über mich bringen würde, wusste ich zu diesem Zeitpunkt noch nicht. Ich dachte, ich sei meinem Ziel schon so viel nähergekommen. Jetzt galt es noch herauszufinden, wie man endgültig an so eine schwarze American Express kam. Ich arbeitete nun in einem Hotel in Kanada an der Rezeption, an einem Fleckchen Erde, der so schön ist, dass dort Arbeit eher wie Urlaub erscheint. Ich hatte viel Spaß, lernte viel, reiste viel und das alles Dank meiner magischen Karte. Bei Banken gibt es sowas wie einen Dispokredit. Ich arbeitete viel, also reichte mein Gehalt als Sicherheit und im Gegenzug konnte ich mir Geld von der Bank leihen, für hohe Zinsen. Das war mir allerdings egal, denn die Bank gab mir das, was ich wollte und nicht hatte: Geld! Für diese Dienstleistung musste ich aber auch bezahlen, wie der Gast im Hotel für meine Dienstleistung bezahlt. Eins hatte mich meine Ausbildung im Hotel gelehrt: Kosten und Wert sind zwei vollkommen verschiedene Dinge. Der eine würde denken, das ist ja verrückt, für einen Dispokredit so viel Zinsen zu zahlen. Aber das, was mir das Geld ermöglichte, hatte einen viel größeren Wert als diese Prozente, die mir jeden Monat berechnet wurden. Ich fand es dennoch oft unfair, dass man in der Gastronomie so hart arbeitet und keinen gescheiten Lohn bekommt. Ich fragte mich immer, wie man davon eigentlich eine Familie ernähren soll. Wie man davon überhaupt ein Haus bauen soll? Ich hatte beschlossen, ich werde das Leben erst einmal genießen und das Geld zum Fenster rauswerfen, sparen konnte ich ja später immer noch. Schließlich war mein Grundsatz: Erst leben und die Welt erforschen. Also, warum dafür nicht auch ein paar Schulden machen? Ich empfand das gar nicht als so schlimm. Ich arbeitete, reiste, feierte und verbrachte schließlich die beste Zeit meines Lebens in Kanada.

Sicherheit kann für jeden etwas anderes bedeuten. Für Persönlichkeiten, die in der Öffentlichkeit stehen, fühlt es sich vielleicht sicher an, wenn sie unerkannt reisen können und in Hotels nicht belagert werden. Andere suchen die Sicherheit jedoch in einem sicheren Job, in materiellen Dingen, in Luxusartikeln und Statussymbolen. Ich projizierte alles auf diese magische Karte aus Plastik, die mir überall ein Gefühl von Sicherheit gab und dachte, alle meine Probleme seien damit gelöst.

Die Zeit in Kanada war so wundervoll und ich möchte dieses Jahr nie missen. Ich lernte eine völlig neue Welt des Arbeitens kennen. Ich wurde für Leistung bezahlt, die ich erbracht habe und nicht für schulische Noten oder Abschlüsse. Das gefiel mir. Ich arbeitete viel, schnell und immer zuverlässig, wie ich es eben gelernt hatte. Oft sagten meine Chefs zu mir: „Anja, du musst auch lernen, das Leben zu genießen. Sei nicht immer so streng mit dir!" Ich begann zu begreifen, das stetiges Arbeiten und Geld allein auch nicht glücklich machen, sondern dass die Einstellung, das Leben zu genießen, auch erstrebenswert ist. Doch musste nicht beides möglich sein? Wieso sollte es nur das eine oder das andere geben? Gepackt vom Ehrgeiz und der Reiselust verschlug es mich nach Wien. Es genügte eine Bewerbung im Hotel Steigenberger und ein Vorstellungsgespräch. Ich hatte mich eben wieder gut verkauft. Nun beschloss ich, beides auszuleben: Arbeiten und gleichzeitig viel Geld zu verdienen, um das Leben noch mehr genießen zu können. Gesagt, getan. Innerhalb weniger Wochen waren die Sachen und das Auto gepackt und eine Wohnung gefunden. In der Zwischenzeit besaß ich nun schon zwei von diesen magischen Plastikkarten.

Wieder lebte ich mein Leben in vollen Zügen und genoss es. Ich fand jedoch schwer Zugang zu den Menschen und tief in meinem Inneren war ich total unglücklich. Ohne meine Freunde und Familie fühlte ich mich ziemlich einsam. So kam es mir jedenfalls vor. Wenn ich frei hatte, nahm ich mein Auto oder den Zug nach München. Ich hätte wohl schon damals meinem Impuls folgen sollen und Wien einfach den Rücken kehren sollen. Stattdessen blieb ich. Am Anfang arbeitete ich mich ein, lernte die Stadt kennen, denn meine Neugierde führte mich in die angesagten Bars, Cafés, Restaurants oder Kulturveranstaltungen. Ich arbeitete wieder im Herzen des Hotels, am Empfang. Es ist der erste Ort, den die Gäste wahrnehmen und der letzte Kontakt, denn sie haben, wenn sie das Haus wieder verlassen. Ich liebte es. Doch mit der Zeit wurde ich unzufriedener, denn der Wechsel von Mitarbeitern war sehr hoch. So schnell ich die neuen Kollegen und Kolleginnen liebgewonnen hatte, so schnell verließen sie den Ort auch wieder.

Der Gedanke an Kanada hingegen ließ mich immer noch nicht los. Wie konnte ich einer Arbeit nachgehen, die mich erfüllt und gleichzeitig genug Freizeit haben, um das Leben zu genießen? Ich musste jedoch in Wien bleiben und meinen Job weiter ausüben. Also musste eine Alternative her. Ich dachte darüber nach, was es für Möglichkeiten gab, schnell und einfach an viel Geld zu kommen. Da gab es legale und illegale Wege. Stehlen, Sklaverei, Prostitution, Drogen, Waffenhandeln, Dealen zählten für mich zu den illegalen Dingen, daher schieden sie aus. Dann gab es da noch die legalen Wege wie Kredite, Nebenjobs, Sponsoren, Spenden, Investoren, Eigenkapital, mehrere Jobs, Aktien, Kunst, Spekulationen, Immobilien. Ich konnte auch versuchen, Geld im Casino zu gewinnen oder Dinge zu verkaufen oder einfach eine neue Ausbildung zu machen. Für mich kamen allerdings nur die Möglichkeiten in Betracht, die ich auch sofort anwenden konnte. Das erste, was mir einfiel, war Dinge zu Geld zu machen. Doch nach einer Weile hatte ich oft zwei Schichten am Tag, weil ich immer wieder für Kollegen einsprang. Das trug ebenfalls dazu bei, dass ich mich erneut unglücklich fühlte. Dass man im Leben hart arbeiten muss, Geld nicht auf Bäumen wächst und man im Leben nichts geschenkt bekommt, wusste ich nun wirklich zu gut. Ich stellte mir vor, dass Geld verdienen auch leicht sein könnte. Wer sagt denn, dass immer alles im Leben schwer sein muss? Ich hatte eine Idee. An meinem nächsten freien Tag ging ich in Wien in eine Spielbank. Ich hatte von Pokern und Roulette nicht die geringste Ahnung, also versuchte ich mein Glück an den Automaten. Ich verspielte an dem Tag 50 Euro. Das war ein fairer Verlust für das erste Mal. Aber wie sagt man so schön? No risk, no fun! Als ich jedoch 500 Euro gewann, war ich erstaunt. War das Anfängerglück? Ich wolle es noch einmal wissen. Eine Woche später spielte ich schon waghalsiger und setzte 100€ ein, daraus wurden 200€. Ich beschloss, das Glücksspiel sein zu lassen. Der Nervenkitzel ist zwar schon großartig, doch wohl würde ich beim nächsten Mal vielleicht nicht mehr so viel Glück haben, und dann? Ich war mir sicher, früher oder später würde ich schon die richtige Methode finden. Wenn man die Dinge nicht ausprobiert, wird man sie auch nicht erfahren. Dabei bedeutete Reichtum für mich damals nur, einfach genug Geld zu haben und das Leben genießen zu können, ohne jeden Cent dreimal umdrehen zu müssen. Ein Haus, eine Familie und eine Tätigkeit, die ich liebte. Der Job im Hotel bot mir das nicht mehr. Ich suchte also weiter nach einer Möglichkeit und eines Abends wurde ich endlich fündig. Ich stieß auf etwas, bei dem ich glaubte, das könnte mir nebenbei Geld bringen. Ich arbeitete schon viel zu viel im Hotel, von daher kam ein weiterer Job nicht in Frage. Ich dachte: Was ist das für ein toller Job, wenn er dir nie genug Geld bringen wird, man am Ende noch krank wird, so wie ich es bei Kollegen gesehen habe. Das wollte ich auf Dauer nicht.

Ich wollte mein Glück nun mit Meinungsumfragen versuchen. Ich meldete mich bei zwei Portalen an. Sie warben mit großartigen Preisen von 0,50 € bis zu 12 € je Umfrage. Das klingt erstmal verlockend. Das eine Portal würde das Guthaben ab einer bestimmten Summe auszahlen und das andere in Form von Gutscheinen und Produkten honorieren. Ich hatte ja nichts zu verlieren. In Sekundenschnelle war ich bei beiden Portalen angemeldet. Ich forschte noch ein wenig nach. Die Testberichte waren alle durch und durch positiv. Ich füllte also die Umfragen aus, die ich erhielt. Ich erhielt E-Mails, in denen ich aufgefordert wurde, in meinem Portal Umfragen auszufüllen. Als Dankeschön würde ich auch eine Gegenleistung dafür bekommen. Bei der einen Plattform klappte das super. Ich erhielt Geschenke und Gutscheine und auch Testpakete, welche mir auch wirklich per Post zugestellt wurden. Bei der anderen Firma erhielt ich zu Beginn nur Mails mit den Bonuspunkten, die ich verdiente. Die meisten Umfragen bei der einen Plattform waren online. Bei der anderen waren sie sowohl online als auch telefonisch. Die ersten Wochen passierte viel über das Portal. Ich verbrachte oft Stunden damit, denn das konnte ich ja von meinem Handy aus machen und von zu Hause. Nach drei Wochen folgten dann immer mehr Anrufe, aber so richtig misstrauisch wurde ich nicht. Ich beantwortete fleißig die Fragen und die Umfragen sahen alle seriös aus. Ich machte das Spielchen drei ganze Monate und das unzählige Stunden lang. Ich beantwortete bestimmt zigtausend Umfragen. Die eine Plattform hatte jedoch ein Limit an Umfragen, welche ich pro Tag, Woche und Monat machen konnte. Die andere nicht. Mir war das aber recht herzlich egal, zu was sie mich befragten, ob zu Shampoo, Cremes, Essen, Lebensmitteln, Gartengeräte, Autos, Taschen, Schuhe, Firmen. Ich fand das alles interessant. Macht das eine Firma über Monate hinweg, erhält sie viele Informationen über einen, vor allem, wenn alle paar Tage Anrufe folgen und ich regelmäßig 15 Minuten lang Fragen beantwortete.

Für jede Umfrage, die ich online ausfüllte, gab es natürlich auch AGBs. Auf der einen Plattform waren diese jedoch nicht offensichtlich. Ohne es zu wissen, schloss ich also mit jeder Umfrage einen Kaufvertrag für eine Dienstleistung oder ein Produkt ab, welches ich nie erhalten habe. Manche davon habe ich erhalten, doch da war dann immer eine Nachricht dabei, sie so lautete: Vielen Dank für ihre Meinung, als Dankeschön erhalten sie ein Geschenk. Zugegeben, es waren viele tolle Sachen dabei. Es wurden allerdings auch regelmäßig Beträge von meiner Handyrechnung abgebucht, doch darauf kam ich erst Monate später, als mein Vertrag in Österreich gekündigt war. Ich erhielt auch Rechnungen und Mahnungen, welche aber nie wirklich bei mir ankamen, da sie entweder im Spam-Filter landeten oder mit der Post kamen, sodass ich dachte, sie wären gefälscht, weil sie so dubios aussahen. Ich dachte mir nichts dabei und warf sie einfach weg, denn schließlich hatte ich ja bei der Firma, die als Absender draufstand, nichts gekauft. Wenn ich die AGBs besser gelesen hätte, hätte ich gewusst, dass ich mit jedem Klick auch gleichzeitig eine Rechnung erhielt, welche ich natürlich nie wissentlich bezahlte.

Die Tage vor Weihnachten waren komisch, ich spürte förmlich, dass etwas nicht in Ordnung war. Ich bekam vermehrt Briefe von Inkassobüros, aber selbst darüber machte ich mir kaum Gedanken, denn ich dachte, sie wären bestimmt gefälscht und warf sie unbeachtet weg. Es war im Januar 2011, als plötzlich zwei ältere Herren vor meiner Türe standen und klingelten. Sie stellten sich als zwei Gerichtsvollzieher vom Wiener Gericht vor. Sie hatten alle meine Rechnungen dabei, die ich nicht bezahlt hatte. Mir gefror das Blut in den Adern und mir wich die Farbe aus dem Gesicht. Ich hatte 30 Tage, um alle offenen Rechnungen zu begleichen, bevor sie wiederkommen würden, um mein Hab und Gut zu pfänden. Denn ich hatte legale Kaufverträge geschlossen und das drei Monate lang, alles mit unbezahlten Rechnungen. Ich spürte, wie ich nach Luft schnappte, doch es passierte nichts. Ich konnte weder lachen, noch weinen, nicht einmal schreien. Stattdessen fing ich an zu lesen. Nach gefühlten vier Stunden war ich durch den Stapel Papier, hatte den Zettel überprüft, viermal nachgerechnet, inklusive Mahngebühren und allem anderen beliefen sich meine Schulden auf eine Summe von 75.000 €. Was für eine Scheiße, dachte ich. Ich kochte mir ein Abendessen und bemerkte gar nicht, dass es schon so spät geworden war. Da saß ich nun, stocherte in meinen Nudeln herum und sollte Rechnungen bezahlen, in Höhe von 75.000 €. Das war selbst für mich eine Nummer zu groß. Ich fing an zu weinen und nach einigen Stunden schlief ich dann erschöpft ein. Ich schlief natürlich sehr unruhig.

Am nächsten Morgen wachte ich auf und wusste sofort, dass da irgendetwas nicht stimmte. Das musste doch alles ein Irrtum sein. Ich fing also an, gründlich nachzuforschen, wie das im Kern mit den Meinungsumfragen eigentlich funktioniert. Ich fand heraus, dass Unternehmen andere Unternehmen dafür bezahlen, diese Umfragen für sie zu machen. Die Umfragen gibt es auch, doch werden diese dann meist von sogenannten Subunternehmern ausgeführt, da das günstiger ist. Hierbei gibt es leider viele schwarze Schafe. Meine Umfragen mussten offensichtlich alle manipuliert gewesen sein. Denn jeder weiß, dass ein großes Unternehmen seine Umfragen nicht selbst ausführt, diese werden an andere delegiert, die ja auch etwas verdienen wollen. Ich erhielt sowohl normale Telefonanrufe als auch welche über die Plattform. Doch die Anrufe über das normale Telefon waren alle falsch. Ich wählte die Nummern zur Überprüfung alle an, doch es gab keine einzige dieser Telefonnummern mehr. Mit meiner Stimme und meinem Ja, welches ich als Antwort auf viele Fragen gab, wurden offenbar in meinem Namen Dinge gekauft. Meine Adresse hatten sie ja schon und je öfter Sie anriefen, desto mehr Daten erhielten sie über mich. Ich brauchte etwas zu trinken und goss mir ein Glas Scotch ein. Das konnte doch alles nicht wahr sein! Ich war augenscheinlich auf einen Betrüger hereingefallen. Heute wird auch der Begriff Scamming dafür verwendet, was nichts anderes als Betrug bedeutet. Vielleicht, weil es schöner klingt als Betrug. Ich befragte Google und tatsächlich, so nennt man hauptsächlich Betrug in der Marktforschung. Das gibt es schon lange und auch heute wird der Kunde so nach hoher Kunst an der Nase herumgeführt. Doch damals gab es das Gesetz für die AGBs noch nicht, in denen man die Menschen darauf hinweisen muss, wenn sie etwas gekauft haben. Heute muss jeder Kauf noch einmal vom Kunden bestätigt werden, dass man die AGBs und die Datenschutzerklärungen gelesen hat.

Viele trauen sich auch nicht darüber zu sprechen, doch ich weiß von vielen Menschen in meinem Umfeld, dass auch sie schon einmal auf einen Betrüger hereingefallen sind. Ich habe mich so sehr dafür geschämt, dass ich mit mir selbst einen Pakt geschlossen habe, der wie folgt lautete: Ich habe mir den ganzen Mist eingebrockt, also löffle ich ihn selbstverständlich auch wieder aus. Betrug gibt es in so vielen Varianten im Verkauf, mit falschen Dienstleistungen und EC-Karten, mit gefälschten Umfragen, Diebstahl, Raub und sogenannte Scamming-Beziehungen, die lediglich alle nur auf Lügen und Intrigen basieren, einzig und allein zu dem Zweck, den Menschen das Geld aus der Tasche zu ziehen. Ich stellte fest, dass ich auf Betrüger hereingefallen bin. Ich schämte mich so sehr dafür, dass ich es niemanden erzählen konnte und wollte. Wieso eigentlich? Es gibt nichts, wofür man sich schämen muss, doch das weiß ich erst heute. Denn das kann jedem passieren, deinen Kindern, sogar dir als erwachsene Frau oder als erwachsener Mann. Mir war es jedenfalls eine Lehre. Heute weiß ich, dass so eine Erfahrung die Menschen sensibler machen kann. Deswegen nahm ich auch all meinen Mut zusammen und verfasste diesen Text hier für Doris.

Über die Jahre hinweg wurde mir klar, wieso mir so viele Betrugsgeschichten widerfahren sind, eine davon ist so heftig, dass ich heute noch damit kämpfe. Es war immer auch ein Betrug an mir selbst. Ich habe mich jedes Mal selbst betrogen. Ich suchte in Wirklichkeit nicht nach Geld, sondern ich suchte nach Sicherheit. Diese suchte ich stets im Außen, doch da hätte ich sie nie gefunden. Ich hätte sie in mir selbst suchen müssen. Denn jede Suche im Außen ist eigentlich ein nicht beachtetes Gefühl im Innen, welches wir meistens ablehnen - ob bewusst oder unbewusst. Im Grunde lehnen wir uns dadurch selbst ab und machen uns klein. Bis ich das erkannte, war ich stets ein Opfer meiner selbst oder meines Lebens. Ich dachte immer, dass die Umstände schuld an meiner Misere sind: die Firma, die anderen Menschen, Familie oder Freunde. Heute weiß ich, dass ICH allein für mein Leben verantwortlich bin.

Da saß ich also vor einem Berg von Papier und Kaufverträgen. Mittlerweile fein säuberlich sortiert und gestapelt. Ich heulte viele Tage und Nächte lang. Doch Weinen allein half mir nicht weiter. Ich hatte noch 27 Tage. Eine Lösung musste her. Ich wusste ja bereits, wie man Geld verdient. Ein weiterer Job? Nein, auf keinen Fall. Ich erzählte niemandem davon und es vergingen wiederum einige Tage. Ich ging zur Arbeit und musste eine Lösung finden. Ich hatte mir das eingebrockt, also musste ich es auch wieder auslöffeln. Eines Nachts erinnerte ich mich daran, dass ich in der Vergangenheit oft Dinge geträumt habe und viele dieser Dinge auch eintrafen. Ich ging also am nächsten Tag sofort in die Buchhandlung und kaufte mir Bücher. Darunter waren zum Beispiel Bücher mit den Titeln The Secret, Gesetz der Resonanz, Gesetz der Anziehung. Ich war wirklich fest entschlossen! Ich hatte mich selbst in die Situation gebracht, dann konnte ich mich auch selbst wieder da rausholen. Ich fing an, mich zu erinnern, dass ich damals schon die Fähigkeit des Visualisierens besaß. Ich hatte schon damals die Fähigkeit zu Träumen und das auf eine kindliche, leichte und spielerische Art. Nun hatte ich dazu endlich eine Anleitung gefunden, in einem Buch mit vielen Erklärungen. Ich war so unglaublich dankbar in dem Moment, denn das kannte ich ja bereits und wusste, dass es klappte und wie es funktionierte. Ich wusste, ich brauchte nun einige, große neue Ziele. Ich nahm Papier und Stift zur Hand und schrieb alles auf, um herauszufinden, ob die Summe, die auf dem Schreiben stand gerechtfertigt war. Ich musste auch einen Anwalt finden, der mir helfen würde, dass alles aufzudecken und jemanden, der mir das Geld geben würde. Ich traf noch eine Entscheidung. Ich würde die Wohnung kündigen und zu meinem Geburtstag, Ende Februar 2011 würde ich wieder in München sein.

Ich war der festen Überzeugung, bis 15. März 2011 würde ich einen neuen Job in München haben, mehr verdienen, geregelte Arbeitszeiten haben und so visualisierte ich den neuen Job in allen seinen Facetten, jeden Tag. Ich lachte und weinte gleichzeitig, als ich meine Ziele las, denn es erschien mir unmöglich. Wie sollte ich das alles erreichen? Diese Frage stellte ich mir jeden Tag. Doch ich beschloss, dass das nicht mehr mein Problem sein sollte. Ich wusste schließlich, was ich wollte.

Ich recherchierte stundenlang im Internet, bis ich eine Seite fand, auf der viele Menschen über Betrug berichteten. Nach drei Tagen fand ich heraus, dass die Meinungsumfragen der einen Firma legal waren. Diese Firma war in Deutschland eingetragen und hatte gute Referenzen. Bei ihnen stimmte alles. Ich rief mehrmals dort an und erkundigte mich nochmals über die AGBs. Sie sendeten mir diese zu. Ich wusste schon, dass ich nicht für alles ausgezahlt wurde, sondern dass ich Einkaufsgutscheine für alle möglichen Internetportale erhielt, zusätzlich zu den Gutscheinen zum Einkaufen im Supermarkt oder in Drogeriemärkten und vieles mehr. Die meisten tauschte ich ein. Ich war beruhigt, dass es diese Firma wenigstens gab und dass alle Informationen, die ich finden konnte, tatsächlich stimmten. Die Menschen hier waren nett und es gab auch einen Kundenservice, den ich gleich zigmal kontaktierte, um sicherzustellen, dass er auch später noch da war und nicht nur als eine Illusion in meinem Kopf existierte. Ich fertigte eine Liste aller meiner Kosten an. Alle Ausgaben musste ich genau kennen, um zu wissen, wie viel ich im Monat abzweigen konnte, für die Summe, die ich brauchte, um die Rechnungen bezahlen zu können. Ich hatte also Miete, Ausgaben für Sprit, das Auto, Versicherungen etc. Für Lebenshaltungskosten setzte ich 10€ für die restlichen Wochen an, das musste reichen. Im Hotel bekam ich dreimal am Tag zu essen. Also das war nicht das Problem. Die nächsten Male, würde ich einfach nicht nach Hause fahren, sondern im Hotel essen. Ausgehen und feiern war mir sprichwörtlich vergangen. Ich hatte mir nun einen Überblick verschafft. Und was noch feststand, war, dass ich beim nächsten Mal Wien verlassen und nach München zurückkehren wollte. Als nächstes schrieb ich meine Geschichte auf und stellte sie in das Forum. Es dauerte keinen Tag, da trudelten massenweise Nachrichten ein. Die Menschen berichteten mir von

Betrugssummen, die weit über meiner lagen. Ich fand heraus, dass die Firma einen Sitz in Luxemburg und einen in Ägypten hatte. Mir wurde ganz schlecht. Es gab auch einen Sitz in Wien. Ich nahm das Auto und fuhr zu der Adresse. Doch da waren kein Büro und auch keine Klingel. Es war bloß eine Hauswand voller Briefkästen. Großartig, dachte ich mir! Am nächsten Tag erreichte mich eine Nachricht von einem betroffenen Mann, er empfahl mir eine Anwältin, denn er wollte diesen Betrug aufdecken. Er arbeitete einmal für eine große Firma und war nun im Ruhestand. Ich nahm meinen ganzen Mut zusammen und rief den Mann an. Woher konnte ich wissen, dass er echt war. Ich wusste es nicht, hatte jedoch ein gutes Gefühl. Er war ein älterer Herr, pensioniert, und tat es aus reinem Zeitvertreib, Umfragen zu beantworten. Seine Stimme war klar und er klang ein wenig wie jemand, der Geschichten für Kinder vorliest. Er lächelte nur und meinte: „Ich habe auch viel Geld verloren, doch bei mir macht das nichts, ich habe genug davon, doch ich finde es schade für all jene, deren Existenz so eine Firma zerstört". Er hatte schon eine Anwältin mit der Sache beauftragt und bezahlt. Er wolle ein Sammelverfahren starten. Er teilte mir die Kontaktdaten mit und ich kontaktiere daraufhin die Anwältin. Wir plauderten noch eine ganze Weile. Er machte mir viel Mut und mir gefiel seine entspannte Art. Ich rief also die Anwältin an. Eine großartige Frau. Sie war bestürzt, zu was Menschen alles fähig sind. Wir redeten lange und ich musste viel weinen. Ich fühlte mich, als hätte mir jemand etwas ganz Schlimmes angetan. Doch auch sie machte mir Mut. Sie sagte, dass bestimmt nicht alle Forderungen gerechtfertigt seien und tatsächlich, es stellte sich heraus, dass nicht alle Kaufverträge rechtens waren.

Es handelte sich schließlich nur noch um eine Summe von 53.000€. Ich wusste auch, dass der Anwalt bezahlt war und dass es eine Chance geben würde. Mir war auch klar, dass ich keinesfalls eine Privatinsolvenz anstreben wollte. Ich lieh mir von einer Freundin in Wien 3.000 € für den Anfang, also mussten es nur noch 50.000€ sein. Ich verkaufte noch einige Sachen, doch es brachte nicht genug ein. Die Bank! Ich würde einfach einen Kredit bei zwei Banken stellen und fertig. Schließlich hatte ich mir geschworen, dass ich eher sterben würde, als meinen Eltern zu sagen, dass ich einen riesen Fehler gemacht hatte und nun Geld für meine Schulden brauchte. Ich empfand so viel

Scham, dass ich beschloss, es allein auszuhalten. Ich schlief nachts schlecht und konnte auch kaum im Hotel arbeiten gehen. Ich nahm mir also eine Woche Urlaub, um mir mehr Zeit zu verschaffen. Ich rief die Bank an und konnte schon für den nächsten Tag einen Termin vereinbaren. Ich traf dort auf eine nette, ältere Dame, die schon kurz vor der Rente war. Sie fragte mich, was ich den bräuchte. Ich hatte ein gutes Gefühl und erzählte ihr meine ganze Geschichte sowie dass ich nun einen Kredit bräuchte in Höhe von 50.000 € und nur noch fünf Tage für Zeit hätte. Ich hatte alle erforderlichen Unterlagen mit, unter anderem meine Gehaltsabrechnungen und den Antrag. Sie gab mir ein Taschentuch und sagte: „Kindchen, ich werde dir helfen. Du wirst dieses Geld bekommen". Ich wusste nicht, was sie getan hatte, doch zwei Tage später rief sie mich an und sagte: "Anja, du hast den Kredit bekommen. Wir werden ihn anweisen und sofort die offene Rechnung begleichen und die Unterlagen dir und deiner Anwältin übermitteln". Klar hätte ich auch abwarten und alles aussitzen können, doch das kam niemals in Frage. Egal, das Problem war gelöst. Erst Jahre später erfuhr ich, wie ich an den Kredit kam. Die Frau von der Bank bürgte für mich. Sie erzählte mir erst später, dass sie keine Kinder hatte und auch einmal in ihrem Leben auf einen Betrüger hereingefallen war und ich ihr deswegen so leidtat. Leider wusste ich nicht, dass die Frau sehr krank war. Sie starb wenige Jahre danach an Krebs. Die Anwältin sagte mir, das ganze Verfahren könne wohl eine Weile dauern und ich sollte einfach abwarten. Ich dankte ihr für ihre Hilfe. Ich sah die monatliche Kreditrate, die ich jeden Monat abzahlte. Nach fünf Jahren war da noch einmal etwas Hoffnung. Sie konnten die Betrüger zwar fassen, doch es kam nie etwas dabei heraus, bei denen gab es nichts mehr zu holen. Wenigstens gab es ein Urteil und sie kamen wegen Betruges in Millionenhöhe ins Gefängnis. Erst dadurch erfuhr ich, dass ich auch die hohe Summe von 50.000 € nie hätte bezahlen müssen. Die Männer, die damals vor meiner Türe standen, hatten ebenfalls alles komplett gelogen und sogar die angeblichen Briefe vom Gericht gefälscht. Mittlerweile ist das alles schon über 10 Jahre her und verjährt.

Habe ich etwas aus der Situation gelernt? Ja, eine ganze Menge. Ich habe Schulden gemacht, weil ich Angst vor Dingen hatte, die es so nicht gab, wie zum Beispiel die Gerichtsbescheide. Ich bin Betrügern auf den Leim gegangen, die von Anfang an nur mein Geld wollten. Am Ende habe ich teures Lehrgeld bezahlt. Als ich endlich nach München zurückgekehrt bin, habe ich niemandem davon erzählt. Ich habe dann in München einen neuen Job gefunden und schaffte so auch den endgültigen Absprung aus dem Hotel und damit aus meinem persönlichen Hamsterrad. Zuletzt war ich angestellt bei einem Personaldienstleister als Assistentin der Geschäftsführung. Auch diesen Job habe ich mittlerweile an den Nagel gehängt. Es war einfach nicht die Erfüllung, die ich für mich suchte, auch sehe ich darin noch nicht meine Berufung. Ich reise gerne durch die Welt und habe alle fünf Kontinente schon oft bereist. Zudem habe ich das Schreiben für mich entdeckt und ganz nebenbei sogar eine Ausbildung zur Ayurveda-Therapeutin gemacht und nun werde ich noch als Ernährungscoach und Veränderungscoach durchstarten. Ich werde sehen, wohin mich meine Reise noch führt, die ist nämlich noch lange nicht zu Ende. Coaching mit Herz, das ist jedenfalls meine neue Berufung. Zum Schluss möchte ich noch eines sagen: Glaube stets an deine Träume und setze dir Ziele, hör auf darüber nachzudenken, was du nicht willst, sondern mach dir Gedanken, was du willst. Alles beginnt in deinem Kopf und alles endet in deinem Kopf. Denn dein Verstand kann dafür sorgen, dass deine Träume wahr werden oder dass sie dich zerstören! Aufgeben ist für mich persönlich jedoch nie eine Option. Vielmehr stelle ich mir heute andere Fragen.

Anja Mack im Kurzportrait:

Anja Mack ist 30 Jahre jung und wurde im wunderschönen Ebersberg geboren. Früher träumte sie davon Hotelfachfrau zu werden, was sie letztendlich auch umsetzen konnte. Über viele Umwege hat sie das Schreiben nun für sich entdeckt und nebenbei eine Ausbildung zur Ayurveda Therapeutin gemacht. Aktuell arbeitet sie daran als Coach mit Herz durchzustarten mit ihrem eigens entwickelten SEA Prinzip Frauen vom Frust in die Lust zu helfen.

www.anjamack.de

„Ich dachte immer,
dass die Umstände schuld an meiner
Misere sind: die Firma, die anderen
Menschen, Familie oder Freunde.
Heute weiß ich, dass ich allein für mein
Leben verantwortlich bin."

Anja Mack

ALICE WESTPHAL
♦♦♦

„Hinfallen – Krone richten – weitergehen", das ist eines meiner mich seit vielen Jahren begleitenden Mantren! Diese Worte habe ich mir, und es kommt heute auch noch ab und zu vor, immer und immer wieder laut gesagt, um Herausforderungen und Krisen zu überwinden. Eine Postkarte mit diesem Spruch klebt an meinem Powerfrau-Poster im Flur. Das ist ein Kunstdruck, der den Kopf und ansatzweise Oberkörper einer gemalten Frau zeigt. Ich liebe diese bunte, kraftvolle Frau mit ihren schwarz umrahmten und mutig-funkeln-den Augen. Sie begleitet mich schon seit vielen Jahren, ich fühle mich ganz stark mit ihr verbunden. Die gleiche kraftvolle und auch berührende Wirkung hat das Pina-Plakat, fotografiert von Donata Wenders. Diese Frau sprüht, ohne dass ich ihr Gesicht sehe, in ihrem knallroten Kleid, ausgelassen in einer Pfütze hüpfend, vor Lebensfreude und Vitalität. Beide Frauen sind ganz wich-tige Vorbilder für mich.

Ich bin Alice Mari. Steinbockfrau mit Aszendent Löwin, 62 Jahre alt, Mutter von zwei fantastischen Kindern (mein Sohn ist 41 und meine Tochter 34 Jahre). Mein Leben besteht aus vielen Wendepunkten und Brüchen, denen ich mich so häufig und immer wieder ohnmächtig ausgesetzt fühlte. Was stimmt mit mir nicht? Wieso schon wieder ich? Warum muss ich so viel ertragen? Das waren laut gesagte und ständig in meinen Gedanken kreisende Glaubenssätze. Erst vor sieben Jahren, als ich Anna, meine spirituelle Lehrmeisterin, kennenlernte, begann ich, teilweise mit sehr großem Widerstand, manchmal totaler Verzweiflung und Verweigerung, meine tiefsten Überzeugungen, mein Mindset zu hinterfragen und zu verändern. Mir war bis dahin nicht bewusst, wie sehr ich bei bestimmten Themen noch in der Opferrolle verhaftet war! Ich war felsenfest davon überzeugt, die volle Verantwortung für mein Leben übernommen zu haben. Trotz des langen Weges, den ich schon zu mir gegangen bin, gab es immer noch ganz stark das Gefühl, ich bin die arme und verletzte Frau, die so viel zu ertragen hatte. Ich durfte erfahren und lernen, annehmen, akzeptieren und anerkennen, dass ich die Schöpferin meines Lebens bin. Nachdem ich diese Gesetze des Lebens ganz langsam zu akzeptieren begann, lebe ich immer freier, selbstbestimmter und leichter. Täglich übe ich, bewusst Verantwortung zu übernehmen. Ich verließ und verlasse, immer wieder sehr überrascht, wo ich sie überall spüre, meine Komfortzone. Dazu brauche ich ganz viel Mut, Achtsamkeit, die Unterstützung und Begleitung wundervoller Menschen, viele Bücher, Coachings, Fortbildungen, eventuell noch eine weitere Therapie und den ganz starken Willen, es wirklich zu wollen - GANZ werden und sein!

Als "britisches Besatzungskind", ein Kind der Liebe, die nicht bis zur Geburt gehalten hat, bin ich in Braunschweig geboren. Meine leibliche Mutter hat mich als Baby in ein Babywaisenhaus gegeben, weil sie mit ihrem neuen Freund, auch britischer Soldat, nach England gegangen ist. Sie haben geheiratet und zwei Söhne bekommen. Ihr größter Wunsch war es immer, mich nach England zu holen. Ich war anderthalb Jahre alt, konnte noch nicht sprechen und litt unter starkem Hospitalismus, da kam ein junges Paar mit Kinderwunsch in das Heim. Eigentlich wollten sie einen kleinen Jungen, doch dann entschieden sie sich für mich! Es sei Liebe auf den ersten Blick gewesen. Für mich fühlt es sich auch heute noch so großartig an – meine Eltern haben sich ganz bewusst für mich entschieden. Mit zwölf Jahren hat mich meine leibliche Mutter über eine Gerichtsentscheidung in London, die mein damals noch Pflegevater erzwungen hat, endlich zur Adoption freigegeben. Mehrere

Male hieß es in den Jahren zuvor, ich muss, weil ich ein Pflegekind war und meine Mutter mich bei sich haben wollte, von meiner Familie Abschied nehmen und nach England gehen. An diese Situationen kann ich mich nicht erinnern. Ich weiß erst seit einigen Jahren, wie schwer traumatisiert ich den Glaubenssatz „ich bin es nicht wert, deshalb will mich keiner, ich werde weggeschickt" in all meine Zellen infiltriert habe. Er begleitet mich heute noch bei bestimmten Themen immer wieder mal mehr oder weniger stark. Mir war nicht bewusst, dass mir das Urvertrauen fehlte. Das „erobere" ich mir gerade zurück, immer wieder ein Wunder für mich, dass es geht und sich auch noch richtig gut anfühlt.

Meine leibliche Mutter habe ich mit 20 Jahren das erste Mal persönlich kennengelernt. Ich hatte mit 19 Jahren geheiratet, meine (Adoptiv-)Mutter bat mich, Irmtraut (meine leibliche Mutter) darüber zu informieren. Also schrieb ich ihr einen Brief. Wow – aus der ganzen Welt, Irmtrauts Verwandtschaft lebt sehr verstreut, erhielt ich Post - die verlorene Tochter ist wieder da! Ich war damals maximal überfordert mit der ganzen Situation. Irmtraut schlug dann ein persönliches Treffen in Hamburg bei ihrer Freundin vor. Ich war zu dem Zeitpunkt bereits wieder geschieden (damals noch schuldig, als Angeklagte, weil ich den ehelichen Pflichten nicht nachgekommen bin), hatte meinen „Mädchennamen" wieder angenommen, den Namen meiner (Adoptiv-)Eltern. Es war ein sehr seltsames Gefühl, einer mir fremden Frau entgegenzugehen, mit der ich schon Ähnlichkeiten habe und deren Sehnsucht, mich in den Arm nehmen zu wollen, ganz deutlich in ihren Augen zu sehen war. Das konnte und wollte ich nicht. Ich war sehr distanziert, es war alles verkrampft und angespannt. Natürlich spürte ich Irmtrauts Wunsch, dass ich sie als Mutter akzeptiere und liebe. Sie sprach auch ständig von meinen Adoptiveltern, was mich unglaublich störte. Ich bat sie, das zu lassen, weil es meine Eltern sind. Ich spreche ab jetzt auch nur noch von meinen Eltern. Ich bin Irmtraut und auch meinem leiblichen Vater Bill unendlich dankbar und dafür liebe ich sie, sie haben mir mein Leben geschenkt. Meine Tochterliebe gehört allerdings meinen Eltern. Es folgten dann noch zwei weitere Treffen in Berlin, wieder angespannt und für uns beide enttäuschend. Irmtraut schrieb so viele Briefe und Mails, in denen sie sich erklärte, wie sehr sie mich vermisst und andererseits kritisierte sie mein Verhalten, ich enttäusche sie immer wieder. Ich war Heilige und Teufelin, nur nicht Alice. Es hat sehr lange gedauert, bis ich lernte, dass ich ihr ihren Schmerz und ihre Schuld nicht wegnehmen kann und auch nicht dafür verantwortlich bin. Ich habe ihr vor ein paar Jahren zum Muttertag einen liebevollen Brief geschrieben und sie losgelassen. Seitdem haben wir eine andere Ebene, Irmtraut ist mit mir über Facebook verbunden, damit lasse ich sie an meinem Leben teilhaben.

Meine Eltern haben glücklicherweise dank kleiner medizinischer Eingriffe noch vier eigene Kinder bekommen, drei Töchter und einen Sohn, und waren mit Anfang 30 verantwortlich für eine große Familie. Mein Vater war damals Geschäftsmann, wir hatten ein großes Haus mit einem traumhaften Garten zum Tollen und Spielen. Meine jungen Eltern waren unglaublich gastfreundlich, fantastische Gastgeber, modern und ich empfand sie als sehr offen und tolerant. Wir hatten viel Besuch und auch wir Kinder durften unsere FreundInnen mitbringen, die sich alle sehr wohl bei uns fühlten und auch bei uns häufig übernachteten. Mein Vater war viel und lange im Geschäft und häufig auf Geschäftsreisen, meine Mutter war der Dreh- und Angelpunkt für uns Kinder. Ich war anfangs sehr gut in der Schule, konnte als erste richtig lesen, machte auch als erste Schülerin in der Klasse den Frei- und Fahrtenschwimmer. Der Wunsch meiner Eltern war es, dass ich Ärztin werde, deshalb ging ich auch auf dem Gymnasium in eine „Lateinklasse". Ich war auf einem reinen Mädchengymnasium, wie es sich damals gehörte. Ich war eine brave Tochter, auf die meine Eltern stolz sein konnten. Das änderte sich später, ich wurde in den Augen meiner Eltern rebellisch, schwänzte häufig die Schule, hatte ständig Nierenbeckenentzündungen. Für mich sind das die Hilferufe und Folgen des langen Missbrauchs durch den Stiefvater meines Vaters, den ich erst mit 13 Jahren meiner Mutter erzählt habe. An diesen Satz meiner Mutter kann ich mich gut erinnern – und was hast du gemacht? Ich fühlte mich so schuldig. Meine Eltern entschieden sich damals für das Schweigen, um meine Oma zu schützen. Die Themen Gefühle und Sexualität waren bei aller Offenheit nicht präsent und meine Eltern waren mit der Situation einfach überfordert. Ich kann mich bis heute (noch) nicht an alles erinnern, meine Tochter, eine großartige Psychologin, rät mir, eine Traumatherapie zu machen. Ich bin sicher, dass ich mich dazu auch in der nächsten Zeit entscheiden werde. Weil ich mittlerweile davon überzeugt bin, dass die Seele uns Signale gibt, wann die Zeit reif für Heilung ist. Aus der guten Schülerin wurde eine Versagerin, die, nachdem sie zweimal in der zehnten Klasse sitzengeblieben war, keinen regulären Schulabschluss hatte. Dank der Beziehungen meines Vaters konnte ich meinen Abschluss auf einer Realschule machen. Meine Eltern waren damals häufig von mir enttäuscht und ich bereitete ihnen eine Menge Kummer. Auch ich war unglücklich, weil genau das ich nicht wollte. Meine Eltern waren mit mir während dieser Zeit auch bei einem Psychologen, wir erinnern uns alle kaum an die Inhalte der vielen Sitzungen, der Missbrauch wurde nie erwähnt. Es war und ist heute noch ein absolutes Tabuthema.

Mit 19 Jahren (noch in erster Ehe verheiratet) lernte ich meine große Liebe Manfred, den Vater meines Sohnes, kennen. Sie hielt fünf Jahre und endete mit dem Umzug in eine andere Stadt. Es war eine sehr leidenschaftliche Beziehung, auch geprägt von häuslicher Gewalt. Manfred war der Boss eines Ghettostadtteils, der älteste von zwölf Kindern, seine Mutter war 16 Jahre alt, als er geboren wurde. Ich habe mich immer wieder gefragt, wieso wir zusammengekommen sind – Tochter aus gutem Haus und einer der größten Schläger der Stadt. In späteren Therapien wurde angenommen, dass ich von frühester Kindheit sehr wahrscheinlich Gewalterfahrungen gemacht habe und sie für mich auch Liebe und Zuwendung bedeuteten. Diese Annahme hat mir geholfen, mir und auch Manfred zu verzeihen. Manfred gab mir das Gefühl, ich bin das Wertvollste und Wichtigste für ihn, er gab mir Sicherheit - ich passe auf dich auf und beschütze dich! Ich bin nicht gegangen, nachdem mich Manfred das erste Mal zusammengeschlagen hat. Es tat ihm so leid, er entschuldigte sich ganz liebevoll und ich verzieh ihm. Ich hatte das Gefühl, ohne Manfred nicht mehr leben zu können. Ich redete mir ein, wir sind zwei Magnete, wir gehören einfach zusammen. Natürlich hörte die Gewalt nicht auf. Aber ich liebte Manfred doch. Wir hatten auch so tolle und wundervolle Zeiten, als Paar und als Familie. Und es würde sich alles wieder zum Guten ändern. Ich hatte den ganz starken Wunsch, eine heile Familie zu sein. Ich lernte eine Frau in ähnlicher Situation kennen, eine sehr intensive Freundschaft begann. Wir verbündeten uns und fühlten uns unglaublich stark, trotz Betrogenwerdens und blauer Augen. Was war die Alice ungeschickt?! Mal fiel sie über ihren Hund und hatte eine dicke Lippe. Oder sie fiel von der Leiter und verletzte sich. Niemand, nicht meine Familie, nicht meine Freunde, sprachen mich direkt darauf an, alle wussten und akzeptierten es stillschweigend. Als es immer mehr eskalierte, gab es von meinen Freundinnen Hilfsangebote, die ich zu diesem Zeitpunkt nicht annehmen konnte. Mein Sohn und ich, damals noch mit meinem Hund, sind so häufig umgezogen, auch im Frauenhaus war ich, ich bin immer wieder zurückgegangen oder wir sind wieder zusammengezogen. Mein Selbstwert war weg, ich fühlte mich schuldig und voller Scham. Bis ein anderes Ereignis geschah, dann war ich endlich bereit, meine Heimatstadt zu verlassen. Ich bin im öffentlichen Park in Braunschweig mit Messer und Pistole überfallen und vergewaltigt worden, nachdem ich meinen kleinen Sohn am frühen Morgen in die Kita gebracht hatte. Es war der Stadtpark, in dem jeden Morgen eine Menge los war. An diesem Morgen nicht, es regnete stark. Meinen Sohn hatte ich gerade in der Kita abgegeben und rannte zum Bus, weil ich, wie meistens, schon wieder sehr spät dran war. Weil es so stark regnete, hatte ich meine Brille, trotz Kurzsichtigkeit, in die Tasche gesteckt. Plötzlich stand ein junger Mann vor mir, bedrohte mich mit einer Pistole und hielt mir ein Messer an die Kehle. Er zwang mich ins Gebüsch und vergewaltigte mich, auch oral. Danach ließ er sich meinen Ausweis zeigen und drohte mir, meinem Sohn etwas anzutun, wenn ich ihn anzeigen würde. Ich habe trotzdem Anzeige erstattet, was in einer heute unvorstellbar ungeschützten und würdelosen Art geschah. Unfassbar ist, dass ich damals noch den restlichen Tag und die darauffolgenden auch gearbeitet habe. Die Polizeibeamten fuhren mich nach der Aufnahme der Anzeige, der Besichtigung des Tatortes und der Untersuchung bei einem zuständigen Arzt zu meinem Arbeitsplatz zurück, weil dort noch meine Tasche war. Mein Chef, Handchirurg in einer Klinik, fauchte mich an, endlich die Sprechstunde zu organisieren. Ich bat noch, duschen zu dürfen, und habe mich tatsächlich an die Schreibmaschine gesetzt. Ich habe nichts gespürt, noch nicht mal Wut, ich habe einfach nur funktioniert. Der Täter wurde gefasst. Da er mich mit einer Gonorrhoe angesteckt hatte, wurde die Tat, als er gefasst wurde, vor Gericht wenigstens nicht bezweifelt.

Nach der Gerichtsverhandlung kündigte ich meinen Job und bin mit meinem Sohn zu meiner Schwester nach Flensburg gezogen. Es fiel mir so schwer

Braunschweig, vor allem Manfred, endgültig zu verlassen. Ich jobbte abends in einer bekannten Diskothek, um auch mehr Zeit für meinen Sohn zu haben. Einmal kam Manfred uns besuchen und alle nahmen an, ich gehe mit ihm wieder nach Braunschweig zurück. Nein, das habe ich nicht getan, auch wenn es noch einige Zeit dauerte, bis ich ihn wirklich losgelassen habe. Mein Sohn und ich lebten bereits sieben Monate in Flensburg, da überredete mich eine Freundin, sie nach Berlin zu begleiten, um dort Freunde zu besuchen. Ein Freund der Clique war Klaus, Student für das Lehramt, vier Jahre jünger als ich, sehr jungenhaft und sympathisch. Wir mochten uns, später verliebten wir uns. Berlin gefiel mir auch außerordentlich gut, es war eine pulsierende Stadt mit einem tollen Flair. Und ich fühlte mich sicher, die Mauer war für mich Schutz, auch vor Manfred, der jegliche bürokratische Kontrolle ablehnte. Als mein Sohn Klaus kennenlernte, kuschelte er sich an mich und flüsterte mir ins Ohr „den Klaus hätte ich gern als Papa". Klaus schickte mir Stellenausschreibungen, das war noch eine ganz andere Zeit, Berlin suchte dringend MitarbeiterInnen für den öffentlichen Dienst und lockte auch mit vielen Vergünstigungen. So bewarb ich mich 1983 bei einem Schreibbüro des Universitätsklinikums der Freien Universität Berlin. Keine Sekretariatsposition, von der ich wusste, dass sie mir so gar nicht liegt. Das habe ich in den zwei Jahren als Abteilungssekretärin bei dem Handchirurgen ganz deutlich erfahren. Für das Bewerbungsgespräch hatte ich mir ein blaues Stewardessenkostüm von meiner Mutter geliehen und bin davon ausgegangen, dass ich die Stelle, eine Leitungsposition, einer der drei Damen, die mit mir das Gespräch führten, übernehmen sollte. Wie sehr ich mich geirrt hatte, erfuhr ich an meinem ersten Arbeitstag - ich war als Schreibkraft in einem Großraumbüro gelandet. Im Nachhinein hatte ich mich schon über die vielen Frauen gewundert, die immer wieder durch den großen Raum in andere Räume gingen. Keine Leitung, dafür Lebensschule – über 60 Frauen an roten Olympia-Schreibmaschinen! Wir haben alles geschrieben, was in einer großen Uniklinik an Schriftverkehr so anfällt. Jeden Tag wurden zig kleine Kassetten durch den riesigen Gebäudekomplex mit der Rohrpost in unseren Empfang „geschossen", die dann von unseren drei Chefinnen an uns Schreibkräfte verteilt wurden. Publikumsverkehr war strengstens verboten! Es gab keinen Kontakt zu den VerfasserInnen, alles wurde mit und durch unsere drei Vorgesetzten geregelt. Wenn wir private Telefonate hatten, mussten wir an den drei Chefinnen vorbeigehen, um in den sogenannten „Computerraum" zu gelangen, in dem das öffentliche Telefon stand. Somit hatten die leitenden Damen alles unter Kontrolle. Dazu gehörten natürlich auch feste Arbeitszeiten. Ich habe es morgens selten geschafft, pünktlich zu sein, irgendetwas ist immer dazwischengekommen. Jeden Morgen dasselbe Drama – was sage ich denn meinen Chefinnen, warum ich schon wieder zehn Minuten später komme?! Ich hatte großes Glück, dass mir das Schreiben der Briefe und OP-Berichte nicht schwerfiel und mich meine drei Damen auch sehr mochten. Meine Schreib-bürozeit hat mich damals nach der Vergewaltigung wieder zu Kräften kommen lassen, so verrückt wie vieles war, ich habe die Zeit im Großen und Ganzen auch genossen, es sind wundervolle Freundschaften entstanden. Nach einem Jahr habe ich meine Tochter bekommen und ich war glücklich mit meiner kleinen Familie. Meinen drei Ladies allerdings wurde es nach sechs Jahren im wahrsten Sinne des Wortes doch zu bunt mit mir – meine Kleidung war zu auffällig und bunt, mein ständiges Zuspätkommen und, das brachte das Fass zum Überlaufen, mein Fortbildungsantrag für einen Verwaltungs-lehrgang, der erste, der damals überhaupt gestellt wurde. Jetzt wurden der Personalrat und gleich der Vorsitzende ins Büro gerufen, um mich zu begutachten. Er befand mich auf besondere Weise attraktiv, wies noch einmal auf den nicht vorhandenen Publikumsverkehr hin und setzte meine Teilnahme an dem Verwaltungslehrgang durch.

Was für ein Zufall! Es standen gerade Personalratswahlen an, es gab Nach-wuchssorgen, ich war bereit und so stand ich plötzlich auf der Kandidatenliste und zwar ganz oben! Die Wahl zur freigestellten Personalrätin war ein Meilen-stein in meinem Entwicklungsprozess. Wir waren ein großes Gremium mit 21 Mitgliedern, sieben freigestellten PersonalrätInnen verschiedener Gewerk-schaften und einer wundervollen Sekretärin. Ich war wie ein Schwamm, ich lernte so viel, studierte berufsbegleitend und fand es großartig, mein Verhand-lungsgeschick für andere Menschen einzusetzen. Ich entwickelte mich zu einer kämpferischen, dennoch wertschätzenden und loyalen Personalrätin. Später wurde ich zur ersten weiblichen Vorsitzenden gewählt. Was habe ich meiner großartigen Sekretärin alles zu verdanken, wir waren ein richtig gutes Team!

Nach über elf Jahren in der Freistellung fühlte ich mich dennoch ausgebrannt, brauchte Veränderung. Als Referentin für Öffentlichkeitsarbeit konnte ich erneut meine Talente wie „begeistern, organisieren, motivieren, dranbleiben" ausleben. Ich setzte die ersten Samenkörner für ein Gesundheitsmanagement, das war eine großartige Zeit, in der ich nur erfolgreich als Einzelkämpferin sein konnte, weil ich so viel Unterstützung durch die Beschäftigten bekam. Das war die Zeit, in der ich meine Liebe zum Netzwerken erkannte. Eine Fusion mit strukturellen Veränderungen zeigte mir sehr schmerzhaft: Alice, du bist nicht hierarchie-kompatibel. Ich litt so sehr, weil ich es nicht wahrhaben wollte, dass ich nicht mehr in das System passte, verbiegen lassen wollte ich mich auch nicht. Ich empfand es auch so ungerecht, einfach unfair. Schließlich habe ich mich so viele Jahre für die Rechte und Belange der MitarbeiterInnen eingesetzt, jahrelang gegen die Schließungsabsichten gekämpft, war bekannt und anerkannt – und „nur", weil sich die Strukturen und dadurch auch die Menschen geändert haben, sollte alles anders sein? Und vor allem – was sollte ich machen? Ich hatte so viel Angst, ich wollte doch mit meinem Klinikum auf Rente gehen! Von meinem Umfeld wurde mir signalisiert: Halte durch, vielleicht wird es ja wieder besser! 26 Jahre öffentlichen Dienst gibt man nicht so schnell auf. Denke doch an deine Rente. Und mit 53 Jahren, was willst du denn da noch machen? Du gehörst doch zum alten „Eisen". Ich wurde krank, bekam meinen dritten Hörsturz. Dann endlich hatte ich den Mut, eine Abfindung zu verhandeln, mich arbeitslos zu melden und mit 53 Jahren einen Neustart zu wagen. Und wieder begann eine neue und so intensive Entwicklungsphase! Ein sehr nachhaltiger Wendepunkt in meinem Leben. Ich hatte solche Angst vor dem Unbekannten, vorm Scheitern, auch weil ich überhaupt nicht wusste, was auf mich zukommt. Was kann ich? Wer bin ich? Was will ich denn wirklich? Was sind meine Stärken? Habe ich eine Vision? Was ist der Sinn meines Lebens? Was mache ich jetzt ohne konkrete Aufgaben von Montag bis Freitag? Es tauchten plötzlich Fragen auf, über die ich mir vorher in keiner Weise Gedanken gemacht habe. Heute bin ich überzeugt, dass uns das Leben immer die richtigen „Geschenke" macht, damit wir wachsen, damit wir die werden dürfen, die wir wirklich und wahrhaftig sind. Ohne meine Krisen hätte ich nie erfahren können, wie viel Liebe und Stärke schon immer in meinem Herzen wohnte. Und Mut, sehr viel Mut, sie auch anzunehmen und zu akzeptieren. Mein neuer Weg begann mit dem Buch „Ich könnte alles tun, wenn ich nur wüsste, was ich will" von Barbara Sher. Ich verschlang dieses Buch und hatte das Gefühl, die Autorin hat es nur für mich geschrieben. Ich rief in Osnabrück an, weil ich sofort und gleich die Ausbildung zur Erfolgsteamleiterin bei Gudrun Schwarzer machen wollte. Das Glück war auf meiner Seite, ich fuhr zwei Wochen später dorthin, lernte die Stärken, Techniken und Methoden eines Erfolgsteams kennen. Für mich selbst zeigte sich, dass ich mich in dem Dozentinnen- und Trainerinnenbereich am wohlsten fühle.

Deshalb finanzierte ich mit meiner Abfindung meine Coaching- und Trainerin-Ausbildungen, ich habe in den letzten Jahren erneut unglaublich viel gelernt. Ich sei ein Lernjunkie, sagt mein Schatz. Stimmt! Mein Schatz ist Thomas, den ich auf der Autobahn kennenlernte, nachdem ich mit meinem Motorrad wegen eines Motorschadens am Straßenrand liegengeblieben bin. Ich weiß heute, ich habe meinen Motorradführerschein mit 37 Jahren nur gemacht (natürlich auch, weil mir das Motorradfahren unglaublich viel Spaß gemacht hat), um aus meiner Ehe mit Klaus davonzufahren (wir hatten es bereits mit einer Paarberatung versucht), mich endgültig zu trennen und Thomas, der Mann, mit dem ich 100 Jahre alt werden will, kennen und lieben zu lernen. Meine Familienzeit mit Klaus war eine tolle, wenn auch häufig sehr anstrengende Zeit. Als wir 1989 heirateten, nahm Klaus meinen Namen an und adoptierte meinen Sohn. Es fühlte sich wundervoll komplett für mich, für uns, an. Allerdings haben wir es nicht geschafft, unsere beruflichen und insbesondere meine Herausforderungen als Team und Paar zu meistern. Wir entwickelten uns auseinander, es kam zur Scheidung. Unser größter Wunsch war, für unsere Kinder weiterhin liebende und verbindliche Eltern zu sein. Wir versuchten, so fair wie möglich, auch mit uns umzugehen und wir haben es geschafft, Freunde zu werden. Wir haben sogar mit und für unsere pubertierende Tochter vier Jahre gemeinsam als geschiedenes Paar in einer Eltern-WG gelebt. Das ist selbst in Berlin außergewöhnlich! Ganz klar, dass wir alle großen Feste und Feierlichkeiten wie Weihnachten, Ostern, in diesem Jahr die Hochzeit unserer Tochter, gemeinsam feiern. Klaus ist wieder verheiratet und wird mit seiner Frau kräftig auf Thomas und meiner Party – Silberhochzeit ohne Trauschein – mitfeiern. Es macht mich unendlich glücklich und dankbar, dass wir gemeinsam alles so gut hinbekommen haben! Dazu gehören sehr viel Liebe, Toleranz, Respekt, Wertschätzung und gegenseitiges Vertrauen. Auch mit Manfred habe ich vor circa zehn Jahren Frieden geschlossen. Ich bin nach Braunschweig gefahren und habe ihn besucht. Gab es noch die „Magie"? Nein, es gab zwei Menschen, die sich mal in verschiedenen Welten geliebt haben, einen fantastischen gemeinsamen Sohn haben und jetzt ihre unterschiedlichen Lebenswege gehen. Ich hatte keine Wut, keine Angst, keine Trauer, ich spürte nur ganz viel Dankbarkeit und auch Liebe und bin sehr befreit wieder nach Hause gefahren.

Mein Weg war bis dahin mit häufigen Suizidgedanken, Depressionen, Angstzuständen, Alkoholmissbrauch, Hörstürzen, Essstörungen, Bandscheibenvorfällen, Erschöpfungszuständen gepflastert. Es gab Zeiten, da fühlte ich mich nicht, ich war erstarrt, kannte keine Spannungskopfschmerzen, Schmerzen überhaupt waren mir fremd. Ich befand mich permanent im inneren Kriegszustand – niemand schaffte es, mich erneut zu verletzen, das war meine damalige Überlebensdevise. Heute kann ich fühlen, wie viel Kraft es gekostet hat, mich so hart zu machen. Mit 40 Jahren war ich plötzlich, ohne großartige Vorankündigung, in den Wechseljahren, ok – meine Regel blieb aus, das tat sie häufiger. Doch diese Diagnose stürzte mich in eine schwere und zum ersten Mal bewusste Depression, es wurde mir klar, ich brauche dringend Hilfe. Mein Rettungsanker war eine sehr empathische Mitarbeiterin von ProFamilia. Sie war die Therapeutin, die Klaus und mich in der Paartherapie begleitete. Sie organisierte mir in kürzester Zeit einen Therapieplatz. Ich begann endlich mit meiner ersten Therapie, einer Analyse! Ich blieb mit Unterbrechungen fast fünf Jahre bei der Therapeutin. Die Analyse (zum Schluss lag ich tatsächlich nach vielen Jahren der Verweigerung dreimal auf der Couch!) ist aus meiner heutigen Betrachtung heraus nicht die Therapieform, die ich gebraucht habe. Die Therapeutin allerdings hat mir über die Jahre ein großes Stück Vertrauen und aufgrund der sehr klaren Therapiestruktur auch Sicherheit gegeben. Es folgten viele „richtige" Bücher, Coachings, Workshops und immer wieder wundervolle Menschen, die mich auf meinem Weg begleiten. Heute weiß ich, auch die Bewegung, der Sport, drinnen und draußen, gehörten und gehören zu meinen intensivsten „Überlebensstrategien". Ich begann mit dem Laufen, bin mit 45 Jahren meinen ersten Marathon gelaufen, es folgten zwölf weitere. Natürlich Marathon, das gehörte damals noch zu meinem Glaubenssatz – ich bin nur liebenswert, wenn ich Leistungen erbringe. Mit über 40 Jahren habe ich das Skilaufen lieben gelernt. Es hat meinen Schatz viel Überzeugungsarbeit gekostet, mich für den Schnee zu begeistern. Was bin ich ihm unendlich dankbar dafür! Jetzt habe ich meine Begeisterung für Spinningkurse (Ausdauersport auf stationären Fahrrädern) entdeckt. Das ist Tanzen auf dem Rad für mich, Lebensfreude pur! Mir waren meine vielen unterschiedlichen Vermeidungsstrategien überhaupt nicht bewusst, was ich alles machte oder auch nicht machte, um mich zu schützen. Den tiefsten Erfolg in meinem langen Heilungsprozess verdanke ich Anna, die mich in vielen Sitzungen erfahren und spüren lässt, dass auch ich ein göttliches Wesen bin. Später, viel später, habe ich mich mit dem Thema häusliche, finanzielle, sexualisierte Gewalt und Missbrauch intensiv auseinandergesetzt. Aus diesem Grund bin auch Mitbegründerin des Vereins S.I.G.N.A.L. e. V. (Intervention im Gesundheitsbereich gegen häusliche und sexualisierte Gewalt gegen Frauen) in Berlin. Als damalige Personalratsvorsitzende habe ich das Projekt aktiv unterstützt. Wir haben mehrere Präventionspreise gewonnen. Heute fühle ich mich so stark und frei, dass ich als S.I.G.N.A.L.-Trainerin Schulungen durchführe, in denen ich mich auch als betroffene Frau zeige. Jedes Mal ist die Reaktion ein „Was/Wie Sie?" und „Ja, ich kenne auch jemanden…" oder in der Pause „Das ist mir auch passiert". Das bestätigt mir, dass meine Entscheidung, nicht mehr zu schweigen, genau die richtige ist. Als Trainerin engagiere ich mich erst seit diesem Jahr aktiv. Das war eine große Herausforderung für mich, die mir erneut zeigt, ich bin kein Opfer mehr! Ich habe mir verziehen! Dieses Gefühl macht mich unendlich glücklich und dankbar. Mein Mut, die vielen Therapiestunden, das innere Wachsen, der so schmerzhafte Prozess des Verzeihens und Loslassens, es hat sich gelohnt!

Das spiegelt sich auch in meinem beruflichen Werdegang wider. Seit neun Jahren bin ich selbstständig - motivierende Trainerin, erfolgreiche Franchiseunternehmerin in der Gesundheitsbranche und begeisternde Vortragsrednerin. Ich bin sehr dankbar, dass ich meine Leidenschaften und Stärken in diesen drei Bereichen mit viel Spaß und Engagement ausleben darf/kann. Als ehemalige

Personalratsvorsitzende, jahrelang habe ich mich für die Gleichberechtigung eingesetzt und für die Umsetzung der Frauenförderpläne gekämpft, hat mich das Geschäftsmodell des Network-Marketings total angesprochen. Ein Geschenk für die Gleichberechtigung, für Sicherheit, für Freiheit, für Selbstverwirklichung und für Gemeinschaft. Es ist unglaublich kraftvoll, gemeinsam im Team sich zu unterstützen, zu begleiten, um den Mut, die Kraft und die Ausdauer zu haben, mit Freude seine Visionen zu leben. Als Jahres-Mentee 2017 der German Speakers Assoziation (der Berufsverband der SpeakerInnen) entwickle ich mich jetzt zur Vortragsrednerin und Speakerin. Wieder ein weiterer Schritt zum Sich-sichtbar-machen! So werde ich seit letztem Jahr immer häufiger als Referentin/als Sprecherin für Personal- und Frauenvollversammlungen gebucht. Der Erfolg und das Feedback zeigen mir, das ist mein Weg. In einem Selbstcoaching ging es (mal wieder) um das Thema: Was wollte ich als Kind sein/werden? Auf die Bühne! Ich wollte Rocksängerin werden. Gut, es singt, trotz kurzem Ausflug zum Gesangsunterricht, nicht in mir. Aber es spricht! So war ich schon früher Klassensprecherin, häufig die Anführerin in Projekten, Vorstandsvorsitzende von Vereinen, die ich gegründet habe, als Personalratsvorsitzende und letztendlich auch als Trainerin. Wahnsinn – und jetzt verwirkliche ich immer bewusster diesen Traum. Ein fantastisches Gefühl, auf seine Herzensstimme zu hören.

Ganz tief in mir spüre ich, das ist es, das ist der SINN MEINES LEBENS - Frauen als Trainerin, Coach, Speakerin Mut zu machen, sie dabei zu begleiten und zu unterstützen, ihre Würde und ihren Selbstwert wiederzuerlangen. Die meisten Frauen, die in so eine Situation gekommen sind, fühlen sich schuldig, unendlich gedemütigt, voller Scham, ihrer Würde beraubt. Deshalb wünsche ich mir, für viele Frauen ein Vorbild, eine Mutmacherin, zu sein. Ich will als geheilte Frau diese Welt verlassen und sie damit ein Stück friedvoller und gesünder machen. Jetzt weiß und vor allem spüre ich es, ich bin, wie meine beiden Vorbildfrauen, eine kraftvolle, gern auch mal bunte, kluge, starke, humorvolle, chaotische, weise und mutige Powerfrau mit Herz! Auf diesem Weg bedanke ich mich aus tiefstem Herzen bei meinem Partner, meinen Kindern, meiner Familie, meinen FreundInnen, den vielen Menschen, die immer an mich geglaubt haben. „Mut steht am Anfang des Handelns, Glück am Ende." (Demokrit)

Alice Westphal im Kurzportrait:

Alice Mari Westphal lebt in Berlin und ist als freiberufliche Trainerin, Coach und Vortragsrednerin aus Leidenschaft in ganz Deutschland unterwegs. Als Erfolgsteamleiterin ermutigt sie Frauen, ihre Träume und Visionen zu leben und begleitet sie mit vielen Methoden, Impulsen und Tipps bei der Umsetzung. Herzstück ihrer Workshops und Vorträge ist die Gesundheit im Sinne der Resilienz. Mit 62 Jahren hat sie den Mut als Betroffene von Missbrauch, häuslicher Gewalt und einer Vergewaltigung im öffentlichen Raum nicht mehr zu schweigen. Alice hält Vorträge u. a. auf Frauenvollversammlungen und Veranstaltungen, seit diesem Jahr unterstützt sie ihren mitgegründeten Verein S.I.G.N.A.L. e. V. ehrenamtlich als Trainerin. Ihr ganz großer Wunsch ist es, dass die Frauen nicht mehr schweigen, sich nicht mehr schuldig fühlen, die Tat anzeigen und sich gegenseitig solidarisch und wertschätzend unterstützen. Alice ist Mutter von zwei erwachsenen Kindern, seit Kurzem glückliche Großmutter einer wundervollen Enkelin und lebt seit 25 Jahren ohne Trauschein mit ihrem Freund in einer stetig wachsenden Beziehung.

www.alice-gesundheitscoaching.de
www.signal-intervention.de

„Ich will als geheilte Frau diese Welt verlassen und sie damit ein Stück friedvoller und gesünder machen."

Alice Westphal

ANNE ROLEFF

♦ ♦ ♦

Ich wurde im April 1985 am schönen Chiemsee geboren und wuchs gut
behütet, zusammen mit meinem älteren Bruder und meinen Eltern, in einer
kleinen Wohnung auf. Meine Erinnerung an meine früheste Kindheit ist noch
ziemlich gut erhalten, sogar so gut, dass ich mich unter anderem an unsere
Familienurlaube an der Nordsee sehr genau erinnere. Es war eine unglaublich
schöne Zeit, an die ich bis heute gerne zurückdenke. Wir haben mit unserem
Vater sensationelle Sandburgen gebaut, mit an den Strand angespülten toten
Quallen unsere Mutter geärgert, große dänische Eiswaffeln gegessen, Kettcars
ausgeliehen, mit der Fähre andere Inseln besucht, Wattwanderungen gemacht,
die tollen Dünen erklommen, in denen man sich verstecken konnte und die
Hagebutten gesammelt, aus denen sich super Juckpulver machen ließ, um die
Eltern zu ärgern. So schön!

Doch dann sollte sich mein Leben zum ersten Mal radikal verändern. Um
den Zeitpunkt meiner Einschulung trennten sich meine Eltern. Mein Vater
hatte sich neu verliebt und ging nach Österreich, um sich mit seiner neuen
Frau ein neues Leben aufzubauen. Ich kann mich noch gut an den Tag der

265

Trennung erinnern, er hatte zwei große Reisetaschen gepackt und ich wollte gerne mit ihm gehen, aber er schickte mich mit einem scharfen Ton zurück zu meiner Mutter und sagte mir, dass das eben nicht geht. Es war eigentlich das einzige Mal in meinem Leben, dass er richtig laut und auch streng mir gegenüber wurde. Mit diesem Erlebnis ist definitiv etwas in mir kaputt gegangen, ich war ein absolutes Vaterkind und dass er von heute auf morgen nicht mehr bei uns gelebt hat, hat mich tief verletzt und mein Leben stark geprägt. Meine Mutter blieb in dieser schweren Zeit nicht tatenlos und wusste, dass die Frau, die sich in meinen Vater verliebte, ebenfalls verheiratet war und einen Mann zurückließ. Sie dachte sich, geteiltes Leid ist halbes Leid und wollte sich mit dem Mann über die Geschehnisse austauschen und kontaktierte ihn. Was keiner ahnen konnte: sie verliebten sich und dieser Mann sollte nur wenige Monate später mein Stiefvater und Vater meiner kleinen Schwester werden, die schon ein Jahr nach der Trennung geboren wurde. Meine Eltern haben also genau genommen die Partner getauscht und auch beide keine Zeit verloren. Denn mein Vater wurde ebenfalls kurze Zeit später noch einmal Vater. So begann also unsere maximal verstrickte Patchwork Familie. Alle Beziehungen untereinander waren randvoll mit Vorwürfen und Verletzungen, jeder motzte über den anderen, es kannte sich ja auch jeder nur zu gut und wir Kinder waren mittendrin und dienten als Kommunikationsmittel zwischen den Fronten. Mein großer Bruder und ich haben von dem Partnertausch einige Zeit nichts gewusst. Da war eben plötzlich ein neuer Mann in unserer Wohnung, der sich uns mit falschem Namen vorgestellt hat (damit mein Vater und seine neue Frau davon erstmal nichts erfuhren) und uns von nun an sagte, was wir dürfen und was nicht. Verstanden habe ich das alles zu dem Zeitpunkt nicht und akzeptieren wollte ich es erst recht nicht, zu groß waren meine Verwirrung und natürlich auch die Sehnsucht nach meinem Vater. Dieser kam uns zwar regelmäßig besuchen und auch wir sind viele Wochenenden nach Wien gependelt, aber bei jedem Abschied von ihm fühlte es sich beinahe wieder so schrecklich an wie an jenem Tag, als er uns verlassen hatte. Viele Tränen habe ich bei jeder Verabschiedung geweint, jahrelang und habe dafür nicht immer Verständnis bekommen vom Rest meiner Familie. Oft hörte ich bei den „Übergaben" genervte Kommentare, weil ich einfach nicht aufhören konnte zu weinen.

Die Jahre vergingen, der Alltag kam und wir haben uns mit dieser Konstellation mehr oder weniger arrangiert. Bis zum Jahr 1999, als mein Leben durch weitere tragische Ereignisse durcheinandergebracht wurde. Im Mai 1999 starb meine Großmutter väterlicherseits bei einem tödlichen Unfall durch einen Tiger in einem Nationalpark in Spanien. Man durfte diesen Nationalpark mit seinem eigenen PKW befahren und an eigens dafür vorgesehenen Plätzen das Auto verlassen. Sie hielten sich jedoch nicht daran und wurden von einer Tigermutter überrascht, die ihre Jungen beschützen wollte. Meine Oma und ihr Begleiter waren sofort tot. Das war ein unglaublicher Schock für die ganze Familie. Doch damit war noch nicht genug für dieses bewegende Jahr. Meine Mutter erkrankte im Spätsommer bereits zum zweiten Mal in ihrem Leben an Krebs, diesmal kam er so schnell und so heftig zurück, dass sie keinerlei Überlebenschancen hatte. Die Ärzte gaben ihr maximal drei Monate, sie machte noch über vier daraus, weil sie unbedingt noch Weihnachten mit uns verbringen wollte. Ich erinnere mich, dass wir unsere Geschenke bei ihr im Bett ausgepackt haben, weil sie zu schwach war, um ins Wohnzimmer zu kommen. Einen Tag später starb sie an den Folgen der Krankheit und ich fühlte mich von einem Moment auf den anderen so allein wie noch nie zuvor in meinem Leben. Dieser Tag war mit Abstand der schrecklichste, den ich bisher erlebt habe. So viele für mich fremde Menschen waren in unserem Haus, um sich von ihr zu verabschieden und sagten mir, ich könnte immer zu ihnen kommen, wenn ich was brauche. Das war sicherlich lieb gemeint, aber das einzige, was ich in diesem Alter wirklich gebraucht hätte, war die mütterliche Liebe und die ging an diesem Tag mit ihr.

Als meine Mutter starb, änderte sich mein Leben von heute auf morgen enorm. Ich musste mit dem Verlust umgehen lernen, plötzlich erwachsen werden und fühlte mich verantwortlich für die Familie und für meine kleine Schwester. Das Leben musste ja weiter gehen, mein Stiefvater arbeitete, um uns unser bisher geführtes Leben weiterhin zu ermöglichen, und meine Stiefgroßeltern zogen vorübergehend bei uns ein, da wir ja alle noch minderjährig waren und nicht allein bleiben konnten, während mein Stiefvater arbeitete. Wir hatten uns auch dagegen entschieden zu meinem Vater zu ziehen, da ich nicht auch noch aus meiner gewohnten Umgebung und von meinen Freunden getrennt werden wollte. Es war für uns alle eine ziemlich schwere Zeit, für meine Geschwister und auch meine Stiefgroßeltern, die von jetzt auf gleich ihren Wohnort von Österreich zu uns verlegen mussten, für meinen Stiefvater, der plötzlich allein mit drei Kindern und einem kürzlich gekauften Haus dastand. Dieses Haus wurde gerade von uns in Eigenleistung renoviert und war auch noch lange nicht fertig, also gab es mehr als genug Arbeit. Langweilig war uns somit nicht und jeder versuchte eben, so gut es ging, sich in das wieder einmal neue Familiensystem einzugliedern, und packte mit an. Für mich wurde es jedoch mit den Jahren immer schwieriger dort zu leben. Es war mir alles zu eng, zu strenge Regeln, zu wenig Platz für meine Bedürfnisse und irgendwann wollte ich nicht mehr einfach nur funktionieren und Regeln befolgen, sondern frei sein und niemanden mehr um mich haben, der mir sagt, was ich darf und was nicht, was richtig und was falsch ist im Leben. Also zog ich die für mich einzige Konsequenz daraus und zog mit achtzehn von zu Hause aus. Da es mit meiner Familie immer wieder zu enormen Spannungen kam, habe ich auch den Kontakt in den darauffolgenden Jahren auf ein Minimum reduziert. Zu tief waren meine inneren Verletzungen. Dazu kam die Trauer um meine Mutter, die steifen Regeln meiner Stiefgroßeltern und meines Stiefvaters. Ich hatte das Gefühl, dass für meine Bedürfnisse und für mein Ich, so wie ich eben bin, kein Platz ist. Zu Hause war putzen wichtig, Regeln befolgen, Zimmer aufräumen, auf meine Schwester aufpassen, Essen kochen usw., aber mir fehlte Liebe, Nestwärme, das Gefühl Wurzeln zu haben, ein Ort, an den ich hingehöre, das alles ist mit dem Tod meiner Mutter ebenfalls gegangen. Ich fühlte mich wie ein Fähnchen im Wind, das von jedem zu jederzeit in eine Richtung gepustet wurde und ich war völlig orientierungslos, wer ich selbst eigentlich bin. Glücklicherweise habe ich ein Jahr zuvor meine erste große Liebe kennengelernt und konnte bei ihm einziehen, viel hatte ich ja nicht, da ich fast alle meine Möbel im Haus lassen musste. Wir machten es uns in seinem 1-Zimmer-Appartement gemütlich und zum ersten Mal in meinem Leben hatte ich das Gefühl, vollkommen frei zu sein. Es war einfach nur unglaublich schön, tun und lassen zu können, was ich wollte. Niemand wollte etwas von mir, ich musste mich um nichts kümmern. Dadurch, dass ich es von zu Hause ja schon gewohnt war, einen Haushalt zu führen, fiel es mir überhaupt nicht schwer, mich um all die Dinge zu kümmern, die das „Auf sich gestellt sein" so mit sich bringen. Aber der große Unterschied war, ich konnte den Abwasch erledigen, wann ich es wollte, nämlich dann, wenn es keine sauberen Teller mehr gab. Es war einfach nur toll. Wir gingen auf Partys, waren tagelang am See, chillten mit Freunden und lebten in den Tag hinein. Wir machten einfach einen ganzen Sommer lang nichts. Dadurch, dass ich allerdings im selben Jahr durchs Abitur gefallen war, war ich zumindest so verantwortungsvoll, mich ein zweites Mal auf meinen Allerwertesten zu setzen und noch einmal für ein Jahr die Schulbank zu drücken. Finanziell war ich natürlich am absoluten Minimum, wie man sich vielleicht vorstellen kann, aber ich habe lieber von der Hand in den Mund gelebt als wieder von jemandem abhängig zu sein. In dieser Zeit voller grenzenloser Abenteuer habe ich auch meine ersten Erfahrungen mit Marihuana gemacht. Alkohol und Zigaretten waren mir von Teenageralter an vertraut, warum also nicht noch etwas anderes ausprobieren? Ich weiß ehrlich gesagt nicht, was ich mir von dem Konsum erhoffte, vermutlich wollte ich einfach meine Grenzen ausloten und meine Gefühle betäuben. Oder vielleicht lag der Reiz genau im Verbotenen und weil es zu Hause so strenge Regeln gab, ich habe keine Ahnung. Auf jeden Fall habe ich die Grenzen definitiv überschritten und einmal, genau wie Obelix, zu viel vom Zaubertrank genascht, nur mit dem Unterschied, dass ich keine Superheldenkräfte bekam, sondern in Ohnmacht fiel. Dieses Erlebnis hat mich so schockiert, dass das auch sogleich der Austritt aus meiner „Drogenkarriere" war. Natürlich bin ich froh, dass dieses Kapitel ein sehr kleines in meinem Leben ist und ich nicht dort hängengeblieben bin. Meine Gefühle mit Drogen und Alkohol aufbessern zu wollen, war nämlich definitiv nicht die Lösung meiner Probleme, so viel hatte ich verstanden. Aber auch dieses Gefühl von totaler Freiheit und rosaroter Brille hielt leider nur sehr wenige Jahre an. In meinem Körper passierte etwas, das ich im Nachhinein als ein großes Geschenk bezeichnen würde, aber zum damaligen Augenblick einfach nur der blanke Horror war. Ich war um die zwanzig Jahre alt, als ich anfing gegen einige wenige Nahrungsmittel „Pseudo"-Unverträglichkeiten zu entwickeln. Immer öfter hatte ich starke Bauchschmerzen und direkt nach dem Essen schlimmen Durchfall und starke Krämpfe. Am Anfang waren es nur ganz wenige Lebensmittel, auf die ich so reagierte und ließ sie ganz einfach weg. Aber mein Körper war ja schlau und entwickelte im Laufe der nächsten Jahre gegen fast alles, was ich aß, eine vermeintliche Unverträglichkeit. Ich lief von Pontius zu Pilatus und hoffte, bei irgendeinem Arzt endlich eine Diagnose für mein Problem zu bekommen, aber mir wurde immer wieder gesagt, ich sei gesund (zum Glück). Tablette rein und gut ist's wieder mit meiner Verdauung, dachte ich damals. Unwissend, wie schlau der Körper eigentlich ist und wie-viele Signale er sendet, bevor er eine wirklich schwerwiegende Krankheit ent-wickelt. Ich lief wie gesagt von einem Arzt zum nächsten, machte mehrere Allergietests, ließ sogar eine Darmspiegelung über mich ergehen, beschränkte mein Essen auf nur noch sehr wenige Zutaten. Für mich, für die Essen pures Vergnügen und Leidenschaft ist, war es eine echt qualvolle Zeit. Auswärts essen zu gehen, keine Chance. Essenseinladungen bei Freunden waren mir extrem unangenehm, da ich unmittelbar nach dem Essen für einige Zeit auf der Toilette verschwand. Ein echt ungutes Gefühl ist das und peinlich obendrein! Meine damalige Beziehung habe ich nach ungefähr vier Jahren beendet, ich war dankbar so einen Partner in dieser nicht ganz leichten Zeit gehabt zu haben. Er war wirklich sehr verständnisvoll, immer für mich da, unterstützte mich, wo er nur konnte und ich habe ihn wirklich geliebt. Und doch sagte mir meine innere Stimme schon ziemlich früh, dass wir nicht für immer zusammenbleiben werden. Und sie behielt recht. Hätte ich doch nur schon viel früher angefangen, auf diese innere Stimme zu hören anstatt sie immer wieder zu ignorieren beziehungsweise einen regelrechten Machtkampf mit ihr zu führen. Aber im Nachhinein ist man ja bekanntlich immer schlauer.

Aus finanziellen Gründen musste ich nach der Trennung wieder für eine kurze Weile zu meinem Stiefvater ziehen, ich konnte mir die damalige Woh-nung allein einfach nicht mehr leisten. Wie man sich sicher vorstellen kann, war das Gefühl gar nicht schön, im Gegenteil, es fühlte sich eher wie ein Rückschritt an. Sich wieder „unterzuordnen", einzufügen in das Familien-system, war nicht ganz so einfach. Und doch hatte ich keine Wahl, es musste sein. Zu meinen Magenproblemen gesellten sich immer stärker werdende Rückenschmerzen. Eine Krankengymnastik-Stunde jagte die nächste, aber auch hier war es so, dass kein Arzt etwas finden konnte. Außer ein paar Verspannungen vielleicht, aber wer hat die nicht? Zum Glück konnte der Arzt mal wieder nichts finden, aber wie du dir vielleicht vorstellen kannst, ist es unglaublich zermürbend, wenn dein Körper dich schon bald jahrelang quält und dir niemand helfen kann oder dir zumindest sagen kann, woran das liegt. Aber es war Fakt, mein Gesundheitszustand verschlechterte sich von Jahr zu Jahr. Praktisch nach jedem Mittagessen suchte ich unfreiwillig die Toilette auf, Magenschmerzen und ein steinharter Blähbauch gehörten zum Alltag, genauso wie stechende Rückenschmerzen, die mich manchmal sogar erst gar nicht aufstehen ließen, weil es mir beim Atmen einen dermaßen heftigen Stich ins Herz versetzte, dass ich stundenlang regungslos im Bett oder auf der Couch liegen bleiben musste.

Nach circa einem Jahr Singledasein habe ich einen neuen Partner gefunden. Ganz fremd war mir dieser Mann nicht, wir kannten uns von einem gemeinsamen Arbeitgeber und waren sozusagen schon eine ganze Weile befreundet. Ein gemeinsamer Freund fragte uns am Anfang mal, was das mit uns sein sollte: „Liebe auf den tausendsten Blick, oder wie?" Das brachte mich schon zum Nachdenken. Aber auch hier habe ich meine innere Stimme mal wieder gekonnt ignoriert, diese sagte mir nämlich gleich nach unserem ersten Kuss: „Anne, lass es! Du liebst ihn doch gar nicht!" Aber ich konnte einfach nicht mehr länger allein sein, die Einsamkeit in meinem Herzen war inzwischen zu groß und darum entschied ich mich für die Beziehung. Ich war auf der Suche nach Liebe, mein Herz fühlte sich einfach nicht vollständig mit Liebe gefüllt an. Damals wusste ich natürlich nicht, dass mein kleines inneres Ich auf der Suche nach der elterlichen Liebe gewesen ist und ich versucht habe, dass durch meine Beziehungen zu Männern zu kompensieren und aufzufüllen. Eine denkbar schlechte Voraussetzung für eine glückliche Beziehung. Aber wir hielten durch, drei ganze Jahre lang. In dieser Zeit hatten wir natürlich auch viele schöne Momente und Erfahrungen, so ist es nun auch wieder nicht. Aber ich wusste, wie auch schon bei meiner ersten Beziehung, dass das nicht der Mann war, um mit ihm gemeinsam alt zu werden. Eine Konsequenz aus dieser Ignoranz, nicht auf mich und meinen Körper zu hören, war, dass mein Körper immer kränker wurde. Zu meinen bisher schon vorhandenen Beschwerden kamen schlimme Magenkoliken, die mich des Öfteren in die Notaufnahme verfrachteten. Mein Bauch hatte sich mittlerweile auf die Größe eines Babybauchs im siebten Monat aufgebläht, war steinhart und jede Bewegung schmerzte einfach nur unerträglich. Herkömmliche Schmerzmittel aus der Apotheke habe ich wie Smarties verdrückt, aber es passierte rein gar nichts. Erst eine große Dosis von dem, was auch immer mir der Arzt gegeben hatte, half meinem Körper sich wieder zu entspannen. Am nächsten Tag war mir noch etwas übel von den Schmerzmitteln, aber danach war wieder alles wie immer. Diese Anfälle haben mir wirklich Angst gemacht und mich extrem eingeschränkt, ständig und überall hatte ich Sorge, es geht wieder los.

Und die Spirale fuhr weiter abwärts. Panikattacken und Angststörungen wurden zu meinem ständigen Begleiter und grenzten mein Leben immer weiter ein. Meine Wohnung konnte ich zu Fuß allein überhaupt nicht mehr verlassen, ich hatte zum Beispiel Angst, von einem großen bösen Hund angefallen zu werden, der hinter dem Busch lauert oder von fremden Männern verschleppt zu werden. Ich hatte wirklich eine rege Fantasie. Alles außerhalb meiner vier Wände war eine Bedrohung für mich. Allein mit dem Auto fahren ging nur noch über ganz kurze Strecken auf der Landstraße, aber auf keinen Fall mehr auf der Autobahn, erst recht durch keine Tunnel mehr, auch an Flugreisen war nicht mehr zu denken. Shoppingausflüge in die Stadt waren auch gestrichen, zu viele Menschen, zu groß, zu unbekannt, zu viel Angst. Während ich dabei zusah, wie meine Freunde ihr Leben gestalteten, in die Stadt zogen, studierten, Auslandsaufenthalte machten und sich die Welt ansahen, kämpfte ich in meiner Wohnung gegen Panikattacken und Selbstmordgedanken. Ich hatte schon so eine Vermutung, dass meine psychische Verfassung nicht so optimal war, meine Gedanken waren trüb, schwer, unglücklich, negativ, voller Angst und jegliche Freude war verschwunden. Ich habe das erst gar nicht so richtig mitbekommen, es war ein schleichender Prozess, der durch die körperlichen Anzeichen auf sich aufmerksam machen wollte, aber als dann auch noch Selbstmordgedanken dazu kamen, wusste ich, dass ich darüber reden muss. Eines Tages, ich war so Mitte zwanzig, ging ich wieder einmal wegen meiner diversen Wehwehchen zu meinem Hausarzt und alle Dämme waren gebrochen. Ich war diesmal so verzweifelt und die Situation schien so ausweglos, dass ich mich in seinem Sprechzimmer gar nicht mehr beruhigen konnte. Ich weinte und weinte und weinte, es war die pure Verzweiflung, Einsamkeit und tiefe Traurigkeit. Ein Gefühl, das sich nur schwer beschreiben lässt, wenn man es nicht selbst schon einmal gespürt hat. Mein Arzt machte mir sofort einen Termin bei einem Psychiater, der mir starke Antidepressiva verschrieb. Ich war diesem Medikament gegenüber sehr misstrauisch, keine Ahnung warum, vielleicht war es Intuition. Da war sie wieder, meine innere Stimme, die sagte: „Anne, nimm das nicht! Das ist nicht dein Weg!" Wieder ignorierte ich diese Stimme und nahm die erste Tablette ein. Ein absolut heftiges Gefühl überrollte mich, völliger Kontrollverlust meiner Gliedmaßen, ich zitterte überall. Das war denkbar schlecht, weil ich nämlich zu dem Zeitpunkt gerade in der Arbeit war und die Stelle auch erst seit ein paar Monaten hatte. Ich rief eine Kollegin zu mir, die mir half, meinen damaligen Freund anzurufen, damit er mich abholte. Mein Herz raste wie verrückt, meine Pupillen waren riesengroß, auf meinem Bildschirm flossen die geschriebenen Zeilen meiner letzten Email dahin, ich konnte nicht allein aufstehen, geschweige denn auch nur einen Schritt laufen, weil meine Beine sofort unter mir nachgaben. Eine ziemlich üble Erfahrung, die ich auf keinen Fall wiederholen wollte, also ließ ich die Finger von diesem Zeug und der Psychiater sah mich ebenfalls nie wieder.

Das Leben meinte es dann endlich einmal gut mit mir und schickte mir eine großartige Heilpraktikerin, zu der ich sehr schnell Vertrauen fasste. Sie war die erste Person, die mir seit Langem das Gefühl gab, dass sie mich versteht und mir helfen kann. Nicht so wie die vielen Male davor beim Arzt, der mich immer wieder nach Hause geschickt hatte, bekam ich zum ersten Mal das Gefühl von Verständnis. Sie sagte mir: „Frau Roleff, machen Sie sich keine Sorgen, das bekommen wir wieder hin". Ein wahrer Segen war das für mich und von da an ging es Stück für Stück bergauf. Schon nach wenigen Monaten sah ich die ersten Erfolge, meine Verdauung beruhigte sich etwas, ich konnte schon wieder fast normal essen und die Krämpfe danach wurden weniger. Eine längere Heilung brauchte natürlich meine Psyche, dieser Weg war und ist eine Reise und hat rückblickend circa fünf Jahre gedauert bis ich bemerkte, dass es immer wieder Tage gab, die endlich nicht mehr trüb und traurig waren, sondern hell und freundlich. Ein Segen war das für mich und wie Wasser auf die Mühlen meiner Zuversicht. Die Qualität der hellen und freundlichen Tage ist mir sofort aufgefallen, das war eine ganz neue Lebenserfahrung für mich und davon wollte ich unbedingt mehr. Wir hatten sehr regelmäßigen Kontakt und ich konnte sie immer anrufen, bei Notfällen sogar auch am Wochenende. Die Gewissheit zu haben, dass es dort jemanden gibt und ich nicht allein bin, war mein Anker. Mit dieser neu gewonnen Zuversicht und Sicherheit nahm ich mein Leben immer mehr in die Hand. Ich war zu lange fest verbunden mit meinen alten Verhaltensmustern, schlug viele komische Pfade ein, durch meine unaufhaltsame Suche nach Liebe, die ich aber dort, wo ich sie suchte, nie bekam. Ich lernte, dieses Muster immer mehr zu durchschauen und auch zu durchbrechen. Dieser Satz ist zwar unglaublich schnell geschrieben, aber die Arbeit und die Überwindung, die dahinterstecken, haben Jahre gedauert. Meine ersten kurzen Fahrten ganz allein auf der Autobahn waren der blanke Horror. Atemnot, Herzrasen, Panik! Aber ich habe mich gezwungen, immer weiter zu machen. Ich wollte nicht mehr, dass das Korsett sich immer weiter zuschnürt, ich wollte wieder atmen können, frei sein. Meinen Freunden nicht länger dabei zusehen, wie sie ihr Leben genießen, sondern es selbst auch können. Aber der einzige Weg raus aus der Angst ist und bleibt nun mal die Konfrontation und das erfordert Überwindung und ein Ziel vor Augen, warum es sich lohnt da durchzugehen. Für jeden kleinen Erfolg habe ich mich richtig gefeiert. Freunde von mir sind allein für mehrere Monate nach Australien geflogen, ich freute mich wie Bolle, als ich das erste Mal allein nach München fahren konnte. Auch habe ich mich dazu gezwungen, allein das Haus zu verlassen und habe angefangen zu joggen und kleine Bergtouren zu machen. Die Angst war bei diesen Touren natürlich mein ständiger Begleiter, aber ich wusste, wofür ich es machte: für ein selbstbestimmtes Leben. Am Anfang war ich bei meinen Ausflügen im Freien noch mit Pfefferspray „bewaffnet", das gab mir die nötige Sicherheit, um überhaupt das Haus verlassen zu können, gebraucht habe ich es aber zum Glück nie.

In den letzten zwölf Jahren habe ich viele Dinge gemacht, um Altes aufzuarbeiten und Neues kreieren zu können. Neben meiner geliebten Heilpraktikerin gab es Psychotherapien (manche gut, manche katastrophal), Familienaufstellungen (eine wahnsinnig tolle Erfahrung), Osteopathie, Coachings mit den unterschiedlichsten Themen und Hilfestellungen. Ich wollte unbedingt gesund werden, das war mein oberstes Ziel und dafür habe ich alles getan. Ich konnte und wollte nicht akzeptieren, dass das mein Leben für die nächsten zig

Jahre sein soll. Der liebe Gott, das Universum, wie auch immer man das große Etwas über uns beschreiben möchte, hat mir eine große Aufgabe im Leben gegeben und ich kann heute sagen, dass ich den ersten Teil ziemlich gut gemeistert habe. Ja, ich bin stolz auf mich, was ich bis heute erreicht habe und ich freue mich auf meinen neuen Lebensabschnitt, den ich mir gerade kreiere. Ich wurde mit einem großen Geschenk gesegnet, nämlich mit Zuversicht. Etwas in mir hat mich immer wieder aufstehen lassen und mich angetrieben, weiterzumachen. Mich nicht mit dem zufriedenzugeben, was ich schon erreicht hatte, so lange es mich nicht glücklich machte. Heute weiß ich, dass nichts wichtiger in meinem Leben ist, als mein Wohlergehen. Das ist die Quelle für alles, was wir im Leben erschaffen und diese Quelle sollte beschützt und umsorgt werden. Die Signale deines Körpers können dir dafür ein prima Wegweiser sein, du musst aber eben auch auf ihn hören.

Ich habe mir in den letzten Jahren ein wirklich schönes Leben erschaffen, mit einer ganz tollen Partnerschaft, deren Basis die Liebe zwischen Mann und Frau ist. Mit diesem Mann an meiner Seite kann ich mir wirklich alles vorstellen, an dieser Partnerschaft konnte ich in den letzten sechs Jahren wachsen, wieder ganz gesund werden und persönlich reifen. Das Alleinsein, das ich früher nicht ertragen konnte, kann ich heute genießen. Lange Autofahrten sind kein Problem mehr, mein letzter Arbeitsweg betrug 66km pro Fahrt, Bergtouren oder Joggen am See sind wahre Energieschübe für mich und Shoppen in der City gehe ich jetzt auch am liebsten allein, denn dann nörgelt keiner herum. Wenn ich meine Erkenntnisse der letzten Jahre zusammenfasse, dann sind diese wohl die wichtigsten:

1) nimm die Signale deines Körpers ernst
2) vertraue darauf, dass das, was dir im Leben geschieht, einen tieferen Sinn hat
3) hör auf, dich für dein Schicksal selbst zu bemitleiden, das bringt dich nicht weiter
4) stehe immer wieder auf und hole dir Hilfe, es lohnt sich einfach so sehr
   5) wenn du glücklich werden möchtest, verzeihe deinen Eltern, Großeltern, Geschwistern, wem auch immer du die Schuld an deiner

Situation gibst, denn sie haben nie etwas getan, um dir absichtlich Schmerzen zuzufügen, sie sind auch nur Menschen mit einer Vergangenheit und haben ihr Bestes gegeben.

Um meine Erkenntnisse auch weiterhin aktiv zu integrieren, stehe ich nun vor einem nächsten wichtigen Schritt in meinem Leben – die Selbstständigkeit. Es fühlt sich für mich ein bisschen so an wie der Phönix aus der Asche. Lange Zeit lag mein Fokus darauf, gesund zu werden. Nach meinem Abitur sicherten mir eine Ausbildung zur Bürokauffrau und jahrelange Arbeit im Vertrieb mittelständischer Unternehmen meinen Lebensunterhalt, aber erfüllt hat mich das nie. Und da war sie auch wieder, die innere Stimme, die mir immer wieder zuflüstert, dass da noch mehr auf mich wartet und ich weitergehen soll. Durch meinen Weg raus aus der Depression habe ich verstanden, dass das Leben endlich ist und wir hier nicht nur zur Probe sind, sondern dass es sich schon um die Uraufführung handelt. Ich fühle mich nun so weit in meiner Entwicklung vorangeschritten, dass ich mich darum kümmern möchte, wie ich mein Leben bunt ausmalen kann. Dazu gehört eben auch mein Job, der mich seit geraumer Zeit immer unzufriedener werden lässt und mein Körper mir wieder verstärkt Signale sendete. Diesmal nehme ich sie allerdings gleich wahr und schiebe sie nicht wieder weg, nur weil ich mich meinen Ängsten nicht stellen möchte. In den letzten zwölf Monaten habe ich mich intensiv damit beschäftigt, was es für mich außer dem Vertrieb noch geben könnte und bin (durch Zufall?) in eine Veranstaltung gestolpert, bei der vier junge Frauen von ihrer Selbstständigkeit erzählt haben. Da begann ich das erste Mal darüber nachzudenken, ob ich das eigentlich nicht auch könnte. Eine völlig neue Welt eröffnete sich mir da plötzlich. Aber sofort ist mein innerer Kommentator angesprungen und mahnte mich: „Nein, Quatsch, Anne, lass das mal lieber die Schlauen machen. Bleib du bei deinem Bürojob, das ist besser für dich". Eingeschüchtert und resigniert glaubte ich anfangs diesem destruktiven Kritiker, aber so ein „Abonnieren" und „Gefällt mir"-Button kann man ja mal drücken, dachte ich. Es ließ mich nicht mehr los und ich folgte der Arbeit dieser Frauen und war begeistert. Diese Erfüllung, die sie ausstrahlen und vor allem das selbstbestimmte Leben, das sie führen, will ich auch. Arbeiten wann und von wo aus ich möchte, entspricht mir zu mehr als 100 Prozent! Nur womit? Und wie? Ich suchte mir Hilfe genau bei einer dieser vier Damen und sie half mir im Coaching herauszufinden, wo meine Bestimmung liegt. Was möchte durch mich in die Welt? Nach intensiven Monaten der Selbstreflektion ist es nun so klar und deutlich für mich zu erkennen: Ich möchte jungen Frauen, deren Leben von Panik, Angst und Depression bestimmt werden dabei helfen, die Liebe und die Fröhlichkeit wieder in sich zu spüren und so zurück in ein selbstbestimmtes Leben zu finden. Es ist mir wirklich eine Herzensangelegenheit, weil ich am eigenen Leib erfahren habe, wie viel mehr noch möglich ist im Leben. Natürlich geht das alles nicht so leicht, wie es sich jetzt vielleicht gerade darstellt. Zack, Termin gebucht und völlige Klarheit erlangt, schön wäre es natürlich. Ich mache gerade eine enorme Wandlung durch, die mich fast täglich an meine Grenzen bringt und mich an mir und meinem Vorhaben zweifeln lässt (mein innerer Kommentator, der immer will, dass alles so bleibt, wie es ist). Aber ich spüre einfach, dass es sich richtig anfühlt weiterzumachen. Und mehr braucht es gerade auch gar nicht. Ich habe den Kontakt zu mir gefunden und lerne, mir und meiner Intuition zu vertrauen. Stück für Stück, immer weitermachen. Das Leben ist zu kurz, um den Kopf in den Sand zu stecken. Wenn ich das geschafft habe, dann schaffst du das auch und wenn du möchtest, helfe ich dir dabei!

Anne Roleff im Kurzportrait:

Unsere Autorin Anne Roleff ist 33 Jahre jung, kommt aus dem schönen Chiemgau in Oberbayern und lebt und arbeitet am Tegernsee. Sie verbringt ihre Freizeit am liebsten in den Bergen, am See, auf Reisen oder bei einem gemütlichen Essen mit Freunden und Familie. Um ihrer Kommunikationsfreude nachzukommen, arbeitet Anne im Vertrieb eines mittelständischen Unternehmens, in dem sie seit Kurzem auf Teilzeit reduziert hat, um ihrer weiteren großen Leidenschaft, dem Coaching anderer an Entwicklung begeisterter Menschen nachzukommen. Im Speziellen möchte sie ihre Aufmerksamkeit jungen Frauen widmen, deren Leben von Depression, Angst und Panikattacken geprägt ist und ihnen zurück in ein freies und selbstbestimmtes Leben verhelfen. Aus eigener Erfahrung weiß Anne, dass trotz oder gerade wegen solch einer Diagnose noch so viel mehr möglich ist im Leben.

hallo@anneroleff.de
www.anneroleff.de.

„Ich spüre einfach,
dass es sich richtig anfühlt
weiterzumachen.
Und mehr braucht es gerade
auch gar nicht"
Anne Roleff

CHRISTIN PRIZELIUS

◆◆◆

Wenn ich heute vor allem auf die letzten zehn Jahre meiner Selbstständigkeit zurückschaue, die ich damals mit 24 Jahren parallel zu meinem Jurastudium begonnen habe, kann ich vor allem eines sagen: Es braucht viel Klarheit, Disziplin, Durchhaltevermögen, pure Leidenschaft für seine Ideen und auch die Bereitschaft, viele schlaflose und sorgenvolle Nächte hinzunehmen, um bei sich anzukommen und letztendlich erfolgreich zu sein. Was Erfolg hier für jeden Einzelnen persönlich auch immer bedeuten mag. Aber auch Dinge zu hinterfragen - vor allem sich selbst - und die Bereitschaft für Veränderungen. Wir können unser Glück nicht im Außen finden und auch nicht von anderen erwarten, dass sie uns glücklich machen. Wir können Glück, Zufriedenheit, Wohlbefinden und das „Ja" zum Leben nur in uns selber finden. Das war bei allen Höhen und Tiefen bisher meine Haupterkenntnis. Heute möchte ich mit meinem Wissen und meinen Erfahrungen anderen Inspirationsquelle und Impulsgeber sein, sie begleiten, unterstützen und ihnen Mut machen. Mut, durchzuhalten, der ureigenen inneren Stimme wieder mehr zu vertrauen und immer weiter an seine Träume zu glauben.

Ich bin im Herzen eine große Visionärin, es immer schon gewesen und dabei bisher immer meinen eigenen Weg gegangen. Wie sang einst Frank Sinatra passend dazu: „I did it my way." Und wenn man mich jetzt fragt: „Wie hast du das gemacht?" frage ich gleich etwas verschämt zurück: „Was denn eigentlich genau?" Vieles erscheint mir rückblickend so selbstverständlich, aber wenn ich ehrlich bin, war es schon ein verdammt steiniger Weg mit vielen Zweifeln, schlaflosen Nächten, Sorgen, unendlich vielen Fragezeichen und inneren Konflikten. Vor allem war es aber auch ein sehr einsamer Weg, denn als ich mich nach meinem Abitur und Australienaufenthalt mit 20 Jahren dafür entschieden habe, Jura zu studieren, hatte ich eigentlich nur eine Vision beziehungsweise Mission: Ich wollte die Welt verändern, zum Umdenken anregen, etwas Positives schaffen und Mensch und Tier zu ihrem Recht verhelfen. Soweit die Theorie. Dass das nicht bejubelt und ich nicht unbedingt ermutigt wurde, kann man sich vielleicht vorstellen. Ich war, und bin es eigentlich auch immer noch, voller Ideale. Leider aber von Geburt an nicht mit einem besonders stark ausgeprägten Selbstbewusstsein gesegnet, haben mich trotzdem dieser Wunsch und diese Vision irgendwie nicht mehr losgelassen.

Auf der einen Seite habe ich zwar immer an mir gezweifelt und gedacht, dass ich nicht gut genug bin, aber gleichzeitig war da auch diese innere Stimme und dieses Urvertrauen, die mich immer wieder ermutigt haben, weiterzumachen und an mich zu glauben. Je mehr ich dann im Studium vorangeschritten bin, desto weniger konnte ich mich allerdings mit dem Beruf an sich identifizieren. Meine Erwartungen wurden einfach nicht erfüllt. Es musste also einen anderen Weg geben. Die Anfangszeiten, in denen ich täglich die Richter-TV-Shows anschaute und innerlich gewachsen bin, als ich die genannten Paragrafen runterbeten konnte, waren längst vorbei. Und als ich nach der Zwischenprüfung immer mehr in die Praxis einsteigen musste und dem „wahren Leben" ausgesetzt war, wurde ich zunehmend unzufriedener. Da war sie nun, die harte und unschöne Realität. Klar, man schleppte sich weiter zur Universität, zum Job, der das Studium überhaupt möglich machte, aber hat auch immer ein kleines Zeitfenster offengehalten, in dem man schaute, was es noch so gibt – und was noch so möglich ist. In mir wuchs das Gefühl, dass es vielleicht doch etwas geben könnte, was mir wieder so richtig Spaß und Freude macht und mich ganzheitlich erfüllt. Etwas, von dem ich anfangs dachte, es in der Juristerei gefunden zu haben. Aber neben meinem Idealismus beschreibt mich noch ein ausgeprägter Wunsch nach Gerechtigkeit und dann war es eigentlich vor dem Examen letztendlich ganz aus. Recht und Gerechtig-keit passten für mich viel zu häufig immer weniger zusammen. Aber ich machte weiter. Erst einmal um den eigenen Ansprüchen, und wohl auch denen der Außenwelt, zumindest dachte ich das damals noch, zu genügen, aber auch, weil schlichtweg die Alternative fehlte. Eine Sache wusste ich, ich wollte nicht irgendetwas machen, um meinen Lebensunterhalt zu verdienen. Ich wollte etwas Sinnvolles tun, etwas, was sich nicht nach Arbeit anfühlte. Und es sollte mit meinen breiten Interessen vereinbar sein. Außerdem wollte ich meine Werte wie Freiheit und Unabhängigkeit leben und ortsunabhängig arbeiten können. Mein Biorhythmus entspricht auch eher Nachtaktiven. Wenn andere ins Bett gehen, werde ich so richtig produktiv, schlafe dafür aber lieber etwas länger. Und ich liebe das Arbeiten am Meer. „Sonst noch etwas?!", hörte ich mich wieder ungläubig fragen. Eine Sache wusste ich aber sicher: dieses Job-profil gibt es so wohl eher nicht. Also war sie wieder da, diese Frage und auch zunehmende Dringlichkeit nach einer Lösung – und Entscheidung. Ich bewaff-nete mich klassisch mit Zettel und Stift und begann, meine Ideen zusammen-zutragen. Das führte mich immer mehr in das Online-Business, wo ich meine heutigen Herzensmenschen kennenlernte. Ich fing an, einen Blog zu schreiben, führte Interviews, kreierte und entwickelte erste Online-Produkte und Coaching-Programme. Zusätzlich meldete ich eine Marke an, schrieb ein Buch, ging mit der dritten Webseite und einem Shop online, veranstaltete erste Webinare und nahm an Online-Kongressen teil. Und so wurde das Fenster, vor allem das finanzielle, in dem ich mir auch zusätzlich noch Zeit für andere Weiterbildungen, persönliche Entwicklung und die Suche nach mir und meinem wahren Ich und meinen Werten nehmen konnte, immer größer. Ich nahm mir das „Recht", auf mein Herz zu hören, und nicht auf die Stimmen anderer, auch wenn ich noch so zweifelte, ob sie nicht vielleicht doch alle Recht hatten. „Mach doch lieber etwas Vernünftiges!" hörte ich die anderen sagen. Die anderen, das waren vor allem Familie und enge Freunde, die bei meinen ersten Schritten in die Online-Selbstständigkeit eigentlich immer weniger verstanden haben, was ich da eigentlich genau mache.

Mein Partner war anders. Der war schon immer eher der „Einfach-machen-Typ", der mit seinen Worten „In der Ruhe liegt die Kraft!" in der Vergangenheit für die nötige Balance sorgte, wenn mich ein weiterer Anfall von Zweifeln überkam und drohte, mich in die Knie zu zwingen. Auch wenn er anfangs von Leadmagneten, Freebies und Autoresponder-Funktionen noch nicht wirklich viel verstanden hat, hat er mich doch immer wieder ermutigt. Er sagte mir immer: "Wenn du eine Idee hast, dann musst du sie auch umsetzen. Und an dich glauben. Mit aller Konsequenz. Auch wenn du dir hier den schwersten Weg ausgesucht hast." Er weckte wieder eine innere Stimme in mir, die mir einerseits zwar bekannt, aber andererseits doch auch fremd erschien, und je mehr ich dieser inneren Stimme wieder folgte, umso selbstsicherer und weniger beeinflussbar wurde ich mit der Zeit. Und glücklicher. Und zufriedener. Aber dazu gleich mehr. Ich muss ergänzend sagen, dass uns beide ein gewisser Altersunterschied trennt und ich viel von ihm lernen konnte sowie von seiner Souveränität und Lebenserfahrung sehr profitiert habe. Er wusste, wovon er sprach, und hatte seine weise Ansicht und ein gutes Verständnis für Wirtschaft, Politik, Sport und Weltgeschehen und sorgte bei mir immer für die nötige innere Ruhe. Einfach durch sein Dasein. Ich liebte unsere tiefsinnigen Gespräche schon immer. Mit der Zeit gewann ich durch diese Erfahrungen dann auch immer mehr Klarheit und traf auch immer häufiger die richtigen Menschen, die mich ebenfalls unterstützten und bei denen ich mich „angekommen" fühlte. Wie ein Schiff, das in einem Hafen ankommt, einem sicheren und behüteten Hafen. Ich musste nicht mehr kämpfen und ständig mein Können unter Beweis stellen. Ich durfte mich anlehnen, Hilfe und Unterstützung annehmen und auch einfach mal schwach sein. Ich durfte ICH sein und das fühlte sich ehrlich, authentisch und großartig an. Als mein Sohn dann geboren wurde und sich Familienleben, Tierschutzprojekte, Urlaube und Selbstverwirklichung immer mehr mit meinem Online-Business und den sonstigen Verpflichtungen vereinbaren ließen, wurde ich innerlich auch immer entspannter und fühlte mich gesünder.

Man muss dazu sagen, dass dieser Wendepunkt in meinem Leben, der eigentlich vielmehr ein Wendeprozess war, schon 2007 angestoßen wurde. Nicht nur beruflich, sondern vor allem auch privat. Ausgelöst wurde er nach einem längeren Trauer- und Trennungsprozess, der in einer gesundheitlichen Diagnose mündete, die mein Leben völlig veränderte. Ich hörte die Worte: „Diese Autoimmunkrankheit ist zwar nicht heilbar, aber man kann gut lernen, mit ihr zu leben und damit auch wunderbar alt werden!" Das war erstmal ein Schock und gleich wieder: Wie sollst du das jetzt alleine schaffen?! Da waren einerseits meine Wünsche nach Freiheit, Selbstverwirklichung, nach Sinn in meinen Tätigkeiten und Zeit für liebe Menschen und meine sozialen Projekte. Und dann war da andererseits neben meinen sonstigen Zweifeln und Gedanken, gepaart mit einem ungesunden Maß an Perfektionismus, auf einmal auch eine neue Form von Existenzangst. Was, wenn morgen nichts mehr geht, wenn du morgens aufwachst und plötzlich alles anders ist?! Aber bei jedem sorgenvollen Gedanken, der aufkam, meldete sich auch gleich wieder meine liebevolle innere Stimme, der ich schon seit Kindheitstagen unbewusst vertraute, als ich noch als kleines Mädchen über Blumenwiesen hüpfte und mich über Schmetterlinge freute. Die schon früh Märchen, in denen Wünsche in Erfüllung gehen und Träume wahr werden, sowie alte Gärten mit Obstbäumen und auch Häuser liebte, die ihre Geschichten zu erzählen schienen, oder am Meer die Füße ins Wasser hielt und die das Wellenrauschen, die salzige Meeresluft und das Möwengeschrei in eine andere, sichere Welt holten.

Orte, die für mich rein intuitiv Kraftorte, Energietankstellen und Ruheinseln waren. Leider verstummte diese besagte innere Stimme mit zunehmendem Alter, mit dem dann „der Ernst des Lebens" begann, die Schule einen formte und man den Regeln und vor allem Erwartungen der Gesellschaft entsprechen musste – zumindest wurde es mir so vermittelt und so dachte ich es damals noch. Je mehr ich mich dann nach dem Jurastudium weiterbildete, noch ein Wirtschaftspsychologie-Studium obendrauf setzte und Coaching-Ausbildungen machte, umso mehr hörte ich auch diese innere kindliche Stimme wieder, die mir sagte, dass schon alles wieder gut wird. Ich fühlte, es geht in die richtige Richtung. Daraufhin suchte ich zunehmend nach Chancen und lernte diese dann auch schnell kennen, die es mir ermöglichten, mein Wissen in Online-Produkte zu verpacken und digital zu arbeiten sowie mit meinen Kunden zu kommunizieren. Außerdem war dies meistens zeit- und ortsunabhängig möglich und darüber hinaus konnte ich viele meiner Einnahmen auch noch automatisieren. Das bisherige sogenannte Zeit-gegen-Geld-Modell machte mir Sorge, aber auch das konnte ich nun umgehen, da ich jetzt ein Produkt einmal erstellte und immer und immer wieder verkaufen konnte.

Trotzdem brauchte ich meine Offline-Kunden aber nicht aufzugeben, vielmehr konnte ich meine Präsenzarbeit in Verlag, Kanzlei - wenn auch nicht als Rechtsanwältin - und bei anderen Auftraggebern durch Online-Arbeit ergänzen, was es für alle einfacher machte und den Rahmen stressfreier gestalten ließ. Der ganze gefühlte Druck, all die Sorgen und Ängste, fielen plötzlich ab. Ich hatte sie gefunden, die Lösung, die all meinen Wünschen und Vorstellungen entsprach. Und gefühlt konnte ich nun auch authentischer über meine Themen wie Gesundheit am Arbeitsplatz, ganzheitliches Feel Good Management sowie Stress, Entspannung und Selbstmanagement referieren und andere darin ausbilden, weil ich es selber leben konnte. Ich hatte automatisch mehr Zeit, um an meinen Lieblingsorten zu sein, konnte besser auf meine Gesundheit achten, in schöner Atmosphäre mein Team aufbauen, in dem sehr wertschätzend und achtsam gearbeitet wird, und meine positiven Nachrichten und Impulse dabei in die Welt bringen. Ich habe in den letzten Jahren vieles ausprobiert, vieles verworfen, bin Kooperationen eingegangen, wurde enttäuscht, habe mich geschüttelt, aufgerichtet und bin weitergegangen. Heute fühle ich mich angekommen und sage anderen: Bleibt bei euch und hört nicht auf die Stimmen von außen.

Ich bin noch immer ein Mensch voller Ideale und versuche, das auch in meiner Arbeit weiterzugeben. Das machte es eigentlich schon immer nahezu unmöglich, in eine Festanstellung zu gehen und mich auf eine Position zu bewerben, die einer engen Stellenausschreibung und Tätigkeitsbeschreibung entsprach. Etwas von meinen Werten, Stärken und Talenten fiel irgendwie immer hintenüber. Mein Wert Freiheit war immer stärker und so lernte ich zu vertrauen. Zu vertrauen, dass sich alles finden und in meinem Sinne fügen wird, und plötzlich spielte die Angst eine immer geringere Rolle. Da ist hin und wieder immer noch mal etwas, was sich zu Wort melden und mir sagen will: „Du bist nicht gut genug, das können andere besser." Da halfen auch keine Zertifikate der Harvard Medical School oder University of California/ Berkeley. Irgendwann realisierte ich das. Dieses Vorgehen, Dinge einfach abzuhaken und direkt weiterzumachen, machte mich irgendwann müde. Aber ich durfte ja bekanntlich aufwachen, und zwar rechtzeitig. Ich musste mich selbst annehmen und lieben wie ich bin, egal, was noch an Qualifikationen dazukam.

So verständnisvoll und tolerant ich mit den Menschen um mich herum auch war, so knallhart und gnadenlos war ich leider zu häufig zu mir selbst. Hier erinnere ich mich an mein damaliges Bestreben, unbedingt Schulsprecherin werden zu wollen oder später die Abiturrede zu halten. Ich arbeitete ein ganzes Jahr an diesen beiden für mich früher scheinbar unerreichbaren Zielen und als ich sie dann doch erreichte, bedeutete es mir plötzlich nicht mehr so viel. Ich war mir hier über das, was ich zu leisten imstande war und über meinen eigenen Wert nicht bewusst. Das ist zwar noch immer ein Lernprozess für mich, der aber inzwischen in eine gesunde Richtung geht.

Natürlich gibt es nach wie vor auch schlechte Tage, an denen einfach nichts klappen will. Aber auch hier habe ich meine eigene Strategie gefunden. An diesen Tagen ziehe ich mich immer ein bisschen zurück – das sind dann schon feste Rituale im Alltag. Ich mache bestimmte Musik von früher an und krame in alten Fotos, Postkarten und Erinnerungen, die mein schönes Leben sind, für das ich sehr dankbar bin. Dann sehe ich mich gleich an meinem 20. Geburtstag mit lieben Menschen in Australien am Lagerfeuer sitzen und „Country Roads" von John Denver singen. Barfuß im Sand, mit der Leichtigkeit des Seins und ohne die Sorgen, was morgen sein könnte. Das sind die Momente, da sehe ich mein Lächeln im Gesicht und viele Sorgen und Gedanken lösen sich plötzlich auf. Ich gewann dadurch zunehmend die Kraft, Misserfolge unter Lebenserfahrung zu verbuchen, und ging mit mir selbst plötzlich auch nicht mehr allzu hart ins Gericht. Ich lernte, dass ich wahren Frieden nur in der Vergebung finden konnte, mir selbst gegenüber, aber auch hinsichtlich anderer Menschen. Es bringt nichts, sich an der Vergangenheit festzuhalten.

Wir alle sind so unterschiedlich und jeder hat seine eigenen Wünsche, Träume und Erwartungen an das Leben. Keinem steht es dabei in meinen Augen zu, das Leben der anderen zu bewerten oder gar zu verurteilen - stopp, eine Einschränkung habe ich: Es darf weder Mensch noch Tier oder überhaupt einem Lebewesen etwas schaden oder es beeinträchtigen. Ich verstand dabei zunehmend weiter, mit Entscheidungen in der Vergangenheit zu leben und nicht mehr dagegen anzukämpfen. Zum damaligen Zeitpunkt war es nun mal so und ich hatte meine Gründe, aber sie hatten ab sofort keine Auswirkungen mehr auf die Zukunft. Ich musste dabei aber auch lernen, loszulassen. Loszulassen von unerfüllten Wünschen, Vorstellungen und auch Menschen, die einfach nicht mehr ins Leben passten und die diese Ansicht nicht teilten. Heute muss ich zugeben, dass ich mit dem aktuellen Wissen und Selbstverständnis so einige Entscheidungen in der Vergangenheit bestimmt anders getroffen, persönliche Enttäuschungen, manchen Seelenschmerz oder auch Momente der Hoffnungslosigkeit mit mehr Selbstachtung und vor allem Selbstbewusstsein anders gehandhabt hätte. All das beruht eigentlich nicht auf dem einen Aha-Moment, vielmehr war es ein Prozess, basierend auf immer mehr Selbsterkenntnissen, dass ich das so einfach nicht mehr will und es mich krank und kaputt macht. Viele meiner Glaubenssätze besagten einst, und die melden sich natürlich auch irgendwie immer zwischendurch mal wieder, dass das, was ich mache, einfach nicht gut genug ist, andere ohnehin besser sind als ich und dass es das, was ich machen möchte, ohnehin auch schon gibt. Und dann kamen noch gesellschaftliche und negativ behaftete Themen im Zusammenhang mit „Frauen und Geld verdienen" auf. Ich habe mich zunehmend gefragt, warum ich mir eigentlich selbst so im Weg stehe und es mir selbst nicht erlaube, dass mir Dinge leicht von der Hand gehen und mir auch mal zufallen dürfen, ich sie genießen darf. Diese ganzheitliche Antwort fehlt mir leider bis heute, habe ich doch eine behütete Kindheit gehabt, in der es mir an nichts fehlte. Aber ich habe, wie gesagt, den Umgang damit gelernt und unterstütze jetzt auch andere dabei. Heute weiß ich: Jeder hat seinen Platz, seinen Markt und seine eigene Zielgruppe. Konkurrenz gibt es für mich nicht.

Was mir heute vor allem die Kraft dazu gibt, ist dieses Vertrauen, was ja eigentlich immer da war, aber dessen Stimme leider zunehmend leiser wurde. Aber dieser Wunsch und auch das Wissen, dass man alles schaffen kann, wenn man es nur selber genug will, waren ausschlaggebend für die positive Wendung in meinem Leben. Und wenn man an sich selbst nicht glaubt, wer soll es dann tun?! Und dann ist auch diese innere Stimme wieder da, die wir alle haben. Lernen wir also wieder mehr, darauf zu hören, was sie uns zu sagen hat. Wie sollen sonst ganzheitliches Wohlbefinden sowie Reichtum und Fülle zu uns kommen?! Ich dachte immer, wenn ich Faktor X oder Y im Außen verändere oder meine Leistungen steigere, wird sich die Zufriedenheit und das Glück schon einstellen. Dann bekomme ich Anerkennung und Bestätigung. Aber der Lernprozess war genau andersherum, seitdem bin ich ausgeglichener. Ich glaube, das Zauberwort für uns alle heißt mehr Entschleunigung, eine bewusste Auszeit vom Alltag, nur für uns sein und das zu tun, was uns guttut. Und wenn es nur für ein paar Minuten am Tag ist. Alles am Ende des Tages einmal zu reflektieren, was wir geschafft und erledigt haben und oft als viel zu selbstverständlich ansehen. Gerade wenn wir etwas an unserem Leben ändern wollen, geht es oft um alte Muster. Diese zu ändern, braucht Zeit, Übung und Regelmäßigkeit. Diese Übung brachte dann auch mein Business voran. Ich erlaubte mir, auch mal zu scheitern und Misserfolge verbuchen zu dürfen, um dann wieder aufzustehen. Das ist zwar bis heute ganz klar ein Balanceakt und klappt je nach Tagesverfassung mal besser und auch mal schlechter, aber ich habe wie früher wieder mehr gelernt, intuitiv zu handeln und mir vorzuhalten, welche Erfolge es bisher auch gab, kleine und große, was ich alles schon gemeistert habe und worauf ich stolz sein darf. Ich habe mir ein Team von kleinen Helfern aufgebaut, die den Weg mit mir gehen. Mann, Familie, Freunde, HerzenskollegenInnen. Das Wertvollste, was wir Menschen dabei einander geben können, ist unsere Zeit. Lebenszeit. Und wenn wir uns in dieser Zeit gemeinsam einem Ziel verpflichten und dafür stark machen, kann etwas Großartiges entstehen.

Wir haben vor einigen Jahren ein kleines Apfelbäumchen auf Sylt gepflanzt, an einem Ort, wo man die Keitumer Kirche St. Severin aus der Ferne bewundern kann. Ein sehr magischer Ort für mich. Es hat Jahre gedauert, bis das Bäumchen das erste Mal Früchte getragen hat, in dem Jahr, als die Taufe unseres Sohnes auf der Insel war. Für mich ein Symbol und auch ein Zeichen, dass wir uns Anker im Alltag setzen sollten, etwas, an das wir glauben, woran wir festhalten, wo wir das Bild schon klar vor Augen haben und auf dem unser Fokus liegt. Wir müssen klar in unserem Wunsch und Ziel sein. Wenn ich etwas in den letzten Jahren beruflich und privat gelernt habe, dann, wie wichtig dabei unser Mindset ist. Also wie wir denken und fühlen. Mein Mindset war lange auf Mangel ausgerichtet und auf Zweifel, Sorgen und

Ängste. Mein stärkster Glaubenssatz war: „Du hast es nicht verdient!" Daraus machte ich mit der Zeit: „Du bist gut und stark genug, du wirst es schaffen." Das fütterte ich mit bewussten Minuten Auszeit am Tag nur für mich. Auch hier schaute ich alte Filme von früher, hielt mir meine neuen Glaubenssätze immer wieder vor Augen und sorgte für positive Erlebnisse und Gefühle. Es fühlte sich an wie ein zartes Pflänzchen, das ich immer wieder wässern musste, das Licht brauchte und Bedürfnisse hat, auf die ich reagieren musste.

Wie unser kleines Bäumchen auf dem Grundstück auf Sylt. Ich wusste nicht, wann es den ersten Apfel tragen würde, aber ich wusste, dass er kommen würde. Belächelt von vielen hinsichtlich des Standortes und Klimas, habe ich ihn im Winter doch immer noch zusätzlich in einen Jutesack verpackt. Das Ergebnis gab mir aber letztendlich recht und das ist seitdem mein kleiner Anker. Meine Quintessenz: Auch oder gerade, wenn andere sagen: „Das geht nicht, was machst du da, das kann nicht funktionieren!", sage ich mir: „Jetzt zeige ich es euch, nun aber erst recht!" Und seit ich mich zusätzlich innerlich auf Dankbarkeit ausgerichtet habe, kamen alle äußeren Faktoren ganz automatisch. Sie haben sich praktisch entweder von allein gelöst oder „zufällig" ergeben.

Aus heutiger Sicht habe ich mich irgendwie immer vom Leben inspirieren lassen und hatte dabei immer den Anspruch, dass sich die Dinge und Menschen im gegenwärtigen Augenblick richtig und gut anfühlen mussten – ohne kompletten und konkreten Schritt für Schritt-Plan für die Zukunft: Karriere, Mann, Hochzeit, Kind 1, Kind 2, Haus und Hund im Vorgarten. Dabei war ich dann, wie man jetzt vermuten möchte, immer eher unkonventionell, habe nicht den gesellschaftlichen Normen entsprochen und wollte eigentlich immer alles anders machen und anders sein – anders als die breite Masse und die Norm. Da kann ich dann schon sehr verbissen, dickköpfig und stur sein. Auf einer Postkarte las ich mal den Spruch: „Neun von zehn Stimmen in meinem Kopf sagen: Bist du irre?! Eine summt!" Und so ist es auch im alltäglichen Leben. Ich bin sehr sensibel in meiner Wahrnehmung, höre, lese und vor allem spüre, bei allem, was ich neu versuche, zwischen den Zeilen und nehme beispielsweise auch sofort Stimmungen in einem Raum auf, wenn ich diesen betrete. Das ist manchmal hilfreich, manchmal eher nicht.

Das heißt, ich nehme diese neun Stimmen in meinem Kopf schon wahr und bedanke mich auch dafür, dass mich der innere Schweinehund aus Sicherheitsgründen in der wohlbekannten Komfortzone halten und mich schützen möchte, aber ich höre da auch diese eine summende und vertrauensvolle Stimme, die sagt: „Tu´s einfach! Mach es! Worauf wartest du?! Es wird gut werden!" Und diese Stimme haben wir alle in uns. Vielleicht haben wir leider nur zunehmend verlernt, auf diese zu hören. Aber die gute Nachricht ist doch, dass es jeder wieder neu lernen kann. Seitdem liegt mein Fokus darauf, auf Dingen, die mir guttun und mich in meiner persönlichen und menschlichen Entwicklung fördern. Und dann ist man einfach irgendwann an einem Punkt, da gibt es kein Zurück mehr. Natürlich haben sich mit der Zeit allein schon durch neue Aktivitäten und Vorsätze neue Denkmuster und Glaubenssätze gefestigt und sind Gewohnheit geworden. Aber auch in den Anfangszeiten der Online-Selbstständigkeit war ich irgendwann an einem Punkt angelangt, da durften all die Zeit, das Geld, sprich Investitionen, die Sorgen und schlaflosen Nächte nicht „umsonst" gewesen sein. Es musste weitergehen und als die ersten Umsätze und Erfolge kamen, automatisierte und potenzierte sich auch das immer weiter. Und außerdem war da auch im Herzen immer noch diese Vision, meine Mission, mein Herzensprojekt, das gelebt werden wollte und von dem keiner gesagt hat, dass es leicht werden würde. Ich bin fest davon überzeugt, dass all das jeder von uns hat, wir uns aber viel zu sehr von außen diktieren lassen, was sich gehört und was nicht und was denn bloß die Leute denken. Wir sind in meinen Augen alle viel zu sehr gefangen in strengen Vorgaben, Dogmen und gesellschaftlichen Tabus. Dabei haben wir alle Ziele, Träume und eine persönliche Aufgabe während unserer Zeit hier auf Erden, die gelebt werden wollen. Und das kann auf eine ganz persönliche, weiche und werteorientierte Art und Weise geschehen, jeder in seinem eigenen Tempo und nach seinen Vorstellungen. Ich habe für mich erkannt, dass es meine innere Wahrheit, meine Erkenntnis und mein Gefühl sind, die mir über jede Niederlage hinweghelfen. Heute kann ich mir auch viel besser erklären, warum ich, obwohl ich ja nun von schon Kindheitsbeinen an leider nicht sehr selbstbewusst war, mir dennoch immer neue Herausforderungen und Wege außerhalb der Norm herausgepickt habe. Es war das feste Vertrauen da, mein Urvertrauen, dass es schon irgendwie klappen würde. Und da war sie auch wieder, diese innere Stimme, die mir schon als kleines Mädchen, das sich nachts in den Schlaf geweint hat, gesagt hat: „Vertraue dir, das wird schon, du machst das schon". Und so ist es eigentlich dann auch immer gewesen. Und selbst wenn ich gescheitert bin oder etwas nicht den Vorstellungen entsprechend verlaufen ist, habe ich daraus mein eigenes Mantra gemacht: „Entweder ich gewinne oder ich lerne". Heute begegne ich vielem – nein, eigentlich allem – dadurch auch mit viel mehr Demut und Ehrfurcht. Ich bin trotz meiner Autoimmunkrankheit – oder vielmehr wegen – jeden Morgen bewusst dankbar, dass ich aufstehen und die Welt mit all meinen Sinnen wahrnehmen und genießen kann. Ich versuche mich nicht mehr von kleinen Dingen, die das Leben künstlich und unnötig erschweren, herunterziehen zu lassen und umgebe mich nur noch mit Menschen, die mir guttun. Ich liebe es, wenn mich andere Menschen mit ihren Geschichten im Herzen berühren. Das bereichert mich und lässt mich wachsen. Darüber hinaus versuche ich mehr im Frieden mit mir und anderen zu sein und alles, was mich in der Vergangenheit verletzt hat, wirklich hinter mir und ruhen zu lassen. Dann schließe ich Frieden mit ihnen, wünsche ihnen alles Gute und lasse sie ihren Weg gehen. Aber auch das war ein langer und schwerer Prozess und natürlich kommen gewisse Erinnerungen immer wieder hoch und man träumt nachts davon. Aber es raubt mir keine Energie mehr. Ob man nun nach langer Zeit die schmerzhafte Erkenntnis gewinnt, sich in Menschen getäuscht zu haben - Stichwort: Enttäuschung - oder in seinen Vorstellungen falsch lag und sich auch mal Fehler eingestehen muss. All das ist menschlich, gehört zum Leben dazu und kennen sicherlich die meisten von uns. Man ist nie allein.

Vom Typ her bin ich auch schon immer eher der Teamplayer gewesen, der sich in andere einfühlt, in Gemeinschaft mit anderen Großes angeht und schafft. Auch das ist noch nie so einfach gewesen, wie in der heutigen digitalen Zeit, und bietet viele Möglichkeiten. Ergreifen wir sie gemeinsam, unsere Chancen. Ich habe Wettkampf-Situationen beispielsweise nie besonders gemocht. Das habe ich damals schon beim Schwimmen gemerkt, als es um den Leistungssport ging. Ich wollte immer mehr das Miteinander anstatt das Gegeneinander! Das Leben hat mich in vielen Dingen allerdings nicht gefragt und oft musste man dann allein damit fertig werden, aber das war auch die Chance zum Wachsen. Ich habe mich mehr und mehr darin geübt zu fragen, was es mich jetzt lehren will. Ich habe für diese Zeiten meine Strategien und quasi Konzepte geschustert, aber auch meine Kraftorte und Energietankstellen ausgemacht, und viele von damals beibehalten. Dazu gehört auch noch, was immer sehr besonders ist, mit der Familie Spaziergänge durch Keitum zu machen und die Geschichten von früher zu hören, damit unser Sohn sie einmal weitertragen kann. Die alten Gartenzäune, Vorgärten und Bauernhäuser mit ihrer Vergangenheit – unverändert und ursprünglich.

Das gehörte auch zur Selbstreflexion, herauszufinden, was MIR guttut. Da ging einfach irgendwann das Fenster auf und dann hat eine Sache die andere ergeben. Es hängen noch immer Affirmationen von Steve Jobs, Walt Disney, Buddha oder John F. Kennedy über meinem Bett, sodass ich immer mit den richtigen Affirmationen einschlafe und aufwache. Und wenn sich doch ein Zweifel meldet und sich meine Stirn zu Sorgenfalten runzelt, sage ich mir: „Hey, Moment mal, jetzt erst recht!" Was sollen andere haben, was ich nicht habe?! Noch ein Zertifikat mehr, noch eine Aus- oder Weiterbildung?! Und selbst wenn, das sagt gar nichts aus! Und dann geht es wieder. Ich bin mittlerweile in einem tollen und immer weiterwachsenden Netzwerk unterwegs, wo sich aus ursprünglich rein beruflichen Kooperationen inzwischen richtige Herzensbekanntschaften entwickelt haben, was ohne das Internet ja gar nicht möglich gewesen wäre. Das fühlt sich großartig an und erfüllt mich jeden Tag ebenfalls mit großer Dankbarkeit. Nun darf ich gerade all meine Wünsche, Träume, Ziele und Visionen in ein neues Online-Medium verpacken, und das fühlt sich einmal mehr an wie „angekommen sein". Diese Erkenntnis, seinen Werten entsprechend sein Leben zu gestalten, ist ein unglaubliches Geschenk. Es braucht manchmal nur die bewusste und endgültige Entscheidung - ohne Kompromisse - dafür, einen kleinen Schubs von außen, eine klare Strategie und immer das Ziel als bereits erfüllt vor seinen Augen zu sehen.

Aus jedem Lebensabschnitt sind für mich neben der Familie so wertvolle Menschen geblieben, die meine Zeit besonders machen, was Kraft gibt. Sei es aus der Schulzeit, dem Studium in Hamburg und Lübeck, weiteren Projekten, dem Tierschutz, von Jobs, Aus- und Weiterbildungen im Online-Business oder zur Mediatorin, aber auch durch Urlaube und berufliche Auslandsaufenthalte und jetzt dem Online-Business. Oder auch Freundschaften, die durch die

Kinder mit anderen Müttern entstanden sind. All das sind Menschen, die das Leben bereichern und mich stärken. Und dann kann man auch neue Hürden nehmen und muss es auch tun. Mit aller Konsequenz, auch wenn es manchmal der schwerste Weg ist. Und im Ergebnis habe ich es letztendlich nun doch geschafft, die Welt etwas zu verändern, für mich im Kleinen etwas besser zu machen, etwas Positives zu schaffen und andere anzustoßen, mitzumachen und ihre Rolle in der Welt zu finden. Dafür brauchte es keine vorgefertigten Rahmen, Strukturen oder Meinungen, auch keine vorgegebenen Wege. Es brauchte „einfach" nur etwas Mut, der inneren Stimme wieder zu vertrauen, auf sein Herz zu hören, ein klares Ziel vor Augen und Menschen, die den Weg mit einem gehen. Wenn man diese Menschen gefunden hat, kann dieser Weg so schön sein, voller Freude und Glück, natürlich auch mit traurigen Tagen und Sorgenfalten, aber mit all diesen positiven Dingen und einem neuen Bewusstsein im Gepäck scheint nach Regentagen auch schnell wieder die Sonne. Und mit ihr Zuversicht und die Erkenntnis, wofür man das alles tut. Wie sagte einst Winston Churchill: „Erfolg heißt einmal mehr aufzustehen, als man hingefallen ist!" Und auch Erfolg ist dabei etwas so Persönliches und bedeutet für jeden etwas anderes. Und das zu erkennen und sich hier gemeinsam stark zu machen, dafür sind wir doch letztendlich alle da.

Christin Prizelius im Kurzportrait:

Christin Prizelius kommt aus Hamburg, ist von Beruf Wirtschafts-psychologin, Trainerin, Coach bei der Zeitschrift Emotion und hat ein eigenes Online-Institut für Feel Good Management und Positive Psychologie. Die Werte Freiheit, Mut, Unabhängigkeit und Wohlbefinden beziehungsweise persönliches Glück sind dabei sehr wesentlich für sie. Sie liebt ihre Familie und Tiere, das Reisen und bewusste Auszeiten nur für sich. Außerdem setzt sie sich mit ihren Werten und ihrer täglichen Arbeit für Nachhaltigkeit, Verant-wortung, Fairness sowie Achtsamkeit, Menschlichkeit und Bewusstsein ein. Sie hat immer schon soziale Projekte in ihre Arbeit eingebunden und ist im Herzen eine große Visionärin. Im Jahr 2011 kam sie unter die Top 5 bei der Emotion-Initiative "Frauen für die Zukunft". Für sie standen von Anfang an nicht nur Profit und Gewinnmaximierung im Fokus, sondern vor allem Tätigkeiten im Einklang mit ihren Werten. In Kooperation tut sie das nun neben ihren Coaching- und Onlineangeboten in Form eines eMagazins.

www.feelgood-institute.com
www.pureandpositive.com

„Erfolg ist etwas so
Persönliches und bedeutet
für jeden etwas anderes.
Und das zu erkennen und sich hier
gemeinsam stark zu machen,
dafür sind wir doch
letztendlich alle da."
Christin Prizelius

CLAUDIA WIDMAIER

◆◆◆

„Schatz, kannst du mir bitte den letzten Geldschein geben?" David reicht mir einen geknickten 20 Euro Schein. Der war noch übriggeblieben. Ich bin innerlich leer. Habe nur ein Ziel. Den Schein nehmen und loslaufen. Um 10 Uhr startet das Seminar unserer Mastermind. In diesem Moment bin ich so fokussiert wie nie zuvor in meinem Leben. Da ist eine große innere Klarheit. Ich nehme alles um mich herum wahr und doch sehe ich, wie einen Pfad mit roten Hinweisschildern, diesen einen Weg. Meinen Weg. Nichts, aber auch gar nichts sollte sich mir mehr in den Weg stellen und mich von meinem Fokus abhalten! Ich nehme den Schein, ziehe meine goldenen Zehensandalen mit dem Absatz an und gehe los. Es ist 9:35 Uhr. Zum Abschied gebe David einen Kuss und schließe hinter mir die Tür des Appartements. Wir sind in Budapest. Mit einer seltsamen Präsenz stehe ich am Aufzug. 3. Stock. Ich gehe beim Ausgang im Erdgeschoss am Pförtner vorbei, ohne ihm einen Blick zuzu-werfen. Es ist bereits der dritte Seminartag, unsere fünfte Nacht in Budapest und ich kenne den Weg gut. Es ist sehr warm. Wir haben eine Hitzeperiode erwischt. Genau auf der Hälfte des Weges liegt ein deutscher Drogeriemarkt, den ich mag und noch ansteuern will. Ich laufe zügig, weil ich nicht zu spät zum Seminar kommen möchte. Dieses Mal kaufe ich keine erfrischenden

Getränke wie vor zwei Tagen, sondern ich brauche einen Lippenstift. Und zwar am besten einen knallroten.

Der Markt ist noch leer. Ich gehe auf die Regale mit den Kosmetikprodukten zu. Ich weiß genau, was ich will. Ich will den teuersten, knallrotesten Lippenstift, den sie haben - unter 20 Euro. Schnell gefunden. Noch im Drogeriemarkt nutze ich einen Spiegel und trage die Farbe auf. '24 Stunden haltbar' steht da. Das ist gut. An der Kasse bezahle ich mit dem einen letzten Euroschein und bekomme dafür einheimische Forint zurück. Die junge Kassiererin wünscht mir einen schönen Tag und ich verabschiede mich. Da sind kein Geldbeutel und keine Handtasche. Ich halte das Rückgeld und den Lippenstift in der Hand. Es sind noch sieben Minuten bis zum Seminarraum im Kempinski. Ich laufe am großen Riesenrad im Zentrum der ungarischen Hauptstadt vorbei und schaffe es gerade pünktlich. Beim Ankommen lasse ich mich langsam auf den Stuhl fallen, an dem mein Name steht.

Während ich dasitze, ist mein Fokus immer noch voll da. Ich bin aufmerksam und sehr wach – wohlgemerkt ohne Frühstück! Ich kann dem Vortrag Gehör schenken und gleichzeitig in mich hineinhören: ‚Was ist da geschehen?‘ ‚Was hat das zu bedeuten?‘ In diesem Augenblick spüre ich in mir die Kraft einer Löwin. Eine unerschütterliche innere Sicherheit. Eine große innere Klarheit. Eine besondere Aufmerksamkeit mir selbst und meinem Umfeld gegenüber. Ein scharfer Blick. Einen erweiterten Geruchs- und Hörsinn. Eine größere Ausdehnung irgendwie. Ich kann meinen eigenen Raum vollkommen einnehmen. Die Kraft ist zum Bersten. Und dieser Raum ist riesig und so prall gefüllt mit Energie, dass er zu platzen droht. Achtung, jetzt sollte sich niemand mehr in den Weg stellen, nichts und niemand, der würde weggepustet! Dann flüstert mir mein Nebensitzer ins Ohr: „Wo ist David?" Wir schauen beide weiterhin in dieselbe Richtung zum Rednerpult und ich antworte: „Bei der Polizei".

In der ersten Kaffeepause befragen mich die Kollegen etwas genauer. Ich erkläre, dass David deshalb bei der Polizei ist, weil in der vergangenen Nacht, während wir schliefen, unsere Wertsachen entwendet wurden. Wir wurden ausgeraubt. Laptop, Handtasche, Kosmetiktasche, Geldbeutel, Handy, Uhren, Schmuck, Brillen, Tickets. Dabei waren im Apartment keinerlei Spuren von

Gewaltanwendung an Türen oder Fenstern. Die Dinge waren einfach verschwunden! Interessanterweise bin ich ruhig geblieben, als wir feststellten, dass all unsere Wertsachen und meine Kosmetiktasche geklaut wurden. Da war keinerlei Angst. Keine Sorge und vor allem null Drama! Auch als ich im Laufe des Tages gefragt werde, ob ich überhaupt noch in dieses Apartment zurückkehren könne, spüre ich wieder keinerlei Sorge. Ja, ich kann dorthin zurückkehren und auch weiter dort übernachten.

Nichts geschieht ohne Grund

Mir war eines klar in diesen Sekunden, zuvor hatte ich es immer wieder gehört und gelesen, aber auf einmal war es glasklar, ich habe etwas verinnerlicht: Nichts geschieht ohne Grund. Nichts geschieht aus Versehen. Ich habe diese Situation aus irgendeinem Grund erschaffen und ich werde noch herausfinden, warum. Da war wirklich kein Geschrei in mir. Ich habe schlichtweg keine Zeit mehr für Drama. Ich habe eine Absicht und einen Fokus. Punkt. Das in dieser Klarheit zu spüren war neu und sehr stark.

Was hat das zu bedeuten? Da war die innere Stimme: „Claudia, wenn alles weg ist, dann musst du dir etwas Neues kaufen. Es ist klar, dass du einen Geldbeutel, einen Laptop und eine Tasche brauchst. Das sind wirklich die Basics. Im nächsten Schritt kaufst du dir jetzt das Nächstwertigere! Das ist die Schwelle, an der du durch deine eigene Persönlichkeitsentwicklung gerade stehst. Deshalb der ganze Zauberzirkus 'Hollahopp und weg'! Wundere dich nicht, dass deine viele Arbeit an dir auch Früchte trägt. Du bist eine Meisterin der Manifestation. Das Universum hat in dieser Nacht schon einmal für die Entsorgung der alten Energien gesorgt. Und genau das steht jetzt an, der Sprung auf das nächste Level. So hast du es kreiert. Spring!" Und selbstverständlich springe ich.

Wie habe ich das gemacht? Das ist eine gute Frage. Wie bin ich an diesen Punkt gekommen? Einen Punkt in meinem Leben, der immer größere Sprünge zulässt, der kein Blatt mehr zwischen meinem Weg und meinen Entscheidungen lässt. Wie bin ich in meine volle Kraft gelangt? Wenn ich in Ruhe darüber nachdenke, sind es mehrere Punkte in meinem Leben, die mich auf ein nächstes Level gehoben haben. Da ist sicher jeweils die Geburt meiner beiden

Kinder. Durch die Geburten habe ich am eigenen Leib erfahren, zu welchen Schmerzen ich fähig bin und gleichzeitig, welch großes Glück auf mich wartet. Unbeschreiblich! Bedingungslos! Unendlich! Dadurch hat sich mein Erfahrungshorizont extrem erweitert und gleichzeitig die Kraft in mir geweckt, unzerstörbar zu sein.

Gebären ist eine Initiation. Alles ändert sich dadurch. Der Lebensrhythmus, die Lebensausrichtung. Die Fürsorge. Die Bedingungslosigkeit. Die Organisation. Der Haushalt. Die Nächte. Die Tage. Das ganze Jahr läuft anders. Eine komplette Neuausrichtung findet statt. Bei mir fing da die intensive Suche nach dem Sinn des Lebens an. Wo hinein gebäre ich die Kinder überhaupt? Was ist das für eine Welt? Und wie behandele ich die Welt? Was habe ich selbst für eine Haltung der Welt gegenüber? Fühle ich mich als Opfer oder als Beschenkte? In dieser Phase fing meine spirituelle Reise an.

Genau in dem Jahr der Geburt meines ersten Sohnes 1994 machte ich mich auch selbstständig und bin das bis heute. Mir war klar, dass ich mein Leben selbst so weit bestimmen wollte, dass ich einen guten Rhythmus mit Kind und der Arbeit leben konnte. Das ging sehr gut: der Vormittag war für die Arbeit und der Nachmittag für die Kinder da. Der zweite Sohn folgte bereits ein Jahr danach. Ich verdiente so gut, dass ich mir eine Pflegeoma leisten konnte. Sie spielte mit ihnen, solange sie nicht in den Kindergarten gingen, brachte sie dann dorthin und holte sie auch wieder ab. Ich war mit diesem Konzept von Anfang an sehr erfolgreich. Ich hatte wohl das perfekte Zusammenspiel zwischen Mama-Sein und Geschäftsfrau gefunden. Heute sehe ich rückblickend eine entspannt liegende Acht, die Unendlichkeitsschleife: Auf der einen Seite die Kinder und auf der anderen Seite die Arbeit. Beides befruchtet sich wunderbar gegenseitig.

Gestärkt durch dieses Zusammenspiel steigerte sich auch meine Freude am Schöpferin-Sein. Ich wurde tatsächlich immer erfolgreicher. Es lagen wunderschöne kleine Meilensteine auf dem Weg. Zum Beispiel sagte mir eine Kindergärtnerin: „Frau Widmaier, Ihre Wünsche werden wahr!" Da hatte ich mich bei einem Elternabend zu einem Thema geäußert. Der Satz war in solch einer Freude gesprochen, dass er mehr in mir bewegte als wohl beabsichtigt war. Wünsche werden wahr! Ah! Meine Wünsche werden wahr! Von da an las ich alles, was ich zum Thema Wunscherfüllung in die Finger bekam. Esther Hicks, Bob Proctor, Veit Lindau, Rüdiger Dahlke, Byron Katie...

Da waren noch Wünsche offen

Kreative Projekte: Ich habe Design an der Kunstakademie studiert und wollte weiterhin kreative Projekte machen. Allerdings nicht allein! Ein großer Wunsch von mir war immer, gemeinsam mit meinem Lebenspartner solche Projekte durchzuführen. Die intensive Zusammenarbeit und die gegenseitige Reibefläche, die sich da bietet, interessierten mich wohl brennend. Leider hatte das mit meinem ersten Ehemann nicht funktioniert. Zudem wollte ich immer die Welt bereisen und das auch nicht allein. Und ich wollte die Autorin Byron Katie treffen, deren Arbeit und Bücher mich total faszinierten.

Wie sollten nun diese drei Wünsche wahr werden? Einen Lebenspartner für gemeinsame neue Projekte habe ich 2014 gefunden. Und zwar meinem Wunsch entsprechend aus einem kreativen Umfeld. David hat wie ich an der Kunstakademie studiert, nur in einer anderen Stadt. Wir waren von Beginn an hoch motiviert und haben nach Wegen gesucht, die ersten gemeinsamen Projekte zu starten. Eine Idee, Byron Katie zu treffen, hatte ich auch bereits: Ich wollte für zwei Personen einen Flug nach Los Angeles buchen, um dort an einem Workshop von ihr teilzunehmen. Vielleicht war das ein Anfang? Doch der Workshop war komplett ausgebucht für die nächsten zwei Jahre! Ich ließ daraufhin diesen Gedanken, in die USA zu fliegen, los. Circa eine Woche später fiel mir eine Anzeige in Facebook auf: Byron Katie im Interview. Wow! Das sah nach einer aktuellen Aufnahme aus. Ich war begeistert und klickte gleich auf den Link. So landete ich auf der Landingpage eines Online-Kongresses. Ich hatte zu diesem Zeitpunkt keine Ahnung, was ein Online-Kongress sein sollte. Allein das Interview mit Byron Katie zog mich an. Dieses Online-Event lief über zehn Tage und das Interview mit Byron Katie wurde am letzten Tag ausgestrahlt. Da ich zum Kongress mit meiner E-Mail-Adresse angemeldet war, bekam ich zum Glück auch die Einladungen zu anderen Gesprächen. So schaute ich jeden Tag mindestens ein Interview an und war begeistert. Der Höhepunkt war dann das Gespräch mit Byron Katie am letzten Kongresstag. Direkt im Anschluss an dieses Interview setzte ich mich mit den Veranstaltern in Verbindung, um herauszubekommen, unter welchen Bedingungen sie Byron Katie für das Interview gewonnen hatten. Ich wollte unbedingt auch mit ihr sprechen. Ich fragte bei den Kongress-Organisatoren nach. Die Idee war, von ihnen zu lernen. Wie funktioniert so ein Online-Kongress? Könnt ihr uns das zeigen? Und das klappte! Im Dezember 2015 starteten wir als erste Coaches dieses Online-Kongress-Programmes. Die Module wurden für uns zusammengestellt. Wir bezahlten für diese Online-Akademie einen ersten satten Coaching-Paket-Preis von mehreren tausend Euro. Das war eine Herausforderung und eine große Entscheidung, die David und ich gemeinsam treffen mussten. Es stellte sich als eine super Investition in uns selbst heraus. Jetzt konnte unsere gemeinsame kreative Arbeit starten. Das neue Business war geboren!

Im Juni 2016 fand unser erster Online Kongress ‚Realise yourself!' – mit Byron Katie statt! Er war ein voller Erfolg. Wir verkauften 570 Kongress-pakete und hatten eine E-Mail-Liste von fast 8.000 Adressen. Kurz darauf fuhren wir in die Schweiz nach Engelberg, um Byron Katie persönlich ken-nenzulernen.

Um Byron Katie für ein Interview zu gewinnen, recherchierten wir als erstes auf ihren Websiten und fanden eine E-Mail-Adresse. Wir stellten unser Konzept ‚Realise yourself!' und uns vor und erhielten daraufhin tatsächlich eine E-Mail-Antwort mit einem Link, um ein Formular auszufüllen. Nachdem wir dieses ausgefüllt hatten, bekamen wir einige Zeit später eine Rückmeldung der persönlichen Assistentin, dass Byron Katie dabei sei. Ja! Der Termin war vereinbart und wir bekamen eine direkte Telefonnummer. Ich war so auf-geregt. Normalerweise hatten wir Tage vor dem Interview einen Technik-Test-lauf, mit Byron Katie ging das aus zeitlichen Gründen nicht, sie war in Europa für eine Seminarreihe und sehr eng mit der freien Zeit. Unser Interview musste also auf Anhieb klappen und so habe ich in dieser Zeit unzählige Gebete in den Himmel geschickt. Wir gingen davon aus, dass sie mindestens einen Techniker und eine Stylistin an ihrer Seite haben würde, wenn sie online geht, um ein Interview zu führen. Licht, Ton, Kamera, Umgebung, Styling, Puder... Dem war nicht so! Als wir miteinander telefonierten, war sie tatsächlich allein! Sie war so freundlich und unkompliziert. Das Interview war ein großes Geschenk. Sie ist schlichtweg wundervoll.

Das Interesse an Online-Kongressen stieg in dieser Zeit stark an. Wir wurden nach unserem Kongress selbst gefragt, ob wir unser Wissen weitergeben wollen. Wir sahen eine neue Chance für Wachstum und freuten uns über die Nachfrage. So begannen wir anderen Interessierten zu zeigen, wie dieses Format Online-Kongress zu realisieren ist. Seitdem sind wir Online-Coaches. Und selbstverständlich hört diese Entwicklung nicht auf. Heute haben wir mit Coachboss ein Online-Coaching-Unternehmen, das anderen Menschen zeigt, wie es leicht möglich ist, aus ihren Wünschen Realität werden zu lassen. Und mehr noch: Mit den eigenen Gaben und Talenten Geld zu verdienen. Das war noch nie so einfach wie heute. Nach den Online-Kongressen hatten wir viel gelernt und auch eine ansehnliche E-Mail-Liste zusammen, doch wir fühlten uns immer noch nicht verbunden mit unseren Klienten. Nächtelang diskutierten David und ich darüber, wie wir diese Lücke schließen konnten. Da war noch kein gut verwurzeltes Online-Business. Wir fühlten uns schwebend und noch nicht wirklich angekommen. Bis wir verstanden, dass diese Lücke auch für unsere Klienten geschlossen werden muss. Wie verhalte ich mich online, was genau ist anders als offline? Wie funktioniert der Online-Knigge? Wer bin ich und wie stelle ich mich vor? Wie kann ich mein Angebot zeigen? Wie kann ich einen wirklichen Kontakt zu meinen Wunschkunden aufbauen? Wie komme ich wirklich in der Online-Welt an? Wie verwurzele ich mich, dass mein Business aufblühen kann?
Eine große Erkenntnis war, dass das Herzbusiness eine ganz andere Vorgehensweise erfordert als ein normales Geschäftsmodell wie zum Beispiel Amazon-FBA oder Affiliate. Du öffnest dein Herz! Ja, du öffnest dein Herz und erkennst, dass du wirklich Menschen in die Transformation führen kannst. Und das ist eine ganz andere Arbeit. Der Punkt ist, dass du das gar nicht als Arbeit einstufst, weil du ja dein Herz geöffnet hast und das sowieso schon immer machen wolltest. Genau deshalb ist es so schwierig, damit Geld zu verdienen. Und glaube mir, David und ich haben Zeit unseres Lebens diese Herzarbeiten kostenfrei gemacht und wir mussten viel erfahren, diskutieren, testen, um schlussendlich erkennen wie genau damit Geld zu verdienen ist.

Der entscheidende Punkt ist ganz allein der Selbstwert. Das ist der Schlüssel. Diese drei Eckpfeiler, ein geöffnetes Herz, Ergebnisse/Transformation für die Klienten und dein Selbstwert, müssen in einer Balance sein.

Wie starte ich das konkret? Ich lasse Altes los. Ich entscheide mich für Neues. Ich erfinde mich neu. Ich öffne mein Herz und achte auf meine Haltung der Welt gegenüber. Ist meine Haltung der Welt gegenüber bedingungslos? Fühle ich mich von der Welt getragen und wirklich gehalten? Wo stehe ich? Und was bin ich mir wert?

Dieser Raub in Budapest hat mich vor eine Entscheidung gestellt: Willst du nun jammern, weil alles weg ist, oder gehst du weiter und tust, wofür du hergekommen bist. Du hast eigentlich keine Zeit zu verlieren, entscheide dich jetzt, das Seminar/das Leben geht weiter. Und um ein Zeichen zu setzen, dass ich bewusst ins Leben gehe, bewusst Ja dazu sage, wollte ich einen Lippenstift. Meine Kosmetiktasche war ja ebenso entwendet worden.

Ein ganz großer Wunsch, den ich ehrlich gesagt immer wieder aus den Augen verloren hatte, weil ich ihn gar nicht richtig formulieren konnte, ist damit in Erfüllung gegangen. Die Vision, die Lebensaufgabe, dass Menschen ihre Gaben zeigen, davon leben können und somit unfassbar glücklich sind. Und selbstverständlich kann das jeder.

Ich trage jeden Morgen meinen Lippenstift auf, lächle in den Spiegel und der ganzen Welt zu und starte in den wundervollsten Tag ever!

Claudia Widmaier im Kurzportrait:

Bei Claudia Widmaier dreht sich alles um Kommunikation, um innere Dialoge, deren sichtbaren Ausdruck und daraus folgende Gespräche mit anderen. Claudia hat Kommunikationsdesign studiert und ist seit 1994 selbstständig. Spezialisiert hat sie sich auf Markenbildung für Modelabels und andere Brands. Dabei hat sie ihren Fokus darauf gerichtet, wie die innere Haltung sein muss, um das zu kommunizieren, was man wirklich sein und sagen will. 'Heilige Hochzeit' nennt sie das, wenn beides kongruent zusammenkommt. Dann ist auch Erfolg ganz leicht möglich. 2016 gründete sie eine weitere Firma The Lifework/Coachboss mit ihrem Lebenspartner und berät seitdem, wie man online erfolgreich ist. Das Ziel ist, die neuen Medien zu nutzen, um immer mehr in eine nie dagewesene Leichtigkeit zu kommen und schlussendlich maximale Freiheit zu erreichen. Claudia und ihr Partner reisen viel, lassen sich von den weltbesten Coaches wie Bob Proctor begleiten und genießen die Zeit am Meer.

www.coachboss.de

„Du hast eigentlich keine
Zeit zu verlieren,
entscheide dich jetzt,
das Leben geht weiter."
Claudia Widmaier

NADJA ADIS

◆◆◆

In diesem Jahr habe ich meinen 40. Geburtstag gefeiert. Ich gebe zu, ich hatte das erste Mal ein etwas seltsames Gefühl dabei, dass sich die Zahl erhöht. Zumal ich nur wenige Monate davor noch an einem Punkt in meinem Leben stand, von dem aus ich ein völlig neues Leben begann. Beginnen musste. Denn das Leben gibt dir so lange dieselben Aufgaben, bis du sie löst. Ich habe mich wirklich sehr lange und sehr hartnäckig gewehrt, meine Themen anzuschauen. Bis ich wirklich an meinem absoluten Tiefpunkt angekommen bin. Ich hatte das Gefühl, dass mir alles genommen wurde. Damals wurde ich gekündigt, ich war also ohne Job und Einnahmen, ohne finanzielle Rücklagen und alleinerziehend mit zwei Kindern. Ich war immer eine Kämpferin, aber wenn man kämpfend in die falsche Richtung läuft, kommt man einfach nicht ans Ziel. Das Gute daran ist, wenn man nichts mehr hat, kann man auch nichts mehr verlieren. Und ich hatte noch ein „Warum“. Jeder Mensch braucht ein „Warum“, um seine Ziele zu erreichen. Mein „Warum“ waren und sind meine Kinder.

Meine Kindheit war geprägt von dem Gefühl „anders“ zu sein. Ich war stets bemüht, so zu sein, wie die anderen mich gerne hätten. Aussagen von

307

Schulfreundinnen lauteten zum Beispiel: „Nadja, sei doch wieder so, wie du letzte Woche noch warst, da fanden wir dich toll." Wer soll das denn schon verstehen? Was stimmte nicht mit mir? Ich hatte wohl immer wieder mal ein Mädchen, das mehr oder weniger mit mir befreundet sein wollte. Aber ich spürte auch, dass ich einfach nicht so war und sein konnte wie die anderen. Und das fühlte mein Umfeld ebenso. Mir war nicht klar, dass es an meiner „Gabe" lag, die bei den meisten Menschen dazu führte, sich einerseits in meiner Nähe total wohlzufühlen, anderseits aber auch unterbewusst wahrzunehmen, dass ich eben „anders" war und somit eine gewisse Unsicherheit auslöste.

Meine „Gabe" war mir lange Zeit nicht als solche bewusst. Seit ich mich zurückerinnern kann, sehe, fühle und weiß ich Dinge, die ich aus dem reinen Verstand heraus eigentlich gar nicht wissen kann. Zum Beispiel wusste ich immer sofort, wenn ich angelogen wurde, die Wahrheit steht im Gesicht der Menschen. Ich wusste bereits vorher, wenn ich einer unmittelbaren Gefahr bevorstand (was aber nicht heißt, dass ich damit umgehen konnte oder die Gefahr daraufhin nicht eintraf). Ich sah die Aura von Menschen und der Natur und ich sah sogar Geistwesen. Ebenso hatte ich Visionen in alten Häusern, die einer sechsjährigen wirklich keinen Spaß machten. Zum Beispiel war ich zu Hause bei einer Klassenkameradin, die ihr Wohnhaus in einem alten Bauernhof hatten, in dem unten noch Pferdeställe waren. Wir Mädchen sind unerlaubt dorthin und ich habe es sehr bereut, denn in einer der leeren Pferdeboxen sah ich eine verstorbene Frau in ihrem Blut liegen. Es war erkennbar, dass sie nicht real war, weil sie leicht durchsichtig war. Dennoch muss ich wohl nicht erklären, was das mit einem Kind macht. Erschwerend kam die Erkenntnis hinzu, dass nur ich diese Dinge wahrnahm. Ständig beteuerte mir mein Umfeld, dass da nichts sei. Das wiederum führte dazu, dass ich natürlich nicht mehr über diese Dinge sprach und ich versuchte, alles wegzuschieben, was sich mir an Informationen und Bildern zeigen wollte. Denn schließlich lag es ja eindeutig an mir, ich musste mich nur anpassen und bemühen, dann würde ich werden wie die anderen.

Mit 13 Jahren hatte ich ein letztes Erlebnis, bei dem ich viele Geistwesen in unserem Haus gesehen habe. Voller Panik lief ich zu meinen Eltern, die mir beteuerten, ich müsse mich beruhigen, denn da sei nichts. Von da an beschloss ich, meine Wahrnehmung zu verschließen. Mein Plan war es, wie die anderen zu werden. So ohne Kontakt und Vertrauen zu meinen Gefühlen, meiner Intuition und auch meiner Wahrnehmung wusste ich natürlich auch nicht, was ich beruflich machen sollte. Wahllos habe ich mich für einen Ausbildungsplatz bei einer Bank beworben und wurde dort auch genommen. Das lief ganz gut und mich packte der Ehrgeiz. Nach der Lehre wollte ich direkt eine weitere bankinterne Finanzausbildung machen, wurde aber abgelehnt, weil ich dafür noch zu jung war. Zum Glück hatte ich einen Vorgesetzten, der meine Arbeit sehr schätzte. Als dieser zum Vorstandsreferenten befördert wurde, hat er mich einfach mitgenommen, sodass ich mit ihm direkt dem Vorstand unterstellt war. Da ich noch sehr jung war zu der Zeit, hatte ich mit den lieben weiblichen Kollegen so meine Mühe. Nach circa zwei Jahren hatte ich den Wunsch nach mehr. Ich trat eine Stelle beim Geschäftsführer von seiner Königlichen Hoheit des Herzogs von Württemberg an. Das war aber so gar nicht meins. Mein Büro bestand aus einer „Einzelzelle", wie ich es damals nannte. Die Räumlichkeiten waren direkt im Schloss und ich hatte ein eigenes Büro, mit den klassisch hohen Räumen, wie es in Schlössern üblich ist. Wenn ich allerdings mit Kollegen sprechen wollte, musste ich das Büro verlassen, den langen kühlen Schlossflur entlang, gefühlte 100 Meter laufen, um in das nächste Büro einzutreten, in dem wieder eine Person saß. Ich bin dort fast vereinsamt. Einzig das Büro der Buchhalterinnen war größer, dort saßen die Damen zu fünft. Allesamt waren sie älter als ich und so gar nicht amüsiert über meine jugendliche, fröhliche Unbefangenheit. Sie haben mir das Leben wirklich zur Hölle gemacht. Ab diesem Zeitpunkt hatte ich ein Gefühl zu dem Wort „Mobbing". Es wurde sogar so schlimm, dass eines Tages mein Gesicht und meine Hände so angeschwollen waren, dass ich fast nichts mehr sah und ziemliche Schmerzen hatte. Ich bekam daraufhin eine Spritze und Tabletten – für die Nerven. Mein Entschluss zu kündigen war damit besiegelt, egal, wie gut bezahlt der Job war.

Ich bekam danach eine sehr gute Stelle in der Finanzabteilung eines großen Unternehmens, das weltweit agierte. Die Branche war eine typische

„Männerdomäne", in der ich mich nach außen hin gut durchsetzen konnte. Es ist weitläufig bekannt, dass man als Frau deutlich mehr Fachwissen und Biss an den Tag legen muss, um wenigstens gleich viel Gehör zu bekommen als ein gleichgestellter Mann. Aber ich habe es geschafft und hatte zuletzt eine Position im Headquarter Controlling, in der ich maßgeblich für Milliardenprojekte mitverantwortlich war. Die Arbeit und die Verantwortung machten mir sehr viel Freude, die vielen Überstunden waren mir egal. Ich habe damals nur das Geld gesehen und die Anerkennung, die ich für meine Leistung bekam. Endlich schien ich zu sein wie die anderen. Mit meiner Spiritualität habe ich mich nur privat beschäftigt, ich habe über die Jahre viele Seminare und Ausbildungen gemacht, allerdings immer nur für mich selbst. Über meine Wahrnehmungen, die selbstverständlich nie ganz verschwunden sind, habe ich mit niemandem geredet. Im Gegenteil, wenn mich jemand in meinem Umfeld auf Spiritualität angesprochen hat, habe ich so reagiert, wie die Gesellschaft es üblicherweise tut: „So etwas gibt es doch nicht". Mir war nicht klar, dass ich mit all der Ablehnung mir selbst und meinen Gefühlen gegenüber immer mehr von meinem eigenen Lebensweg abkam. Es war jedoch ganz und gar nicht so, dass das Unterdrücken so funktionierte, wie ich mir das vorgestellt hatte. Wie eingangs schon erwähnt, gibt dir das Leben so oft die gleichen Aufgaben, bis du sie verstehst und annimmst. Da ich einen sehr starken Willen habe, musste das auch immer auf eine extreme Art und Weise sein. Es war Februar und bereits völlig dunkel, als ich die Firma gegen 20:30 Uhr verließ und mit meinem kleinen Sportwagen in den Feierabend fuhr. Mein damaliger Verlobter bat mich, noch kurz etwas zum Abendessen zu besorgen. Als ich aus dem Kaufhaus fuhr, kann man bei den Ereignissen, die dann passierten, nicht mehr von Zufällen sprechen. Ich musste links auf die Hauptstraße abbiegen, habe es zweimal verpasst, mich einzufädeln, sodass schließlich vor und hinter mir kein Auto mehr war. Die Strecke kannte ich auswendig und normalerweise war ich recht zügig unterwegs. Aus unerklärlichen Gründen fuhr ich jedoch auffallend langsam. Plötzlich hörte ich auch noch eine Stimme zu mir sagen: „Fahr langsam". Ich dachte jetzt geht's los, jetzt würde ich verrückt werden. Dann noch einmal: „Fahr langsam". Ich verstand die Welt nicht mehr, circa 100 Meter vor mir war ein beleuchteter Zebrastreifen, aber weit und breit waren kein Auto und keine Menschenseele zu sehen. Ich fuhr dennoch sehr langsam, maximal 30 km/h (innerorts, d. h. es waren eigentlich 50 km/h erlaubt). Nach dem Zebrastreifen, ich war noch immer sehr langsam, war rechts ein Seiten-streifen mit parkenden Autos. Plötzlich, wie aus dem Nichts, sprang eine Frau zwischen zwei parkenden Autos hervor auf die Straße und direkt vor mein Auto. Ich habe noch gebremst, aber es reichte leider nicht. Ich habe sie an den Schienbeinen erwischt, da mein Auto so flach war. Sie knallte über die Motor-haube direkt vor mir in die Scheibe und rutsche nach hinten und zur Seite weg. Das Geräusch des Aufpralls direkt vor meinem Gesicht höre ich heute noch. Ich war wie vom Blitz getroffen. Mein erster Gedanke war: „Das ist ein Traum". Mein zweiter Gedanke: „Nadja, du weißt, du bist richtig, da wo du gerade bist". Natürlich stand ich unter Schock. Ich stieg aus und schrie. Plötz-lich waren auch wieder Menschen und Autos da, es war ja auch in der Innenstadt. Die Frau lag bewusstlos am Boden, alles wurde geregelt. Ich stand nur dort und ich glaube, dass ich immer wieder um Hilfe gerufen habe. Menschen haben bei der Frau die Erstversorgung gemacht und den Rettungs-dienst gerufen. Die Frau hatte durch den Aufprall einen Schuh verloren, der in unmittelbarer Nähe zu mir auf dem Boden lag. Das Bizarre an der schrecklichen Situation: Ich bin aus meinem Köper heraus und habe die ganze Szene von oben beobachtet. Oben war alles ruhig. Ich wusste, dass ich die-jenige sein musste, die diese Frau anfährt, und dass es so bestimmt war. Ich sah mich unten stehen, in Panik und unter Schock. Wieder einmal wurde ich daran erinnert, dass ich eben nicht „angepasst" bin. Dennoch war es für mich die absolute Hölle. Unter Tränen und wimmernd habe ich den Sohn der Frau später im Krankenhaus um Verzeihung gebeten. Dieser meinte nur, dass das hätte früher oder später passieren müssen, seine Mutter sei immer so auf die Straße gerannt. Gut, das hat mir ein wenig geholfen. Die Polizei hat mir nach sämtlichen Untersuchungen mitgeteilt, dass ich nicht einmal einen Strafzettel bekomme, weil ich „alles richtig" gemacht hätte. Gut, auch das hat mir geholfen. Die Frau war lange Zeit im Krankenhaus, eine Körperhälfte war wohl gelähmt. Die Familie der Frau wollte nach ein paar Monaten meine Anrufe nicht mehr erhalten, sodass ich den Kontakt schließlich eingestellt habe. So schrecklich dieses Erlebnis für mich auch war, dank meiner Gabe und dem damit verbundenen Wissen über die Dinge konnte ich das alles viel besser verarbeiten.

Nach einer gewissen Zeit hatten mich der Alltag und der Job wieder so eingefangen, dass das Spirituelle erneut in den Hintergrund geraten ist. Kurz nach meiner Hochzeit wurde ich schwanger (mein absoluter Herzenswunsch) und ich war insgeheim sehr froh darüber, eine Frau zu sein. Denn als schwangere Frau kann man sich einfach mal eine „Auszeit" von der harten und kalten Ellenbogenwelt nehmen, ohne sich dafür rechtfertigen zu müssen. Als mein Sohn geboren wurde, stand für mich die Welt still. Es gibt keine Worte für diese tiefe Liebe, dieses Gefühl. Und wie mit einem lauten Knall war ich wieder völlig verbunden mit dem Himmel, dem Universum, dem Ursprung. Alles war wieder da, meine Erinnerung an den Ort, von dem wir alle kommen. Da lag er auf mir, dieses wundervolle Geschöpf, mein Kind. Tränen der Dankbarkeit liefen über meine Wangen. Zum einen wegen ihm und zum anderen, weil er es war, der mich zurückgeschleudert hat auf meinen Seelenweg.

Es war eine wunderschöne Zeit, die folgte. Da ich es gewohnt war, immer viel zu arbeiten, wurde mir schnell klar, dass ich noch Kapazitäten frei hatte. Da wir sowieso zwei Kinder wollten, sagte ich nach dreieinhalb Monaten zu meinem damaligen Mann, ob wir nicht gleich an das zweite Kind denken sollten. So wurde knapp anderthalb Jahre nach dem ersten Kind meine Tochter geboren. Ich hatte versucht, mich auf das Gefühl, das kommen wird, einzustellen. Es ist mir nicht gelungen. Wieder wurde ich überwältigt von dieser unglaublichen Liebe und Dankbarkeit für dieses Geschöpf. Jede Mutter weiß, dass es nicht in Worte zu fassen ist. Und auch bei ihr war es ein erneutes Andocken an den Ursprung. Vier Stunden nach der Geburt sind wir mit ihr nach Hause, dort hatte meine Mutter auf unseren Sohn aufgepasst. Ich stellte die Kleine im MaxiCosi auf den Boden. Ihr Bruder wackelte zu ihr hin, schaute andächtig, gab ihr einen Kuss auf den Kopf und wackelte wieder weg. Das war einer der berührendsten Momente in meinem Leben.

Mit zwei Kindern, die so nahe beieinander sind, hatte ich dann erstmal genug zu tun. Und dennoch hatte ich das Bedürfnis, mein Gehirn wieder zu fordern. Mama zu sein ist absolut wundervoll, aber den ganzen Tag nur Kleinkindbeschäftigung gab mir das Gefühl, als ob mein Gehirn einschläft. Aus diesem Grund habe ich die Abendschule zur Ausbildung als Heilpraktiker für Psychotherapie begonnen. Endlich ein Schritt in die richtige Richtung. Mein damaliger Mann war Immobilienmakler, um zusätzliches Einkommen zu generieren, fing auch ich an ins Maklergeschäft einzusteigen. Das konnten wir recht gut mit den Kindern vereinbaren. Leider ist jedoch die Ehe gescheitert, sodass ich nach einer Wohnung für die Kinder und mich suchen musste. Mein Vater lebte noch in meinem Elternhaus, in dem zu der Zeit eine Wohnung frei wurde. Das Verhältnis zu ihm war nicht gerade das Beste, aber ich dachte, es könnte vielleicht eine Chance für einen Neuanfang sein. Ich suchte also das Gespräch mit ihm und er willigte sogar ein, dass ich mit den Kindern zum regulären Mietpreis einziehen konnte. Das würde ich schon schaffen, dachte ich mir. Zwei Wochen später hat er mir dann jedoch mitgeteilt, er hätte es sich anders überlegt und möchte nun doch nicht, dass wir einziehen. Die letzten Worte habe ich nicht mehr gehört, da mir meine Ohren „zu" gingen. Mir hat es den Boden unter den Füßen weggezogen, ich konnte es einfach nicht glauben, was hier gerade passierte. Irgendwie habe ich mich dann wieder gesammelt, das Erlebnis in eine weitere Schublade gepackt und mir eine andere Wohnung gesucht und auch gefunden.

So langsam fing ich an Fuß zu fassen und schaffte den Spagat zwischen Kindern und Arbeit. Ich lernte einen neuen Mann kennen, mit dem ich bereit war, es noch einmal zu versuchen. Für ihn war ich bereit, alles auf eine Karte zu setzen. Er hatte ein großes Haus, zwei Kinder und war selbstständig. Er bat mich, bei ihm einzuziehen und in seiner Firma zu arbeiten. Das haben wir alles so umgesetzt. Leider war nicht alles so, wie ich es mir erträumt und gewünscht hatte. Ich habe in seiner Firma kaufmännisch gearbeitet, hatte aber überhaupt keine Freude an dieser Tätigkeit. Mich selbst habe ich in dieser Zeit auch immer mehr verloren. Vorrangig war immer die Angst, es allein mit den Kindern nicht zu schaffen. Als ich schließlich doch auszog, hatte ich nichts mehr. Keinen Job, kein Auto, fast keine Möbel, keine finanziellen Rücklagen. Die Kinder und ich waren damals in eine Wohnung gezogen, von der ich wusste, dass das Haus drei Monate später abgerissen wird. Man kann erahnen, was eine Mutter erleben musste, um diesen Schritt zu gehen. Dennoch waren wir glücklich, dort zu sein. Ich hatte also drei Monate Zeit, eine anständige Wohnung für die Kinder und mich zu finden, ein kleines Auto zu organisieren und einen Job zu finden. Meine Familie half mir in dieser Zeit glücklicherweise finanziell aus.

Mir wurde ein Job angeboten, bei dem ich selbstständig in einem großen Finanz- und Versicherungskonzern arbeiten konnte und zusätzlich für sechs Monate ein Basisgehalt bekam, um meine Fixkosten zu decken. Das war ein Geschenk des Himmels – dachte ich. Fast zeitgleich habe ich auch eine passende Wohnung für uns gefunden, sodass ich wirklich dachte, ich hätte es endlich geschafft. In die neue Arbeit habe ich mich extrem schnell einge-arbeitet und intern bereits Preise erhalten. Meine Kunden waren ebenfalls sehr zufrieden mit mir. Die Sache hatte nur einen Haken: Man legte mir firmen-intern nahe, ich solle nicht immer so viele Fragen stellen. Ich bin aber nun so gar nicht der Typ, der immer nur den Mund hält – vor allem nicht, wenn junge Kolleginnen ungerecht behandelt werden, sodass sogar Tränen fließen. Immer wieder kam es zu verbalen Konfrontationen. Hinzu kam, dass die Dame, die in der Hierarchie über mir war, früher in einer privaten Beziehung zu dem Direktor der Filiale stand. Und genau diese Dame hatte so ihre Schwierig-keiten mit mir, weil ich mich geweigert habe, die Kunden so zu beraten, wie sie es verlangt hatte. Meine Arbeit war immer absolut ehrlich und fair den Kunden gegenüber, und daran hielt ich auch fest. Hinzu kam, dass ich auf-grund meiner Gabe, Dinge in Bezug auf Mitarbeiter in diesem Unternehmen wahrnahm, die ich natürlich weder belegen noch beweisen konnte. Im Grunde wollte ich nur in Ruhe anständige und ehrliche Arbeit leisten. Denn das konnte ich wirklich gut. Leider war dies nicht die Art meiner geschätzten Vorge-setzten, sodass die Sache extrem eskalierte. Mir wurde in einem „Gespräch" nahegelegt, meine Arbeit nach den Vorgaben dieser Dame zu tun. Und wenn diese Dame im Urlaub sei, könne ich nun mal nicht arbeiten, da eine Abstimmung mit ihr nicht möglich wäre. Ich hätte meinen Urlaub also gleichzeitig mit der kinderlosen Dame planen sollen und nicht nach den Ferien meiner Kinder. Aha.

Resultierend aus diesem Gespräch habe ich mir überlegt, dass ich mich dieser Ansage widersetzen werde und weiterarbeite. Schließlich bezahlte sich meine Miete nicht von allein. Ich habe also weiter Provisionen verdient, sodass ich entspannt in meinen eigenen Urlaub ging. Danach kam das böse Erwachen. In meiner Abwesenheit wurden meine Provisionen gestoppt und Geschäftspartner darüber informiert, ich würde bald nicht mehr für dieses Unternehmen arbeiten. Aha, spannende Information. Noch fand ich das alles recht belustigend. Aber ich hatte in ein Wespennest gestochen. Selbstverständlich war ich nicht bereit, das alles einfach so hinzunehmen und habe begonnen zu recherchieren. Alles, was ich erfahren habe, wurde mir hinter vorgehaltener Hand erzählt, absolut vertraulich und fast schon eingeschüchtert. All das hat mich jedoch nicht zurückgehalten. Ich habe mich Stück für Stück weiter nach oben gewandt. Ich habe E-Mails geschrieben, Telefonate geführt usw. Meistens war der Erstkontakt sehr positiv für mich, beim zweiten Schritt hieß es dann immer: „Bitte klären Sie die Angelegenheit in der Filiale vor Ort und halten Sie sich an die Ihnen von dort gegebenen Vorschriften und Regeln." Da stank etwas richtig zum Himmel. Ich wollte mich einfach nicht so abspeisen lassen, mein Anliegen war nur, anständig und in Ruhe arbeiten zu können. Gerne in einer anderen Filiale, aber auch das wurde nicht gestattet. Im Gegenteil. Der Direktor der Filiale hatte mir gedroht, ich müsse das Unternehmen verlassen, wenn ich mich nicht beuge. Er sollte leider recht behalten. Zuletzt habe ich sogar einen Brief an den CEO von Deutschland verfasst, und um sicherzugehen, dass er den Brief auch erhält, habe ich ihn nicht nur intern verschickt, sondern auch eine Kopie dieses Briefes per Einschreiben an seine Privatadresse. Sämtliche Beweise in schriftlicher Form habe ich ebenfalls beigefügt. Keine Chance. Die Kündigung kam. Das war ein harter Schlag für mich. Ich habe einen Anwalt aufgesucht und ihm meine Situation geschildert. Ihm war die Sachlage nicht neu, das Recht sei auf meiner Seite. Die Frage war nur, ob es in meiner Situation Sinn machen würde, einen Rechtsstreit mit einem so großen Konzern anzuzetteln. Wie ein räudiger Hund habe ich mich geschlagen gegeben, nachdem ich gekämpft hatte wie eine Löwin.

Das war der absolute Tiefpunkt. Ich war so erschlagen von meinem Leben, ich konnte einfach nicht mehr. Mein Akku war leer, ich hatte keinen Glauben mehr, an gar nichts. Ich war nur noch am Weinen, tagelang. Ich weinte die Leere aus meiner Körperhülle. Wo waren das Gute und die Gerechtigkeit in der Welt? Ich habe auch nicht mehr an Gott oder sonst etwas geglaubt, alles war dunkel und leer. Da stand ich nun. Allein mit zwei Kindern, ohne Job, ohne Arbeitslosengeld, ohne Rücklagen. Ich war so verzweifelt, ich tat mir selbst so unendlich leid, was hatte ich nur Schlimmes getan, dass ich das verdient hatte? Ich ging völlig auf in meiner Opferrolle, die mich mehr und mehr nach unten drückte. Hätte ich meine Kinder nicht gehabt, ich weiß nicht, was aus mir geworden wäre. Wie ich sagte, jeder braucht sein Warum.

Die folgenden zwei Monate war ich nicht in der Lage, dieses absolute Tief zu verlassen. Ich schrieb Bewerbungen für Jobs, die mir egal waren. Ich funktionierte so halbherzig, der Kinder wegen. Irgendwann kam der Wendepunkt. Ich habe erkannt, dass es auf diese Art definitiv nicht besser wird. Ich bekam ständig Absagen auf meine Bewerbungen und das Leben machte wirklich gar keinen Spaß mehr. Doch die geistige Welt hatte mich noch nicht abgeschrieben, sondern mir immer wieder Zeichen geschickt. Zum Beispiel war ich mit meinen Kids bei einer Veranstaltung, auf der ich eine alte Freundin aus Kindheitstagen traf, mit der ich mich immer gut verstanden hatte. Sie bemerkte meinen Kummer und fing an, mir mit leuchtenden Augen zu erzählen, dass Gott immer auf meiner Seite sei, auch wenn es schwer wäre. Ich habe versucht, mich gegen das Gefühl der Liebe und der Verbundenheit zu wehren, aber sie hat mich erwischt und im Herzen berührt. So fing ich an, wieder über das Leben und den Sinn nachzudenken und mich den guten Dingen ein wenig zu öffnen. Dabei fiel mir eine Sache auf, die sich verändert hatte: So tief unten hatte ich plötzlich wieder Boden unter den Füßen, und das gab mir Luft nach oben. Da mein Leben in einen Scherbenhaufen zersplittert war, konnte ich doch auch die Scherben wieder zusammensetzen. Aber diesmal komplett neu. Ich hatte ja nichts mehr zu verlieren. Dann habe ich begonnen, meine Themen anzuschauen und aufzuarbeiten. Die Ausbildungen dazu hatte ich ja. Das war aber alles andere als lustig. Die Verantwortung für das eigene Leben zu übernehmen, wo mir doch so viel „Unrechtes" von außen angetan wurde, anzuerkennen, dass irgendetwas in mir all diese Situation verursacht hatte – das war echt hart. Anfänglich sträubte sich auch alles in mir, aber ich hatte ja eh nichts anderes zu tun, dann konnte ich doch jetzt auch mal etwas ganz anderes versuchen.

Ich habe wieder angefangen täglich zu meditieren, kam nach und nach immer mehr in Kontakt zu meinem Innersten. Habe analysiert, aufgearbeitet und dabei wurde mir klar, dass ich meine Erfüllung nicht in der Finanzbranche finde, sondern im Spirituellen. Ich spürte plötzlich eine ganz tiefe Sehnsucht, mein Innerstes wahrzunehmen und zu leben. Aber nach außen zu tragen?

Öffentlich zu sagen, was ich spüre? Niemals. So weit war ich noch nicht, egal, wie stark meine Sehnsucht war. Durch die Meditation war mein Kontakt zur geistigen Welt wieder sehr klar. Ich forderte sie heraus, die geistige Welt, und habe ihr einen Deal vorgeschlagen. Da ich dringend Geld brauchte, habe ich einen Angestelltenjob gefordert, der übertariflich bezahlt würde, perfekt zu meinen Kinderbetreuungszeiten passen würde und in der Nähe zu unserem Wohnort ist. Dafür habe ich das Versprechen abgegeben, weiter auf meinem spirituellen Weg zu bleiben und nebenbei das Mediale Coaching aufzubauen. Ich dachte mir: Jetzt bin ich gespannt, was die so draufhaben und wie ernst „die da oben" es meinen. Schon kurz darauf habe ich eine Einladung zu einem Vorstellungsgespräch in einem Steuerbüro erhalten, bei dem ich mich beworben hatte. Der Termin war am 22.12. und am 23.12. habe ich meinen übertariflich bezahlten Arbeitsvertrag, passend zu meinen Kinderbetreuungszeiten und in unmittelbarer Nähe zu meinem Wohnort, für Januar unterzeichnet. Ich war platt. Ok, das war eine Ansage. Ich hielt mein Versprechen und feilte weiter an meiner Selbstständigkeit.

Als erstes habe ich mein Gewerbe angemeldet, als Nebentätigkeit. Aber ich brauchte dringend eine Internetseite. Mein Problem war, dass ich technisch völlig unbegabt bin. Wie zum Henker erstelle ich eine gute Internetseite? Naja, ich war unter Zugzwang, also habe ich einfach mal angefangen. Meine erste Seite war mit einem Baukastensystem, womit man mit ein bisschen Kreativität eine sehr schöne Seite gestalten kann. Es hat geklappt und ich war megastolz auf mich. Als nächstes war meine geschäftliche Seite auf Facebook an der Reihe. Das hat mich extrem viel Überwindung gekostet. Ich hatte immer noch im Hinterkopf, dass ich mich blamieren könnte, wenn die Welt und vor allem mein Umfeld weiß, was ich so wahrnehme. Und wenn ich das auf Facebook veröffentliche, wissen automatisch alle meine Bekannten von meinem neuen Weg. Ich hatte so viel Angst, abgestempelt zu werden, für verrückt erklärt zu werden usw., dass ich regelrecht Schweißperlen auf der Stirn hatte. Es wusste ja niemand, dass ich all die Jahre privat sämtlich Ausbildungen und Fortbildungen in dieser Richtung schon gemacht hatte. Nach außen war ich immer die erfolgreiche Powerfrau aus der Finanzbranche. Und plötzlich das. Ich meinte schon die abwertenden Stimmen zu hören, das hämische Lachen der

Menschen. Ich brauchte einen Plan für mich. Die Idee war, die Seite aufzubauen bzw. zu erstellen und wenn der richtige Zeitpunkt für mich da ist (in ein paar Wochen oder Monaten), würde ich die Seite online stellen. Die Idee war super, ich habe daran gearbeitet bis in die Nacht. Um kurz vor Mitternacht noch ein letzter Check, ob die Seite „inaktiv" ist. Als ich sah, dass der Haken bei „Seite aktiv" stand, bin ich fast von meinem Stuhl gefallen. Herzrasen, Puls und Panik kam in mir hoch. Die bleierne Müdigkeit war mit einem Mal wie weggeblasen. Hellwach und verzweifelt versuchte ich, die Seite auf inaktiv zu setzen. Facebook hat mir aber mitgeteilt, dass eine Deaktivierung erst wieder nach circa acht Tagen möglich sei. Uff, ich bin in meinem Stuhl eingesunken. Na gut, dann soll es wohl so sein. Und es war natürlich gut, auch wenn ich es selbst zu dem Zeitpunkt noch nicht so sehen konnte. Spannend war tatsächlich die Reaktion der Menschen in meinem Umfeld. Ich bekam Nachrichten wie zum Beispiel: „Das passt total gut zu Dir" oder „Ich habe schon immer gedacht, dass du so etwas kannst". Unglaublich, hätten die mir das nicht früher sagen können? Dann hätte ich mir den ganzen Stress sparen können. Wir stehen uns immer selbst am meisten im Weg, das ist so schade.

So wurde ich step by step von der geistigen Welt in meine Berufung geschubst. Der nächste große Schubs ließ daher auch nicht lange auf sich warten. Eine Bekannte aus der gleichen Branche kontaktierte mich, dass sie sich aus ihrem Beruf zurückziehen möchte und jemanden sucht, der für ihre Kunden da ist. Dabei hätte sie an mich gedacht. Ich konnte mein Glück kaum fassen. Einerseits kam wieder diese Panik in mir hoch, ob ich denn überhaupt gut genug sei, direkt so loszulegen, andererseits sah ich darin eine riesige Chance und auch das Vertrauen und die Wertschätzung der Kollegin mir gegenüber. Ich nahm also meine Angst an die Hand, gab ihr einen Keks und eine Tasse Kakao und teilte ihr mit, dass ich den Weg trotzdem gehe. Ich habe der Angst erlaubt da zu sein, habe mit ihr geredet wie mit einem Kind, das hat geholfen. Da ich jetzt ein Zeitproblem hatte, musste ich mir etwas einfallen lassen. Mein Plan war es, in meinem Angestelltenjob ein oder zwei Tage weniger zu arbeiten und diese Zeit in meine Selbstständigkeit zu stecken. Um mir den Erfolg und den Umsatz langsam und in Sicherheit aufzubauen. Ich ging also zu meinem damaligen Vorgesetzten und suchte mit ihm das persönliche Gespräch. Ich habe ihm offen und ehrlich erklärt, dass ich eine Chance bekommen habe, meine persönliche Erfüllung zu leben und diese gerne wahrnehmen möchte. Ich bat ihn um ein Entgegenkommen und einen Vorschlag, was für ihn denn möglich wäre. Dann passierte etwas, womit ich nie gerechnet hätte. Er schaute mich lange schweigend an. Dann wurde sein Gesicht leicht rot und ich spürte schon, dass das nicht gut ausgehen würde. Er schrie plötzlich los, beschimpfte mich aufs Übelste. Er sagte, ich sei der unverschämteste Mensch, den er je kennengelernt hätte, ich würde es nie schaffen selbstständig zu sein, dieses Geschäftsgebaren von mir sei untragbar usw. Ich war baff und völlig irritiert. Die Krönung war, dass ich direkt meine Sachen packen und gehen konnte. Er hat noch eine Aufhebung formuliert und mich ohne zu grüßen oder anzuschauen hinauskomplimentiert. Im Auto habe ich natürlich wieder erst einmal geweint. Was war das denn? Was passierte hier? Nachdem ich mich einigermaßen gefangen hatte, fiel mir ein, welches „Gespräch" ich am Vorabend mit der geistigen Welt geführt hatte. Ich habe gesagt, dass ich um Hilfe und Unterstützung bitte, wie ich die Arbeit am besten aufteile. Ich habe gesagt, ich gebe es ab und „die da oben" mögen bitte zu meinem Besten entscheiden, welche Tage ich für meine Selbstständigkeit aufwenden soll. Naja, die passende Antwort darauf habe ich bekommen.

Ab diesem Zeitpunkt lief alles richtig gut. Ich habe die perfekten Räumlichkeiten zu einem guten Preis gefunden. Zu jedem Thema habe ich die passende Unterstützung bekommen. Ich musste wohl immer wieder meine Entscheidungen korrigieren, aber das spielt keine Rolle, wenn man erstmal auf dem Weg ist. Ähnlich einem Zug, der Fahrt aufgenommen hat. Zusätzlich bin ich einem Netzwerk für selbstständige Mütter beigetreten und habe in meiner Stadt die Führungsverantwortung übernommen. Einmal im Monat finden in meinen Räumlichkeiten Veranstaltungen statt, zu denen es immer einen spannenden Impulsvortrag gibt und die Möglichkeit zum Netzwerken. Es lief und läuft wirklich wie im Märchen. Allerdings geschieht nichts von allein, nur weil man ein lieber und guter Mensch ist. Man muss schon selbst dafür sorgen, dass es gut wird. Und dazu muss man sich auch bewegen. Es muss nicht von Anfang an perfekt sein, wichtig ist, ins Tun zu kommen. Sich zu bewegen, die Energie in die richtige Richtung zu lenken. Verliere nie dein Ziel aus den Augen und treffe deine eigenen Entscheidungen. Es waren nicht immer alle

Menschen in meinem Umfeld (das sowieso schon aufgrund meiner Lebens-geschichte massiv geschrumpft ist) von meinem Vorhaben begeistert. Die einen aus Neid und Missgunst, wieder andere wollten mich klein halten bzw. in eine Abhängigkeit manövrieren oder auch mit Hinweisen aus Liebe und Fürsorge, ich solle weniger arbeiten. Wichtig ist, im Vertrauen zu bleiben und weiterzumachen. Es ist nicht wichtig, wie oft man fällt, es zählt nur, dass man wieder aufsteht. Wenn man sich die Biografien erfolgreicher Menschen anschaut, vereint die meisten eine Sache: Und zwar, dass niemandem der Erfolg einfach so geschenkt wurde. Durchhaltevermögen und Willensstärke zahlen sich aus – immer. Lernen, Wachsen und stetiges Tun führen zwangs-läufig zum Ziel. Nicht zu vergessen meine eigene Energie-Arbeit, die ich selbstverständlich auch für mich nutze. Veränderung beginnt in dir, das heißt, die eigene Energie von innen heraus zu erhöhen, ist schneller und effektiver als jede noch so durchdachte Marketingstrategie. Aus diesem Grund verbinde ich Spiritualität mit Bodenständigkeit.

Zusammenfassend habe ich Folgendes gelernt:

Das Leben gibt dir so lange dieselbe Aufgabe, bis du sie dir anschaust und löst.

Wenn du weißt, was du willst, gibt es keinen Grund, es nicht zu tun.

Wenn jemand sagt, das geht nicht, denke daran, es sind seine Grenzen, nicht deine.

Achte auf dein Umfeld, es färbt auf dich ab. Umgib dich mit Menschen, die dich unterstützen und dir gut tun. Meide den Rest.

Verliere nie dein Ziel aus den Augen und treffe deine eigenen Entscheidungen.

Nichts wird von allein gut. Man muss schon selbst dafür sorgen, dass es gut wird.

Nadja Adis im Kurzportrait:

Nadja Adis ist alleinerziehende Mama von zwei Kindern und lebt in unmittelbarer Nähe zum Bodensee. Nach einer erfolgreichen Karriere in der Finanzbranche lebt sie heute ihre Berufung als medialer Coach. Sie unterstützt die Menschen dabei, in stürmischen und belastenden Zeiten wieder zu mehr Klarheit, Stabilität und Ruhe zu finden. Als zertifizierter Coach und mit ihrer Gabe hilft sie ihren Klienten wieder Boden unter den Füßen zu spüren. Spezialisiert hat sie sich dabei auf Unternehmerinnen und Unternehmer, die in Zeiten hoher Belastung und Neuorientierung ihre private Lebenssituation verbessern möchten. Mit ihrer positiven, warmen Ausstrahlung und ihrer Gabe gilt sie für viele Menschen als Quelle der Inspiration. Sie arbeitet sowohl persönlich als auch via Zoom oder Telefon. Zusätzlich hat sie in Ravensburg den El Camino Women's Business Club gegründet, ein Netzwerk mit dem Ziel, selbständigen Frauen und Unternehmerinnen, die ihren eigenen Weg gehen, einen Mehrwert zu generieren.

www.elcaminopraxis.de
www.facebook.com/ElCaminoPraxis/

„Das Leben gibt
dir so lange dieselben Aufgaben,
bis du sie löst.“

Nadja Adis

MONIKA BREITINGER

◆◆◆

„Sie haben sich aus den Augen verloren." Autsch, das saß! Wie Harakiri bohrte sich dieser Satz eines Seminarleiters tief in meine Eingeweide, denn er sprach die reine Wahrheit. Ich blickte auf ein Leben zurück, das geprägt war von Enge und Freiheit, Freiheit und Enge. Keines von beiden konnte ich richtig leben. Ich befreite mich, wenn es zu eng war und wenn es zu frei war, wünschte ich mir mehr Enge, sowohl beruflich als auch privat. Lange Zeit kam ich mir wie eine Reisende zwischen zwei Welten vor. Dieses Hin und Her begann schon sehr früh. In einem konservativen Elternhaus aufwachsend, merkte ich sehr bald, dass ich anders war, dachte und mich verhielt. Ein bisschen vergleichbar mit Dr. Jekyll und Mr. Hyde. So rebellierte ich einerseits und andererseits verhielt ich mich angepasst. Auf Extreme wie in Wohngemeinschaften zu leben und Drogen zu konsumieren folgte ein BWL-Studium, um Zuhause etwas „Vernünftiges" vorzuweisen, obwohl ich lieber Psychologie studiert hätte. So war ich schließlich in der Wirtschaft gelandet und tätig. So richtig Spaß machte mir das allerdings nicht. Diese Wankelmütigkeit in mir setzte sich auch privat fort. In keiner Beziehung fand ich das, was ich wollte und befreite mich stets davon, wenn es wieder mal zu eng war. Ich war

323

eine ewig Suchende nach Halt und Sicherheit auf der einen Seite und nach Freiheit und Anerkennung auf der anderen Seite. Da war dieser Hunger nach einem aufregenden Leben, einer inspirierenden Partnerschaft und einer sinn-erfüllten Tätigkeit und andererseits diese subtile Angst vor alledem. Ich zerstörte unbewusst im Vorfeld schon meine nächsten Schritte, egal ob beruf-lich oder privat, und fand letztlich nie das, was mich erfüllte. Und beruflich in einem Büro zu landen, irgendwelche To-do-Listen abzuarbeiten, mich in ein starres Konzept zu pressen, wurde für mich zunehmend inakzeptabel. Ich wollte mein Ding machen und wusste andererseits gar nicht genau, was das eigentlich war. Doch eines wusste ich ganz genau. Es war das menschliche Denken und Verhalten, dass mich seit jeher faszinierte und nicht mehr losließ. Um meinen Wissensdurst zu stillen, las ich viele Bücher, besuchte Fort- und Ausbildungen – Gesprächstherapieseminare, Kommunikation und Körper-sprache und wurde PSE-Energietherapeut, Heilpraktiker für Psychotherapie und Mentaltrainer. Kurzum, ich ließ nichts aus, um so viel wie möglich über das Menschsein und die Verhaltensmuster zu erfahren. Und natürlich wollte ich das mit einer selbstständigen Tätigkeit in die Welt tragen. Mittlerweile hatte ich eine gute Grundlage dafür geschaffen, konnte auf ein weitreichendes Fachwissen zurückgreifen. Doch das bisher Gelernte war noch nicht genug. Nein, ich war nicht genug. (Wie sich dieser Glaubenssatz erst noch bewahr-heiten sollte, wusste ich damals noch nicht). So absolvierte ich noch ein Seminar und noch eine Fortbildung. Meine Vision war es, Menschen zu helfen und zu unterstützen, in ihre Kraft zu kommen. Eigentlich eine Lachnummer.

Wie sollten Menschen von mir profitieren, wenn ich selbst nicht in meiner Kraft war, nicht zu mir stand? Natürlich scheiterten meine selbstständigen Versuche kläglich und ich ging wieder einer geregelten Tätigkeit nach. Immerhin eine Tätigkeit in der Managementebene, denn ich half beim Aufbau eines Start-Up Unternehmens. Dabei arbeitete ich eng mit Vorstand und Geschäftsführern zusammen. Dennoch hatte ich keinen großen Spielraum, musste mich starren Vorgaben beugen und konnte meine Fähigkeiten und Talente nicht einbringen. Viele meiner Ideen wurden im Keim erstickt, auch wenn ich mich noch so bemühte. Es war demotivierend und ich zog mich mehr zurück. Wieder war ich nicht gut genug. So begann ich zu rebellieren –

diesmal innerlich, dennoch wieder suchend nach der sinnstiftenden beruflichen Lösung in meinem Leben.

Die Liebe kam dazwischen. Jetzt ist es endlich soweit, dachte ich. Ich fühlte mich befreit und nicht mehr so allein. Es war wie im Märchen. Wir kannten uns bereits aus der Schule. Und als ob es Magie war, begegneten wir uns nach 30 Jahren wieder. Wir verliebten uns, wollten zusammen einen Neustart wagen, etwas gemeinsam aufbauen. Ja, es klang einfach zauberhaft. Endlich war jemand da, mit dem ich zusammen ein Business aufbauen konnte. War ich doch alleine gar nicht fähig dazu (und wie recht ich damit noch die nächsten Jahre behalten sollte, wusste ich damals auch noch nicht). Ich gab alles auf, kündigte meinen Job und zog mit wehenden Fahnen nach Franken um, ließ alles zurück und hatte so richtig Lust, mich in die neue Aufgabe einzubringen. Zusammen sind wir stark und schaffen alles, war die Devise. Ein Trugschluss, denn schnell wurde ich eines Besseren belehrt. Die einzige Gemeinsamkeit, die wir hatten, war die fränkische Herkunft. Obwohl ich auf ein bewährtes, kaufmännisches Fachwissen zurückgreifen konnte, wurden all meine Vorschläge und Ideen zunichte gemacht. Ich stieß auf taube Ohren und meine Ausarbeitungen und Anregungen waren für meinen Partner schlichtweg nicht umsetzbar. Viele Wenn und Aber folgten. Wieder einmal war ich nicht in Ordnung, war ich nicht gut genug - trotz meiner umfangreichen Marketing- und Verwaltungskenntnisse, meiner Fähigkeit, mit anderen Menschen in Kontakt zu treten, meinem Organisationstalent und meinem Talent, vieles möglich zu machen. Dieses Dilemma sogar mit dem eigenen Partner zu erleben, enttäuschte mich und ich zog mich immer mehr in mein Schneckenhaus zurück. Am liebsten wäre ich gegangen, so wie ich es sonst gemacht hatte, doch mit zunehmendem Alter wurde und war ich viel zu feige, träge und ängstlich.

Ich war allein. Allein mit mir und dem Gefühl, das etwas mit mir nicht stimmte. Doch äußerlich zeigte ich nicht wie klein und hilflos ich mich fühlte und tat so, als hätte ich alles im Griff. Ich war eben einfach nicht gut genug. Statt mich den Herausforderungen zu stellen, mich zu verbessern, stellte ich mich einfach tot. Und darüber hinaus machte ich alles mit mir allein aus und vertraute mich niemandem an. Mein Partner baute indessen weiterhin seinen

Betrieb auf. Ab und an half ich mit, hatte mich aber schon längst aus allem zurückgezogen. Ich hatte keine Lust mehr, mich nochmal voll einzubringen. So ging ich ihm und damit unseren Reizthemen aus dem Weg. Die Kommunikation verstummte zusehends.

In einen Angestelltenjob wollte ich nicht mehr zurück. Mittlerweile war ich über 50. So unterließ ich es komplett, mich überhaupt zu bewerben, denn ich wollte mir nicht antun, laufend Absagen zu kassieren. Mit Menschen zu arbeiten war aber nach wie vor mein innerer Antrieb. Ich vertrödelte die Tage, starrte auf meine Probleme und frustriert aus dem Fenster. Ich fühlte mich einfach schrecklich. Die Kehrtwende kam, als mir das Buch Das Café am Rande der Welt in die Hände fiel. Die Fragen, warum bin ich hier, was bewegt mich und ob ich Angst vor dem Tod hätte, machten mich neugierig mehr zu erfahren. Interessiert googelte ich nach dem Autor John Strelecky. Rückblickend war das der Start in mein neues Leben. Angestoßen von den Inhalten wollte ich endlich mein Leben konkret ändern, auch wenn ich dabei noch im Nebel stocherte. Ich wollte nur raus aus dem alten Trott.

Viel zu lange war ich schon auf der Suche nach einem Leben, in dem ich mich selbst erkannte. Ich hatte das Gefühl in einer Sackgasse gelandet zu sein. In meinen Träumen stellte ich mir ein Leben vor, das erfüllt war von einer harmonischen Beziehung und einem Beruf, für den ich alles gab, der mich zum Strahlen brachte und dazu noch lukrativ war. Es wurde langsam Zeit, denn aufgrund meines Alters krähte kein Hahn auf dem Arbeitsmarkt nach mir. Und im Grunde wollte ich das auch gar nicht mehr. Vielmehr wollte ich endlich raus aus dem Hamsterrad und mein eigenes Ding machen. Ich wollte nicht mehr das tun, was von mir verlangt wurde, um ja gut in das System zu passen. Allem voran nicht von einem Lebenspartner, der nicht nachvollziehen konnte, was mich umtrieb, was schon so lange in mir brannte. Zwar immer noch in Franken lebend, wurde nicht sehr weit von meiner früheren Wahlheimat ein mehrtägiges Seminar in Österreich angeboten. Ich meldete mich an. Vielleicht war das ja die Rettung für meine prekäre Situation. Und vielleicht bekam ich auch endlich konkrete Schritte an die Hand, um endgültig zu handeln. Was ich schließlich bekam, war etwas ganz anderes! Es war eine schonungslose Draufsicht auf mein Leben, mein Denken und Verhalten. Und vor allem auf das, was in mir schlummerte, was in mir steckte, was brach lag und schon so lange gelebt werden wollte. Es wurde so viel wieder geweckt, was in meinem getakteten Alltag keine Daseinsberechtigung hatte, was unter Ängsten, hindernden Glaubenssätzen und Blockaden vergraben war. Ich funktionierte einfach nur noch. Vorrangig kümmerte ich mich darum, dass ich anderen gefiel, es ihnen gut ging und ich am Ende des Monats meine Rechnungen bezahlen konnte. Spaß und Freude waren zweitrangig. So hatte ich es gelernt. Und jetzt lernte ich auf einmal mehr über mich, als mir lieb war. Ich war ständig auf der Suche nach Erfolg, nach Sicherheit, Beständigkeit und vor allem nach Anerkennung. Im Alltag konnte ich mich auf nichts länger fokussieren, denn es ging nur darum, mir selbst unbewusst zu bestätigen, dass ich nicht in Ordnung war. So stampfte ich eben meine selbstständigen Tätigkeiten wieder ein, wenn ich nicht gleich den Erfolg hatte oder es sich nur im Entferntesten nach Kritik anfühlte. Dann hatte ich das Gefühl nicht gut genug zu sein, nicht richtig zu liefern, die Menschen nicht erreichen zu können. Und damit verschaffte ich mir die Erlaubnis wieder im Alten zu landen, nicht herauszukommen aus den alten Schuhen, die ich andererseits so gerne verlassen wollte. Das war jedoch pure Selbstsabotage! Ein Teufelskreis, der mir bis dato nicht bewusst war.

Doch jetzt konkreter. Mit einer kunterbunten Truppe, bestehend aus Frauen und Männern, unterschiedlichster Herkunft, Alter und Lebenssituation, verbrachte ich die nächsten Tage. Ich hoffte konkrete Anweisungen und Tipps zu erhalten, um aus meiner erdrückenden Situation auszusteigen. Tief im Inneren wusste ich natürlich, dass das gar nicht möglich war. Vielmehr wurde ich von den beiden „Reisebegleitern" zwar liebevoll, aber dennoch beharrlich Schritt für Schritt zu meinen Werten geführt und erhielt damit Zugang zu meinen Gefühlen. Ich fühlte und wurde mir mehr und mehr bewusst, was mir wirklich am Herzen lag. Daraus bildeten sich letztlich meine „Big 5 for Life". Nein, ich wurde weder be- noch verurteilt. Vielmehr erhielt ich meinen Raum, einfach ich zu sein. Das war eine neue Erfahrung, denn bisher ganz anders getrimmt, hörte ich letztlich stets auf das, was mir von klein auf geraten wurde. Ich rebellierte zwar teilweise dagegen, doch richtige Lösungen fand ich nicht. Orientierungslos irrte ich nun schon lange Zeit umher. Ich wusste meistens gar nicht, was ich wirklich wollte. Mit einer Übung wurde mir plastisch vor Augen geführt, wie viel Zeit noch bleibt, um ein erfülltes Leben in Freude und Freiheit zu führen. Nach einer Statistik werden wir im Durchschnitt circa 80 Jahre alt. Wenn dann bei einem selbst schon über die Hälfte der Lebenszeit vorbei ist, bleibt davon nicht mehr so viel übrig. Das machte mich sehr nachdenklich. Nein, es bestürzte mich regelrecht. Denn so vieles verschob ich auf später, aufs fehlende Geld, auf die Umstände, auf vieles mehr. Ich tat alles, um mich selbst zu betrügen. Letztlich war es fraglich, ob ich meine Wünsche überhaupt jemals umsetzen konnte. Allem voran zu reisen und Neues kennenzulernen. Einerseits war ich unheimlich neugierig und offen, andererseits sehr ängstlich, was mich in Zukunft noch erwarten würde. Raus aus der Box, aus den eigenen Begrenzungen war jedoch die Devise. Sonst ändert sich einfach nichts. Aufstehen, scheitern, durchhalten und dranbleiben bei seinen Vorhaben, auch wenn Freunde und Bekannte es doch immer viel besser wissen, sich kopfschüttelnd von einem abwenden. Rückwirkend wurde mir klar, dass es die Angst vor Kritik und Verurteilung, verbunden mit der Angst, dass sich andere von mir abwenden, war, warum ich immer wieder mit meinen Tätigkeiten scheiterte und weitere Ideen gar nicht erst an die Oberfläche ließ. Ich zog mich entweder zurück oder stellte mich tot oder sprach einfach nicht mehr drüber, nahm mir weder Hilfe noch fragte ich nach, wer schon einmal den Weg gegangen war, wer schon einmal erlebt hatte, was ich vorhatte. Am Abend genossen wir die Zeit miteinander, kamen uns näher und vertrauten uns an. Wir saßen alle im gleichen Boot, waren hungrig nach Veränderung. Es fand sich, wer sich finden sollte. Wir lachten viel und hatten einfach Spaß miteinander. Ich fühlte mich pudelwohl.

Wieder in meinem Alltag zurück, war mir klar, dass nur ich dafür sorgen konnte, dass es mir gut geht. Sonst würde alles beim Alten bleiben und mein restliches Leben weder selbstbestimmt noch erfüllt verlaufen. Es war wie ein bisschen schwanger und ein bisschen nicht schwanger sein. Auch wenn es das nicht gibt, schwankte ich doch in allem ständig hin und her. Ich blieb in einer Beziehung, die mir nicht guttat und hing in einem unbefriedigenden Job fest. Zusätzlich lebte ich an einem Ort, der mir ebenfalls nicht guttat. All das widerstrebte mir schon lange. Kurzum, ich lebte ein Leben, was mich je nach Stimmung in die Tiefe riss und dann wieder zuversichtlich nach vorne trieb. Ein Hüh und ein Hott, ein Up and Down, aber ich kam nie bei mir selbst an.

Ich fasste schließlich einen festen unverrückbaren Entschluss. Ich zog um. Aus Franken wieder in meine langjährige Wahlheimat ins schöne Berchtesgadener Land zurück. Meine bis dato vermietete Wohnung wurde frei und ich zog dort wieder ein. Das war ein erster Schritt in meine neue Freiheit. Endlich durchschnaufen, endlich ankommen, endlich frei fühlen. So, und jetzt ging die „Reise" zu mir erst richtig los. Ja, und die Fragen vom Seminar kamen ebenfalls zu mir zurück. Fragen nach dem Sinn, nach dem, was mich glücklich macht, was ich wirklich will. Denn auf Anhieb wusste ich das immer noch nicht. Hauptsache erst einmal „frische Luft" schnappen, obwohl ich eigentlich gerne ein Go Back in meine alte, vertraute Box gehabt hätte. Doch da war auch eine Stimme in mir, die genau wusste, dass das nicht mehr möglich war. Jetzt galt es erstmal meine Freiheit zu genießen, mich mit Menschen zu umgeben, die mir guttun und allem voran ein Herzensbusiness aufzubauen. Doch das gestaltete sich nicht so einfach, wie ich es mir erhofft hatte. Und das war ja nicht erst seit gestern so. Nicht nur die Balance zwischen Enge und Freiheit zu leben waren mein Thema. Es hatte sich schon viel zu lange eine Betonmauer zwischen mir und meiner Außenwelt aufgebaut. Nein, ich hatte sie mir selbst aufgebaut. Und da stieß ich jeden Tag direkt mit der Nase an.

Ich wollte gesehen werden und hatte zugleich Angst, gesehen zu werden. Ich wollte gehört werden und hatte gleichzeitig Angst, gehört zu werden. Ich wollte helfen und wusste nicht, wie ich helfen sollte. Ich hatte buchstäblich ein Brett vor dem Kopf. Im Call eines Onlinekurses erzählte eine Teilnehmerin, dass sie selbst über ihre Entwicklung sehr unglücklich war. Sie tat alles, um endlich im Außen wahrgenommen zu werden, aber sie verhielt sich anders, gab andere Signale. Jeder deutete ihr Verhalten so, dass sie alles im Griff hatte und genau wusste, wer sie ist. Die eigenen Unzulänglichkeiten, die Ohnmacht, das verletzte Kind sah niemand und sie gab es auch nicht preis. Doch nur sie allein konnte das ändern, nämlich ihre Mauer einzureißen und vor allem anzuerkennen, wer sie selbst war. Wie drastisch sich das schon entwickelt hatte, erkannte sie in ihrem Bemühen beruflich neu durchzustarten. Und damit ging ich voll und ganz in Resonanz. Ich wollte endlich unabhängig sein, mit Menschen zusammenarbeiten, die sich im Alltag verloren haben, Hilfe benötigen, nicht mehr nur funktionieren möchten, sondern sich wichtig nehmen und endlich ihre selbst auferlegten Begrenzungen überwinden wollen. Und das kannte ich selbst aus dem Erlebten, aus den eigenen Erfahrungen nur zu gut. Doch wie konnte ich jetzt losstarten? Ich traf einen Entschluss, nämlich nicht mehr allein im stillen Kämmerlein vor mich hin zu wursteln, sondern mir Hilfe im Außen zu holen. Doch es war ein Pseudoentschluss, denn mein Ego spielte mir einen Streich. Im Grunde wusste ich doch schon so viel und konnte sowieso alles viel besser, hatte viele Ausbildungen gemacht, mich fortgebildet, war gut drauf und nichts konnte mich so schnell umhauen. Doch weit gefehlt. Durch die Begleitung wurde mir ein weiterer Widerstand gewahr, nämlich meine riesengroße Angst vor Bewertung, Be- und Verurteilung, Abkehr und damit letztlich die Angst, wieder alleine zu sein und elendiglich zugrunde zu gehen. Das war unbewusst mein inneres Bild. Nein, ich hatte nichts im Griff und das war auch das Einzige, was ich im Griff hatte. Mir das selbst einzugestehen, fiel mir alles andere als leicht. Ja, auch das hatte ich gut gelernt und übernommen aus meiner Kindheit. Auch wenn ich wusste, dass das völliger Blödsinn war so zu agieren, schaffte ich mir unbewusst im Erwachsenenalter, durch meine tiefsitzenden alten Emotionen, immer wieder solche Situationen, die mir genau meine Unsicherheiten widerspiegelten. Ich zeigte mich im Außen frei, aber innerlich war ich mein eigener Gefangener. Und wenn ich mein bisheriges Leben betrachtete, dann war es genau diese Freiheit, die mir unheimlich Angst machte sie zu leben, die Tage zu genießen, etwas Wunderbares daraus zu machen.

Ohne äußere Ablenkung begann ich, mich immer mehr mit mir auseinanderzusetzen, um endlich in die Fülle zu kommen. Raus aus meinem Mangeldenken, aus meinen Limitierungen und festen Überzeugungen. Rhetorisch und intelligent geschickt ging ich mir jedoch immer wieder selbst auf den Leim, konnte ich mich mit logischen Argumenten ausbremsen endlich aufzuwachen und hinzusehen, wo ich stand, wer ich war und was ich mir für eine eigene Realität kreierte. Es waren meine Gedanken, mein Mindset, das dringend „überholt" werden musste. Dass es Zeit war, das zu erkennen, zeigten meine bisherigen drastischen Lebensstationen. Zunächst stellte ich mir die Frage, was ich in meinem Leben ändern möchte, was ich wirklich will. Und da gab es in meiner Legende einiges. Ganz oben auf meiner Agenda stand definitiv ein eigenes Business, mit dem ich unabhängig, frei und selbstbestimmt arbeiten konnte, wo ich Frauen, die endlich etwas ändern wollen, unterstützen konnte und vor allem eines, was mir neben einem guten Verdienst auch noch Spaß und Freude bereitete. Dabei wollte ich nicht an einem Standort gebunden sein, sondern frei wählen können, wo und wie ich arbeite.

Ich ließ mich an die Hand nehmen und mich in die Welt des Online-Marketings einführen und erhielt einen roten Faden zur Businessgestaltung. Irgendwann war die Basis gelegt und ich hätte von jetzt auf gleich durchstarten können. Die Basis zu legen war das Eine, wirklich sichtbar zu werden, sich zu zeigen das Andere. Und da war sie wieder, meine mir selbst auferlegte Mauer, mein Versteck dahinter. Mich unsichtbar und vor allem auch unhörbar zu machen, funktionierte auf Knopfdruck. Und wenn ich mich im Alltag bewegte und mit anderen kommunizierte, dann versteckte ich mich hinter meinem Lachen, hinter meiner Schlagfertigkeit oder einem lockeren Spruch. Ich ließ den anderen keine Chance an mich ranzukommen, öffnete mich nicht und lenkte damit von mir ab. All das funktionierte blitzschnell. Ich blieb also weiter hinter meiner Mauer. Da konnte mir keiner zu nahetreten, da konnte mich keiner verletzen. Da war ich allein für mich. Und zwar mit fatalen Folgen, nämlich zunehmend zu vereinsamen und mich isoliert zu fühlen.

Im Call wurde mir bewusst, wie wenig Aufmerksamkeit ich mir selbst gab, wie wenig ich selbst anerkannte, wer ich bin. So vieles lag in mir brach, weil ich Angst hatte nicht zu genügen, dem Gegenüber nicht gerecht zu werden, nichts zu finden, was ihm helfen könnte, ich einfach blank dastehen würde. Scham und Schuld kamen in mir hoch und eine tiefe Traurigkeit, dass ich mich, mein Tun, mein Sein nicht würdigte, nicht wertschätzte, mich selbst einfach nicht liebte. Ich fand an mir immer etwas auszusetzen und hatte das Gefühl, nichts auf die Reihe zu bringen. Ich fühlte mich wie eine Versagerin. Was versagte ich mir eigentlich? Es waren das Anerkennen meines Potenzials, meiner Qualitäten, Fähigkeiten und Gaben. Und das sollte sich ändern. Meine Zeit war reif. Schritt für Schritt wollte ich mich von meinen Widersprüchen, unguten Gedanken und damit verbundenen Gefühlen befreien.

Als mir gewahr wurde, welche Angst ich vor der Begegnung mit einer Kundin hatte, die mir im Außen überlegen schien, die vielleicht Prokuristin oder höhere Beamtin war, geschah etwas Eigenartiges, nämlich dass ich mich klein fühlte und als eine Art Nichtsnutz betrachtete. Das gab ich zwar im Außen nicht zu, doch im Inneren bibberte ich vor Angst, blockierte mich selbst und konnte keinen klaren Gedanken fassen, was ich ihr zur Lösung ihres Problems anbieten konnte. Doch die Kundin hatte ganz andere Probleme, nämlich endlich ein erfülltes Leben zu führen und nicht am Alten zu kleben, aus lauter Angst, sich nicht mehr versorgen zu können. Sie wollte endlich raus aus ihrer Tristesse, aus ihrem funktionierenden Alltag, hinein in ein Leben, das ihr gehörte, worin sie sich erkannte und wovon sie am Ende auf dem Sterbebett sagen konnte: „Hey, mein Leben war echt geil und ich habe tolle Sachen erlebt." Ich konnte ihr Wehr, ihr Anker, ihre Hilfe sein, indem ich ihr durch mein Sein und Handeln eine Stütze war. Und das nahm ich lange Zeit bei mir selbst gar nicht wahr. Ich fing an, mir meine Wahrheiten nicht mehr als alleingültig abzukaufen. In jeder Situation, wo mir bewusst wurde, warum mich niemand buchte, warum niemand mit mir in Kontakt trat, warum mein Business nicht so funktionierte wie ich es haben wollte, stellte ich mich gedanklich einen Schritt zurück und begann mich von außen zu beobachten und meine Ansichten zu hinterfragen. Und damit gab ich, ganz langsam, meinen Gedanken und Überzeugungen nicht mehr die Macht über mich. Meine hindernden Ansichten vernebelten mir meine Wirklichkeit. Und ich merkte gar nicht, dass ich das mit einer unsichtbaren Mauer selbst erschaffen hatte. Jetzt war die Zeit, endgültig damit aufzuräumen, wenn ich wirklich vorankommen wollte. Ich fing an, sukzessive an meinem Mindset zu arbeiten, investierte in mich, ließ mich coachen und lernte mit Selbstcoaching-Tools meine Glaubenssätze über Bord zu werfen und meinen Widerständen zu Leibe zu rücken. Das ging nicht von heute auf morgen. Doch je mehr ich damit arbeitete, desto mehr passierte mit mir und um mich herum. Ich fing an, mich selbst mehr und mehr anzuerkennen, meine Fähigkeiten, Qualitäten und Gaben wertzuschätzen. Ich erlaubte mir mehr und mehr zu sein, erlaubte mir von innen zu strahlen und vor allem meine Einzigartigkeit, mein Besonders-Sein zu leben und meine Tage zu füllen und zu genießen. Ich änderte Situationen, fing an, nein zu sagen, wo ich sonst ja sagte, fing an, mich zu mögen und mehr und mehr mich selbst zu lieben.

Und damit gingen endlich Türen auf. Neben meiner Malerei entdeckte ich das Schreiben. So schrieb ich auf, wie ich mich fühlte, wenn ich meine Herzenswünsche lebte, wie ich mich boykottierte, aber auch motivierte meine neue Realität zu kreieren und zu manifestieren. Ich wurde belohnt, denn bei einem weiteren John Strelecky Seminar wurde ich gefragt, ob ich meine Gedanken gerne mit anderen teilen möchte. Ja, mein Herz hüpfte und so entstanden die ersten Gastbeiträge bei John Strelecky and Friends. Gleichzeitig habe ich meinen eigenen Blog „Trau dich – be happy" gestartet. Doch das war mir nicht genug, ich wurde selbst Trainerin bzw. Reisebegleiterin bei den John Strelecky Seminaren und helfe nun Menschen beim Finden ihrer Herzenswünsche, beim Entdecken ihres Warums, ihrer Bestimmung. Ich ließ mich weiter an die Hand nehmen und drehte immer weiter an den Stellschrauben meines Mindsets. Mein Antrieb war, Frauen zu helfen in ihre Kraft zu kommen, ihre Lebensfreude nicht nur zu spüren, sondern auch tatsächlich zu leben.

Doch wie stand es um mich selbst? War ich in meiner Kraft, in meiner Freude, in der Realität, die ich mir so sehr wünschte? Oder blieb alles nur beim Träumen und Wünschen? Ja, das wäre so geblieben, wenn ich mich nicht bewusst mit meinen kleinen Monstern, die gerne an meinem Selbstwert nagen, auseinandergesetzt hätte. Das tue ich heute übrigens immer noch. Ich hatte einiges zu sagen. So gestaltete ich die Möglichkeit, sich in meinen Newsletter einzutragen und mein E-Book herunterzuladen. Und dann kamen schon die ersten Mails, wo sich Frauen in dem Geschriebenen wiederfanden, die ersten Anfragen trudelten ein, um ein Kennenlerngespräch zwecks möglicher Zusammenarbeit zu führen. Sogar Männer, die gar nicht meine Zielgruppe waren, wollten wissen, wie ich es geschafft habe, zu springen. Ja, es machte mir Spaß und das strahlte ich auch zunehmend aus.

Es wird in Zukunft noch viel mehr kommen, da bin ich mir sicher. Mittlerweile gibt es erste Abendforen, die ich in meinem Studio organisiere, damit sich Gleichgesinnte über ihre „Big 5 for Life" austauschen können. Der nächste Onlinekurs steht auf dem Programm, um es vielen Frauen zu ermöglichen, ihr Leben in Richtung erfülltes Leben zu ändern. Und dazu nutze ich die wunderbaren technischen Möglichkeiten und sozialen Medien. Für viele werde ich zunehmend zur Mutmacherin, nämlich ein Leben jenseits der auferlegten Konventionen zu leben, jenseits der gesellschaftlichen Erwartungen und der auferlegten Pflichten. Das musste ich mir aber erst einmal selbst eingestehen und anerkennen. Ja, und natürlich fliegen mir nicht die gebratenen Tauben in den Mund. Doch heute komme ich mehr und mehr in meine Kraft, weiß ich doch, ich wäre heute nicht die, die ich aus dem Erlebten heraus geworden bin. Es hat sich seitdem viel getan und ich bereue meinen Schritt nicht. Die Seminare waren der Startschuss zu erkennen, was mir im Leben wirklich wichtig ist und warum ich hier bin. Meine Bestimmung zu entfalten war dabei immer mein Anker. Sie lautet: Ich mache einfach - ganz im Sinne von mich selbst zu ermächtigen und damit auch anderen zu erlauben, das zu tun, was glücklich macht und sich selbst nicht mehr im Weg zu stehen. Denn es gibt nichts Schlimmeres als in einer kräftezehrenden und energieraubenden Situation zu bleiben. Egal wann, es ist nie zu spät, sich aufzumachen und sein Leben umzukrempeln und dem Ganzen eine neue Richtung zu geben. Das ist die beste Investition in sich selbst.

Ich bin sehr glücklich, dass ich gerade für Frauen in reiferen Jahren ein wertvoller Beitrag sein darf. Ich weiß, wie es sich anfühlt, nicht gut genug und nicht in Ordnung zu sein, obwohl man sein Bestes gibt. Ich weiß, wie es sich anfühlt, sich zu arrangieren und trotzdem immer in der zweiten Reihe zu sitzen. Aber ich erkenne immer mehr, wie es sich anfühlt, die eigene Freiheit zu leben, selbst zu bestimmen wohin die Reise geht. Diese echte Entscheidung haben vor allem zu einem Mehr an Lebensfreude und zu einem Business geführt, das stetig neue Kunden gewinnt und auch Früchte trägt. Das Zauberwort heißt Vertrauen in das zu haben, was ich will und wohin ich gehen will. Vertrauen in mich, in andere und in das Leben. Vertrauen, mich einzulassen, mich wichtig zu nehmen und sein zu lassen. Ich bin nicht der Nabel der Welt, aber mein Nabel der Welt. Seine Herzenswünsche, beruflich oder privat zu leben, darin Zeit zu investieren, führt automatisch zu (monetärem) Erfolg. Dabei ist es nicht wichtig, wie weit ich komme. Viel wichtiger ist es, loszugehen und zuzulassen. Heute weiß ich: es ist alles möglich.

Monika Breitinger im Kurzportrait:

Monika Breitinger ist ein Freigeist und hat sich erst spät aus den einengenden Fesseln gelöst. Sie lebt heute im Berchtesgadener Land, ist selbstständige Unternehmerin und unterstützt Frauen in der Lebensmitte, die sich im Alltag verloren haben und einen Weg zu ihrer Kraft und Lebensfreude suchen. Einfühlsam erhalten sie Impulse und Tools für ihre Veränderung in Richtung eines erfüllten Lebens. Sie hilft ein lukratives Business zu gestalten, das vor allem Spaß und Freude bereitet. Als „Reisebegleiterin" bei den John Strelecky Seminaren begleitet sie Menschen beim Finden ihrer „Big 5 for Life" und ihrer Bestimmung. Sie organisiert Abendforen, damit sich Gleichgesinnte über ihre Herzenswünsche austauschen können. Ihre Vision ist es, Menschen zu unterstützen, die sich mit leuchtenden Augen aufmachen, um in ihr Leben zu starten. Ihr Kredo lautet: Es ist nie zu spät. Sie liebt die Natur, gutes Essen, die Malerei, das Schreiben, ihre Tochter und umgibt sich mit Menschen, die ihr guttun. Sie ist achtsam im Umgang mit sich und anderen, genießt ihre Zeit und ihre „Museumstage".

www.monika-breitinger.de
www.jsandfriends.com

„Als ich mein Warum fand,

wurde mein Wie

zur Nebensache."

Monika Breitinger

CINDY PFITZMANN

◆◆◆

Ich passe hier nicht rein!
"Du passt hier nicht rein."

Sag Hallo zu meiner inneren Stimme, die von Jahr zu Jahr in meinen Teenager- und Zwanzigerjahren immer lauter wurde. Seit ich denken kann, hatte ich immer das Gefühl, irgendwie anders zu sein als Menschen in meinem Umfeld und nicht reinzupassen. Und noch schlimmer: Ich hatte stets latent das Gefühl, irgendwie eingesperrt zu sein. Und dabei bin ich nicht in einem kleinen Dorf aufgewachsen, sondern in Berlin. Dort, wo immer viel Action war und ich immer mittendrin!

Ich hatte wirklich viele Freiheiten: Schule schwänzen fürs Take That Konzert mit 14, damit ich in der ersten Reihe stehen konnte. Allein verreisen nach Spanien mit 16 Jahren. Tattoos und Zungenpiercing mit 18 Jahren.

Führerschein und Auto mit 18 Jahren. Die Schule wechseln zum Abi, weil es auf der anderen angeblich einfacher war. Ich bin schon damals ein Rebell gewesen. Nicht einer, der ausgebüxt und zum Punk wird. Aber innerlich. Zeig mir den Status Quo, ich stelle ihn infrage. Zeig mir den Weg des geringsten Widerstandes, ich gehe ihn. Für viele in meinem Umfeld undenkbar. Diese "Alltagsfreiheiten" waren aber nicht das, wonach ich strebte. Da war noch viel mehr dahinter.

Man sagt ja, dass man entweder nach der eigenen Familie kommt oder nicht. Entweder man wird ganz genau so oder das exakte Gegenteil, wie es die eigene Familie ist. Bei mir war es auf jeden Fall das exakte Gegenteil. Was ich von zu Hause und aus meinem direkten Umfeld mitnahm, waren vorgefertigte Lebenswege, wie sie in der Betriebsanleitung einer Gesellschaft stehen würden, die ihre Schäfchen beschäftigt halten will. Geh zur Schule. Geh zur Uni. Such dir einen gut bezahlten Job, der Zukunft hat. Baue ein Haus. Gründe eine Familie. Konsumiere fleißig. Zahle in alle möglichen Versicherungen ein, um dich gegen alles Mögliche und Unmögliche abzusichern. Fertig.

Das war damals vor 20 Jahren. Und es ist heute immer noch so. Was ist das für eine Story, die uns da draußen erzählt wird? Wer sind die Menschen, die eine Meinung vertreten und sie uns auf diversen Wegen mitgeben? Sei es in der Schule, in der Uni, im Fernsehen, im Radio und in den Medien? Wer hat festgelegt, dass diese Menschen in Form von Experten, Autoren und Regisseuren die Meinungshoheit über etwas haben? Und ist ihnen bewusst, welchen Einfluss ihre Stories auf uns haben? Auf die Gesellschaft, auf einzelnen Gruppen und auf Individuen? Kann es sein, dass das gewollt ist? Kann es sein, dass es Absicht ist, mit der Angst der Menschen zu spielen?

Die Angst, Unbekanntes zu erkunden.
Die Angst vor Armut.
Die Angst zu versagen.
Die Angst davor, nicht gut genug zu sein.

Stattdessen geht Sicherheit über alles! In Deutschland ist Sicherheit ein Massenphänomen. Gerade in Deutschland, ein Land mit einem der umfassendsten und großzügigsten Sozialsysteme weltweit.

Was ist aber zum Beispiel mit der Angst vor Langeweile?
Der Angst vor Mittelmäßigkeit?
Der Angst vor Reue, etwas nicht getan zu haben?
Der Angst, das Leben nicht so zu leben, wie man es im tiefsten Inneren wirklich will?

All das sind Gedanken, die mir damals mit Ende meiner Teenagerzeit durch den Kopf gingen. Extrem wirr und ungeordnet. Damals wusste ich nichts von Werten oder Glaubenssätzen, so wie ich das in meiner jetzigen Arbeit als Coach weiß. "Werte" und "Glaubenssätze" waren alles unbekannte Worte, die niemand in meinem Umfeld in irgendeiner Weise in seinem Wortschatz hatten! Ich fühlte diese starke Diskrepanz zwischen dem, was außen in meinem Umfeld abging, und meiner inneren Gefühlslage. Und ich spürte den Druck, dass ich da irgendwie reinpassen musste. Aber ich wusste nicht, was ich stattdessen wollte. Ich wusste nicht, wo ich hingehörte. Was ich von außen zu hören bekam, waren auf konform gemachte Ratschläge: Sei fleißig in der Schule. Wähle ein Studienfach, das die besten Chancen auf dem Arbeitsmarkt hat! Bereite dich auf deinen 9 to 5 Job vor, den du dann ein Leben lang hast! Oder auch nicht, wenn man etwas mehr Angst vor Armut und Arbeitslosigkeit mit ins Spiel bringen will. Was gab es also zur Wahl? Ein Leben mit der Angst vor Armut und Arbeitslosigkeit. Und ein Leben voller Langeweile und Routine, stets im gleichen Job zu sein. Und das am besten mit einem Beruf, der laut diverser Tests, die besten Chancen auf dem Arbeitsmarkt haben würde. So gut wie nie spielte es eine Rolle in diesen Tests, was ich denn überhaupt machen wollen würde! Wo meine Talente gewesen wären. Worauf ich Lust hatte. Mal davon abgesehen, dass ich diese Frage nicht mal mit Leichtigkeit hätte beantworten können. Was wollte ich denn wirklich? Die einfachste Frage der Welt. Und ich konnte sie nicht beantworten. Warum? Weil es mir abtrainiert wurde. Wann hatte mir jemand das letzte Mal diese Frage gestellt? Ich hatte leider verlernt zu wissen und zu spüren, was ich wirklich will. Was als Kind noch völlig normal gewesen ist, wurde mir mit dem Eintritt in die Schule aberkannt. Ich musste gute Noten haben, damit ich später bessere Chancen auf dem Arbeitsmarkt hatte. Ich musste gut in Mathe, Geographie und Geschichte sein, da es schließlich zur Allgemeinbildung gehört. Ich musste mich anstrengen, damit ich mich gut aufs Leben vorbereitete. Auf das Leben, das für mich bereits vordefiniert war!

Ich strengte mich an für ein Leben nach der Schule und nach der Uni, das ich mir selbst nicht ausgesucht hatte. Obwohl es mir aber so suggeriert wurde. Stattdessen hätte es mir mehr geholfen zu wissen, wie ich meine wahren Talente erkenne, wie ich mir mein perfektes Leben visualisiere und realisieren kann. Oder wie ich gute Beziehungen führe, wie ich ein Leben in finanzieller und emotionaler Unabhängigkeit lebe oder was ich zu Menschen sage, die im Sterben liegen. Oder auch ganz verrückt: Wie ich es schaffen kann, etwas beruflich zu tun, das mir Spaß macht und nicht nur für den Lebenslauf ist. Sind das nicht die relevanteren Fragen?

Mut zum Träumen und Mut, frei zu sein. Was würde das erfordern außer Fantasie? Mut!
Mut, anders zu sein.
Mut, den Status Quo infrage zu stellen.
Mut, einfach mal groß zu träumen, egal, was alle anderen um einen herum sagen.
Mut, sich nicht darum zu kümmern, was andere Leute denken.

Frei sein.
Frei von Normen.
Frei von gesellschaftlichen Schubladen.

Meine Definition von Freiheit war das Reisen. Und es wurde meine Droge. Mein erster großer Ausbruch war während des Studiums. Ganz nach der Art, ich müsste mal wieder etwas gegen die Norm tun, nahm ich mir nach dem Vordiplom ein Urlaubssemester und verbrachte sechs Monate in Australien und Neuseeland. Sechs Monate weg! Das waren Freude und Angst zugleich. Wie sollte ich das alles machen? Und dabei lag mein Fokus der Sorge nicht in

Australien, sondern hier in Deutschland. Was passiert mit dem Studium? Was passiert mit meiner Wohnung und meinem Auto? Was passiert mit meinem Job im Fitnesscenter? Wie läuft das mit den Versicherungen? Was passiert denn mit meinem Leben hier, während ich hier weg bin? Diese Fragen waren neu und deswegen auch erstmal beängstigend. Und viele Menschen kommen leider nur bis zu dieser Stelle. Und sie träumen weiter davon auszubrechen, ohne jemals mehr Schritte zu gehen. Wie habe ich es also gemacht?

Angst vor Mittelmäßigkeit

Erstmal war mein Mindset stark genug. Und ich folgte meinen Werten, ohne das damals so durch den "Wertefilter" zu betrachten. Meine Werte von Freiheit, Abenteuer, Signifikanz. Frei sein, etwas erleben und nicht in ein 0815-Bild der Gesellschaft zu passen. Ich wollte kein Mittelmaß sein. Ich wollte nicht zu den Menschen gehören, die ihr traditionelles Leben nach dem Baukastenprinzip leben. Ein Urlaubssemester zu beantragen war einfach. Mit meinen Studentenjobs konnte ich mir genug Geld sparen, die Reise zu finanzieren. Zum kleinen Teil wurde ich durch meine Familie gesponsert. Meine Wohnung vermietete ich unter. Mein Auto meldete ich ab und parkte es bei Bekannten auf einem Grundstück. Den Job schmiss ich, denn es war ja sowieso nur ein Studentenjob. Obwohl mir das am meisten Kopfschmerzen machte. Und dann einfach los. Ich hatte keinen Plan und kam die ersten paar Wochen erstmal in einer Gastfamilie unter, damit ich eine erste Andockstation hatte. Ich bin also nicht direkt ins kalte Wasser gesprungen, sondern hab mir den Absprung lauwarm zusammengeplant. Diesen doppelten Boden brauchte ich aber auch nur dieses Mal und in keiner meiner weiteren Reisen. Wenn ich als Backpacker unterwegs war, fühlte sich alles so leicht an. Keine Pläne. Kein Zeitgefühl. Einfach nur in den Tag hineinleben und sich treiben lassen. Jeden Tag neue Sachen entdecken. Jeden Tag irgendwas Verrücktes machen - im Wissen, dass in meinen Augen zu Hause in Deutschland die Langeweile pur herrschte. Ich wollte nie zurück. Ich habe nie das Gefühl von Heimweh kennengelernt. Aber meine Vernunft, meine vermeintliche, hat mich immer wieder zurück auf meinen alten vordefinierten Weg gebracht. Und es begann ein Verlauf meines Lebens im ständigen Wechsel von zu Hause zu sein und weg zu sein. So kam ich zurück und studierte weiter. Ich hielt das aber nur anderthalb Jahre aus und plante jeden Tag neue Reisen. Dann verbrachte ich zwei Monate in Bangkok beim Praktikum. Zurück zum Studium. Auf nach Zentralamerika zu sechs Monate Praktikum. Zurück zum Studium/ Diplom. Ein Monat Westaustralien. Drei Jahre erster Job in Berlin. Neun Monate Südamerika als digitaler Nomade. Ich hielt es nie mehr länger als maximal drei Jahre in Berlin aus. Man sagt auch, man bekommt den „Travel Bug". Und ja, den hatte ich. Big time! Das Reisen war meine Religion. Alle meine Werte waren erfüllt. Ich war frei. Ich konnte Neues erleben. Und ich fühlte mich signifikant anders im Vergleich dazu, wie das Leben zu Hause war. Es sind die kleinen Dinge, an denen ich aufging. Ich fand es megagenial am Strand in Costa Rica sitzen und zu Weihnachten Baguette mit Avocado zu essen. Drei Tage im Amazonas zu trekken. In Welten einzutauchen, die so dermaßen anders sind. Menschen kennenzulernen, die ganz andere Stories haben. Menschen, die eine bestimmte Sache teilen: Die Lust aufs Reisen und aufs Entdecken. Nicht nur andere Länder und Kulturen, sondern auch sich selbst.

Angst, etwas zu bereuen, nicht getan zu haben

Eine Sache, die mich antrieb wie nichts anderes, ist, war die Angst, etwas nicht getan zu haben, obwohl ich es wollte. Ich schiebe keine Pläne und Wünsche oder Ziele ewig hinaus. Ich setze alles zeitnah um. Und meine innerliche (unbewusste) Strategie sieht dabei wie folgt aus: Erst kommt es als Wunsch und Idee von irgendwo her und reift heran. Im Stillen. In dieser Zeit rede ich mit niemanden darüber. Ich entwickle das Ziel in meinen Gedanken. Wenn es stark und groß genug ist, erst dann geh ich damit raus. Ein tolles Sprichwort ist: Dinge entstehen immer zweimal. Erst in Gedanken, dann in Wirklichkeit. Und genau das ist es. Von meinen Freunden wurde mir auch oft gesagt, dass ich authentisch und wahrhaftig bin. Wenn ich etwas sage, sind das nicht nur leere Worthülsen, sondern es folgen Aktionen.

Wer das Buch von Bronnie Ware "The Top Five Regrets of the Dying: A Life Transformed by the Dearly Departing" kennt, der weiß, dass die am häufigsten genannte Reue von Menschen auf dem Sterbebett exakt das ist, was ich hier beschreibe: I wish I'd had the courage to live a life true to myself, not the life others expected of me. Wer das verinnerlicht hat, dem steht nichts mehr im Weg. Denn alle Gründe, warum dies und jenes nicht gehen sollte, sind Ausreden. Leider kenne ich viel zu viele Menschen, die Experten auf dem Gebiet sind, sich die besten Ausreden zu überlegen und sich dann selbst (und andere) davon zu überzeugen, es seien valide Gründe. Meine Oma sagte zu mir als Kind immer: "Wo ein Wille ist, ist auch ein Weg." Diesen Satz habe ich immer noch jetzt im Ohr, als ob es gestern gewesen wäre. Ich wusste stets, dass wenn ich wirklich etwas will, wenn ich nach meinen Werten lebe und ich mein Leben mehr schätze als die Bewertungen anderer Menschen, dann finde ich auch einen Weg. Wenn nicht, finde ich einfach nur Ausreden, aber nenne sie Gründe. Eines meiner Leitmotive im Leben heißt: Die Träume, die es wirklich wert sind, verfolgt zu werden, liegen immer außerhalb deiner Komfortzone. Alles andere sind "nice to have"-Träume. Ereignisse, die mein Leben eindeutig geprägt und geformt haben, sind definitiv meine ganzen Reisen, mein Umzug nach Australien ohne irgendetwas geplant zu haben und das eigene Business. Und all dies sind Dinge, die definitiv außerhalb meiner Komfortzone lagen. Und ja, es war scary, aber aufregend scary. Und selbst wenn ich einiges vorbereitet habe, blieb der größte Teil dieses Abenteuers im Unbekannten. Als mir das Reisen und Backpacking als digitaler Nomade nicht mehr ausreichte, plante ich meine Ausreise nach Australien. Diesmal aber richtig. Nicht als Backpacker oder Reisender. Reisen an sich war mir nicht mehr genug, ich wollte mehr ins Land und in die Kultur eintauchen.

Ich weiß noch genau, wie und wo ich diesen Entschluss fasste: Ich saß zu meinem 30. Geburtstag in Cusco, Peru, eingehüllt in Alpaka Pullis und Schals und sagte zu meinem Travel Buddies, dass ich morgen das Visa für Australien beantragen werde. Und ich tat es. Ich wusste nicht, was auf mich zukommen wird, aber ich wusste, dass ich es schaffen wollte, länger als nur ein Jahr, wie mir das erste Visa erlaubt hätte, zu bleiben. Zurück in Berlin gab ich meine Wohnung auf, verkaufte meine Möbel, buchte meinen Flug. Kurz vorher lernte ich meinen Partner kennen, der dann auch mitkam, obwohl wir uns nicht lange kannten. Mit großen Träumen und einer guten Portion Leichtigkeit sind wir zuerst an der Westküste Australiens angekommen. Mit unseren Expertisen in Online Marketing und Softwareentwicklung dachten wir, dass wir super schnell und ohne Probleme dort Jobs bekommen würden. Dem war leider nicht so. An der Westküste gab es keinen Bedarf an unseren Expertisen. Wir mussten nach Sydney oder Melbourne, wie wir dann vor Ort schnell feststellten. So sind wir via Roadtrip, denn ein Auto hatten wir bereits gekauft, nach Sydney gefahren. Hätten wir das alles im Vorfeld beachten und planen können? Mit Sicherheit. Hätte es uns dann eher abgeschreckt und wir uns Tausende von Gründen aka Ausreden überlegt, diesen Schritt nicht zu tun? Sehr wahrscheinlich. Aber so waren wir eben schon dort und mussten mit der Situation im "real life" umgehen. Eine Situation, die wir niemals hätten vorplanen können. Und es war gut. Lieber dort sein und schauen, was ab dem Zeitpunkt zu machen ist, als alles minutiös zu planen. Ich gebe zu, dass das definitiv nicht jedermanns Sache ist. Aber ich bin mit dieser Strategie bisher immer sehr gut im Leben gefahren. Aber wie gesagt; damit lebe ich komplett meine Werte von Abenteuer und Freiheit aus.

Long Story Short: Wir sind dann dreieinhalb Monate und 15.000 km über den Norden Australiens von Perth nach Sydney gefahren. Das war einer der besten Roadtrips, die ich gemacht habe. Je näher wir Richtung Sydney kamen, desto mehr Job Interviews hatten wir via Skype. Ich erinnere mich noch so gut, wie ich auf Campingplätzen saß, über mir die lauten Kakadus flogen, nebenan die Kängurus grasten und ich mich bei großen Online Marketing Agenturen in Sydney vorstellte. Weiter entfernt von einem 0815-Leben konnte es in diesem Moment nicht gehen.

In Sydney angekommen ging dann alles super schnell. Von den Interviews, die ich auf dem Weg hatte, bekam ich zwei Angebote inklusive Arbeitsvisum, welches erstmal für vier Jahre festgesetzt war. In der Zeit in Australien erfanden mein Partner und ich uns komplett neu. Wir starteten bei Null. Wir hatten kein Netzwerk, keine Wohnung, keinen Job. Wir mussten am Anfang in fragwürdige WGs ziehen und die ersten Möbel in unserer ersten eigenen Wohnung bestanden aus unseren Campingsachen, die wir auf dem Roadtrip hatten. Und so wuchsen und wuchsen wir. Wir wurden promoted, haben bessere Jobs angenommen, bessere Wohnungen bezogen, einen neuen Freundeskreis aufgebaut. Wir hatten einen komplett anderen Lifestyle mit dem Strand vor der Nase, dem Fitnessstudio und dem Pool im Haus, in dem wir wohnten. Und viel mehr Gehalt als in vergleichbaren Jobs in Deutschland. Wir kamen als Backpacker und wuchsen innerhalb von drei Jahren zu Professionals mit einem jeweils 6-figure Jahresgehalt.

Von meinem Schreibtisch im Büro sah ich den Hafen in Sydney und die Harbour Bridge. Aber eine Sache störte mich immer noch: Ich war zwar frei im Sinne von wo ich wohnte und wie mein Lifestyle aussieht. Aber ich war immer noch angestellt. Eine Sache, die ich nie wollte. Und ich kam davon nicht weg, da mein Aufenthalt an dem Arbeitsvisum meines Arbeitgebers gekoppelt war. Zu diesem Zeitpunkt beantragten wir die permanente Aufenthaltsgenehmigung und waren dann auch total unabhängig, was das anging. 2015 fasste ich den Entschluss, endlich mein eigenes Business zu gründen. Auch das war ein Prozess deutlich außerhalb meiner Komfortzone. Und auch hier ging ich mit einer gesunden Portion Leichtigkeit ran. Einfach anfangen als alles tausendmal zu überdenken. Denn erstmal auf dem Weg, mit allen kleinen und großen Erfolgen und allen Rückschlägen und Barrieren, war ich immer bereits in der Situation, in der ich alles neu justieren musste, um daran zu wachsen. Da hätte alle Vorbereitung nicht viel gebracht. Und wenn du erstmal mittendrin bist, gehst du auch nicht mehr zurück. Getreu dem Motto: Ich bin nicht so weit gekommen, um nur so weit zu kommen. Und weiter geht es. Nur so kommt es zum Wachstum.

Mittlerweile sind wir australische Staatsbürger und ich habe gemeinsam mit meinem Partner ein weiteres Business gegründet namens „The Freedom Crowd". Dort zeigen wir Menschen, die mehr Freiheit in ihr Leben bringen wollen, welche Wege, Hebel und Strategien es gibt. Das Leben ist ein Abenteuer. Spiel mit.

Cindy Pfitzmann im Kurzpotrait:

Cindy Pfitzmann lebte sechs Jahre in Australien und erfand sich komplett neu was ihr Leben und ihre Arbeitssituation betraf. Sie war schon immer ein totaler Reisefreak. Sie wollte nie das 0815-Standardleben und ist stattdessen extensiv gereist. Australien, Neuseeland, Asien, Mittelamerika, Südamerika. Immer allein als Backpacker. Als das irgendwann nicht mehr zu toppen war, musste eine neue Herausforderung her: Der Umzug nach Australien. Ohne irgendetwas zu besitzen außer dem Work&Holiday Visa und etwas Erspartem, ist sie nach Australien gegangen und hat dort komplett bei Null angefangen und zwei Online Businesses gegründet. Immer ganz oben auf ihrer Liste stand der große Wert von "Freiheit". Freiheit zu leben und zu arbeiten wo, wann, mit wem und woran man will. „Alles ist möglich, wenn du dich selbst gut genug kennst und weißt, welche Hebel für dich am besten funktionieren." Aber viele Menschen kennen ihre Hebel und Motivationen nicht und tun dann überhaupt nichts, um ihr Leben zu verbessern, obwohl der Wunsch da ist. Stattdessen haben sie lauter Ausreden parat. Diesen Menschen will sie die Augen öffnen und ihnen Strategien und Tools an die Hand geben, damit auch sie ihre Freiheit leben. Genau dieses Konzept lebt auf ihrer Plattform "The Freedom Crowd". Hier gibt es Trainings und Workshops von Experten, die alle eine Expertise zu einer spezifischen Freiheit haben. Sei es zeitliche, emotionale, räumliche oder finanzielle Freiheit. Damit stellt die „The Freedom Crowd" eine Community- und Trainingsplattform bereit, in der es um neue Strategien, Hebel und Ansätze geht, wie freiheitsliebende Menschen ihr Leben und ihr Business verbessern können. Die Leidenschaft nach Freiheit und selbstbestimmtem Leben, die sie mit der Freedom Crowd verkörpert, ist die Story ihres Lebens.

www.thefreedomcrowd.com
www.cindypfitzmann.com

„Die Träume, die es wirklich wert sind, verfolgt zu werden, liegen immer außerhalb deiner Komfortzone. Alles andere sind "nice to have" - Träume."

Cindy Pfitzmann

ANGELIKA ZEUSCHNER-AZIGLOSSOU

◆◆◆

Ich habe lange überlegt, welches Thema sich wie ein roter Faden durch meine Geschichte zieht. Es ist wohl die Suche. Ich bin eine Suchende. Zuerst suchte ich nach Anerkennung, nach Ankommen und Vorwärtskommen in dem Leben, das sich mir bot. Dann suchte ich nach mir selbst und schlussendlich nach dem Sinn in meinem Leben. Bin ich angekommen? Im gewissen Sinne schon, angekommen in der Veränderung. Denn nicht alle Pläne werden wahr. Auch der Weg hat seine Tücken und Stolperfallen. Doch wäre ich auf der Veranda sitzen geblieben, hätte ich es nie erkannt. Es gibt immer eine neue Möglichkeit.

Ich betrat diese Welt in den frühen 60ern und fand mich in einem Drei-Generationen-Frauenhaushalt wieder. Mein Vater hatte bereits während der Schwangerschaft das Weite gesucht. Seine Rolle war die des sporadischen Alimente-Zahlers. Ich habe ihn nie persönlich kennengelernt. Meine Mutter arbeitete viel und hatte wenig Zeit für mich. Ich liebte Musik, Geschichten erfinden und die Welt erforschen, solange Oma mich nicht dabei erwischte. Meine Freunde waren wie ich, nur kamen sie aus Persien oder Griechenland.

Es war ein wenig auch das Fremde, was mich anzog. Meine Mutter heiratete, als ich acht Jahre alt war, und zog in eine andere Stadt. Mit neun Jahren zog ich zu ihr, da ein Kind immer zur Mutter gehört. Es gab eine große Wohnung, mein erstes eigenes Zimmer und meine kleine drei Monate alte Schwester. Doch ich vermisste meine Oma. Sie hatte mir stets das Gefühl vermittelt, jemand zu sein, willkommen zu sein. In meiner neuen Familie fühlte ich mich als Außenseiter, als Störenfried. Dieses Gefühl setzte sich in mir fest, ließ mich verstummen. Einmal noch rebellierte ich, als es darum ging, auf welche Schule ich nach der Grundschule gehen sollte. Ich stellte das Essen ein. Mein Stiefvater wollte mich auf die Hauptschule schicken. Für ein Mädchen wäre das ausreichend. Ich wollte auf ein Gymnasium, träumte davon, Archäologin zu werden. Schlussendlich durfte ich auf die Realschule. Es war nur ein halber Sieg, aber ich gab mich zufrieden. Ich wurde wieder brav und unsichtbar. Es stand eine emotionale Mauer zwischen meinen Eltern und mir, die wir nie überwunden haben. Ich wurde nicht geschlagen. Bei uns schlug man verbal mit Sätzen wie: „Das kannst du nicht, das schaffst du nicht, du bist nicht gelenkig, nicht intelligent genug". Oder auch: „Du gibst sowieso wieder auf. Das interessiert ja keinen." So verliefen meine Kindheit und beginnende Jugend mit meinen Eltern äußerlich in ruhigen Bahnen. Nur innerlich wurde mein Vertrauen in mich selbst immer kleiner. Ich zog mich in mein Schneckenhaus zurück und wurde zum Spielball der anderen Kinder in der Schule. Heute nennt man das, was ich erlebte, Mobbing. Sie wurden nie handgreiflich, doch ihre Worte verletzten mich tief. Ich hatte Angst vor ihnen, Angst vor anderen Kindern und Jugendlichen, ging ihnen aus dem Weg und suchte mir einen anderen Weg, wenn irgendwo Kinder zusammenstanden. All das machte ich mit mir allein aus. Ich fügte mich immer mehr in das Gefühl, ein Außenseiter zu sein und nie dazuzugehören, nicht gut genug zu sein.

Ich war 18 und stand mal wieder „wie bestellt und nicht abgeholt" an der Tanzfläche unserer Lieblingsdiskothek. Uns, das waren meine Freundin und ich. Sie hatte die Qual der Wahl, wem sie auf der Tanzfläche ihre Gunst erteilen wollte. Wenn ich Glück hätte, würde der Verlierer mit mir tanzen. So lief es immer ab. Und es würde immer so ablaufen bis an mein Lebensende. Dieser Gedanke erschreckte mich zutiefst. Ich schaute auf meine Freundin und entschied, ich würde nicht mehr darauf warten, Zweit- oder Drittwahl zu sein.

Ich würde ab jetzt selbst aktiv werden. Ich wollte kein Außenseiter mehr sein. Den Gedanken hatte ich schon oft gehabt und davon geträumt, wie es anders sein könnte. Diesmal handelte ich. Ich suchte und fand Menschen in meiner Nähe, die meine Geschichte nicht kannten. In ihrem Umfeld fiel es mir leichter zu reden. Und sie schätzten an mir, dass ich zuhören konnte. Bald lernte ich einen jungen Mann kennen, der mir gefiel. Wir teilten das Interesse an fremden Ländern und wurden ein Paar. Ich zog zu ihm. Es war gefühlt ein riesiger Schritt in die Freiheit. Ich hatte einen Freund, einen Freundeskreis, machte eine Ausbildung zur Speditionskauffrau und meine Eltern konnten mir nichts mehr sagen. Was mir nicht bewusst war: Den Rucksack mit allen Gefühlen, Ängsten und Glaubenssätzen hatte ich mitgenommen und er würde mich noch lange begleiten.

Aber erstmal hatte ich ja Erfolg gehabt und nahm das Nächste in Angriff, was zu meinem Ziel gehörte: „Ich bin kein Außenseiter, ich bin wer". Ich wollte einen angesehenen Beruf ausüben und Karriere machen. Ich wollte meinen Eltern beweisen, dass ich es kann. Das gestaltete sich nicht so einfach. Mein Arbeitgeber übernahm nach der Ausbildung niemanden. Ich arbeitete eine Zeit lang beim Arbeitsamt, machte danach eine Fortbildungsmaßnahme. Im Anschluss daran fand ich einen Job bei der Sparkasse in der nächsten Großstadt. Dort ergriff ich die Möglichkeit, eine zweite Ausbildung zu machen. Eine Kollegin erzählte mir von ihrem Abendstudium zum Betriebswirt. Ich schrieb mich bereits zum nächsten Semester ein und begann noch während der Ausbildung mit dem Studium. Dazu zog ich in die Nähe meiner Arbeitsstelle, um alles unter einen Hut zu bekommen. Mein Freund blieb in seiner Wohnung. Er brauchte die vertraute Umgebung im Alltag. Er war einfach da, wenn ich am Wochenende kam. Er war das Vertraute, Bekannte. Ich war die moderne junge Frau, die auch im Job vorwärtskommen wollte. Ich verdrängte dabei gekonnt, dass unsere Lebenspläne auseinander liefen. Hatte ich doch Angst, verlassen zu werden, und war der festen Überzeugung, ich werde niemals mehr einen neuen Partner finden. Im Außen wirkte ich tough und zielstrebig, im Innern war ich aber noch immer das verletzte, verunsicherte Kind.

Ich lebte also zwei Leben, eins in der Woche, ein anderes am Wochenende. Ich wollte es ja jedem recht machen. Je länger ich so lebte, desto verschlossener und leerer fühlte ich mich. Sollte das wirklich mein Leben sein? Aber was war eigentlich mein Leben? Wer war ich, was wollte ich? Dieser Job, das Studium, der Partner? Ich fand keine Antworten darauf. Fast ein Jahr lief ich im Kreis. Job kündigen, Studium aufgeben, dann hätten meine Eltern recht gehabt. An den Wochenenden wechselten sich Beziehungsgespräche mit Schweigephasen ab. Ich hatte Angst vor einer Trennung. Aber nach dem Diplom wieder zu ihm zu ziehen, heiraten und Kinder in die Welt setzen? In langen schlaflosen Nächten wurde mir klar, dass ich mir ein perfektes Bild zurechtgelegt hatte, wie ein anerkanntes erfolgreiches Leben auszusehen hatte. Nur hinter diesem Bild erkannte ich mich selbst nicht mehr. Weder mein Freund, noch unsere gemeinsamen Freunde verstanden mein Problem. Endlich nahm ich allen Mut zusammen und beendete nach 13 Jahren unsere Beziehung. Mit dieser Entscheidung verlor ich auch meinen Freundeskreis. Mein Freund stalkte mich. Besuchte heimlich mit einem Zweitschlüssel meine Wohnung, zersägte die Sitzbank, die er mir geschenkt hatte. Er litt und es tat mir weh. Ich wollte niemandem wehtun. Ich wollte nur mich selbst wieder spüren. Ich wollte etwas finden, für das mein Herz schlug.

Nun hatte ich den ersten Schritt gemacht und fühlte mich wieder allein. Ich spürte die Leere in mir. Ich stellte mir Fragen: Was brauche ich jetzt? Suche ich einen neuen Partner, der meine Leere füllt? Welche Menschen möchte ich in mein Leben lassen? Wie will ich leben? Ich nahm mir Zeit und suchte die Stille. Ich dekorierte meine Wohnung um. Und sah zum ersten Mal genauer hin. Ich sah meine Unsicherheit, mein zerstörtes Selbstbewusstsein, meine Ängste, aber ich spürte dahinter auch eine Kraft und Lebenslust. Der Wunsch, offene, an der Welt interessierte Menschen zu kennen, mit denen ich meine Gedanken und meine freie Zeit teilen könnte, wurde stärker. Ich gab eine Freundschaftsanzeige im Stadtmagazin auf. Sie begann mit den Worten: "Igel aus langem Winterschlaf erwacht". So baute ich mir langsam einen neuen Freundeskreis auf.

Mit 32 Jahren schloss ich mein Studium ab. Eine Ahnung von mir bestätigte sich. Meinen Eltern war mein Abschluss völlig egal. Sie waren weder stolz auf mich, noch freuten sie sich für mich. Ich dagegen war sehr stolz und erkannte, dass ich ihre Bestätigung nicht mehr brauchte. Ich musste den Stolz ziemlich weit vor mir hergetragen haben, denn nach einiger Zeit fing das Gerede auf der Arbeit an. Ich wäre arrogant und nicht mehr hilfsbereit. Vielleicht lag es ja daran, dass ich meine Arbeit nicht mehr liegen ließ, um Kollegen Arbeit abzunehmen, zu der sie selbst keine Lust hatten. Auch das „Erste-Hilfe-Blatt", mit dem meine Kollegin ihre PC-Probleme selbst beheben konnte, kam nicht wirklich an. Ich suchte nach anderen Herausforderungen innerhalb unseres Bereiches sowie im gesamten Haus. Meinem Vorgesetzten gefiel die Entwicklung nicht. Zu der Zeit begann das Mobbing. Erst im Kleinen, denn bei jeder passenden Gelegenheit spielte er meinen Abschluss (Diplom-Betriebswirt) als völlig unbrauchbar für die Bank herunter. Wollte ich wechseln, intervenierte er hinter meinem Rücken und ich bekam die Stelle nicht. Informationen, die meinen Bereich betrafen, erhielt ein anderer. Seminare wurden mir abgelehnt. Dafür aber bereits der fehlende Punkt auf dem i als Fehler unter die Nase gerieben. Meine Ideen zu Themen wurden nicht gehört oder später anderen in den Mund gelegt. Es gab auch Subtileres wie zum Beispiel der große Blumenstrauß zum Geburtstag meiner Kollegin. Hatte ich Geburtstag, ach nein, da gab es nichts. Ich wurde immer unsicherer und zog mich mehr und mehr zurück. Ich verlor das Vertrauen in mein Können und meinen eigenen Wert. Ich bekam Magenkrämpfe, die sich später als Gallenkoliken herausstellten. Es waren fast zwei Jahre vergangen, bis ich Hilfe bei einem Psychologen fand. Er baute mich langsam wieder auf. Ich verstand, dass das Mobbing von zwei Personen gesteuert wurde. Es war ein Führungskräftemobbing. Ich suchte das klärende Gespräch, wurde aber abgeblockt. Ein Jahr später entschloss ich mich dazu, zu kündigen. Das Kündigungsschreiben bereits in der Tasche, erfuhr ich vom Outsourcing unseres Bereiches. Nun kam mir mein, trotz aller Widrigkeiten, angeeignetes Spezialwissen im Bereich Treasury Kontrolle zugute. Ich blieb im Haus und wechselte ins Risikocontrolling. Das Mobbing hörte auf.

Ich war nun schon einige Jahre Single. Es mangelte nicht daran, dass ich keine Männer kennenlernte. Allerdings entwickelte sich nie eine dauerhafte Beziehung. Das änderte sich, als ich mit einer Freundin ein internationales Fest besuchte. Ich war nicht auf der Suche und vor allem suchte ich keinen Afrikaner aus Togo. Aber dieser Mann verschwand nicht aus meinen Gedanken. Nach einer Woche entschied ich, dass ich ihn mir nochmal im Hellen anschaue. Wir trafen uns in der Innenstadt. Ich könnte jetzt sagen, dass ich sofort hin und weg war. Nicht ganz, dazu war ich zu vorsichtig. Aber ich spürte von Anfang an eine Verbundenheit und sie machte mich neugierig genug, es zu versuchen. Aus dieser Neugierde wurde schnell Liebe. Unsere Beziehung war von gegenseitigem Respekt und der Bereitschaft geprägt, seine Kultur, seine Komfortzone zu verlassen, um auf den anderen zuzugehen. Wir fühlten uns seelenverwandt. Ich entdeckte neue Seiten an mir. Mir war meine Karriere nicht mehr wichtig. Ich genoss das Leben in zwei Kulturen. Es gab so viel zu entdecken. Und plötzlich trat mein versteckter Kinderwunsch ins Licht. Wir kämpften zwei Jahre lang mit den Behörden, um heiraten zu können – der Schriftverkehr reichte bis ins Auswärtige Amt. Wir waren glücklich, machten Pläne.

Zwei Monate nach unserer Hochzeit hatte mein Mann seine erste Gehirnblutung. Er erholte sich gut. Nur war er nicht mehr so belastbar und wurde schnell müde. Nach einem Urlaub in seinem Heimatland im November 2005 war ich schwanger. Wir fühlten uns reich beschenkt und freuten uns wahnsinnig. Ende März 2006 verlor ich das Kind. Ich hatte das Gefühl, ungebremst auf dem Boden aufzuprallen. Im August hoffte ich wieder, schwanger zu sein, aber es entpuppte sich als Spätfolge aus der Fehlgeburt. Ich musste mich im Krankenhaus einem Eingriff unterziehen. Am Entlassungstag holte mich mein Mann nicht wie verabredet ab, noch war er telefonisch zu erreichen. Ich nahm mir ein Taxi, sah unser Auto vor der Haustür stehen und lief in die Wohnung. Er lag tot auf dem Boden des Arbeitszimmers. Die zweite Gehirnblutung hatte ihn einfach so erwischt. Diesmal fiel ich in ein bodenloses Nichts. Und es gab Streit mit der Familie meines Mannes. Sie wollten ihn im Heimatland beerdigen. Doch ich wollte und konnte ihn nicht hergeben.

Ich veränderte mich, verlor das Interesse an vielen Dingen und reagierte äußerst sensibel auf Stimmungen anderer Menschen. Ich verabscheute Streit um Kleinigkeiten und verkroch mich. Meine Freunde und Bekannten zogen sich immer mehr zurück. Die einzige Konstante in der folgenden Zeit war mein Arbeitsplatz. Er gab meinem Tag Struktur. Meine Kollegen stellten sich schützend vor mich und übernahmen einen Großteil meiner Arbeit. Eine

Online-Trauergruppe und eine daraus entstandene Ortsgruppe gaben mir Halt. Dort fand ich Menschen, die mich verstanden. Sie unterstützen mich in dem Wunsch, die Familie meines Mannes in Togo zu besuchen. Ich wollte Frieden schließen. Da ich nicht wusste, ob sie mich sehen wollten, schloss ich mich einem togolesischen Paar an, das in die Heimat reiste. Meine Befürchtungen erwiesen sich als unnötig. Die Mutter war so glücklich, ihre Schwiegertochter wiederzusehen, dass sie mich vom Fleck weg „adoptierte". Während meines Aufenthaltes wurde ich liebevoll umsorgt, wohnte bei einem befreundeten deutsch-togolesischen Ehepaar. Die Familie wollte mir einen dementsprechenden Komfort bieten. Denn das Elternhaus meines Mannes in Lomé, der Hauptstadt Togos, war zwar groß, hatte aber, wie so vieles in Togo, schon bessere Zeiten gesehen.

Während meines Aufenthalts war ich nie wirklich allein, konnte nie mal allein durch die Stadt laufen. Ich äußerte einen Wunsch und alles wurde organisiert. Ich hatte Vollverpflegung und Vollbetreuung. Für mich als eigenständige Frau war es zwar befremdlich, aber es tat trotzdem gut. Jeder freute sich mich zu sehen und ich fühlte mich stets willkommen.

Togo wurde bald zu meiner zweiten, zu meiner emotionalen Heimat. Dort holte ich mir die Kraft für meinen Alltag in Deutschland. Ich reiste so oft es mir möglich war. Ich ließ mich treiben, wenn ich dort war. Passte mich den Gepflogenheiten an, erwartete weder deutsche Pünktlichkeit noch Organisation. Mein Französisch wurde besser und bald konnte ich auch ein wenig Ewe, die Sprache, die im Süden Togos gesprochen wird. Mein Kreis erweiterte sich um Freunde der Familie und Nachbarn. Ich bewegte mich immer öfter auch allein in Lomé. Ich beobachtete und hörte zu. Ich verstand oft die Frauen nicht, sie waren stark und selbstbewusst und doch tanzten ihnen die Männer auf der Nase herum. Die jungen Männer wiederum klagten mir häufig ihr Leid. Die jungen Frauen würden nur noch nach Geld Ausschau halten. Ich verkniff mir den Satz: „Wenn ihr Männer sowieso nicht treu seid, dann doch lieber einen untreuen Mann mit Geld als ohne". Ich lernte, solche Themen in versöhnliche, umschreibende Worte zu verpacken. Damit regte ich eher zum Nachdenken an. Für die jüngeren Familienmitglieder, der jüngste Bruder war damals 18 Jahre, wurde ich zur großen Schwester, mit der man Spaß hatte und die man zu Rate zog. Und für alle anderen zur Frau mit der afrikanischen

Seele. Was mich nicht davon abhielt, ab und an in ein kulturelles Fettnäpfchen zu treten. Sehr beliebt war das der Hierarchie. Ich suchte immer Kontakt zu dem, der mir am besten helfen konnte, wenn ich eine Idee hatte oder etwas plante, sei es ein Ausflug oder eine Hausparty. Und es war häufig nicht der älteste Bruder, den ich sonst immer zuerst hätte fragen müssen. Das führte ab und an zu Verstimmungen in der Familie. Zu großen Diskussionen kam es aber, als ich mich in einen Freund meines Mannes verliebte. Das war so gar nicht nach dem Geschmack des ältesten Bruders. Ich ließ es allerdings auf eine Konfrontation ankommen und erhielt unerwartete Schützenhilfe von anderen Familienmitgliedern. Langsam begann ich, wieder nach vorne zu schauen.

Irgendwann war da dieser Gedanke, dass ich nicht einfach so weiterleben kann. Ich wollte etwas bewegen und mit meinem Dasein die Welt verändern. Dass ich mein Projekt in Togo entdeckte, war nur logisch. Dort hatte ich wieder zum Leben gefunden. Ich wollte etwas zurückgeben. Und ein wenig hoffte ich auch darauf, nach einiger Zeit auf zwei Kontinenten leben zu können. Mit Hilfe des ältesten Bruders, diesmal hielt ich die Hierarchie ein, kaufte ich ein Grundstück am Meer. Ich wollte mir dort ein Haus bauen, in dem ich wohnen könnte, wenn ich vor Ort wäre. Und zusätzlich eine kleine Wellnessoase für die jüngste Tochter einrichten. Sie hatte tiefes Wissen in afrikanischer und chinesischer Medizin, in Entspannungstherapien, Massage. Leider war der Vater zu früh gestorben und die jüngeren Kinder hatten nicht mehr die gleichen Chancen gehabt wie die älteren zu ihrer Zeit. Ich wollte das ausgleichen. Und ich hatte noch eine weitere Idee. Fast ein Jahr später pachtete ich eine Lokalität mit großer Freifläche und vier kleinen ebenerdigen Zimmern zur Vermietung außerhalb Lomés. Es war eine Kleinstadt, die ein beliebtes Ausflugsziel am Wochenende war. Die Lokalität sollte ein Begegnungs- und Kulturzentrum werden. Ich hatte so viele junge Menschen mit Ideen kennengelernt. Auf der anderen Seite gab es wohlhabende Menschen, die gerne seriöse Ideen unterstützt hätten. Doch diese Menschen kamen nie zusammen. Ich wollte eine Plattform der Begegnung schaffen, Vermittler sein. Ich legte all mein Herzblut in das Projekt, investierte viel Geld und verschuldete mich.
Mein neuer Freund wollte mich dabei unterstützen. Doch wir entzweiten uns schon während der Planungsphase. Wir stritten uns am Telefon. Ich ging

das Projekt mit dem nötigen Drive an. Schließlich steckten da mein Geld und mein Herzblut drin. Er hingegen mit seinem „laissez faire" trat aber so auf, als wäre er der große Macher. Da half irgendwann auch keine Charmeoffensive seinerseits mehr. Da waren wir, vom Selbstverständnis her, einander zu fremd. Die Beziehung zerbrach. So vertraute ich wieder dem ältesten Bruder und einem togolesischen Freund vor Ort, der mir immer mit Rat und Tat beiseite gestanden hatte. Er war der Schwiegersohn des Bürgermeisters und hatte bereits ein Kulturzentrum geleitet. Da ich ja Geld verdienen musste, um das Projekt zu finanzieren, betraute ich sie mit der Abwicklung aller Formalitäten, Überwachung der Baumaßnahmen und der Leitung des Zentrums vor Ort. Ich war ständig auf dem Laufenden, dachte ich jedenfalls.

Als ich wieder mal in Togo war, erzählte mir ein jüngerer Bruder von Unregelmäßigkeiten bei der Grundstücksvergabe in dem Viertel am Meer. Er bat mich, die Papiere überprüfen zu lassen und dem ältesten Bruder nichts davon zu sagen. Ich sah das im ersten Moment noch als Vermeidung eines Streits an. Bald war aber klar, die Eigentumsurkunden für das Grundstück waren gefälscht. Die Fotos mit dem Baufortschritt gehörten zum Grundstück des Nachbarn. Mein Grundstück gehörte mir nicht und das Geld hatte nie den Weg zum derzeitigen Eigentümer der Parzelle gefunden. Ich versuchte, den ältesten Bruder zur Rede zu stellen. Er hatte über Freunde bereits von meinen Nachforschungen erfahren und blieb unauffindbar. Ich hatte somit kein Grundstück am Meer und auch nicht das Geld, ein Neues zu erwerben. Ich war wütend und enttäuscht. Er, die Respektsperson, die immer für die Moral und Reputation der Familie eintrat, hatte mich komplett hintergangen. Auch das meiste Geld zum Umbau und Betrieb des Zentrums hatte er verprasst. Ich versuchte das Zentrum mit Hilfe des Freundes und des jüngeren Bruders, der mir bei der Aufdeckung geholfen hatte, im kleineren Maße weiterzuführen. Die Pension auf einfachste Art umzusetzen und mir dort ein kleines Apartment für mich einzurichten. Es gab Menschen, die sich für die Tat des Bruders schämten und mir halfen. Die jungen Menschen vor Ort dankten es mir von Herzen, dass ich nicht aufgab. Für sie war ich auch die Hoffnung auf ein anderes Leben. Das Kulturzentrum ließ sich leicht umsetzen. Junge Künstler gab es genug. Das Begegnungszentrum musste halt noch warten. Ich steckte all meine freie Zeit, Urlaub und Überstunden, in das Zentrum und es lief gut an. Das Zentrum ernährte alle, die vor Ort dort arbeiteten, sodass der jüngere Bruder sich wieder um den Aufbau seines Geschäfts kümmern konnte. Der Freund leitete weiterhin das Zentrum.

Doch meine Sinne waren geschärft. Und als mir ein Bekannter mailte, er hätte gehört, das Zentrum wäre plötzlich geschlossen worden, organisierte ich mir schnellstmöglich einen Flug nach Ghana. Von dort reiste ich per Bus direkt dorthin. Es war ein Überraschungsbesuch. Ich fiel aus allen Wolken, als ich das Ausmaß erkannte. Ich war sieben Monate aus beruflichen Gründen nicht vor Ort gewesen. Der Freund hatte das Zentrum in der Zeit völlig heruntergewirtschaftet. Es gab horrende Rechnungen für Strom, Wasser, Abgaben, Steuern und Getränke. Es fehlten Möbel oder sie waren kaputt. Das ganze Zentrum hätte wieder renoviert werden müssen. Die Kasse war weg. Auf dem Geschäftskonto des Zentrums war kein Pfennig mehr. Ich wollte den Freund aufsuchen, doch er hatte bereits von meiner Ankunft erfahren und versteckte sich in irgendeinem kleinen Dorf in der Nähe. Ich ließ ihn über die Polizei suchen, aber er blieb lange verschollen. Ich konnte nicht mehr, weder hatte ich das Geld das Zentrum wieder aufzubauen, noch die Kraft dazu. Mit Hilfe des jüngeren Bruders löste ich es auf. Ich verschuldete mich noch weiter. Tief verletzt zog ich mich aus Togo zurück. Der Schuldenberg drückte und der Vertrauensmissbrauch ließ mich an mir und meinen Fähigkeiten, meiner Menschenkenntnis zweifeln. Ich legte den Wunsch, noch etwas in der Welt zu bewegen, auf Eis und mich gleich dazu.

Mein Körper zeigte mir nach und nach mal mit unspezifischen Schmerzen, mal mit Atemnot, dass das der falsche Weg war. Meine Ärzte fanden nichts. Ich suchte wieder einen Psychologen auf und redete. Die körperlichen Probleme wurden weniger, wirkliche Lebensfreude stellte sich aber nicht ein. Ich funktionierte nur. Eine kurzfristig gebuchte Reise nach Nizza war der Auslöser zur Veränderung. Die noch warmen Temperaturen im Dezember, das Meer, das Licht, die fremde Umgebung waren Balsam für meine Seele. Ich genoss es, in den Tag hinein zu leben. Bei einem Spaziergang zwischen den Felsen hatte ich den Wunsch, hierhin zurückzukehren und zu schreiben. Über meine Erlebnisse in Togo, über die Menschen dort. Es war so vielschichtig, was ich erlebt hatte, viel vielschichtiger als diese Wut, mit der ich das Land verließ.

Wieder zu Hause suchte ich sofort nach einer Möglichkeit, meine Schreib-kenntnisse zu vertiefen. Ich fand die Seite einer Autorin, die Schreibreisen anbot. Ihre Vita, ihre Art zu schreiben und ihr Bild gefielen mir. Ich buchte die nächste Schreibreise im Frühjahr. Die Art, wie sie einen ans Schreiben heran-führte, war kreativ, ganzheitlich und fröhlich. So kam ich zum Schreiben, zum Schreiben meiner Geschichte, fremder Geschichten, Gedichte. Durch das Schreiben konnte ich langsam loslassen. Ich fand den Schatz der Vergebung und schloss so Frieden mit den beiden Menschen, die mich betrogen hatten. Ich nahm auch wieder Kontakt zu einigen Familienmitgliedern in Togo auf. Ich spürte, dass Togo ein Teil von mir war. Ihn zu verleugnen, schnitt mich von mir selbst ab.

Ziemlich zeitnah nach meiner ersten Schreibreise war auch wieder der Wunsch da, einen Sinn in meinem Leben zu finden. Ich befragte das Internet und stieß auf einen Coach. Ich verfolgte eine Zeit lang ihr Tun. Ihre Klarheit und ihr Esprit sprachen mich mehr und mehr an. Ihr Bild hatte mich sofort gefesselt. Es strahlte einfach so viel Lebensfreude aus. Das wollte ich auch. Als sie einen günstigen Sommerkurs anbot, nahm ich daran teil. Er setzte einen leisen Tsunami in mir in Gang. Ich machte weiter. Ich räumte mit Hilfe von Tools meinen Rucksack auf. Ich nutzte die Möglichkeiten, mich wieder zu entdecken und wenn ich das Gefühl hatte, mich im Kreis zu drehen, half mir das Schreiben. Es war manchmal hart, ihre Direktheit forderte mich. Das Verstecken hinter all dem, was ich erlebt hatte, wurde immer schwieriger. Doch jeder Schritt gab mir mehr innere Ruhe und Leichtigkeit.

Heute genieße ich das Leben wieder. Ich arbeite immer noch bei einer Bank, bereite mich aber gleichzeitig auf eine Selbständigkeit vor. Auch schuldenfrei bin ich noch nicht. Ich hadere nicht mehr damit, mit meinem Projekt in Togo gescheitert zu sein. Ich habe erkannt, dass es den einen Moment gibt, wo ich wieder aufstehe, egal wie tief ich gefallen bin. Und mit dem ersten Schritt treten Menschen in mein Leben, die genau zur richtigen Zeit da sind. Und mit dieser Gewissheit kann ich auch wieder hinfallen. Ich weiß, ich werde nicht untergehen. Meine Vergangenheit hat mich auch gelehrt, mich auf mein Gespür, mein Herzensgefühl zu verlassen und auch danach zu handeln. Mit diesen Entscheidungen bin ich immer gut gefahren. Mein Herz hat auch schon früher gewusst, dass der Bruder das schwarze Schaf der Familie ist. Nur mein Kopf wollte nicht sehen, was nicht sein darf. Auch Afrika hat einen Samen in mir hinterlassen: Verschiebe dein Leben nicht auf morgen, denn du weißt nicht, was morgen ist. Lebe jetzt. Und genau so lebe ich immer mehr.

Ich liebe mein Schreiben, schreibe Kurzgeschichten und Gedichte. Und wenn ich genug beisammenhabe, werde ich ein Buch veröffentlichen. Meine wertschätzenden Kontakte in Togo bestehen weiterhin. Je mehr ich mich öffne, desto mehr interessante, herzliche, wunderbare Menschen bereichern mein Leben. Ich lebe zurzeit allein, aber ich bin es nicht. Das Reise-Gen hat mich wieder infiziert, manchmal begleitet mich meine Nichte, manchmal reise ich allein. Die letzten dreieinhalb Jahre habe ich gelernt, meinen Weg der Suche zu würdigen und Freude und Leichtigkeit zuzulassen. Und so habe ich ein neues Projekt. Ich möchte anderen Frauen Mut machen, ihrem Weg, ihren Ideen und ihrer Kreativität zu vertrauen. Ich möchte sie berühren und inspirieren. Ich möchte sie dabei begleiten, sich selbst wert zu schätzen, auch wenn nicht immer alles glatt läuft. Und ich möchte sie dazu ermutigen, ihre eigene Geschichte zu schreiben, zu erschaffen. Meine Ausbildung zum Life Script Coach hat im September begonnen und mein Blog „Die Mutschreiberin" ist im Netz. Mit ihm möchte ich Mut machen, mit meiner Geschichte, meinen Geschichten, meinen Ideen. Er wird mit mir wachsen, so wie ich wachse.

Wenn ich zurückschaue, hat mich etwas von Anfang an begleitet. Ich suche keine Gesamtlösung. Wenn ich feststecke, gibt es irgendwann wieder einen Schritt, den ich machen kann. Dieser Schritt verändert meinen Blick und lässt neue Möglichkeiten zu.

Angelika Zeuschner-Aziglossou im Kurzportrait:

Angelika Zeuschner-Aziglossou lebt in Düsseldorf. Sie arbeitet bei einer Bank und bereitet sich auf eine zukünftige Selbständigkeit vor. Am liebsten jedoch verbringt sie ihre Zeit an inspirierenden Orten in der nahen und fernen Umgebung, um zu schreiben oder einfach das Leben zu genießen. Als Mutschreiberin möchte sie Menschen inspirieren und begleiten, Freude, Leichtigkeit und Kreativität wieder zu entdecken und so zum Schöpfer der eigenen Geschichte zu werden.

www.diemutschreiberin.de

„Die letzten dreieinhalb Jahre habe ich gelernt, meinen Weg der Suche zu würdigen und Freude und Leichtigkeit zuzulassen."

Angelika Zeuschner-Aziglossou

UTE BERARDONE
◆◆◆

Schon seit 2013 hegte ich den innigen Wunsch, im sonnigen, warmen Süden zu überwintern. Die drastischen Temperaturschwankungen aufs ganze Jahr verteilt, forderten mich in Deutschland mit jedem Lebensjahr immer mehr heraus. Außerdem fragte ich mich: „Warum irgendetwas aushalten, wenn sich das leicht ändern lässt?". Wir haben in jeder Sekunde immer wieder neu die Wahl! Und zwar für alles! So zum Beispiel auch, ob wir Umstände beziehungsweise Begebenheiten aushalten, oder lieber ändern, wenn sich diese ändern lassen. Vielleicht hat dieses Bedürfnis nach viel Wärme und noch mehr Sonne in meinem Geburtsmonat Juni seine Wurzeln? Trotz diesem immer größer werdenden Bedürfnis war an Auswandern noch nicht zu denken, denn die geistige Nabelschnur zu meinen drei erwachsenen Kindern war dafür noch zu kurz. Ich zog dann, dem Ruf meiner Seele folgend, im Jahr 2017 erst einmal von meinem geliebten München in den hohen Norden.

Das Chaos, was im hohen Norden folgte, war gut und wichtig, denn es brachte mich ordentlich in meine Selbstfindungsphase. Es platzte ein Ziel nach dem anderen wie eine Seifenblase. Alles Geplante entpuppte sich als Illusion. So wurde die Schule nie gegründet, bei deren Gründung ich hätte helfen dürfen. Das versprochene Honorar für drei Monate geleistete Arbeit blieb aus. Nachdem ich die mystische und fabelhafte Gegend immer mehr liebte und das Fahrradfahren gleichermaßen, bot es sich an, mich stattdessen mit "geführten Fahrradtouren, die entschleunigen" selbstständig zu machen. Und wenn ich mal eine Idee habe, dann sind die Vorbereitungen stets einwandfrei und intensiv. Das heißt: 1. Die perfekte Strecke finden, auf der schönsten Route, für jedermann besiegbar. Der Sommer war nicht so heiß wie sonst, aber recht stabil. Also eine geniale Basis zum Fahrradfahren. 2. Marketing ohne Ende. So kreierte ich Flyer, verteilte diese weitgefächert, nahm Kontakt zu den Touristen Informationszentren im Umland auf, inserierte in Urlaubsmagazinen und in den örtlichen Zeitungen, zwei auffällige Werbeschilder zierten meinen Fahrradkorb. So warb das bildhübsche bayerische Radl quasi selbst für seinen neuen Job, da es für jedermann gut sichtbar vor meiner Tür glänzte. Einträge in den sozialen Netzwerken, regelmäßige Posts oder Aktualisierungen waren an der Tagesordnung. Eine neue Homepage, die mit verschiedenen geführten Radrundtouren frohlockte, erstellte ich selbst. Meiner Meinung nach war da nichts mehr zu toppen. An alles hatte ich gedacht, nur nicht an den Wetterumschwung der trockenen Sommertage.

Kosten, Zeit, Recherchen, Investitionen, die alles nichts bringen, wenn das Wetter bei einer wetterabhängigen Existenzgründung nicht mitspielt. So schwamm mein geplanter Erfolg wortwörtlich mit dem vielen Regen den Bach hinunter. Keine Einnahmen, aber hohe Ausgaben wie Miete, Krankenkassenbeitrag, Flyer, Inserate, neue Homepage, Werbung, und der ganz normale Wahnsinn, der dazu gehört, fraßen mein Erspartes schneller auf als gedacht. Die 10.000 €, die ich durch eine Bürgschaft verloren hatte, sollten laut Anwalt bald wieder zurückkommen. Das war eigentlich meine Reserve und zeitgleich so ziemlich die letzte Illusion, die mich knallhart von "Himmel hoch jauchzend" nach "zu Tode betrübt" katapultierte. Die ersten zehn Banken kontaktierte ich persönlich mit der Bitte um einen Kredit über 10.000 € für ein Jahr. Bis dahin dachte ich noch, dass Banken über so einen kleinen Betrag lachen würden. Ich war mir sicher, dass mir die erste Bank sowieso helfen wird. Denn schließlich bot ich 600 € Zinsen freiwillig an, der aktuelle Soll-Zinssatz betrug gerade mal zwei Prozent. Nach zehn persönlichen Absagen schrieb ich die nächsten vierzig Banken dann lediglich an. Es folgten nur Absagen, wo ich mit meinem immerwährenden Optimismus doch eigentlich Zusagen hätte anziehen müssen, wenn man dem Gesetz der Anziehungskraft glaubt, dass Energie der Aufmerksamkeit folgt. Ich konnte sogar 10.000 € schriftlich nachweisen, die ich selbst an eine sehr gute Freundin verliehen hatte. Also meiner Meinung nach absolut risikofrei, wenn mir eine Bank das gewünschte Geld geliehen hätte. Auch zwei sehr bekannte Organisationen konnten mir mit keinem Cent aushelfen. Autsch, das tat weh. Meine Ausgaben reduzierte ich auf das absolute Minimum und hörte deshalb sogar endlich das Rauchen auf. In dieser finanziellen Not lernte ich vor allem im Hier und Jetzt zu sein. Beispielsweise öffnete ich am Wochenende längst nicht mehr mein Online-Banking. Ich genoss die entspannte Gewissheit, dass am Wochenende eh nichts abgebucht wird. Sollte eine Lastschrift platzen, dann tut sie das eben.

Ich ließ mir sehr viel einfallen, um den geliebten Rubel endlich wieder in meine Richtung rollen zu lassen. Schließlich war ich schon mehrfach im Leben wohlhabend gewesen. Dieses geniale Gefühl behielt und behalte ich immer als Anker in Erinnerung. Und der Spruch, dass Geld nur Papier sei, kommt auch nur aus dem Mund derer, die bis jetzt genug Geld zur Verfügung haben. Bei mir hat sich der Spruch „Not macht erfinderisch" extrem bewahrheitet. So erfand ich ein Online-Spiel mit Win-Win-Effekt und biete dies auf einer neuen Homepage an. Endlich stellte ich meine energetischen Acrylbilder zum Verkauf ins Internet, was ich längst tun wollte. Aller Goldschmuck, der mich schon ewig energetisch störte, wurde verkauft. Und trotzdem hatte der Rubel mich nicht gefunden. Deshalb blieb mir nichts anderes übrig, als in der Familie, bei Freundinnen und Freunden nach Geld zu fragen. Wo mir das doch schon bei der Gründung 2013 ungeheuer schwer fiel. Dabei hatte ich die Lektion, Hilfe anzunehmen doch von der Pike auf gelernt und verinnerlicht! So lag ich eines nachts verzweifelt im Bett, finanziell sowie nervlich voll ruiniert und heulte, wie ich noch nie im Leben geheult hatte und flehte den lieben Gott um einen spontanen Herzstillstand an. Und zwar sofort! Es war mir ernst, so ernst, wie es mir noch nie zuvor war. Ich beschimpfte Gott, oder wer auch sonst derjenige war, der mir den ganzen Mist eingebrockt hatte, aufs übelste und tobte wie ein kleines Kind. Es fühlte sich an, als wäre die ganze Welt gestorben, nur ich war noch übrig. So schaute ich mitfühlend wie von oben auf mich da unten liegend herab, mit dem Bedürfnis, mich zu trösten und schlief irgendwann schluchzend, total verzweifelt und erschöpft ein. Sehr überrascht war ich, als ich am nächsten Morgen trotzdem wieder aufwachte. Also hieß es "weiterkämpfen". Wobei ich vom Kämpfen nicht viel halte, vom Aufgeben allerdings noch viel weniger. Diese Weltuntergangsstimmung behielt ich für mich. Ich hätte in meiner Familie, bei meinen Freundinnen und Freunden nur Panik ausgelöst. Ich musste da alleine durch, damit ich alles genau beobachten und erkennen konnte. An diesem Morgen fühlte ich mich einerseits wie ohnmächtig, zeitgleich aber auch wie neu geboren. Alle Ängste und Sorgen hatten plötzlich keine Macht mehr, keinen Einfluss mehr auf mein Tun. Vergleichbar mit der Ruhe nach einem tosenden Sturm. Einerseits irritierte mich dieses neue, unbekannte Gefühl, andererseits konnte ich von nun an jeder Angst oder jeder Sorge furchtlos ins Auge schauen und somit direkt im Keim ersticken. „Was kann passieren, wenn …?" ist mittlerweile meine Lieblingsfrage geworden. Und meine Antwort darauf ist: „Die Erde dreht sich trotz allem weiter und wegen meinem persönlichen Chaos fällt auch keiner runter!".

Es kam, wie es kommen musste: Der unstabile und recht frische Sommer übergab dem Winter die „Regen-Schnei-Hauptsache-Nass-Staffel". In meiner wunderschönen, aber schlecht isolierten Altbauwohnung fror ich erbärmlich. Die neu eingebaute Hightech-Heizanlage, die sich sogar über eine App von überall aus steuern lassen sollte, ließ sich noch nicht mal in der Wohnung ordentlich einstellen. Tagsüber versagte sie oft gänzlich und ließ sich auch manuell nicht zum Heizen zwingen. Dafür wachte ich oft gegen drei Uhr morgens schweißgebadet auf, weil sie plötzlich auf Hochtouren lief und sich dann auch nicht runterfahren ließ. Längst war mir klar, dass mir das endlich auf die Sprünge in den warmen, stabilen und sonnigen Süden helfen sollte.

Ein halbes Jahr später, genau gesagt am 4. Januar 2018 – ich sehe mich noch, als hätte ich nur einen schlechten Film geschaut – da saß ich in meiner bildhübschen, geschmackvoll eingerichteten, hellen und großen 4-Zimmer-Wohnung – man war ja auf den für mich perfekten Partner eingestellt, der da auf einem weißen Schimmel geritten kommt, und brauchte für diesen selbstverständlich üppig Platz. Bei strömenden Regen stierte ich hoffnungslos, kopfschüttelnd zum Fenster raus, fragte mich noch einmal, was das Ganze eigentlich sollte und wusste, dass die Zeit und ich jetzt endlich reif waren, reif für den sonnigen, warmen Süden. Wieder konnte ich nicht anders, obwohl ich wusste, dass die Kündigungsfrist die Wohnung betreffend finanziell ungünstig ist und ich länger Miete zahlen muss, als ich es vor Ort aushalten würde. Dennoch gab es für mich keinen anderen Weg, als endlich spontan, aber gut überlegt, die Kündigung an die Vermieterin zu schreiben.

In einem meiner Lieblingsbücher schrieb Sergio Bambaren: „Es kommt eine Zeit im Leben, da bleibt einem nichts anderes übrig, als seinen eigenen Weg zu gehen. Eine Zeit, in der man die eigenen Träume verwirklichen muss. Eine Zeit, in der man endlich für die eigenen Überzeugungen eintreten muss." Diese weisen Worte teilte die Stimme des Meeres dem Delphin Daniel Alexander mit, als er zweifelte. Genauso zweifelte auch ich immer wieder ein wenig an meinen Neuanfängen und trotzdem blieb auch mir jedes Mal nichts anderes übrig, als meinen eigenen Weg zu gehen. Logischerweise ist ein Neuanfang immer viel mühsamer, als in der bequemen Komfortzone zu bleiben. Doch habe ich längst erkannt, dass wir Dinge meist mehr bereuen, wenn wir sie nicht tun.

Monatelang hielt ich schon in weiser Voraussicht durch eine Wetter-App die vier in Frage kommenden Orte Süditalien, Mallorca, Barcelona und Teneriffa täglich im Auge. Obwohl ich Süditalien wegen meiner Sprachkenntnisse bevorzugte, war Südteneriffa mein wärmster und stabilster Testsieger. „Dann lerne ich halt noch Spanisch, kann nur von Vorteil sein!". Somit war ich nicht nur reif für den sonnigen, warmen Süden, sondern sogar definitiv reif für die Insel. Schaute mir noch genau die vielfältig verschiedenen Vegetationen im Internet an, das war aber auch schon alles, was ich an Vorbereitungen traf. Auswandern muss eben nicht jahrelang überlegt oder vorbereitet sein. Und alles so machen, wie es andere tun, das langweilt mich sowieso. Natürlich hätte ich auch erst, wie der vorsichtige, sicherheitsliebende Mensch, Spanisch lernen können, einen Job suchen, eine Wohnung suchen, mehrfach erstmal den einen und den anderen Ort im Urlaub testen können! Aber ehrlich: Wie viele Jahre wären dabei verloren gegangen? Und hätte mich das vor irgendetwas bewahrt? Ja, die Behördengänge wären mit Spanischkenntnissen gewiss einfacher gewesen, aber an der Bürokratie selbst hätte sich nichts geändert. So stand fest: „Südteneriffa ist meine nächste Wahlheimat. Es ist unsere Wahl, ob wir über Probleme nur jammern, oder anfangen, selbst Verantwortung zu übernehmen und eine Lösung finden. Tiefer fallen, als ich schon gefallen war, ging auch nicht mehr. Das ist der Vorteil daran, wenn man wirklich nichts mehr zu verlieren hat. Meinem Herzenswunsch, dass ich unabhängig sein kann, kam mit diesem Ziel des Auswanderns immer näher. Ich trennte mich von allem, was mir plötzlich nichts mehr wert war, mit dem überschaubaren Ergebnis von drei übriggebliebenen Koffern. Diese sind immer wieder schnell mal gepackt, womit mir das Reisen in viele neue Länder gegeben ist, die ich alle noch kennen lernen möchte! Da ich im tiefsten Innern meines Herzens zu Hause bin, bin ich somit überall in der wunderschönen weiten Welt zu Hause. Es heißt nicht umsonst „Mutter/Vater Erde"! Jünger wird man bekannterweise auch nicht und „grüner wird's nicht", wie die herzallerliebste Julia Engelmann in einem ihrer Slam-Texte sagt. Also, los ging's!

Ein einziges Vorstellungsgespräch auf Teneriffa hatte ich vereinbart, in dem Wissen, dass sich vor Ort sowieso mehr finden lässt. Denn sehr oft hängt doch an einem Schaufenster ein Stellenangebot aus. Und fürs Erste würde ich auch in einer Bäckerei, Drogerie oder ähnlichem arbeiten. Der erste Schritt ist der Wichtigste! Das schrieb ich schon in meinem ersten Buch und stelle ich auch immer wieder erneut fest. Die Hauptsache für mich war endlich warmes, trockenes und stabiles Wetter. Ich buchte die Flüge, in der Vorfreude, dass es vorerst nur noch diesmal ein Hin- und Rückflug geben wird. Meinen vollge-packten, großen Koffer nahm ich schon mal mit. Gutgläubig wie ich bin, war mir klar, dass ich den dann direkt auf der Insel lassen würde. Wahrscheinlich in meinem neuen Büro.
So folgte auf Teneriffa das sehr positiv verlaufene Vorstellungsgespräch. Wir drei Frauen schienen uns alle einig zu sein, wir lachten, unterhielten uns gut und waren uns spontan sympathisch. Die Zusage sollte auf meinem Glückstag, Freitag, den 13. April 2018 fallen. Erstaunt war ich, als ich am Tag zuvor an einer Hauswand ein Schild mit der deutschen Aufschrift: „Wir stellen ein … Wunderbar: dann sind Sie bei uns richtig! … Oder besuchen Sie uns direkt hier im Büro!" fand. „Sicher ist sicher!", dachte ich und fotografierte es.

Eigentlich lief ich in der Straße nur, weil mein jüngster Sohn mir vor meiner Abreise aus Hamburg, wo ich ihn besuchte, heimlich 100 € in meine Handtasche steckte. Als ich diese fand, wusste ich sofort intuitiv, dass ich mir unter anderem davon einen Bootsausflug zu meinen geliebten, frei im Meer lebenden Delphinen gönnen würde. Das Büro für die Tickets befindet sich auch in derselben Straße wie das Büro mit der Einladung an der Hauswand. Ich buchte also den Ausflug zu den Delphinen und Walen, lief weiter und entdeckte deshalb den Aushang an der Hauswand. Was für eine geniale Fügung!

Schon am Nachmittag war mir klar, warum mir dieses Schild begegnen musste: Eine Absage erreichte mich per Mail, anstatt einer Zusage. Gott sei Dank tat sich diesmal ganz deutlich erst eine neue Tür auf, bevor die vermeintlich richtige Tür zuging. Ich glaube, mich hätte sonst der Schlag getroffen. Denn ich hatte nur noch vier Tage auf der Insel, davon ein Samstag und ein Sonntag, an denen sich nicht wirklich Stellen oder Wohnungen finden lassen. Gott sei Dank erhielt ich die Absage nicht an meinem geliebten Freitag, den 13ten. So blieben mein Glückstag und dieser positive Glaubenssatz von der Absage unberührt. Natürlich ist mir klar, dass jeder Tag ein Glückstag ist! Aber diese Kombi von der Zahl 13 und dem Wochentag Freitag trägt für mich eine ganz besondere Energie in sich. Das heißt, ich[1] stand an meinem Glückstag, Freitag, den 13. April 2018, unangemeldet um 8 Uhr am Büro und stellte mich persönlich vor – ich weiß ja um meine imaginäre Krone. Ich „kam, sah, siegte", sprich: ich bekam diese Stelle, die sich mir ganz von selbst zeigte (bewusst schreibe ich von keinem Zufall, denn Zufälle gibt es in Wirklichkeit nicht! Nur Begebenheiten, die einem zufallen, wenn der Zeitpunkt dafür reif ist). Heißt das, wenn wir erst einmal in eine Richtung losgehen, den ersten mutigen Schritt tun, dass sich dann unsere richtigen Ziele auf dem Weg ganz von selbst zeigen!? Beziehungsweise uns entgegenkommen!? Ist es das, was Laotse meinte mit: „Nur wer sein Ziel kennt, findet den Weg"!?

---

1 Hier muss ich unbedingt erwähnen, dass ich im Juni 2018 bereits 54 Jahre jung wurde. Seit meinem 40. Lebensjahr verändere ich mich immer wieder beruflich und privat und immer wieder sagt mein Umfeld, dass man ab 35 Jahren beruflich zum „alten Eisen" gehöre. Also: eine Ausrede weniger für alle Frauen ab 40!

Das deutsche Büro in El Médano befindet sich in der „Avenida Principes de España", was auf Deutsch „Prinzessinnenallee von Spanien" heißt. Schon lange behaupte ich, dass wir alle Königskinder sind! Wir tragen alle eine geistige Krone, von der aber leider nur sehr wenige wissen. Und ich erfreue mich täglich wie ein kleines Kind an meinem wunderschönen silbernen Fingerring, der eine Krone ist und deshalb symbiotisch zu mir passt. Denn wir sind wirklich alle Königskinder, da in unseren Adern göttliches Blut fließt!

Am darauffolgenden Tag fiel mir dann wundervollerweise noch als „Krönung" ein niedliches Zimmer in einer WG direkt am Meer in den Schoß, denn der Bootsführer vermietet natürlich sogar noch Zimmer. Juhu! So war ich es eigentlich immer gewohnt. Dass mir meine Ziele beziehungsweise das, was ich brauche, entgegenkommen. Also durfte mein Koffer wirklich schon mal wie geplant, auf Teneriffa, genau gesagt in dem wunderschönen El Médano, und nicht nur in einem Büro, sondern direkt in meinem neuen, kleinen Reich bleiben. Das Haus befindet sich fünf Minuten zu Fuß vom Meer entfernt, wenn ich die Tür öffne, sehe ich es in seiner vollen Pracht vor mir liegen. Zum Büro laufe ich auch nur fünf Minuten sowie vom Büro zum Meer. Unbeschreibliche Freude heilte alle Wunden des letzten Jahres. Alle überdimensionalen Fügungen, die ich hier erlebe, trösten mich noch immer und es fehlen mir die Worte, mein Glück zu beschreiben. Sogar ein riesengroßes Einhorn aus Lava fand ich bei meinen eh schon vor Freude überdrehten Spaziergängen am Strand. Ich liebte Einhörner schon, bevor sie modern wurden. Und dann dieses Geschenk hier auf Teneriffa: Das Einhorn ist so perfekt und erweckt in mir den Eindruck, als hätte sich der liebe Gott in Zinngießen beziehungsweise in Lavagießen geübt.

So sitze ich jetzt glücklich im sonnigen Süden. Genieße täglich das luxuriöse Urlaubsfeeling, die entspannten sowie meist gut gelaunten Touristen. Ich weiß es sehr zu schätzen, dass ich Glückskind hier leben darf. Ich hätte nicht gedacht, was für ein gigantisches Gefühl es ist, wenn man am Morgen noch nicht ganz die Augen aufhat, und das Meer mit seinem sanften Rauschen mir einen wundervollen guten Morgen wünscht. Und dass es hier auch noch so viele Delphine und Wale gibt. Herrlich! Himmlisch! Göttlich! Eine angemessene Belohnung für meinen Mut.

Noch habe ich mein Leben auf die minimalsten Ausgaben reduziert, aber bald wohne auch ich wieder in einer traumhaften Wohnung, die mich natürlich nicht am Reisen hindern wird. Wo ich ungestört an meinem nächsten Buch weiterschreiben kann. Ich fühle, ich bin angekommen! Der Job ist das Beste, was mir passieren konnte. Seit dem 1. Juli 2018 arbeite ich vom Homeoffice aus, das heißt, ich kann auf der ganzen, großen, bunten, vielfältigen, wunderschönen und weiten Welt arbeiten! Sogar die Option als freiberuflich Selbstständige ist mir gegeben. Große Güte! Und alle Zwischenstationen, die ich gerne „Begebenheiten" nenne, brauchte es für meine Entwicklung. Sehr viel habe ich in dieser ungemütlichen Zeit meines Lebens gelernt. "Meinen persönlichen Jakobsweg" nenne ich diese Zeit im hohen Norden gerne. Das Größte, was ich dabei entwickelte, war das wachsende Gottvertrauen an jedem Tag des gefühlten "Abstiegs", der in Wirklichkeit ein erfolgreicher Aufstieg war. Das Zweitgrößte war, dass meine Familie mich erneut finanziell und seelisch sehr unterstützte. Sogar bei Freundinnen musste ich mir Geld ausleihen. Und das, wo ich jahrelang diejenige war, die Geld auslieh oder großzügig verschenkte. Ich hätte nicht gedacht, dass es so schwer ist, jemanden um Geld zu bitten. Aber ich habe es gelernt und dabei meiner Familie, meinen Freundinnen und einem Freund zeigen können, wie glücklich sie mich mit ihrer lebensrettenden Hilfe machten. Wenn mich demnächst jemand um Geld bittet, dann weiß ich, wie lange er schon mit der Bitte gekämpft hat, ahne, wie es ihm geht, und werde bis zu einem bestimmten Betrag immer wieder hilfsbereit sein. So wie dies meine Familie, meine Freundinnen und der eine bestimmte Freund für mich getan haben. Hier an dieser Stelle ein großes „Daaankeschön" an euch!

Ich bin auf einem guten Weg. Noch nie habe ich so viel in so kurzer Zeit gelernt. Und der Spruch, "die besten Bücher schreibt das wahre Leben", ist nicht nur ein Spruch, sondern eine felsenfeste Tatsache. Ich habe es geschafft, weil ich es wirklich wollte! Ich habe es geschafft, weil ich den ersten Schritt gegangen bin. Weil ich erneut bereit war, die behütete und bequeme Komfortzone zu verlassen. Weil ich im Vertrauen blieb und im Vertrauen wuchs, weil mir schon immer klar war, dass wir meistens nur bereuen werden, was wir nicht getan haben. Weil ich nicht erst jahrelang geprüft habe.

Und doch möchte ich noch gesagt haben, dass solche fast halsbrecherischen Wege nur gewagt werden sollten, wenn Du die Verantwortung nur für Dich alleine trägst. Wenn Du, wie ich, Familie und Freunde hast, die Dich auffangen könnten in der Not. Ein Polster von 10.000 € beispielsweise ist ratzfatz aufgebraucht, wenn keine anderen Einnahmen erreichbar sind. Bei allem, wozu ich Dir mit meinen Worten Mut machen möchte, so möchte ich Dich doch vor einer Sache sehr warnen: Lass unbedingt die Finger von Verpflichtungen wie Bürgschaften. Das hat mich sehr viel Geld gekostet und das erwähne ich hier deshalb, weil ich die schmerzliche Erfahrung bereits stellvertretend für alle Leserinnen gemacht habe und Du diese jetzt nicht mehr selbst machen musst. Auch ich habe mir schon viel von anderen abschauen dürfen, aber nicht jede Erfahrung müssen wir selbst durchmachen. Dennoch müssen wir uns manchmal leider selbst erst die Finger verbrennen. Bitte pass auf Dich auf!

Überglücklich in der Sonne sitzend tippte ich diese Worte für Dich, um Dir Mut zu machen für Dinge, die Du längst vor Dir herschiebst, weil es schwieriger wirkt als es ist, wenn man mal kurzzeitig die Komfortzone verlässt. Du siehst, ich habe alles überlebt, die Welt dreht sich immer noch weiter, und ich ernte jetzt die saftigsten Früchte meiner Tapferkeit, meiner Beharrlichkeit und meines Mutes. Ich grüße Dich herzlich aus dem warmen, meist trockenen Süden (in den zwei Monaten, die hinter mir liegen hat es hier kein einziges Mal geregnet) Teneriffas und schicke Dir mit diesem Artikel eine ordentliche Portion Mut! Auf dass Du vor lauter Lebensfreude nicht mehr aufzuhalten bist! Auf dass Dich ein ordentlicher Mutausbruch packt und in die Startlöcher treibt. Abschließend gilt mein Dank zuerst mir selbst. Dafür, dass ich immer wieder bereit bin, dem Ruf meiner Seele zu folgen! Ich danke mir für den Mut, das alles hier so ungeschminkt (wie ich Frohnatur eben bin) Preis zu geben. Und natürlich danke ich Dir, dass Du Dich für meinen Tatsachenbericht interessiert hast!

Ute Berardone im Kurzportrait:

Schon als Kind spürte sie deutlich, dass ein kleiner Teil ihrer Seele mit Zigeunerblut gefüllt ist. Nicht nur, weil sie die Sendung „Arpad der Zigeuner" liebte und sie sich einfach schon immer am liebsten draußen in der Natur, im tiefsten Wald, in Flüssen und auf Bäumen aufhielt, sondern auch, weil sie als Kind am liebsten schon die ganze Welt bereist hätte, was bis heute noch ihr Traum ist. Im Jahr 2018 ist sie jetzt immerhin schon mal nach Teneriffa ausgewandert. Einfach so, fast von heute auf morgen, mit drei Koffern zog sie los und alles ging trotzdem sehr gut - sie ist unbeschreiblich glücklich, erneut mutige Schritte gewagt zu haben. Auch ist sie der Beweis dafür, dass man trotz nicht leichter Kindheit fähig ist, eigene Kinder liebevoll, verantwortungs-bewusst und positiv denkend erziehen kann. Stolz schaut sie auf drei erwach-sene Kinder, die sie zum größten Teil alleine erzogen hat. „Die besten Kinder auf der ganzen Welt!" sagt sie, ohne damit andere Kinder zu unterschätzen. Seit sie die Komfortzone verlassen hat, sprießen aus ihr Artikel, zwei kleine Büchlein, das Taschenbuch „Dein Weg ist das Ziel" und jetzt dieser Artikel in „Wie hast Du das gemacht?". Auch ein Geschenkbuch mit Akrostichen ist bereits fertig und wartet noch auf einen Verlag. Ute Berardone ist heute wieder selbstständig als Autorin, sowie als Lebenskünstlerin.

www.gesundheitundtransformation.com

„Ich habe es geschafft,
weil ich den ersten Schritt
gegangen bin und weil ich
nicht erst jahrelang
geprüft habe."
Ute Berardone

STEFANIE HEIDTMANN

◆ ◆ ◆

Ground Zero – Willkommen am Boden. Heulend rutsche ich langsam an der Wand nach unten. Ich umklammere meine Knie und schluchze laut auf. Die Erkenntnis, dass nichts mehr so sein würde wie vor meinem Unfall, hatte endlich mein Bewusstsein erreicht. Die Tatsache, dass mein zerstörtes Knie mir auf ewig einen Strich durch meine Sport-Karriere gemacht hatte, war der Anfang. Das dicke Ende kam noch. Stupide Übungen in der Reha-Klinik waren der Nährboden für eine weitaus tragischere Einsicht. Bei stumpfsinniger Wassergymnastik und tausenden Wiederholungen in der Beinpresse Tag für Tag tröpfelte langsam aber stetig eine Erkenntnis in mein Hirn: „Du hasst Deinen Job. Du hast die Nase voll. Du willst überhaupt keine Anwältin sein. Außerdem sehnst Du Dich nach einer Beziehung. Du bist alleine, in einem ätzenden Beruf und verpasst Dein ganzes Leben." Autsch. Das tat weh. Vor allem in meiner Seele. Ich wusste nicht, was ich schlimmer finden sollte: Dass ich mein Knie in seine Einzelteile zerlegt hatte und somit nie wieder Rennen fahren können würde oder die unangenehme Wahrheit zuzulassen, dass ich bereits sehr viel Zeit meines Lebens in einen Job gesteckt hatte, den ich nicht mochte. Oder seien wir ehrlich: Den ich verabscheute! Oder mir eingestehen

375

zu müssen, dass ich mich nach einer Beziehung sehnte, die ich nicht hatte. Ich war körperlich, emotional, geistig und seelisch am Ende. Es fühlte sich an, wie auf Ground Zero zu sitzen und langsam unter Dreck und Staub zu verschwinden.

Mit 17 Jahren machte ich ein gutes, ja, sehr gutes Abitur. Planlos las ich Berufsheftchen und Ratgeber. Hebamme, das wärs! Tatsächlich schaffte ich es, trotz Abitur einen Ausbildungsplatz in Tübingen zu ergattern. Ein großes Glück! Ich hatte noch Zeit bis zum Ausbildungsstart im Herbst und verbrachte einen Sommer in Amerika. Ich war irgendwie frei und fühlte mich prima. Zurück in Deutschland bat mich eine Freundin, sie nach Würzburg zum Aufnahmetest für Sportstudenten zu fahren. Das war die Wende. Während Natalie dem Zulassungs-Gremium etwas vorturnte, hing ich im Wartebereich der Studentenberatung ab. Dort verwechselte mich ein Berater mit einer andren Beratungswilligen und so landete ich in seiner Sprechstunde. Mit großen Augen vernahm ich seine Analyse. Ich sei geboren dafür, Rechtsanwältin zu werden. Er war begeistert und verriet mir einen Trick, wie man sich das erste Semester sparen konnte. Noch nie habe ich mich so gesehen und so wertvoll gefühlt. Endlich mal jemand, der mich so richtig toll fand und mir sagte, wo es lang geht! Statt darüber nachzudenken, gab ich kurzerhand den Ausbildungsplatz zur Hebamme zurück und schrieb mich für Politik und Rechtswissenschaften ein. Tatsächlich entsprach das Studium durchaus einigen Fähigkeiten, die ich ohne Zweifel habe. Aber es traf kein bisschen den Kern meines Wesens. Was mich die ganzen Jahre hat durchhalten lassen, war die Aussage des Beraters, ich sei „dafür geschaffen, Juristin zu sein". Heute weiß ich, dass ich mich so sehr nach Anerkennung und gesehen werden gesehnt habe, dass ich fünf Jahre meines Lebens nur für diesen Berater Jura studiert habe. Eine Ahnung davon, dass Anwältin nicht mein Traumjob ist, bekam ich im Referendariat. Aber immerhin gab es einen Menschen, der an mich glaubte. Der wird doch wohl recht haben!? Als dann die Praxis der Theorie die Augen einsetzte, habe ich mich geweigert hinzusehen.

Ich tat das, was man als Studentin mit einem guten Abschluss tut: Man sucht sich eine renommierte Kanzlei, gibt Gas und vergisst, dass man ein eigenes Leben hat. Wichtig waren Zahlen, gewonnene Mandate und Prozesse.

Ich merkte gar nicht, dass ich immer weniger wurde. Ich ließ die Wahrnehmung, dass man vor Gericht kein Recht bekommt und die Menschen mit dem dickeren Geldbeutel fast immer gewinnen, nicht in mein Bewusstsein. 60 Stunden die Woche im Büro waren keine Seltenheit. Manchmal waren es auch 70 und wenn ich nicht schlafen konnte, ging ich alleine in die Spätvorstellung des Kinos neben der Kanzlei.Um nicht zu fühlen, was es zu fühlen galt, betäubte ich mich mit Sport. Wann immer ich es einrichten konnte, ging ich abends ins Karate-Training und am Wochenende zum Snowboarden. Nie war Ruhe in meinem Leben. Immer Druck, Power, Leistung. Schneller, besser, höher, weiter. Da ich weder rauchte, trank, noch sonstige Drogen nahm, erzählte ich mir das Märchen vom gesunden Leben. Immerhin trieb ich jede Menge Sport und hatte eine sensationelle Figur. Es war ein Leben auf der Überholspur. Bald kam das größere Büro. Noch ein paar Jährchen und ich konnte es schaffen, Partner zu werden! Fuhren doch die Kollegen Porsche und Audi TT.

Parallel dazu baute ich Leistungsdruck beim Snowboarden auf. Ich entdeckte den Rennsport Boardercross und ließ keinen Wettkampf aus, zu dem ich es am Wochenende mit dem Auto schaffen konnte. So kletterte ich auch dort die Rangliste hinauf. Bis auf Platz 2 in Deutschland. Ich wollte auf Platz 1, hatte Ziele. Und dann kam auch noch die Entscheidung des olympischen Komitees, dass Snowboardcross zu einer olympischen Sportart werden wird. Es war klar, welche Pläne ich ab jetzt schmiedete. Mit meiner Freundin Kata, deren Mann tatsächlich inzwischen mehrfacher Olympiasieger ist, trainierte ich jeden freien Tag am Berg und abends im Dojo oder Fitness-Studio. Auf die Idee, dass ich mich gefühllos machte, um nicht zu spüren, wie falsch mein Weg war, kam ich erst, als der Albtraum passierte: Bei einem Trainingslauf zu einem Punkterennen in der Wildschönau entschied ich mich zu spät für den Sprung. Ich hob unkontrolliert ab und knallte mit voller Wucht in den Gegenhang. Es ist ein sehr ekliges Geräusch, wenn ein Kreuzband reißt. Da lag ich im Schnee und ein paar andere schwangen zu mir. Ob ich Hilfe bräuchte? Nein, natürlich nicht! Ich rutsche mit schrecklichen Schmerzen den Hang runter. Ich wollte mir nicht eingestehen, was geschehen war. Am Auto angekommen, setzte ich mich hinein und zog doch tatsächlich in Erwägung, mir eine Bandage zu holen und dann weiter zu trainieren. So etwas kann man nur denken, wenn man wirklich von jeder klaren Selbstwahrnehmung abgeschnitten ist. Auf dem Weg zur Apotheke gab es ein Schild: "Spital". Wenigstens hatte ich noch so viel Restverstand, dorthin abzubiegen. In der Klinik bekam ich die Diagnose: „Ruptur des vorderen Kreuzbandes. In sechs Monaten stehen Sie wieder auf dem Brett. Das haben wir hier jeden Tag." Gott sei Dank hielt sich das Universum nicht an die Prognose des Arztes. Es dauerte doppelt so lang, bis ich überhaupt ohne Krücken wieder gehen konnte. Warum das gut war? Warum es eines der besten Dinge war, die mir im Leben je passiert sind? Weil es mich aufgeweckt hat. Mein ganz persönlicher Wake-Up-Call zwang mich ins Bett. An eine Operation war zunächst nicht zu denken, da das Knie unerklärlicherweise nicht abschwoll. Es tat so weh, dass ich nicht mal sitzen konnte. Also lag ich den ganzen Tag im Bett, kühlte mein Knie mit Quark und Kohl und schaute mir im Internet Bilder der Rennen an, bei denen ich nicht dabei war. Immer wieder klickte ich auch auf die Rangliste. Ich wurde nach unten durchgereicht. Konkurrentinnen, die ich lange schon hinter mir gelassen hatte, zogen vorbei nach oben. 4. Platz. 8. Platz 15. Platz. Irgendwann musste ich dann auf >>weiter<< klicken, um meinen Namen noch zu finden. Das tat richtig weh. Schließlich sagte ein Freund am Telefon zu mir: „Lass' Dich bitte endlich von dieser verdammten Liste streichen. Du kommst kommende Saison nicht aufs Brett und Olympia kannst Du vergessen. Sieh' das endlich ein. Warum quälst Du Dich so?" Und das war der magische Moment: Ich brach zusammen.

Der magische Zusammenbruch

Heulend saß ich am Boden und hatte zum ersten Mal seit langem einen Bezug zum wahren Leben. Ich erkannte, was wirklich war. Es war zum Kotzen. Und peinlich. Die folgenden Wochen waren geprägt von Operationen, Behandlungen, Reha, Gymnastik und Schmerzen. Immer wieder Schmerzen. Für die körperlichen Schmerzen gab es Novalgin oder Paracetamol. Aber für das Aua in meinem Herzen gab es nichts. Ich fühlte mich als komplette Versagerin, weil mir klar wurde, dass ich die letzten Jahre völlig auf dem Holzweg gewandelt war. Es fing sich der Gedanke an zu formieren, dass ich etwas ändern sollte. Mein Verstand lief derweil Amok: „Und wie bitteschön stellst Du Dir das vor? Nach fünf Jahren Studium und erfolgreichem Einstieg in die

Arbeitswelt kannst Du doch nicht einfach so aufhören damit? Wo kommt denn dann Dein Geld her? Und was ist mit Deiner Karriere? Jetzt hast Du Dich so lange durchs Studium gequält und wenn Du noch ein paar Jährchen Gas gibst, dann wirst Du mal eine von den Großen! Außerdem, was denkt denn dann Deine Familie? Und den Klienten bist Du es auch schuldig!" Dann machte es auf einmal Klick! Während einer Reha-Behandlung bekam plötzlich mein Feuer, welches seit dem Jura-Studium auf Sparflamme vor sich hin flackerte, wieder Nahrung. Durch die heilenden Berührungen meiner Therapeutin loderte es auf und zeigte mir, was auch ich wollte: Authentische Beziehungen und einen Job, in dem ich etwas beitrage statt andere über den Tisch zu ziehen. Ich fühlte es mehr, als dass ich es verstanden hätte. Meine Flamme brannte immer noch ein bisschen heller und ließ mir keine Ruhe mehr. Es nistete sich ein Gedanke in meinem Kopf ein. Anfangs zaghaft, dann immer hartnäckiger:

„Was, wenn es o. k. ist, nochmals von vorne anzufangen?" Ich erlaubte mir zu träumen. Statt die Kilometer auf dem Ergometer zu zählen, begann ich nun mir auszumalen, was ich tun würde, wenn ich nochmal 20 wäre. Diese Gedanken beflügelten mich. Mein Knie begann nach der dritten OP endlich zu heilen. Meine Seele sehnte sich danach, einer Beschäftigung nachzugehen, welche die Menschen positiv berührt und ermächtigt und litt gleichzeitig darunter, dass Zahlen und Rechthaberei die Messlatte für meinen Erfolg sein sollten. Mit der Entlassung aus der Klinik stand mein Entschluss fest: Ich werde die Juristerei an den Nagel hängen und etwas Anständiges lernen.

Arschtritt

Diese energische Entscheidung war mein eigener Arschtritt und der Grundstein für meinen Wandel. Viel zu lange ließ ich mich vom Leben leben, statt selbst zu wählen, was gut für mich ist. Sogar vor meiner Berufswahl drückte ich mich damals und ließ den Berater entscheiden. Die wichtigste Lektion, die ich aus meiner eigenen Geschichte gelernt habe, ist die, dass die bewusste Entscheidung das A und O ist, wenn ich etwas verändern oder erreichen möchte.

Letztlich ist es so, dass wir ständig wählen. Bewusst oder unbewusst – aber wir wählen. Eine bewusste Wahl zu treffen, ist das stärkste Werkzeug, welches ich kenne. Ich habe die Wahl, welches Leben ich leben will. Immer.

Also treffe ich eine Entscheidung. Denn in dem Moment wo ich wähle, sortieren sich alle Bausteine des Lebens neu. Wobei es diesen Bausteinen egal ist, ob ich bei meiner Wahl bewusst oder unbewusst wähle. Kennst Du den Ausdruck der "sich selbst erfüllenden Prophezeiung (= "self-fullfilling phrophecy")? Er beschreibt genau dieses Prinzip. Nämlich, dass sich eine Vorhersage wie von selbst erfüllt. Gehe ich davon aus, dass alles gut wird, wird alles gut. Habe ich Zweifel, werden meine Zweifel bestätigt. Treffe ich also eine klare, bewusste Entscheidung, werden mich gemäß den universellen Kraft-Prinzipien alle Energien bei meinem Vorhaben unterstützen. Es ist so, als würde ich dem Kellner im Restaurant genau sagen, was ich essen will. Dann kann er es mir liefern. Bleibe ich im Unbewussten und schaue lieber weg als hin, dann bestelle ich vage bzw. unbewusst "etwas das gut schmeckt" oder noch schlimmer "bitte irgendwas, bloß nichts, was mir nicht schmeckt". Dann ist der gute Kellner ziemlich aufgeschmissen und liefert nach Gutdünken. Wetten, dass dann etwas dabei ist, was nicht schmeckt?

Die bewusste Entscheidung, dass ich neu anfangen werde, hat sehr viel Energie aktiviert. Ich nutzte sie, um zu forschen, was ich wirklich bin, will und was mich ausmacht. Ich entschied mich dazu, Osteopathin zu werden. Sechs Jahre College erwarteten mich. Dazu die Ausbildung zur Heilpraktikerin und der feste Wille, mir das nicht über die Juristerei zu finanzieren. Bislang hatte ich selten etwas so bewusst gewählt. Es fühlte sich spitze an.

Lass' das Seil weg und spring'!

Es gibt in diversen Hollywood-Streifen immer wieder eine bestimmte Szene: Der Held steht vor einer scheinbar unlösbaren Aufgabe und meistert sie dann doch. Was die Szenen verbindet, ist, dass es erst funktioniert, wenn der Held auf Netz und doppelten Boden verzichtet und ins Tun kommt.

Bei "The dark knight rises" muss Batman zum Beispiel aus einer Höhle fliehen. Der einzige Weg ist, nach oben zu klettern und dann zu springen. Er bindet sich ein Seil um die Taille und versucht es mehrmals. Es klappt nicht. Immer wieder fällt er ins Seil. Erst als er auf das Seil verzichtet und es sozusagen todernst meint, funktioniert es. Ich mag diesen Vergleich sehr, denn er zeigt so schön, dass es darauf ankommt, etwas zu meinen. Ich meinte es todernst damit, neu anzufangen und ließ das Seil weg. In meinem Fall steht das Seil für die Juristerei. Klar hätte ich irgendwo einen Teilzeit-Job als angestellte Juristin annehmen können. Das hätte nettes Geld gegeben. Aber meine Wahl war getroffen: Die Juristerei ist nicht meine Welt. Ich werde mich von ihr befreien. Und es war wie im Film. Dieses Vertrauen in mich und dass es auch ohne Seil klappt, hat mir alle Türen aufgerissen. Es kam ein netter Nebenjob als Sekretärin, den ich flexibel ausüben konnte und nicht schon wieder meine Seele verkaufte. Das renommierte Osteopathie-College, das ich mir aussuchte, gab mir einen Studienplatz, obwohl ich nicht alle Voraussetzungen sofort erfüllen konnte. Und als ob das Universum noch ein extra Leckerli drauflegen wollte, kam auch noch ein toller Mann in mein Leben. Er begleitete mich auf meinem ungewissen Weg mit Toleranz und Respekt. Als ich auf mich selbst vertraute, begann eine Kaskade von ungeahnter Unterstützung. Manche sagen auch glückliche Zufälle dazu. Es sind keine Zufälle. Durch unsere Wahl und unser Vertrauen in uns selbst kreieren wir diese wunderbaren Fügungen. Gelernt habe ich, wie Du vermutlich auch, etwas anderes: Habe einen Plan. Habe einen Plan B. Mache Listen. Sieh voraus und vor allem: Denke nach.

Warum heißt es "nachdenken"? Weil wir in der Vergangenheit wühlen mit unseren Gedanken. Daraus lässt sich die Zukunft aber nicht gestalten! Diese ist immer ungewiss. Ich weiß nie, was morgen sein wird. Daher bleibt mir nur die Gegenwart. In meiner Präsenz bin ich kraftvoll und klar. Immer, wenn ich so verbunden mit mir selbst bin, ergibt sich mein nächster Schritt wie von allein. Beim Fallschirmspringen ist es genau so: Der Sprung geht immer ins Ungewisse. Nur eins ist sicher: Wenn du nicht springst, dann ändert sich auch nichts. Der Pilot setzt Dich wieder am Boden ab und geht Kaffee trinken.

Die Weichen für mein besseres Leben waren gestellt, die Türen standen offen. Ich ging über Los und fing nochmals neu an. Dann geschah etwas Unerwartetes. Menschen, die ich als Freunde bezeichnet hätte, begannen sich von mir zu distanzieren oder wollten mir meine Entscheidung ausreden. Das machte mich wütend, ängstlich und traurig zugleich. Ich konnte nicht verstehen, dass sie nicht mit mir feiern wollten. Ich kam zu der Einsicht, dass ich mich von einigen Kontakten trennen musste, wenn ich meinen Weg weiterhin mit Freude gehen wollte. Ich brauchte Klarheit, mit wem ich mich umgeben wollte. Wer war ein Beitrag in meinem Leben und wer eine Spaßbremse? Abgrenzung, damit ich in meiner Kraft bleiben konnte, lautete das neue Thema. Auch dieser Schritt kostet Mut, denn oft denken wir, dass wir auf bestimmte Menschen angewiesen wären. Sind wir aber nicht. Wir sind nur angewiesen auf unser Bauchgefühl. Das trügt uns nie! Diese Episode in meinem Leben meisterte ich dank der Erfahrung, dass die wichtigsten Ratgeber in unserem Leben unsere Gefühle sind. Am eindrücklichsten lernte ich das in Bezug auf die Wut. In einem Seminar sagte der Trainer zu mir, dass ich ein verkorkstes Verhältnis zur Wut hätte und wenn ich dieses ändern würde, dann würde ich noch viel mehr Klarheit und Freude im Leben haben. Ich war zuerst sprachlos und dann empört. Hatte der Typ tatsächlich eine Ahnung?! Ja, hatte er! Sicher konnte ich jähzornig durch die Wohnung wüten, wenn ich mich ungerecht behandelt gefühlt hatte. Aber ich hatte keinen guten Zugang zur Wut als solcher. Ich hatte sie bis zu diesem Zeitpunkt nur als zerstörerisch und aggressiv erlebt. Wollte sie eigentlich nicht in meinem Leben haben. Zu erkennen, dass ein unverkrampfter Zugang zu meiner Wut dazu führt, dass ich ganz früh klare Grenzen setzen kann, war genial! Ich machte die Erfahrung, dass je mehr ich bereit war, schon den kleinsten Funken Ärger in mir wahrzunehmen, umso weniger musste ich tatsächlich sauer und ausfallend werden. Diese neue Kraft der Klarheit half mir dabei, Menschen auf der Strecke meines Lebens zurückzulassen, die mir nicht gut taten. Ich vermisse sie nicht. Ihre Plätze wurden schnell von anderen eingenommen, mit denen ich das Leben verwirklichen kann, das ich mir wünsche.

Neben der Klarheit und damit verbunden dem Mut mich abzugrenzen, lernte ich Gewahrsein und Achtsamkeit als zwei enorm wichtige Aspekte kennen, welche mich seitdem täglich begleiten. Der viele Sport, den ich betrieb, das Snowboardcross fahren und Karate machen, waren eine skurrile Mischung aus mich betäuben einerseits und der hilflose Versuch mich zu spüren andererseits. Das war mir damals natürlich nicht klar. Heute weiß ich, dass ich durch sehr viel Arbeit und Extremsport die Wahrnehmung, dass in meinem Leben etwas gewaltig schief läuft, weggedrückt habe. Gleichzeitig hatte ich Sehnsucht danach, überhaupt etwas zu fühlen, weshalb ich mich quälte. Herauszufinden, dass ich Gefühle unterdrückte, war zunächst eine sehr unangenehme Erkenntnis. In diesem Feld kannte ich mich nicht aus. Ich konnte diskutieren, argumentieren und recht haben bis buchstäblich der Arzt kam. Was ich nicht konnte, war, meinem Herzen zuzuhören, überhaupt anderen Menschen zuzuhören. Ich konnte nicht in wahre Verbindungen gehen oder klare Grenzen ziehen.

Nie hatte ich gelernt, in der Präsenz des Moments zu sein. Ich wusste nur, was ich denken und rationalisieren konnte. Dass es andere Kräfte wie mein Herz, meine Seele, mein Sein in mir gibt, das wusste ich nicht. Anders gesagt: Ich war schmerzhaft unauthentisch. Das änderte sich in dem Moment, als ich zuließ, echte Gefühle zu fühlen und ihre Botschaften wahrzunehmen. Rasch erweiterte sich mein Bewusstsein dann auch für die anderen Ebenen meines Daseins und so konnte ich einen direkten Draht zu Gott etablieren. Den kann ich heute immer fragen, wenn ich selbst einmal unsicher bin. Ich weiß, was meine Seele nährt und nutze meine hellsichtigen und hellfühligen Fähigkeiten zu meinem Wohle und für meine Klienten. Ich fühlte mich wie Kolumbus, als ich diese neuen Länder in mir entdecken durfte.

Mich vom alten Ballast der Juristerei zu befreien und der Mut, nochmals ganz von vorne anzufangen, waren der Startschuss für ein unvorstellbar reiches, buntes und glückliches Leben. Mit diesem Schritt kamen fast täglich neue Impulse und Ideen hinzu. Es war, als ob es Konfetti regnete. Schnell fand ich heraus, dass die Menschen, die mit körperlichen Themen zu mir in die Praxis kamen, oft auf der Suche nach neuen Möglichkeiten für ihr Leben waren. Der Körper war dabei nur die Symptom-Ebene. Dahinter schlummert der wahre Schmerz. So wie damals bei mir: Das kaputte Knie war das Symptom. Der wahre Schmerz lag darin, komplett an meinen Talenten vorbei zu leben. Dieses Feld der menschlichen Evolution zog und zieht mich noch immer magisch an. Ich wollte mehr und mehr darüber wissen. Ich nahm an einem Training nach dem anderen teil und konnte es immer kaum erwarten, mit meinen Patienten auszuprobieren, was alles möglich ist. Im Laufe der Zeit lernte ich die universellen Gesetze hinter meinen Erfahrungen kennen und sie so zu nutzen, dass ich sie weitergeben kann. Schließlich entwickelte ich meine eigene Methode, mit der ich den Menschen innerhalb kürzester Zeit aufzeigen kann, wo sie sich selbst im Weg stehen und wie sie das umgehen können, um das Leben voll auszunutzen. Wir Menschen haben Kräfte und Energien, die uns immer wieder ausgeredet werden. Aber wir können sie nur runterdimmen, nicht verlieren. Wenn wir uns an diese Energien wieder anschließen, wird es innerhalb kürzester Zeit für jeden möglich, seinen Traum zu leben, den Job zu wechseln oder die perfekte Beziehung zu finden. Es wird immer noch behauptet, dass der Wandel lang dauert und anstrengend ist. Das ist Blödsinn. Wenn man bereit ist, dann kann der Wandel sogar über Nacht stattfinden. Kaufe bitte niemandem ab, dass Du noch nicht bereit wärst. Oder dass das Erreichen Deiner Ziele hart sein muss und viel Zeit erfordern müsste. Denn das stimmt nicht. Meine Erfahrung zeigt mir:

Geht nicht – das gibt es nicht.
Wenn Du es denken kannst, ist es möglich

Schließlich war der nächste konsequente Schritt, nun nicht mehr als Körpertherapeutin zu arbeiten. Weg von der Symptom-Behandlung hin zur Wurzel der Themen. Heute nenne ich mich Mindset-Trainerin und Potential-Coach. Wobei diese selbstgeschnitzten Titel nur rudimentär wiedergeben, was für einen genialen Job ich mir inzwischen kreiert habe. Ich arbeite mit meinen Klienten daran, durch ihre gläserne Decke zu brechen und den Erfolg im Leben zu erreichen, nach dem sie sich schon immer sehnen. Unterstützt werde ich dabei von den Kräften, von denen wir vielleicht bis vor Kurzem gar nicht wussten, dass es sie überhaupt gibt. Das Zeitalter von leicht & schnell hat angefangen.

Sei kein Frosch

Eines der schönsten Dinge im Leben ist für mich, unter Menschen zu sein, die ihr Ding machen. Die in ihrer eigenen Kraft stehen und das ausleben, was sie am allerliebsten tun. Und darum möchte ich Dir hier am Ende zurufen: Glaube an Dich! Gib Dich niemals auf! Du bist etwas ganz Besonderes und es gibt Dinge, die nur Du so in die Welt bringen kannst, wie sie in die Welt gebracht werden wollen. Also, sei kein Frosch und gib Deine Gaben weiter. Ich hoffe, dass ich Dir durch meine Geschichte vermitteln konnte, was mir auf meinem Weg sehr geholfen hat: Das bewusste Wählen, das mutige Abgrenzen, das Fühlen und das Vertrauen, dass es mehr Unterstützung für Deine Projekte gibt, als es Dein Verstand wissen kann.

Stefanie Heidtmann im Kurzportrait:

Stefanie lebt nach einer turbulenten Reise zu sich selbst und mehreren Stationen wie Würzburg, Ravensburg, Barcelona und Madrid heute mit ihrer Familie in einem Dorf am Ammersee in Bayern, wo sie ihre starke Naturverbundenheit und Wildkräuterliebe ausleben kann. Ihr großer Plan im Leben ist es, diese Welt zu dem Paradies zu machen, als welches sie gedacht ist. Sie ist der festen Überzeugung, dass alles dafür in uns Menschen vorhanden ist. Es ist ihr ein Anliegen, dass Menschen sich nicht erst so schwer verletzen müssen, wie sie es getan hat, um aufzuwachen und in ihre Kraft zu kommen. Sie arbeitet heute als Trainerin und nutzt ihre herausragende Gabe bei ihren Klienten sofort zu erkennen, wo und wie diese sich noch vom Erfolg trennen, den sie sich im Leben wünschen. Sie lebt ihr volles Potential, wenn sie Menschen dabei begleitet, ihres zu entdecken und zu leben. Schwerpunktmäßig arbeitet sie mit bewussten Selbständigen, Trainern und Coaches zusammen, welche mit ihrem Wirken schneller mehr Menschen erreichen möchten und bereit sind, noch mehr positiven Einfluss auf die Entwicklung der Wirtschaft und Kultur auf dieser Erde zu nehmen. Menschen, welche Freude am prallen Leben haben und die ihre einzigartigen Fähigkeiten und Veranlagungen unbedingt in dieser Welt leben möchten. Ihr besonderer privater Spaß ist es, gemeinsam mit Freunden und Familie die Möglichkeiten der menschlichen Schöpferkraft auszutesten. Telekinese und Telepathie sind ihre aktuellen Forschungsfelder, um die menschliche Evolution noch einen Gang höher zu schalten. Wenn Du unterstützt werden möchtest, Dein volles Potential zu leben, dann erreichst Du sie folgendermaßen:

www.stefanieheidtmann.de

„Wir Menschen haben Kräfte und Energien, die uns immer wieder ausgeredet werden. Aber wir können sie nur runterdimmen, nicht verlieren."
Stefanie Heidtmann

Dankeschön ...

Wo wären wir ohne die mutigen Vorreiter, die uns zu Höchstformen pushen und uns zeigen, dass wir nicht alleine sind.

Daher ein liebes Dankeschön an ...

... all die wundervollen Autorinnen, die bereit dazu waren, ihre Behind-The-Scenes Geschichte ihre Erfolges zu erzählen – ungeschönt, unpoliert und unmodifiziert.

... an das Team von großartigen Lektoren und Assistenten, die mich auf meinem Weg begleitet haben, damit dieses Projekt erst ermöglicht werden konnte.

... und an all die wundervollen Selbstverwirklichungsjunkies, die nicht nur auf einen Trend mit aufgesprungen sind, sondern auch tagtäglich ihre Vision ernst nehmen und mich zu diesem Buch erst inspiriert haben.

Ihr seid auf ewig in meinem Herzen!

Eure Doris

Möchtest du Teil der nächsten Ausgabe sein?

Sharing is caring ...

Im heutigen Zeitalter, wo jeder nur nach dem Höchsten strebt und Erfolg plötzlich eine ganz andere Bedeutung jenseits von materiellen Dingen bekommt, wird es für uns immer wichtiger, uns an Menschen zu orientieren, die uns schon ein paar Schritte voraus sind. Nicht um zu kopieren, sondern um uns mentale Stärke anzueignen, die uns dabei hilft auf dem Weg zum Erfolg und zur Selbstverwirklichung zu bestehen.

Wenn dir dieses Buchprojekt genau so gefallen hat, wie es uns Spaß gemacht hat, es für dich zusammenzustellen und du deine Geschichte ebenfalls teilen möchtest, dann bewirb dich unter doris@fempressmedia.com und werde Teil der nächsten „Wie hast du das gemacht?"-Ausgabe!

Wir freuen uns auf deine Einsendung!

Über Fempress Media:

Fempress Media unterstützt nicht nur Buchprojekte, die trotz ihrer einzigartigen und qualitativ hochwertigen Arbeit bisher keinen Platz bei traditionellen Verlagen gefunden haben, sondern dient auch als helfende Hand mit einem einzigartigem Autorencoaching, das vorallendingen Neuautoren helfen soll, den Weg zum "Published Author" zu finden.

Außerdem ist Fempress Media Herausgeber der Magazine SWEET SPOT (www.sweetspotmag.de) und Pure & Positive (www.pureandpositive.com) die ihren Fokus auf Female Entrepreneurship, Mindset, Spiritualität und „Good News" legen.

Wir geben Frauen eine Stimme. Offline und online. Für sich selbst und für andere. Fempress Media öffnet Türen, wo andere sie schon längst geschlossen haben.

FOLGE DER KONVERSATION HINTER DEN KULISSEN:

FACEBOOK
facebook.com/groups/whddg.fempressmedia

INSTAGRAM
instagram/fempressmedia